瀬戸内海モダニズム周遊

橋爪紳也

芸術新聞社

瀬戸内海モダニズム周遊

図版提供　橋爪紳也コレクション
株式会社 商船三井（※印付き図版）
ブックデザイン　美柑和俊＋MIKAN-DESIGN

はじめに　瀬戸内海モダニズム周遊

『瀬戸内海案内』とタイトルにあるパンフレットを紹介しよう。

大阪商船株式会社が昭和十四年（一九三九）五月に発行した案内書だ。表紙の絵を見てみよう。近景に灯台がある。対岸の山並みが近い。海峡にあって、帆船と大型の白い客船が行き違っている風情が描かれている。このパンフレットでは「瀬戸内海」と題して、次のように説いている。

「東西二百四十浬《カイリ》、南北は広いところで三十浬、狭いところは二隻の船も並んで通れない細長い海面、その上に撒き散らされた大小の島、島、大きいのが三百、小さいのは星の数ほど、白い渚に縁取られ、緑の林に覆はれて散在してゐます。岩礁を匍ふ老松、岬の端の白い灯台、群がる白帆、その間を縫ふて往来する内外の大小汽船――。この一幅の絵巻物こそまことに海上の国立公園たるの名にふさはしく、四季折々の眺め、朝暮の風趣は、幾たびこゝを過ぎても倦《あぐ》むことを知りません。」

点在する島々、白い渚、緑の林、岩礁と松、岬の灯台、帆船と汽船……。表紙の絵に登場する点景をそのまま綴ったかのような文章である。瀬戸内海は東西に長く、南北に狭い。また季節や時間によって、その美観は多様かつ美しく変化する。その様子を「一幅の絵巻物」に託す発想が面白く、読み手のイメージはおのずと膨らむ。（図［★1・2］）

昭和九年（一九三四）に瀬戸内海は日本で最初の国立公園のひとつに指定された。この案内にも「瀬戸内海国立公園」という小文が掲載されている。引用しておこう。

★1

「大小幾多の島々を浮かべて典型的な多島海の風景をなしてゐる備讃瀬戸《びさんせと》を中心に、東は小豆島《しょうどしま》から西は備後の鞆《とも》の浦《うら》に至る間の海陸十八万四千六百町歩の面積を占めてをります。主として花崗岩からなる島と海岸は到るところに白砂青松の明朗平和な風景を展《ひろ》げてゐます。しかもそこには様々な変化があつて屋島や小豆島の様な溶岩台地や寒霞渓《かんかけい》、五剣山の様な岩石美、大槌山、小槌山の様形に面白い島々もあります。」

岩石の種類など、地学的な特徴から説き起こすのが、瀬戸内海の美観を語るうえでの定型であったようだ。そのあとに展望台と海浜美の所在、そして歴史的な名所旧蹟、さらには社寺や伝承の所在地といった人文的景観について、以下のように説明を重ねていく。

「海上公園の代表的な展望台として屋島、鬼ヶ島、本島、鷲羽山等があり、海浜の美しさを誇るものに余島、沙弥島、釜島、仙酔島《せんすいじま》などがあります。また公園区域内には安徳天皇、崇徳上皇の御遺跡があり、源平の戦が華々しく繰りひろげられた史蹟や日本海上史を飾る塩飽海賊の根拠地を含んでゐます。其の他四国遍路で知られた社寺、霊場等が多く、桃太郎の伝説に絡む鬼ヶ島などもあつて、多島海の美しい風景に一入《ひとしお》興趣を添へてゐます。」

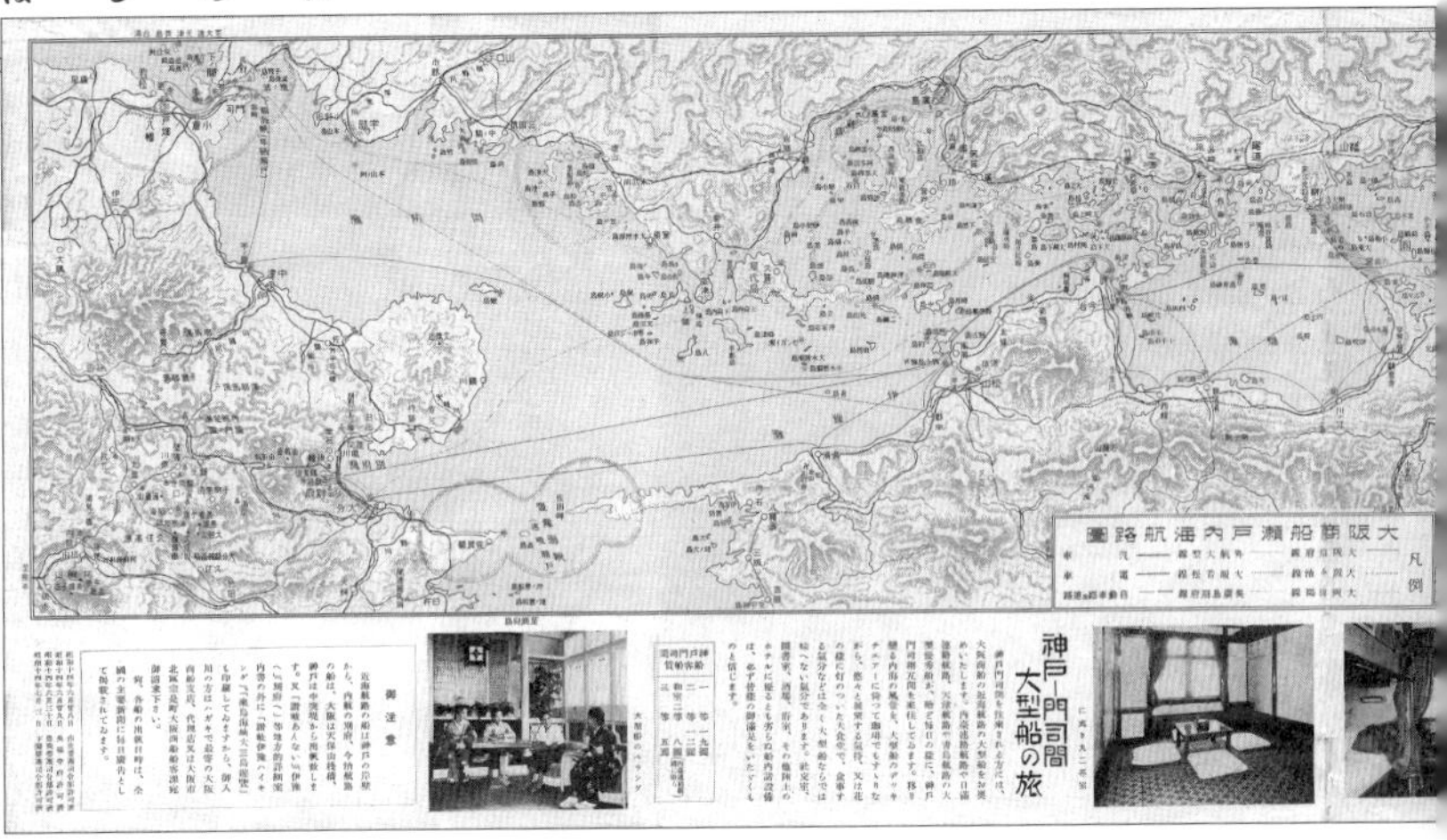

花崗岩による特徴的な自然景観に、歴史的あるいは人文的な景観が重なり合っていることが、この「多島海の美しい風景」の魅力であると結論付けている。海の国立公園となった瀬戸内海の魅力と見所を、実に判りやすく説明した文章である。

豊かな自然景観に加えて、史蹟や戦蹟、信仰の対象地や伝承など人文的な景観が点在する。津々浦々、島や港、都市や温泉など、各地域に固有の生業と賑わいがある。温暖な気候がもたらす山の幸、海の幸にも恵まれている。瀬戸内海という、優れて個性的でなおかつ魅力的な海に対して、私たちが共有している心象はおおよそこのようなものであろう。

もっともここに記されたイメージは、比較的、新しく創造されたものであることを、私たちは忘れがちだ。実際は、わが国が近代化するなかで、各地域に分割されて意識されていた物語や特徴を融合、「多島海」という上位の概念によって「瀬戸内海」という広域の心象風景が規範化されたという経緯があった。

「瀬戸内海」というイメージが広く流布する大きな契機が、先に述べた瀬戸内海国立公園の制定であり、それに伴う近代的な観光開発の進展である。もっとも逆に、多くの人々の交流を促す観光事業の進展が、「瀬戸内海」というエリアイメージを実質的にかたちづくったということもできるかも知れない。

本書では主に、私が所有する絵葉書や案内書、広告など戦前期の雑資料を読み取ることで、明治時代からモダニズムが喧伝された昭和戦前までの時期において、瀬戸内海沿海地域での観光事業や都市開発がいかに進展したのか、そしてその結果、瀬戸内海という広域のイメージがいかに創出されたのかをあきらかにする。併せて産業的景観や都市的文化景観が産み出された経過についても紹介する。

本書は次の七章から構成されている。

第一章「公園と海」では、外国人が見いだした自然美に人文的景観の評価を加味することで、日本人が瀬戸内海に独自の価値を発見した経緯について述べる。さらに眺望景の発見によって専門家たちが確認した「多島海」の評価をもとに、国立公園に制定されるまでの事情を紹介する。

第二章「観光と海」では、大阪商船などの汽船会社が「海の女王」と呼ばれるような最新の大型のクルーズ船を導入、また周遊ルートを制定することで、瀬戸内海を国際観光地として開発する過程について述べる。併せて観光客が楽しんだ船旅の実際についてもみておこう。

★2

第三章「文化と海」では、海事思想の普及を訴えるべく、大阪商船が発行し配布した雑誌『海』を紹介する。雑誌媒体を通じて、瀬戸内海の魅力がいかに訴求されたのかをみてゆきたい。

第四章「名所と海」では、瀬戸内海の随所にある名所旧蹟がいかに近代化したのかを論じておきたい。鉄道やケーブルカーの敷設、洋風ホテルの開業などのハード整備だけではなく、伝統行事の観光イベント化や、伝承や物語の発信といったソフト事業をも充足することで、由緒のある名高い「名所」は、内外の観光客を受け入れ、また都会人がレジャーを行うのにふさわしい「新名所」へと、極めて短期間に変貌した。

第五章「産業と海」では、瀬戸内海各地の産業景観について述べる。製塩業など江戸時代から継承された地域の特性を活かした生業が近代化を果たすと同時に、たとえば大規模な造船業など海に面した土地にふさわしい新たな産業も出現する。塩田が広がる景観も、巨大煙突が林立する風情もまた、瀬戸内海の新しい人文的景観として意識され、観光資源となる場合もあった。

第六章「都市と海」では、博覧会と盛り場について、いくつかの都市の事例をもとに紹介する。大がかりなイベント会場は、一時的に出現する祝祭都市である。また港湾都市に姿をみせた盛り場は、市民だけではなく観光客にも最新の娯楽を提供した。文芸や芸能など、さまざまな文物と人々の交流が産まれる現場である「仮設の都市」での賑わいについて詳述したい。

第七章「温泉と海」では、道後（愛媛県）と別府（大分県）という温泉町が発展した経緯について詳細する。とりわけ瀬戸内海の西に位置する別府港には、大阪や神戸の港を出発地に多くの観光客が到着した。大阪商船の幹線となる航路の目的地であると同時に、九州を周遊する観光ルートの起点ともなった。豊後の名湯が「東洋の泉都」と呼ばれる東アジアを代表する観光都市に変貌するまでの出来事について紹介したい。

本書は、瀬戸内海という空間を回遊しつつ、同時にモダニズムが流布した時間を周遊する試みである。なおそれぞれに「海」の文字が入る七章の構成にしたのは、中世のアラビア人や大航海時代の欧州の船乗りたちが、世界に所在するすべての海を「七つの海」として表現したことを少しだけ意識している。併せて、私の座右の銘ならぬ座右の曲のひとつ、今は亡きフレディ・マーキュリーの「輝ける七つの海」を、さらに少しだけ意識している。

ぜひ本書を手に、時空を超越した船旅を楽しんでいただきたい。

目次

第三章　文化と海

第四章 名所と海

第六章　都市と海

第七章　温泉と海

◉道後　スピード時代の温泉

◉別府　東洋の泉都

綴じ込み付録【複製縮刷】瀬戸内海周辺鳥瞰図

本書は多く、明治期から太平洋戦争前までの資料を参考としているが、読みやすさを考慮して、表記を以下のようにした。

◉引用部分も含め、旧字体は新字体に統一した。
◉引用部分について、句読点を補足した個所がある。
◉引用部分について、現代口語文で使用するものを除き、カタカナをひらがなに変更した。

今回参考にした資料が出版された当時の状況を鑑みて、引用等に際し、現在では使われない用語・表現をそのまま使用している個所がある。

第一章　公園と海

外国人たちは、船上の視点から瀬戸内海の美を見いだした。
いっぽう日本人は、高台から見晴らす多島海の眺望を讃美した。
自然美と人文的景観があいまって、瀬戸内海の評価が高まる。
ここでは宝石に例えられた内海の「発見」と、
国立公園に指定されるまでの詳細を述べておこう。

発見される「内海」

◉世界之公園◉

昭和九年（一九三四）、わが国で最初の国立公園として、三ヶ所が指定された。雲仙（長崎県）、霧島（鹿児島県）、そして瀬戸内海である。なかでも最も広大であると同時に、際立って多様な地域から構成されているのが瀬戸内海国立公園であることは言うまでもない。

当初、指定された公園の区域は限定的であった。小豆島（香川県）の寒霞渓、高松市の屋島、倉敷市の鷲羽山、福山市（広島県）の鞆など、岡山県と香川県のあいだを占める備讃瀬戸を中心としたエリアに限られていた。その後、幾度もの拡張の結果、現在では西は北九州市から東は和歌山市まで、紀淡・鳴門・関門・豊予という四つの海峡に区切られた広い海域が公園区域に指定されている。加えて神戸市の六甲山や廿日市市《はつかいちし》（広島県）の極楽寺山など、海に面し、海を見晴らすことができる内陸の景勝地までをも含んでいる。また厳島神社という世界遺産を含んでいる点も、その特徴を示すものとして強調されて良い。

瀬戸内海を国立公園とする議論がなされた昭和初期の資料を紹介しておきたい。図［★1］は独特の鳥瞰図を多数描いたことで著名な画家・吉田初三郎の手がけた「四国と中国の連絡　瀬戸内商船航路案内図絵」である。昭和八年二月に呉の鎮守府が

★1

検閲したと記載がある。多数の島々が散在する内海の美観を見事に収めている。航路と各地の名所を紹介する説明文は、「海の国立公園瀬戸内海を初め名勝と史蹟と伝説とで隙間もなく囲《い》繞《にょう》されたる讃予芸備の各島嶼《とうしょ》間を縫航するをもつて沿線の名所数うるに遑《いとま》なき……」と書き起こしている。当時の人々が理解していた瀬戸内海の範囲がここに示されていると考えて良いだろう。

瀬戸内商船株式会社は大正五年（一九一六）に創立、広島県尾道市海岸通りに本社を構えた。同社は各鉄道事業者と連帯運輸契約を結びつつ、尾道や今治を起点として東は多度津から西は宮島までを連絡した。また母港から呉・広島とのあいだにある島嶼群に立ち寄る「尾道島方航路」も運行した。瀬戸内海国立公園として最初に指定された海域にあって、海上のネットワークを張っていた船会社である。

この鳥瞰図は『世界之公園瀬戸内海御案内』と題する案内書の付図である。表紙にはタイトルと「中国と四国をむすぶ船の旅　その瀬戸内の景色めぐりて」という添え書きとともに、剣を腰に差し軍配を手に掲げた女性と、側に控える矢の束を背

★2

負った男の姿が描かれている。高見から、瀬戸内の島々と行き交う帆船を遥かに見晴らしている風情だ。

熊襲《くまそ》征伐の際、鞆に立ち寄った神功皇后の姿だろう。鞆の浦にある沼名前《ぬなくま》神社の由緒によれば、この時、海中から霊石が湧き出たこともあり、皇后はここに斎場を設け海路の安全を祈願したという。一説に「鞆」という地名も、再度訪問した皇后が「稜威《いず》の高鞆」という武具を奉納したことに由来するという。「世界之公園」である瀬戸内海は、古来、見晴らすべき対象でもあったことを示す絵柄である。（図［★2］）

◉瀬戸内海と文化的景観◉

今日、私たちが理解している瀬戸内海は、東西に四五〇キロメートルほどの広がりがあるが、南北方向は場所によって異なる。狭いところでは一五キロメートル程度、最も距離のある部分でも五五キロメートルほどである。その深さも平均は三七・三メートルとされるが、最も深いところでは一〇五メートルに至るという。この海域に大小さまざまな多数の島が散在する。

荒々しい大洋と隔たれた内海は、人々に安全な航路と豊かな漁場を提供した。また少雨ではあるが温暖な気候が、さまざまな農産品の実りを約束した。近世以来、沿岸には鉱業や塩業も興る。また近代においては、工業立国を支える工場群が誕生する。海はさまざまな生業や産業を産み出す根源となった。加えて、遥かな古代から今日に至るまで、この海に面してさまざまな集落や都市がかたちづくられてきた。たとえば陸地が迫る土地では、急斜面に段々畑が広がる景観がある。また良好な港が確保できる入江には、昔ながらの家並みが歴史の蓄積を感じさせてくれる。

近世にあっては各藩が城下町を建設、また各地に建立された社寺仏閣のなかには、信仰を集めて名所となったところも少なくない。道後や別府など、近代以降、観光地となった温泉もある。人々は交易のために、また名勝や旧蹟を巡る物見遊山のために、海上を東西に、そして南北に往来した。

瀬戸内海地域の本質は、人と自然が共存し、地域と地域とが交流を重ねてきた文化的景観のなかにこそ見いだされる。

◉発見された「内海」◉

「瀬戸内海」という文化的景観は、この海での人々の生活とともに育まれたものだ。しかしその価値は近代において「発見」されたものである。

遡れば「瀬戸内」という概念が誕生したのは、江戸時代後期のようだ。和泉灘・播磨灘・豊後灘・安芸灘というように、それぞれの海水域の呼称は早くから存在した。しかし全体をひとつの「内海」とみなす視点はなかったという。たとえば佐渡の廻船商人・笹井秀山が文化十年（一八一三）に記した『海陸道順達日記』では、尾道と下関のあいだを限定的に「瀬戸内」と呼んでいる。また安政二年（一八五五）、清河八郎の日記『西遊草』では、尾道以西の海域を「迫門内《せとうち》」と記している。

いっぽう「瀬戸内海」は、いつ、誰によって「発見」されたのだろうか。この設問に対する解答としては、外国人のまなざしの重要性が指摘されるのが定番だ。たとえば医師であり博物学者であったフィリップ・フランツ・フォン・シーボルトが、その美を讃えたことは有名だ。彼は江戸に至る道中で目にした風景を著書『江戸参府紀行』(斎藤信訳、平凡社、一九六七)において次のように書いている。

「船が向きを変えるたびに魅するように美しい島々の眺めが現れ、島や岩島の間に見え隠れする日本(本州)と四国の海岸の景色は驚くばかり……ある時は緑の畑と黄金色の花咲く菜の花畑の低い丘に農家や漁村が活気を与え、ある時は切り立った岩壁に滝が懸かり、また常緑の森の彼方に大名の城の天守閣がそびえ、その地方を飾る無数の神社仏閣が見える。遥か彼方には南と北に山が天界との境を描いている。隆起した円い頂の峰、それをしのぐ錐形の山、ぎざぎざのさけたような山頂が見え——峰や谷は雪に覆われている。」

またシルクロードの命名者として知られるドイツの地理学者フェルディナント・フォン・リヒトホーフェンが、将来、世界で最も魅力のある場所のひとつとして高い評価を得て、沢山の人を引き寄せるだろうと紹介、広く世界に知られるところとなったという。

さらに世界一周旅行を行ったトマス・クックは、明治五年(一八七二)に日本を訪問した際、英国、スコットランド、アイルランド、スイス、イタリアのどの湖よりも素晴らしく、それらの良いところだけを集めてひとつにしたほど美しいと絶賛したという。

いずれもこの上ない讃辞である。ともあれ欧米人たちが、この海域を「The Inland Sea」、すなわち「内海」と呼びならわし始めたらしい。これを日本の地理学者など知識人が参照し、翻訳した結果、地誌などにおいて「瀬戸内海」と紹介する事例がでてくる。それが一般に普及していったということだろう。

静的な内海

◉日本鳥瞰大図絵◉

昭和二年(一九二七)元旦、大阪毎日新聞社は吉田初三郎に作図を依頼、西日本を「近畿東海」「中国四国」「九州」に三分する図絵を発行、二十銭で販売した。表紙と袋に、宮島の風景と和装の女性を描いている。そこに印刷された解題があり、「……斯界の泰斗吉田初三郎画伯の苦心によって輻輳《ふくそう》した交通系統、著名の名所旧蹟並に山河等を詳細に描写されたもので教育家の教材としても探勝家や遊覧者の案内としても絶好のものである」と記している。

初三郎らしいデフォルメが効いた鳥瞰景だ。とりわけ注目したいのは、中国・四国の全域を描きつつ、宮島や小豆島などを特に大きく扱っていることからも判るように、絵師のまなざしが瀬戸内海に向けられている点だ。また解題にあるように、関西、あるいは九州方面と瀬戸内沿岸を連絡する鉄路や航路が詳しく描き込まれているあたりも面白い。(図[★3〜8]、付録【複製縮刷】瀬戸内海周辺鳥瞰図)

あり得ない天空の視点から地域を見晴らし、実際の地形や地勢を歪め、名所旧蹟の存在を強く物語

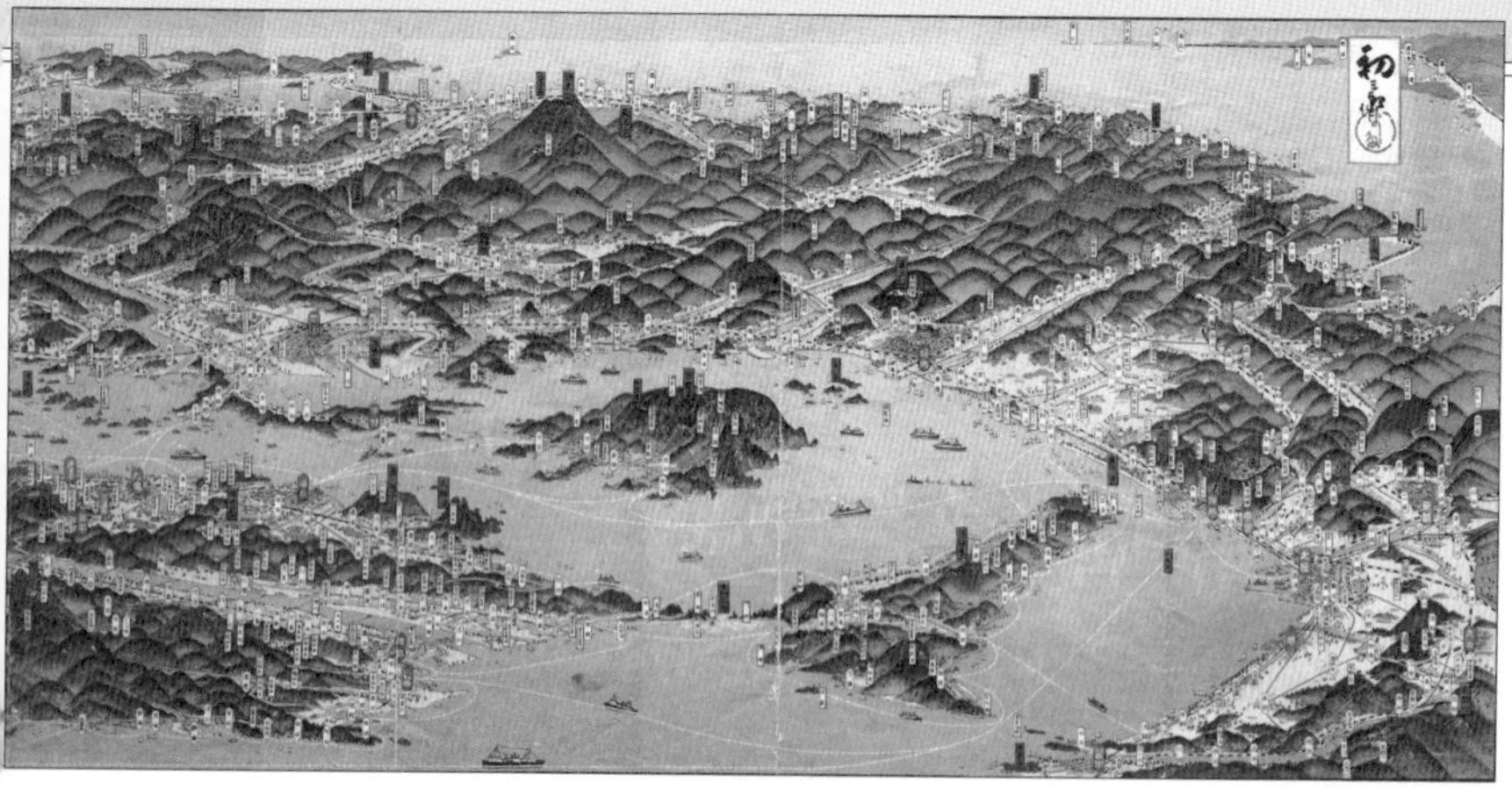

★3

『日本鳥瞰 中国四国大図絵』
★3 鳥瞰図全図
★4 神戸 大阪 京都 ほか
★5 厳島神社周辺
★6 門司 別府 宇部 ほか
★7 袋
★8 表紙

★4

★5

日本鳥瞰
中國四國大圖繪

中國四國大圖繪
下関
門司
小倉
若松
中津
別府

★6

日本鳥瞰
中國四國大圖繪
毎日新聞社發行

★8

日本鳥瞰
中國四國大圖繪
大阪毎日新聞社發行

★7

る。このような描写を、私たちは面白く感じ、また細部に目を凝らす。独得の景観認識だ。

◉瀬戸内から瀬戸内海へ◉

先人たちは瀬戸内海の景観をどのような視点から捉えたのか。先にも書いたように、「瀬戸内海」という広域の海面を表す概念は、日本を訪問した外国人が発見したものだ。近世の日本人は、和泉灘、播磨灘、備後灘、安芸灘、燧灘《ひうちなだ》、伊予灘、周防灘のように、いくつかの「灘」に分けて海を把握していた。陸地は「山陽道」「南海道」のように広域で把握する概念を保有していたが、海に関してはその種の発想がなかった。江戸時代の末、ようやく前述のように特定の海域を指して「瀬戸内」と呼ぶ事例が目につくようになる。

明治時代になって、外国人たちが「The Inland Sea」と呼んでいた広域の「内海」を、地理学者たちが「瀬戸内海」と訳した。従来の「灘」や「瀬戸内」を包括する「瀬戸内海」という翻訳語は、新鮮に響いたに違いない。

外国人の目を意識しつつ、「瀬戸内海」が論じられるようになる。明治三十六年(一九〇三)、大阪で第五回内国勧業博覧会が開催される際、来阪する外国人への優遇策をめぐる論議が起こったようだ。その際、道路やホテルを改良するのも良いが、大阪から船を巡遊させて瀬戸内海で遊ばせよとする意見が『大阪朝日新聞』に掲載された。そこでは瀬戸内海を地中海に例えつつ、世界を旅した者の目を前提に、それを「大海」ではなく、「日本の池」のごとく「小さいもの」と見ることが重要だと説く。国際観光を意識したこの瀬戸内海論は、木崎好尚・古我雅芳が記した『博覧会案内記』(宇佐美重太郎、一九〇三）に転載されている。

明治三十九年には、かつて徳富蘇峰とともに民友社の中心であった文筆家の塚越芳太郎が『瀬戸内海』（有楽社）という本を著す。表題に「瀬戸内海」という言葉を用いた最初の本になる。この時期までに、日本人のなかに新たな地名が普及しつつあったことを物語る。

明治三十四年に四ヶ月ほど岡山に滞在した印象をもとに執筆した同書において、塚越は「好良なる姿勢」「和適なる気象」「豊饒なる沿岸」「好風景の海」と、内海に固有の花崗岩による多島嶼の景観と「清朗な大気」の存在、すなわち優れた自然美を指摘する。加えて「人工の美と歴史の痕跡」、すなわち人文景観をも賞賛しようとする姿勢が見える。

◉シークエンス景と俯瞰景◉

造園学者である西田正憲はその著書『瀬戸内海の発見』（中公新書、一九九九）において、瀬戸内海の風光の捉え方に、欧米人と日本人とのあいだに差異があった点を強調する。

欧米人たちは、しばしば瀬戸内海に「楽園」を見いだした。時にその地勢や景観を、地中海やエーゲ海にたとえた例もある。ノルウェーのフィヨルド、米国・カナダ国境のセント・ローレンス川に点在するサウザンド・アイランド、あるいはスコットランドのカトリン湖に似ているとみなした先例もあったという。欧米人たちは「楽園」「アルカディア」「フェアリーランド」という理想郷のイメージに加えて、「内海」「多島海」「湖」「河川」「運河」「海峡」という「近代の豊かな地理的概念」を駆使して、その風景を評価したわけだ。

しかし日本人は、瀬戸内海の風光から「楽園」、ひいては桃源郷を連想することはなかった。あくまでも「生活と産業が営まれる活発で現実的な場」であったと西田は指摘する。

日本人はこの海を「湖」「河川」「運河」「海峡」に例える外国人たちの発想を理解することができなかったようだ。そのいっぽうで、「内海」という認識、すなわち「地中海」と類似しているという指摘には敏感に反応、ステレオタイプ化させた。当時のこの傾向を西田は「……瀬戸内海は西欧文明の発祥地である地中海に比肩しえる世界に誇るべき場所であるという、明治の人々がナショナリズム高揚の時代に熱心に取りいれた発想であった」と分析している。

さらに西田は、欧米人と日本人の瀬戸内海に向けたまなざしの方向性の違いを指摘する。欧米人は汽船でこの海域を航行するだけで、上陸することもなく、その風景の移り変わり、すなわち「シークエンス景」を賞賛した。しかし日本人は、移動する視点からの景観の良さを理解しつつも、むしろ展望所からの「俯瞰景」に讃辞を贈るようになる。山陽鉄道など陸路の交通手段の発達に伴い、沿海の「展望所」へのアクセスも簡便になる。「海路からの風景が陸路からの風景へと転換される」という「ある種の転倒」が生じたわけだ。日本人は瀬戸内海において「動的な風景よりも静的な風景を好んだと考えるのが妥当であろう」と西田は書いている。

先に紹介した初三郎の「大図絵」は、実際の眺望所などよりも遥かに高く、内海全体を鳥の目で見晴らすものだ。確かに、そのまなざしのなかにあって、「シークエンス景」のビューポイントである移動する船舶は、穏やかな多島海を連絡する航路上の点景でしかない。この図絵に示されたスケール感のなかでは、いかなる動的な存在も、静的な様相を呈している。

内海を論じる

◉天下の絶勝、世界の公園◉

昭和三年（一九二八）、駸々堂旅行案内部が発行した『瀬戸内海航路図』を紹介しよう。表紙と裏表紙に帆船が往来する様子を描く。沿海に散在する名所を地図の随所に示しつつ、耶馬渓（大分県）や宮島（広島県）、屋島、鵯越《ひよどりごえ》（神戸市）など歴史性のある名所は別格に扱い、枠で囲んでイラストで描写する。大阪の信太山の狐、鵯越を決行する義経の勇姿など、意外なところが強調されていて面白い。花の名所や各地の土産物の記載もあって、詳細を眺めるのも楽しい。（図［★9］）

地図の随所に記入された案内文を読み解くと、海上から眺めた白鷺城（姫路城、兵庫県）の壮麗さであるとか、急な坂道の上に家を積み上げたような高見島（香川県多度津町）の風物など、船から眺めた人文的景観についても触れていることが判る。いっぽう鞆の沼名前神社や尾道の千光寺など、内海を見晴らす山上の眺望場の概説も

★9

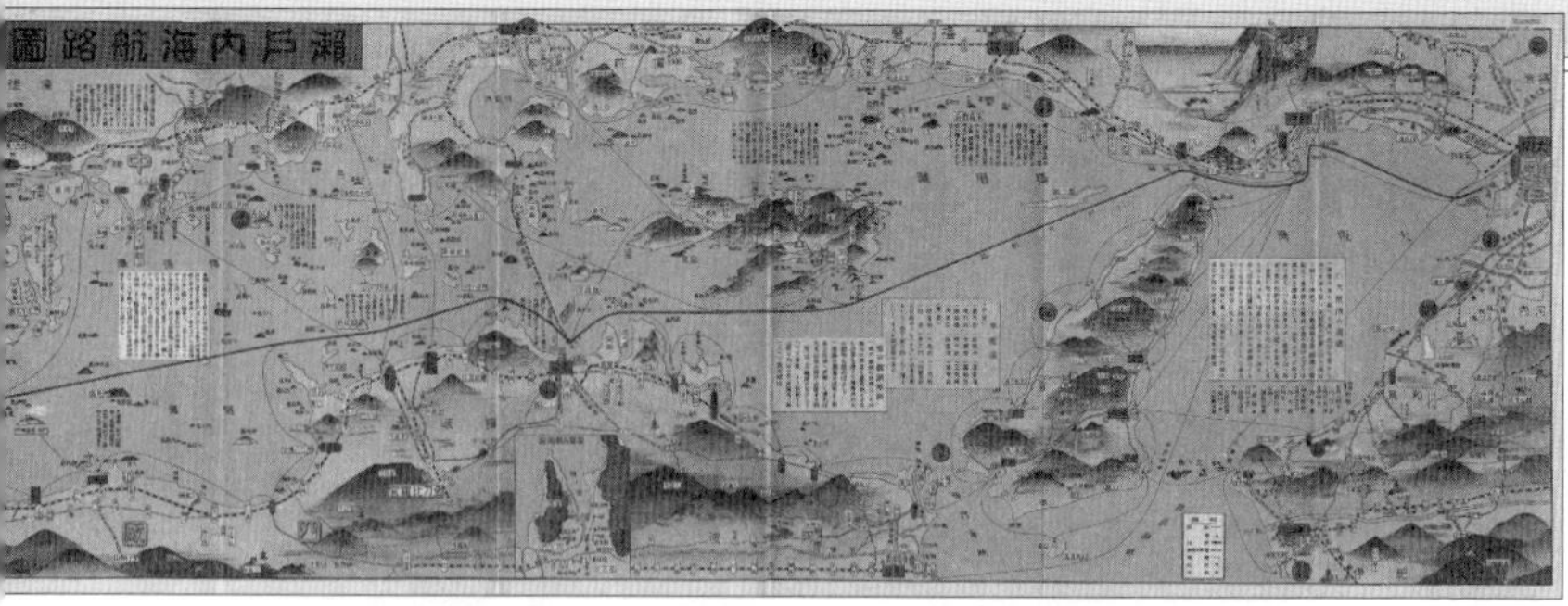

★10

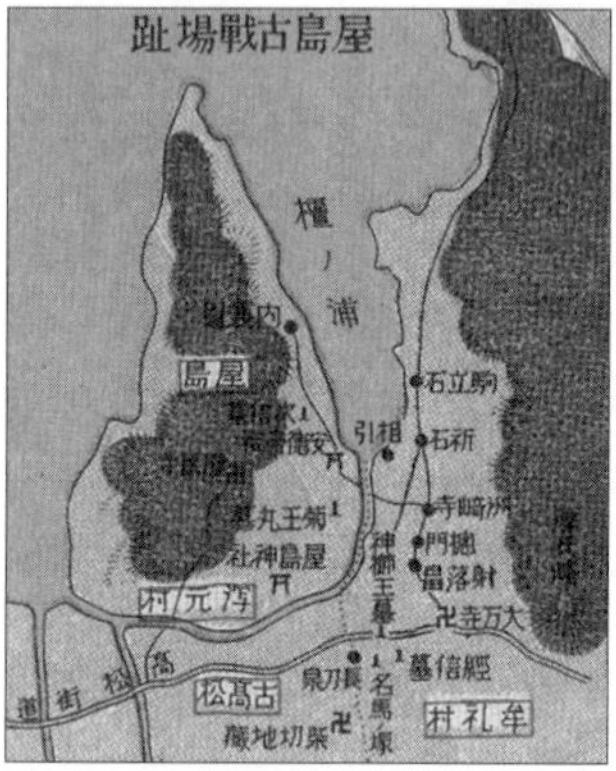

★14

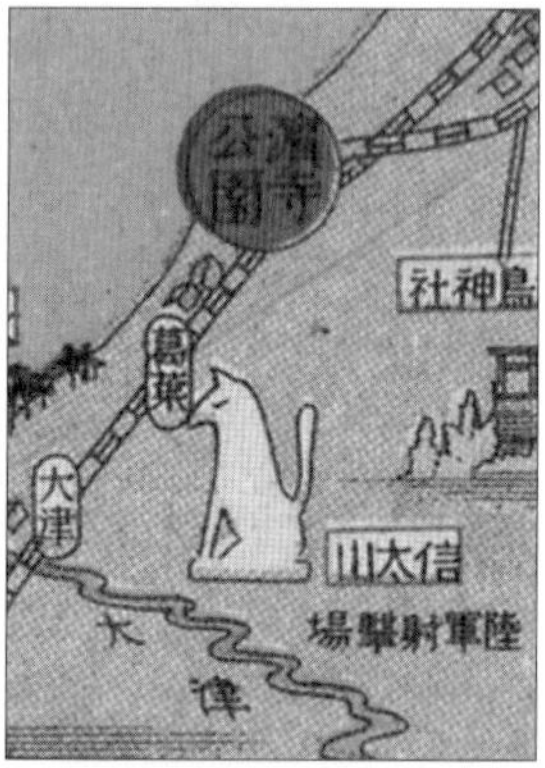

★11

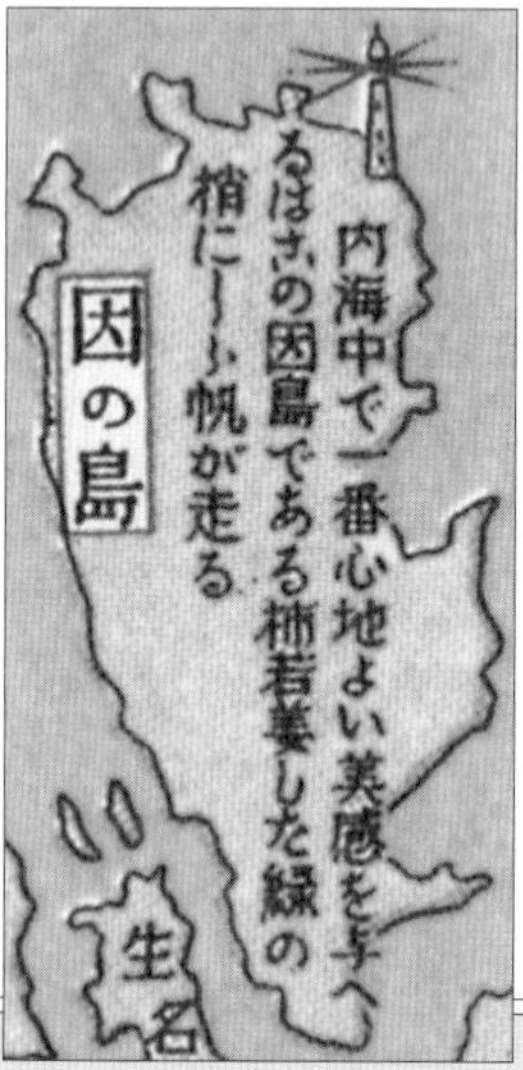

★15

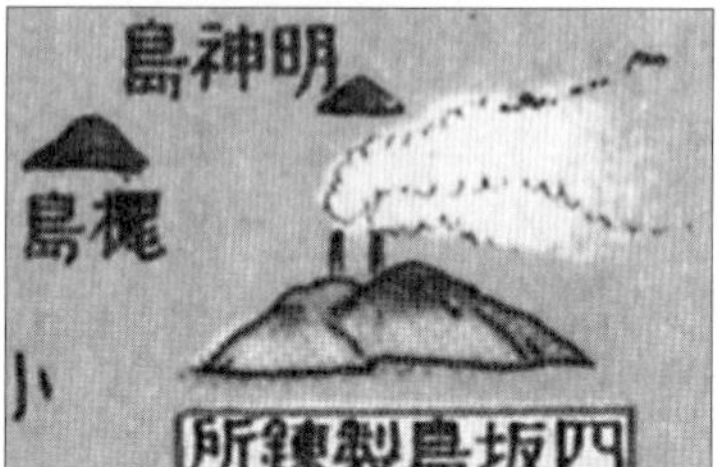

★12

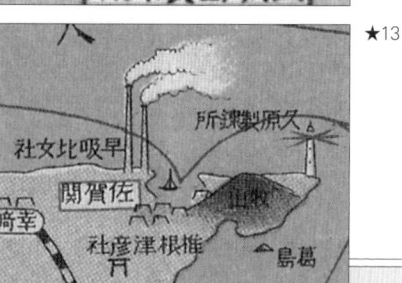

★13

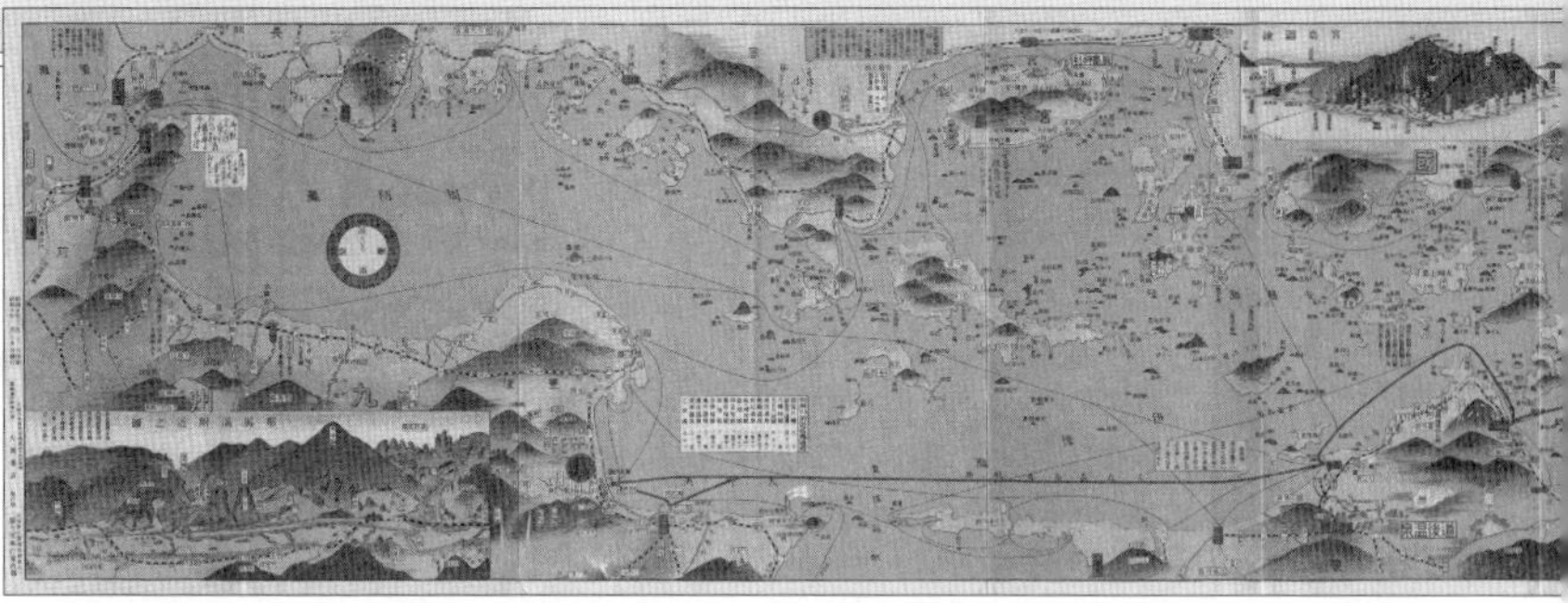

耶馬溪附近之圖

★16

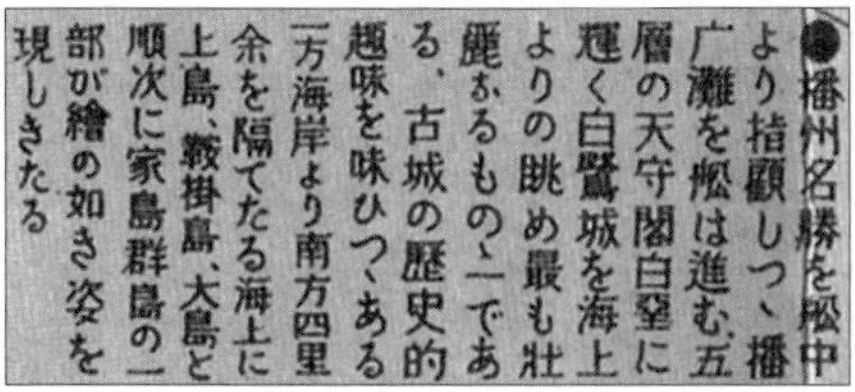
●播州名勝を舩中より指顧しつゝ、播広灘を舩は進む、五層の天守閣白堊に輝く白鷺城を海上よりの眺め最も壮麗なるものゝ一である。古城の歴史的趣味を味ひつゝある一方海岸より南方四里余を隔てたる海上に上島、鞍掛島、大島と順次に家島群島の一部が繪の如き姿を現しきたる

★18

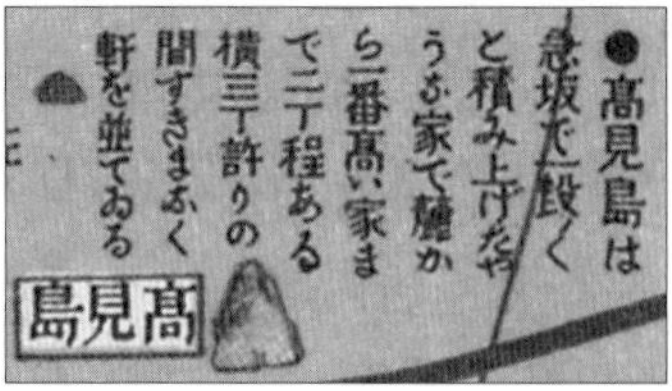
●高見島は急坂で段く と積み上げたやうな家で麓から一番高い家まで二丁程ある横三丁許りの間すきまなく軒を並てゐる
高見島

★17

鵯越
神戸

★19

『瀬戸内海航路図』

★10 全図

★11 大阪信太山の狐

★12 四阪島製錬所

★13 久原製錬所

★14 屋島古戦場跡

★15 因の島 内海中で一番……

★16 耶馬渓付近之図

★17 高見島 高見島は急坂で……

★18 ……白鷺城を海上よりの眺め最も壮麗……

★19 鵯越を決行する義経の勇姿

ある。因島（広島県）は「内海中で一番心地よい美観を与へる」、大三島（愛媛県）は「極東之桃源」と書き込んでいる。加えて、白煙をたなびかす久原《くはら》製錬所（大分市佐賀関）や四阪島《しさかじま》製錬所（愛媛県今治市）なども描き込まれている。この時期になると「瀬戸内」の概念は定着し、自然景観だけではなく、人文景観ひいては産業景観まで、多様な景観が瀬戸内海の魅力であると絵師が理解していたことが判る。（図［★10〜19］、付録【複製縮刷】瀬戸内海周辺鳥瞰図）

「総説」として次のように書いている。

「……波穏かにして北に山陽、南に四国を控え、其沿岸秀峰翠巒《すいらん》に聳《そばだ》つあり、白砂長汀の連るあり、亦た海上島嶼相羅列して其大なるものゝみにしても尚且つ三百を越え、小なるものに至つては枚挙すべからず、珠に陸上名蹟を有し島上優秀の勝地を収め、山の濃淡、紺碧の水色、晴雨朝暮に従ひ其趣を異にするが如きは如何ほどの名筆を以てするも到底其真を写し得べきにあらず……」

続けて、神武東征をはじめ幾多の史蹟がある点はいうまでもなく、「天下の絶勝」「世界の公園」として、その名を世にうたっているのは偶然ではないと強調する。瀬戸内海を「世界の公園」とみなす考えが、一般にも広く流布していた状況が判る。

◉小西和と瀬戸内海論◉

瀬戸内海を「世界の公園」と位置づけ、いちはやく国立公園に指定しようと、それぞれの立場で運動を展開した専門家がいた。たとえば衆議院議員として政治の場で奔走した小西和《かのう》や、造園学者である田村剛の名前が知られている。

小西和は幼名を和太郎という。明治六年（一八七三）、讃岐国寒川郡名村（現・香川県さぬき市）の素封家の家系に生まれた。愛媛県立中学校を経て、札幌農学校で学ぶことになる。小西にとって、汽船に乗って日本海を渡り、北海道の大地を初めて踏みしめた経験が、その後の活動に影響を及ぼした。

のちに出版する『瀬戸内海論』（文会堂）の緒言において、小西は「予は内海の沿岸に生まれ幼い折からその山水に接して不知不識の間に之が感化を受けた。そして海洋は凡《すべ》てこのやうなものと思ふて居たが笈《おい》を負つて札幌に赴く途次初めて外洋に航し、嚮日《きょうじつ》の誤謬《ごびゅう》に気付いたのである」と書いている。故郷とは、あまりにも異なる外洋のありさまに、大いに感銘を受けたことが、相対的に瀬戸内の「風景」を再評価する契機となったらしい。

札幌農学校は、「開拓の実践」「学問の充実」を掲げる日本初の高等農学校であった。小西も例外ではなく、教員たちの薫陶を受けて、みずからも開拓者たるべきと志を立てる。札幌郊外の栗沢に約二五〇ヘクタール、百戸規模の「小西農場」を設け、郷里香川の人たちに移住を呼びかけた。また十勝に「第二農場」を開いている。

もっとも彼の開拓精神は、より広い世界に向けられることになる。明治三十二年に農場が倒産、やむなく人に譲って上京する。得意とした絵を描いて糊口をしのいだのち、ようやく東京市に職を得て、さらに明治三十六年に『東京朝日新聞』の学芸部付きの記者に転じる。ロシアとの戦役を継続する軍に従って、満州や樺太、朝鮮半島へと派遣された。ペンネームは海南、画家としては松亭と号した。

二年に渡る従軍記者生活を終え、長期の休暇と二千円の慰労金を得た小西の活動は、郷里の海と山の再評価に向けられる。戦場での荒んだ経験が、その動機となったようだ。「……満州、及び北清を跋渉して、乾燥無味な風光に飽きた帰路、船が関門海峡に入るや、内海の山水が秀麗を極め、殆んど形容の辞なきに感じたのである」と『瀬戸内海論』の緒言に書いている。陰鬱で荒涼たる大陸の風景とは対照的な故郷の穏やかな風光に、彼の心に強く訴えるものがあったのだろう。

小西はひとり沿岸各地を巡り、瀬戸内の素晴らしさを論じるべく、参考となる資料の収集に時間を費やした。一年後、新聞社に復職してからも、帰宅後のプライベートとなる時間の多くを執筆に充てた。『瀬戸内海論』の刊行は明治四十四年、小西和は三十八歳になっていた。

◉海主陸従◉

小西の『瀬戸内海論』は、瀬戸内海の風光を讃えるだけの随想や案内書の類いではない。瀬戸内という地域を対象に、環境保全や文化財保護の必要性、島々を連絡する架橋の課題、洋上観光や国際観光推進の意義にまで踏み込んで、議論の俎上に載せようとした。タイトルにあるように、瀬戸内海全体を「論」の対象とすることにおいて先駆けとなる著書であった。

小西にとっては、札幌農学校の先輩である志賀重昂《しげたか》が著した『日本風景論』(政教社、一八九四)、あるいは伊藤銀月の『日本風景新論』(前川文栄閣、一九一〇)などの、先行する風景論の名著の存在が刺激になっていたようだ。とりわけ本書での主張で興味深いのは、小西が島国である日本の特徴を鑑みて、「海主陸従」すなわち「海」の重要性を説いた点だ。小西は、先行して『朝日新聞』紙上に高山植物に関する一文を発表、さらに地学や植物学の見識を踏まえて関連する文章ものにしている。そこにあって小西は、中部山岳を「日本アルプス」と呼んでいる。当時、日本アルプスという呼び方はなく、「自分の叙述が本邦初」であると小西は述べたそうだ。「日本アルプス」と命名するほどに高山の素晴らしさを訴求した本人が、「海主陸従」と主張した点も注目される。そもそも日本独自の自然美は、瀬戸内にこそ見いだされるという確信が小西にはあったようだ。

◉世界の宝石◉

『瀬戸内海論』には志賀重昂が七言律詩を寄せ、また新渡戸稲造が「瀬戸内海は山容水態、両つながら秀麗明媚にして何れの方面より観察するも殆ど一点の非難すら挟むこと能《あた》はず。真に天下の絶景なりと謂ふべし……予は実に世界の宝石なりと断言せんとす」と推薦文を記している。小西は新渡戸のいう「世界の宝石」をいかに論じたのだろう。

小西は同書の緒言において、「……瀬戸内海はまたその一部の陸地に囲まれたる、小さい水溜のみ。併し乍《なが》ら、この中には港湾、灘、瀬戸、島嶼、波濤、潮流などがあり、無数の生物も住んで居れば、数多の船舶も浮かんで居る。勿論、その沿岸には、都会と村落が点綴し、幾百千万の人々が、絶えず活動して居るのである。加之《しかのみ》ならず無比の風光を描出して、西洋人から世界の公園、現世の極楽と云ふ、賛美的呼称を得て居る許りではなく、我が国の産業、乃至《ないし》美術工芸の如き、何れも皆、内海方面から発達したのではないか」と書いている。西田正憲は、小西が「瀬戸内海の自然景を科学的に分析的に客観的に記述し、人文景も総合的に捉えよう」としていると分析、近代的風景に関する成熟した記述がなされていることを指摘する。（前掲『瀬戸内海の発見』百六十七頁）

また小西は「……詰る所、瀬戸内海と富士山と桜花が、最も強い引力を持つて居るらしい。……内海の景色は海上の楽境、世界の公園として、充分、世界の人々を引附け得るのである」と書いている。「世界の公園」である瀬戸内海の風景を保護すると同時に、景勝の地にホテルを建設して外客を誘致すべしと主張する。単なる風光の保全だけではなく、その魅力を観光開発に資することの意義も強調した。瀬戸内海を国立公園にという発想が、ここに提示されている。

保全と開発

◉海洋国の国立公園◉

『瀬戸内海論』を著した小西和は、ジャーナリストから政界に進出する。大正十年（一九二一）八月十九日から二十一日にかけて、小西は『香川新報』に「国立公園選定は瀬戸内海を以てするのが海洋国として当然」と題する三回連載の文章を寄せている。

国内においても外国にあるような国立公園の制度を設けるべきという議論が盛んになったのは、明治四十年（一九〇七）前後からであろうか。わが地域こそ国立公園とするべきだという声が日光や箱根、富士山や石狩川流域など、全国各地であがった。三菱財閥の二代目総帥である岩崎弥之助が「箱根国園」論を、神奈川県知事が「箱根大公園」計画を、静岡県知事が富士山に「世界的大公園」の建設計画を提唱するといった具合であった。いっぽう登山家であり随筆家である小島烏水《うすい》は「富士山保護論」を主張、明治四十四年には地元住民が日光の国立公園指定の請願書をとりまとめている。また、衆議院議員の清崟《せいきん》太郎は富士山の国立公園指定の建議書を国会に提出、さらに愛別村長・太田竜太郎が石狩川流域の国立公園化の意見書を後藤新平逓信大臣に手渡している。

気運が満ちたのだろう、大正五年に至って、政府の諮問機関「経済調査会」が、富士山などに国立公園を設置して、それを観光開発することによって外国人観光客を招聘し、外貨を稼ぐべきだと提言を行う。これを受けるかたちで内務省衛生局保健課などが国立公園候補地を検討、大正十二年には十六候補地に絞りこむ。

小西が地元のメディアに文章を寄せたのは、政府のこの一連の動きに呼応したものであった。そこにあって小西は、日本アルプス、富士箱根、日光などが国立公園の候補地として評判が高いが、瀬戸内海が閑却されているのは問題だと論じる。国立公園の眼目とするところは、内外からの遊覧や観光目的とするだけではなく、子供たちの教育、国民の保健などに益となり、併せて「国光を宣揚し国富を増進する」ものでないといけないと説く。そこにあって、すでに世界中の人たちを引きつけている瀬戸内海の「世界的天然公園境域」を保存して、その景趣を擁護しながら活用することは極めて重要だと論を展開する。

有力とされていた日本アルプスは、欧州のアルプスの十分の一にも及ばず、「世界的」とはいえない。小西は結論として、東の富士山とともに、西の瀬戸内海をまず国立公園にするべきだと主張する。さらに「海洋国」である日本のプライドを発揚するには、「世界の宝石」である瀬戸内海を大いに磨くことに努めないといけないと筆を進める。

日本各地にある景勝の地を「National Park」、すなわち国家が運営する公園とするべく、議論がなされるようになる。「国民公園」「国設公園」「国営公園」などという呼称もその俎上にあがったようだが、最終的に「国立公園」の名が採択された。

国立公園の候補地を調査する作業にあっては、内務省の衛生局保健課と官房地理課とのあいだで、その意図が異なったようだ。衛生局保健課は、自然保護と国民的利用との双方ともに重視する立場をとった。いわば開発利用型の国立公園を目指した。対して官房地理課は自然・風景などの保護のみを目的としたらしい。

◉自然保護と国民的利用◉

法制化の作業において、重要な役割を果たしたのが造園学者である田村剛である。岡山県で生まれた田村は、東京帝国大学農科大学林学科造園学教室で本多静六に師事したのち、大正九年（一九二〇）に内務省衛生局保険課嘱託となる。田村は一度、内務省を辞して、一年半を費やし欧米の国立公園を視察する。そこで各国ごとに異なる理念や管理運営の方法論があることを知る。

田村は、国民健康や一般国民教化のために、国家は「国民的な大公園」を所有しなければならないと考えた。いっぽうで内外に対する体面上、あるいは国賓そのほかの外客を慰藉するためにも、「国際的な公園」を経営しなければならないと説く。「国立公園の特質」として、「国土を代表するに足る大風景たること」「国土国民を記念するに足る史蹟天然記念物を有すること」「国民の体育休養に関する施設を有すること」の三項目を挙げている。

国立公園制定の運動はいったん停滞するが、昭和二年（一九二七）に結成された国立公園協会が主導するかたちで再燃する。田村は協会の常務理事となり、啓蒙普及活動を展開する。結果、昭和五年に政府の国立公園調査会を設置、翌昭和六年、帝国議会で法案が成立する。昭和九年三月、まず雲仙・霧島・瀬戸内海の三国立公園が、ついで同年十二月に大雪山・阿寒・日光・中部山岳・阿蘇、昭和十一年に十和田・富士箱根・大山・吉野熊野が順次指定される。原始性の高い山岳の大風景地とともに、伝統的風景観に基づく名勝地も国立公園として選定されてゆく。

田村たちが確立した日本の国立公園は、自然保護と国民的利用、双方の目的を併せもち、なおかつ外国人観光客を誘致して外貨獲得に寄与するものと理解された。未開地の保全をはかるのではなく、すでに土地利用が進んでいる地域を対象としたため、国有地を中心としつつも、さまざまな土地所有の形態や雑多な利用を含む地域制が採られることになる。

多島海の景観

◉数十里の山水◉

『国立公園鷲羽園』と題字にある。国立公園の候補地となっていた岡山県の鷲羽山にあって、昭和七年（一九三二）に開業した旅館「鷲羽園」のパンフレットである。表紙には、遥かに内海を高見から見晴らす和風旅館の外観がある。滞在者向けであろうか、宿舎の前にある浜辺に何艘もの屋形船が

停泊している。（図［★20］）

パンフレットを開いてみよう。中央に半島状に突き出したこの景勝地を、逆の方角、すなわち海上から鳥瞰したイラストが描かれている。その周囲には、モダンな和室と洋室とともに、周辺の名所や風光を撮影した写真を配置している。（図［★21］）

別途、横に長いイラストが掲載されている。「鷲羽山展望」と題している。遠くに近くに、濃く薄く、穏やかな海面に浮かぶ島影が重なり合う様子が、パノラマのごとく描かれている。その下に「山頭『鐘秀峰《しょうしゅうほう》』に立ちて眺望を擅《ほしいまま》にせんか」と書き出す文章が添えられている。鐘秀峰とは鷲羽山の、最も高見にある展望所のことだ。

「……白帆を浮べし藍碧の静波渺茫《びょうぼう》として東小豆島より西白石島、神島のあたり連る海上を双眸《そうぼう》の裡に認むることを得。秋冬大気澄みたる季節には遥かに淡路の翠黛《すいたい》を眺むることも亦難からず。実に数十里の山水をこの一角に鐘聚したる真に宇内の偉観たり。而も眼底に展開する翠緑滴たる五十有余の群嶼は大小形状を各々異にし配合の容、布置の態、妙を極め粋を尽して然も変化に富み且つ統一あり。」

その諧調の美観は、筆舌の及ぶところではない。遥かに煙霞に包まれている土佐山脈が南方を画し、海景に完全な統一をも

★20

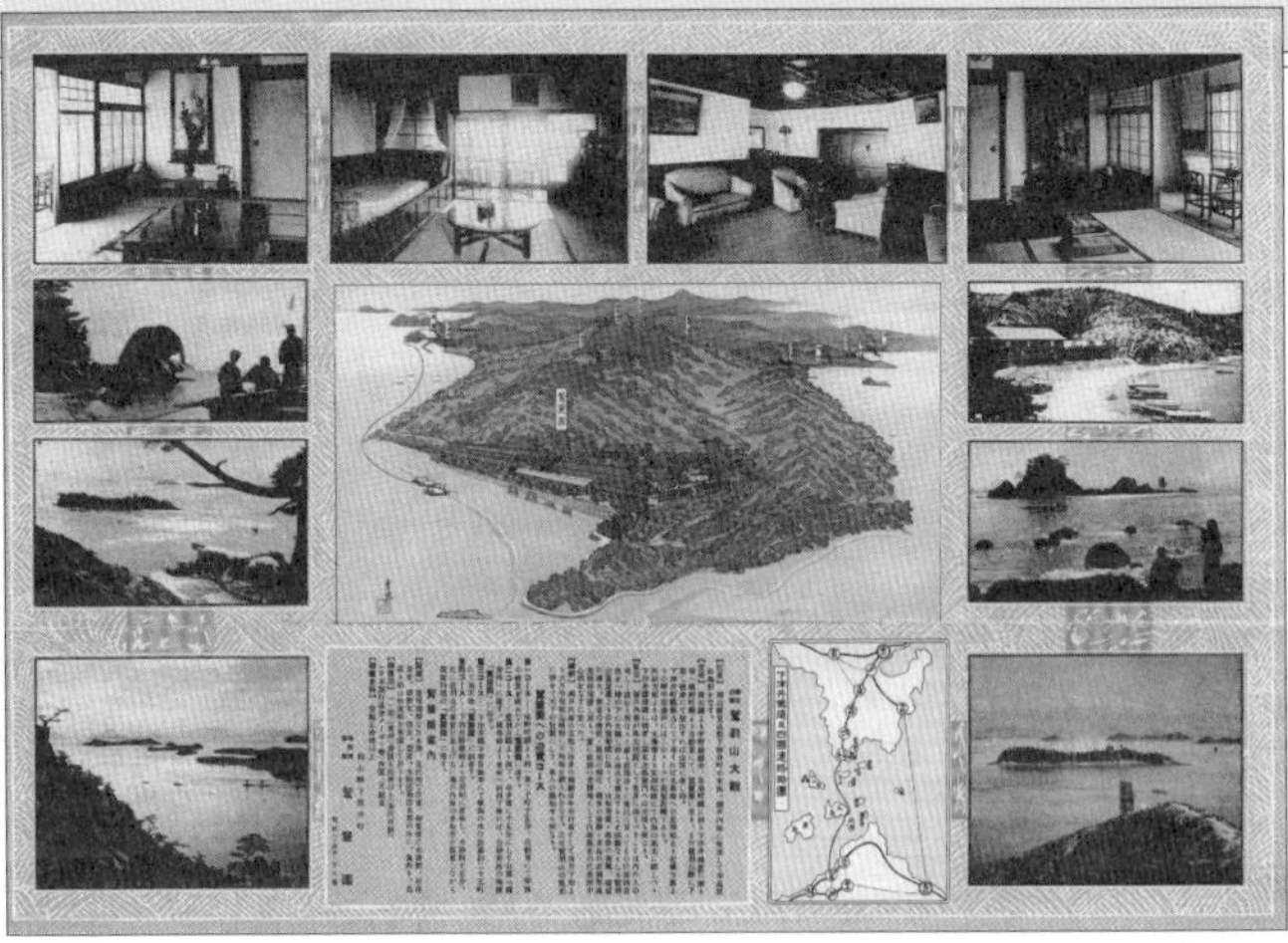
★21

★22

たらしている。また讃岐連峰にある飯野山（讃岐富士）や象頭山、白峰山などの名だたる山が、この大観のなかの点景として重要な地位を確立していると続けている。（図［★22］）

◉多島海の発見◉

「鷲麓園」は、国立公園の法制度は整ったが、まだどの景勝地を指定するのか、定まっていなかった時期に開業している。国立公園となることを想定して、計画したのだろう。勘ぐれば、新規の旅館建設などが規制される前にオープンさせようという意図があったのかも知れない。

内務省が国立公園の候補地を選定するための調査を始めて以降、各地から選出された国会議員が多くの請願を行った。瀬戸内海に面した案件だけでも、大正十一年（一九二二）の「国立淡路公園」を始めとして、多数の構想が提示された。「瀬戸内海を中心とする国立公園」「淡路島四国及瀬戸内海を中心とする国立公園」などのほか、「和歌浦を中心とする国立公園」「六甲山を中心とする国立公園」「鞆の浦を中心とする瀬戸内海国立公園」など、地域を限った請願もなされた。

小西和も昭和四年（一九二九）に「小豆島及屋島を中心とする瀬戸内海国立公園設定に関する建議」を提出している。内務省調査の初期から昭和初期においては、瀬戸内海地域では広域の海域を公園にするのではなく、小豆島・屋島・五剣山などに限る案が検討されていたようだ。小西の請願は、この動きに沿うものであったのだろう。

早くから外国人が訪問していた瀬戸内海は、国立公園の有力な候補地であった。しかし和歌浦・小豆島・屋島・厳島など沿海に多くの名勝が点在していることから、どの海域と陸域を国立公園とするのかは、さまざまな意見があったようだ。加えて複数の要塞地帯を含めて軍事施設が散在していた点も議論を難しくしたのだろう。しかし当初の構想にあった伝統的な景勝地である小豆島・屋島地区だけでは、他の候補地と比べた際に有利ではなかったらしい。新たな景観の概念が必要であった。

ここにおいて「多島海」という概念が重く見られたようだ。西田正憲の研究によれば、それは東京帝国大学教授であった脇水鉄五郎と田村剛の功績であったという。きっかけとなったのが、鷲羽山に彼らが訪問した際の発見にあった。地質学の専門家であり、国立公園委員会特別委員会のメンバーでもあった脇水は、昭和四年、鷲羽山に登り、備讃瀬戸を見晴らして、その素晴らしさを見いだす。田村もまた、小豆島・屋島だけでは不充分だと思っていた。模索するなかで、昭和五年、彼も鷲羽山に登る機会を得る。「意外な絶勝」を発見して、しばらくうっとりと無言で立ち尽くしたという。

彼らの意見が重視されたのだろう。由緒のある文化的景観に秀でた小豆島・屋島に、「多島海」という近代的な美観概念を有する備讃瀬戸を加えた案が検討される。内務省に設置された国立公園委員会の各回の議論において、田村剛は「所謂多島海として本邦に於て傑出せるのみでなく夙《つと》に世界の公園として賞讃せられて居ります」と、また衛生局長・大島辰次郎も「備讃瀬戸と称せらる多島海の風景型式を構成する部分」と説明している。結果、鷲羽山や鞆の仙酔島、さらには塩飽諸島や直島までを含む区域が国立公園に指定された。

◉瀬戸内の展望台◉

大阪商船が発行した雑誌『海』の昭和十三年（一九三八）一月号に、田村剛が「瀬戸内海国立公園の展望台」という一文を寄せている。国立公園を選定するべく議論がなされていた当時の状況を述懐した文章である。概要を述べておこう。

瀬戸内海の風景は、すでに「世界の公園」として内外に定評がある。しかしそれまで評価されていた「内海風景」は、主として主要港湾を結ぶ船舶、とりわけ外国航路を行く汽船の甲板から眺めたものに限っていた観がある。

たとえば史蹟である屋島や、小豆島寒霞渓の紅葉は、すでに「局地的な名所」として広く知られていた。しかし内海を展望する屋島の北嶺は訪れる人は少なかった。鞆の仙酔島にしても、島と属島の絵画的な風景は知られていたが、街の北方にある後山中腹の医王寺からの雄大な展望については、知る人もあまりいない。

瀬戸内海が国立公園の候補地として名乗りを上げた当初は、「屋島及び小豆島」というように、いくつかの名勝を列記するかたちで定義されていた。しかし調査が進むにつれて、「内海の大観的な展望美」に卓絶するものがあることが知られるようになった。最初に発見されたのが下津井の鷲羽山からの眺望であり、ついで本島や白石島からの眺めがこれに匹敵、やがて新割山（岡山県倉敷市）、大崎鼻（香川県坂出市）、佐柳島《さなぎしま》・高見島（香川県多度津町）などが踏査され、それまでは世に知られていなかった展望所が次々に紹介されるようになった。

多島海の風景は、高地から展望する際に、最も良くその特色を発揮する。結果、瀬戸内海国立公園は、局地的な名所のほかに、大観において独自の風光を誇るものという点から「備讃瀬戸」に領域を拡張、「海そのものを舞台とする公園」となったのだという。田村はこの一連の経緯を回顧して、「内海風景の見方」に「革命」があったと指摘している。

また田村は、主として花崗岩から成り立つ瀬戸内海の諸島にあっては、屋島・五剣山・女木島《めぎしま》・男木島《おぎしま》・豊島《てしま》・大槌島・小槌島・佐柳島・高見島・讃岐富士など、新火山岩からなる「異様な輪郭の島山」が起伏、スカイラインの単調さを破っている点が「内海風景」に活気を漲《みなぎ》らせていると述べる。一様な地質でできている松島や天草群島、朝鮮半島の羅州群島とは比べものにならないほど、変化に富んでいると書く。

田村が特に注目した瀬戸内海の眺望の魅力は、季節ごと、時間ごとの変化である。通常、優れた海景は夏に限るといって良いものだが、大気が澄んだ秋も、淡く春霞に島々が浮かぶ春も余韻があって面白い。一日の変化になぞらえれば、日中が夏、朝は春、夕方は秋、夜は冬に例えられる気分を伴なう。なかでも瀬戸内が最も壮麗に粧われるのが、日没の一時間ほど前である。田村は次のように書い

★23

『海』昭和十三年一月号より
★23 本島の展望
★24 根香寺の展望
★25 鬼ヶ島（女木島）の展望
★26 屋島談古嶺

★24

★25

★26

ている。

「それは空も海も島影も一様に、世にも神々しい薄紫のヴェールを着けて現実から次第に遠ざかつて行く姿であるが、この一時間ほどが海景としては、最も印象的なものであることを、度々の経験から、私は信じてゐる。」

観光者はこの瞬間を見逃さないことを希望すると田村は書いている。瀬戸内海の価値を高く評価した専門家による風景論として、要領を得たものだ。文章に添えられた四枚の写真も、瀬戸内海の眺望の素晴らしさを訴求している。（図［★23〜26］）

◉瀬戸内海はどうしてできたか◉

田村とともに、瀬戸内海国立公園の誕生に影響力を持った脇水鉄五郎の述懐も見ておこう。雑誌『海』昭和十三年（一九三八）四月号に、脇水は「瀬戸内海はどうして出来たか」という論考を寄せている。

脇水は、東京帝国大学で教鞭を執った地質・土壌学者である。米国のほかオーストリアやイタリアに留学、森林土壌学や砂防学などを学んだ。史蹟名勝や天然記念物の調査にも力を尽くし、退官後は全国の山々を踏査した。『耶馬渓彦山風景論』（耶馬渓鉄道、一九三三）や『日本風景誌』（河出書房、一九三九）などの著書がある。

脇水は、敦賀湾から大阪湾、瀬戸内海を経て有明海まで、海や湖や平地が続いている地勢を、「南日本」の「陥没地帯」とみなす。そのなかで瀬戸内海は「南日本が朝鮮方面から受けた横圧力のため、地層がたるみ下ったために、陥没の最も大きかった部分である」と分析する。かつ縦横に走る断層によって、陥没の程度が異なったため、大阪湾・播磨灘・燧灘・伊予灘・周防灘・有明海など「海」となったところと、淡路島・備讃諸島や芸予《げいよ》諸島など「島嶼の集合」となったところ、あるいは大阪平野や京都盆地のように「平地」となったところがあると述べる。

この小文で脇水は、瀬戸内海国立公園に最初に指定された「備讃海峡（備讃瀬戸）」の考察に紙幅を割き、田村と同様に「展望台」の必要性を説いている。

「凡そ瀬戸内海風景の特色は、波静かなる海面に大小数多の島嶼が碁布羅列して、多島式風景を展開するにある。而してその特色を味はふには、一眸の下になるべく多数の島嶼ををさめ得る展望台を必要とする。」

屋島は、その前面に展開する島嶼の数が割合に少なく展望の範囲が狭い。小豆島の四望頂は、高度があるため海岸近くに散布する島々は視野に入らず、「眺望雄大なるも繊細味に欠く」と分析する。脇水は瀬戸内海にふさわしい展望台が備えるべき長所を次の四項目に整理する。

一　眼界の広きこと。

二　島嶼の分布と山海の配置とがよろしきを得て、近景、中景及び遠景の整つて居ること。

三　海面上の高さが適度なること。蓋し、山高きに過ぐる時は、島間の距離相離れ且つ景観の細部の分明を欠く憾《うら》みあり。また山低きに過ぐる時は、景観平板状となり相接近せる島嶼は、互に相重なりて島嶼としての特色を失ふ欠点あり。

四　眼界に入る島嶼の数は多きを可とするも余りに密集する時は却つて島嶼たるの感を失ふ。また島嶼の大さ大なる時は島嶼たるの感を失ふ。故に小さき島嶼が碁石を散した如く多数に散布するを以て多島海の真髄とする……。

脇水は、瀬戸内海を国立公園に推した経緯を回顧する。先に述べたように脇水は、昭和四年の夏、岡山県下津井町の六口島にある象岩の調査時に、町長の案内で鷲羽山に登った際、そこが上掲した諸条件を具備する絶好の地点であることを発見した。当時、瀬戸内海における国立公園の候補地は屋島と小豆島を中心とする区域に限られていた。そこで脇水は、国立公園委員会において、鷲羽山を公園の候補地に加え、なおかつ鞆までの延長を提案したという。結果、燧灘と播磨灘のあいだにある多島海の全体が国立公園の区域となった。この述懐を信じれば、脇水こそが「眺望」「展望」という瀬戸内海の愛で方を再発見した人物ということになるだろう。

さらに脇水は、みずからの専門に拠って立ち、国立公園となった区域の地質と景観を分析する。基盤となっているのは花崗岩であるが、屋島や白峰台、象頭山など噴出した火成岩からなる特色ある地形もある。また寒霞渓は、花崗岩を破って噴出した輝石安山岩の集塊岩からなっている。いっぽう讃岐地方の山岳部には、数多円錐形小火山が群立して特色ある景観を産み出している。実に多様なのだ。加えて海岸には花崗岩が砕けた白砂の浜が連なり、そこに茂る松原とあいまって、「日本独特の海岸風景を代表」するに足るものがあると述べている。

「かやうなわけで瀬戸内海国立公園の区域は、独り地形上最もよく瀬戸内海の特色を発揮する多島海区域たるのみならず、地質上種々の火成岩を包容し、従って地形上及び植物景観上種々の異相を呈し、瀬戸内海風景を代表して遺憾なきものと認める。」

脇水は、このように文章を閉じている。「瀬戸内海はどうして出来たか」という議論には、海と島々がかたちづくられたという地学・地質学的な視点に、海域も含めたその独特の景観がどのように産み出されたのかという論点を加味する必要があるという主張だ。少なくとも一九二〇年代から一九三〇年代の瀬戸内海をめぐる言説にあっては、その景勝や美観を説明する枠組みそのものをめぐって、従来の定型を破るべく、いくつもの「発見」が書き加えられていたことが判る。

第二章

観光と海

優美な客船が瀬戸内海観光の主役となった。
船会社は「海の女王」と呼ばれる大型船を導入、
周遊ルートを設定して、都会の人々を海上の旅に誘った。
モダンガールたちが楽しんだ船旅のスタイルはいかなるものであったのだろう。

国際観光と瀬戸内海

広島鉄道局が発行した封筒セットを紹介しよう。『瀬戸内海之風光』と題し、朱塗りの日本建築の庇が表紙に描かれている。厳島神社の様子だろう。

広島鉄道局は、昭和十年（一九二五）八月一日、大阪と門司の鉄道局から分離のうえ開設された。この封筒セットはその後、発行されたものだ。

各封筒の表側には「瀬戸内海鳥瞰図」と題して、エリアを鳥の目から見た風景が印刷されている。広島・岡山・高松・松山などの諸都市に加えて、小豆島・寒霞渓・五剣山・屋島・栗林《りつりん》公園・塩江温泉・金刀比羅宮・道後・厳島・阿伏兎《あぶと》観音・仙酔島・白石島・鷲羽山など、主要な名所が特記されている。

◉名所を描く◉

各封筒の内側には、厳島神社鳥居（天泉画）、松山女達磨・宇和島鹿面（笛畝画）、松山城（此然画）、寒霞渓展望台（深水画）、雨之瀬戸海（讃次郎画）など、名所や市街地風景の素描がある。手紙を受け取った人は、旅先からの知人の便りとともに、瀬戸内の風光の絵を眺めることができたわけだ。地方の鉄道局も観光地の宣伝に力を入れたことが判る。（図［★1〜12］）

★1

★4

★2

★5

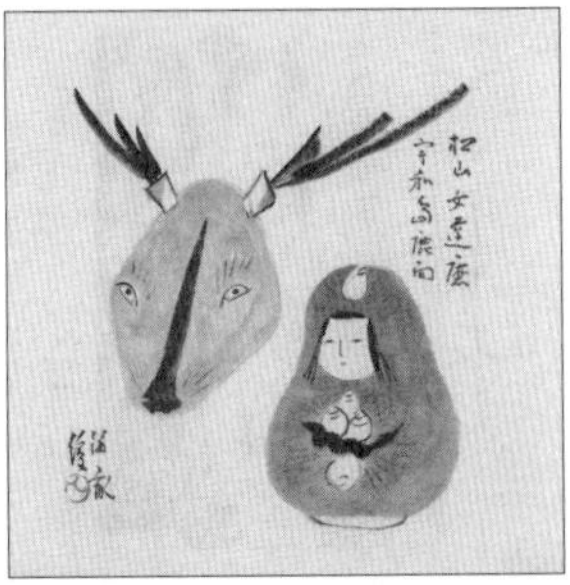

★3

『瀬戸内海之風光』
★1 表紙
★2 厳島神社鳥居（天泉画）
★3 松山女達磨・宇和島鹿面（笛畝画）
★4 松山城（此然画）
★5 寒霞渓展望台（深水画）

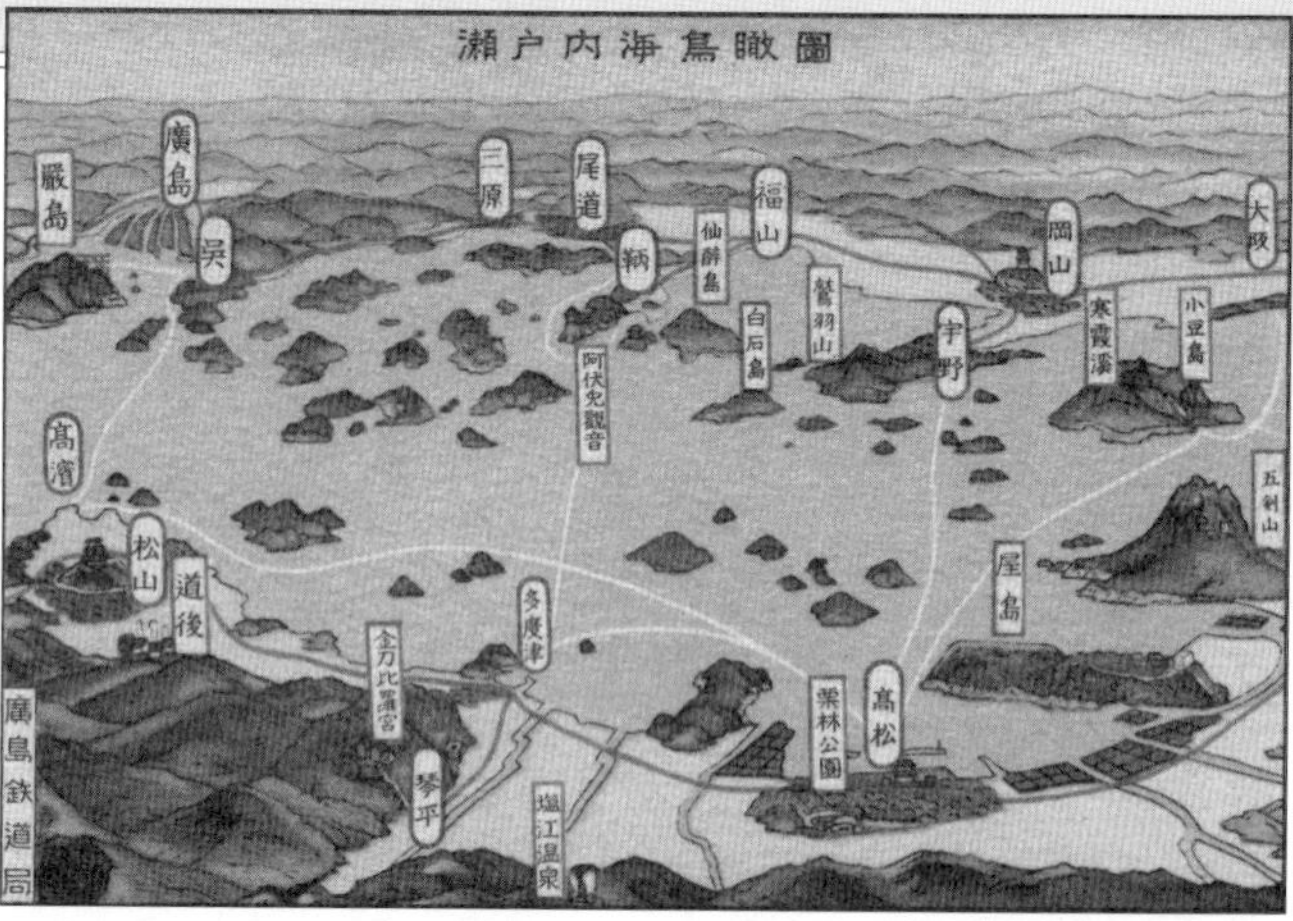

★6

★11

★9

★7

★12

★10

★8

『瀬戸内海之風光』
★6 封筒表側「瀬戸内海鳥瞰図」
★7 雨之瀬戸海（讃次郎画）
★8 瀬戸内海三原付近（弦月画）
★9 多度津港（勝爾画）
★10 雨後之鷲羽山（周山画）
★11 画題未詳（錦成画）
★12 画題未詳（富治画）

◉国策としての観光◉

日本において国立公園の法制化と場所の選定がなされた大正時代後半から昭和初期は、同時に外国人観光客を日本に誘致するべく、盛んに議論がなされた時期である。昭和四年（一九二九）三月、外客誘致に関する建議が可決された。来日外国人の増加もあり、海外に日本を宣伝する好機だと判断されたらしい。この建議を受けるかたちで同年四月、鉄道省とジャパン・ツーリスト・ビューローの提唱による対米共同広告委員会が設置された。

対米共同広告委員会はその名の通り、米国で日本への観光キャンペーンを展開することが使命である。鉄道省が十万円、満鉄・日本郵船が三万円、そのほか朝鮮鉄道や台湾総督府鉄道、大阪商船、ホテル協会などが出資した。合計二十万円の資金を集めて、ニューヨークに実行委員会が設けられた。英文での日本案内、ポスターの制作、雑誌広告、全米の旅行業者十名の日本への招待等を実施した。その効果もあったのだろう、同年中に八千五百名ほどの米国からの旅行者を受け入れている。

翌昭和五年四月になって、外客誘致を本格的に実施する組織である国際観光局が鉄道省の外局として設置される。ついで七月には、鉄道大臣を会長とする国際観光委員会も設けられる。この委員会は、官民の関係者六十人以内で構成される大臣の諮問機関であり、政府の観光政策が審議された。

同委員会の答申の第一号が「外客誘致の宣伝に関する件」である。そこにあって外客誘致を実行するためには、官民の協調による対外的な宣伝が極めて重要であるという見解が示された。従来も鉄道省と民間事業者が協力して対外的な宣伝を行ってきたが、同種の事業を国策として実施している欧州諸国と比べると小規模である。

統一的に実行するべく、機構の改善や拡大が必要であると述べる。加えてその費用は、一般会計で負担するべきと明記しつつも、利害関係を有する国有鉄道や地方公共団体、そのほか民間関係業者が分担することも妥当という考え方を示した。

十一月二十五日の第三回総会において、「外客誘致に関し急速実施を要する事項並其の実行方策に関する件」をまとめている。「観光宣伝の方策を確立すること」のほか、「旅行斡旋期間を充実改善すること」「ホテルを整備改善すること」「休憩所、洗面所其の他之に類する設備を整備改善すること」「交通機関を整備改善すること」「観光地に於ける設備を充実改善すること」など十三項目の方策をとりまとめた。そのなかには、観光地や観光経路の選定や、観光地における風致記念物等の保全をはかるという地域づくりの提言も含まれている。また、先の対米共同広告委員会の仕事をも引き受ける機関として、財団法人国際観光協会が設立されることになった。

◉日本を世界に宣伝する◉

ここにおいて、外国人観光客の受け入れは、鉄道会社や船会社、あるいはホテルなどによる民間事業ではなく、いわば国策となった。しかし国庫からの資金は充分ではない。鉄道省や民間業者からの供出金を集めて、年間三十万円程度の予算で対外宣伝を行う必要があった。

とりわけ意識されたのが米国からの誘客をはかる方図である。たとえば昭和八年（一九三三）には、シカゴで開かれた万国博覧会において、国際観光局と国際観光協会が中心となって日本の展示を行っている。また、当時人気のあった青少年雑誌で「日本――なぜ僕は日本に行きたいのか（Japan and

Why I Want to Go There)」と題する懸賞論文を募集、一等の入選者三名を、日本各地や朝鮮半島、満州方面の見学旅行に招いた。その経験は新聞や雑誌、各地での講演などで大衆に広く伝えられた。この事業は高い評価を得たようで、翌年も「日本に行きたい六ツの理由」という課題で再度、懸賞募集を実施した。

国内でもイベントが展開された。昭和九年には、国際観光局の設立記念日である四月二十四日を中心として、その前後、一週間に渡って全国観光祭を挙行した。東京・横浜・京都・大阪など全国二十三都市が参加、国民に対する観光観念の普及に努めた。

また雑誌『国際観光』(国際観光協会)の刊行五周年記念の企画として、「国際観光事業の発展策」と題する懸賞論文を募集した。

各種の宣伝媒体も用意された。日本の名所や文化を紹介する宣伝用映画を制作・複写、諸外国の公使館や領事館、学校、クラブ、公共的団体、フィルム・ライブラリーへと寄贈した。「桜咲く日本」「日本の四季」「日本瞥見《べっけん》」「東京交響楽」「奈良と京都」「夏の雲仙」「日光」「大阪」「九州横断」などのフィルムに加えて、「瀬戸内海」と題する映画があったことが資料から判る。

印刷物も多様に企画された。『東亜旅行案内叢書日本篇』や雑誌『Travel In Japan』(一九三五年創刊)を発行した。また各国語の日本案内のほか、米国やカナダの学生向けの『青少年向日本案内』、アジアに滞在する西欧人を避暑や避寒に招くべく『夏の日本』や『冬の日本』などの冊子を制作した。日本文化を紹介する『ツーリスト・ライブラリー』と題する叢書も創刊した。

またポスターや画集、地図、カレンダー、クリスマスカード、英文の時刻表なども発行した。その題材として、日本各地の名所旧蹟が選ばれているが、瀬戸内海からはしばしば宮島が選ばれている。

◉観光宣伝と日本画◉

各種の絵葉書も用意された。日本に滞在している外国人旅行者が故郷の家族や知人に便りを送る際の使用とともに、帰国後、土産として配布するということが想定された。国際観光局による絵葉書の制作は、昭和五年（一九三〇）から始まっている。原色の版画や絵画、写真など、年度によって、さまざまな表現で描かれた名所の風物が葉書に印刷されて、各地で販売された。昭和十三年からはホテルや汽船の客室に備え付けられるようになった。

全国の名勝を扱った絵葉書をセットにする場合と、「阿蘇と雲仙」（昭和八年）、「吉野熊野」（昭和十年）、「上高地」（昭和十一年）など地域を限った絵葉書を発行する場合があった。「瀬戸内海」と題する絵葉書も、昭和十一年に十二種を一組として販売された。

各種の印刷物で使用する絵画を確保するべく、昭和五年の十和田を皮切りに、毎年、日本画家によるスケッチ旅行が実行された。瀬戸内海国立公園にも、昭和十年十一月九日から十一月十七日にかけて、日本画家十一名が派遣されている。世界に日本の魅力を知らしめる手段として、日本画が有効であると考えられた。

瀬戸内海の景勝地も、映画や絵葉書を媒体として、世界の人々に広く宣伝されたわけだ。

競争の海

瀬戸内海の観光にあって、主役となったのが、沿岸の各港を東西に結んで運行する汽船である。日本の近代化の歩みとともに、瀬戸内海を往来する汽船の歴史が始まる。その初期にあっては、競争と統合が繰り返された。

◉汽船会社の近代化◉

明治新政府が、平民の船舶保有を解禁したのは明治二年（一八六九）のことだ。以後、翌明治三年、商船規則が発布され、西洋型船舶の取得が奨励された。これに呼応して、各地で海運事業者が誕生する。瀬戸内海沿岸に限っても七十社を数えるほどになる。乱立による問題に対処するべく、明治十三年に大阪府ほか各県の指導によって関連各社は航路同盟を締結、取締会社である同盟汽船取扱会社が誕生したが、競争はなお熾烈を極めた。

状況を打開するべく明治十五年、住友家の総理人・広瀬宰平が、多くの船主の利害の調整に乗り出す。結果、参加船主五十五名、船舶九十三隻、資本金百二十万円、十八本線四支線、地上勤務百人余り、千人を超える海員を擁する新たな有限会社が発足する。明治十七年五月一日、伊万里行きの豊浦丸、細島（現・宮崎県日向市）行きの佐伯丸、広島行きの太勢丸、尾道行きの盛行丸、坂越《さこし》（現・兵庫県赤穂市）行きの兵庫丸が、新会社の名のもとに大阪を出港した。「大阪商船会社」の船出である。

もっとも、新会社への参加を見合わせた船主との競合、採算の合わない航路の調整や整理など、課題は積み残されていた。また老朽化した船舶の改修も求められたため、政府からの補助を得て新型の船を投入する必要も生じた。

経営努力を重ねる途上で、新たなライバルが出現する。宇和島運輸や尼崎汽船を始め、日本共立汽船、阿波国共同汽船、伊予汽船、土佐郵船などの海運業者が瀬戸内の航路に参入をはかったのだ。静かな海は、ふたたび激しい競合の場に転じた。これを再度、静めるべく、明治二十三年以降、大阪港発の中国航路や九州航路など、各路線の運賃に関する協定が結ばれた。ついに明治二十六年になって関西汽船同盟が結成される。

◉大競争の海◉

大阪商船は、海外への航路を開くことで事業の展開をはかる。明治二十三年（一八九〇）七月、初の海外航路となる大阪釜山線を開設、続いて二十六年に大阪仁川線、朝鮮沿岸線を設けて、国際海運会社へと発展をみた。しかし大正時代になって、瀬戸内海を往来する海運の勢力争いは再燃する。

大阪商船のライバルとなったのが尼崎汽船である。同社の創業者である初代・尼崎伊三郎は、尼崎大洲村の農家に生まれた。明治維新ののち、尼崎姓を名乗った伊三郎は、時勢を見て海運業を志す。明治十二年、六九九トンの小汽船秀吉丸で大阪から伊勢、さらには名古屋の熱田を結ぶ沿岸航路に進出、さらに瀬戸内・九州へと展開する。のちに共同組、ついで尼崎汽船、さらに尼崎汽船部と改称した。日清戦争における舟運で利益を得たのち、北海道、仁川へと航路を延ばす。大正四年（一九一五）には、総数二十隻、一万トンを保有する船会社に成長、大阪を拠点とする船会社では大阪商船に次ぐ

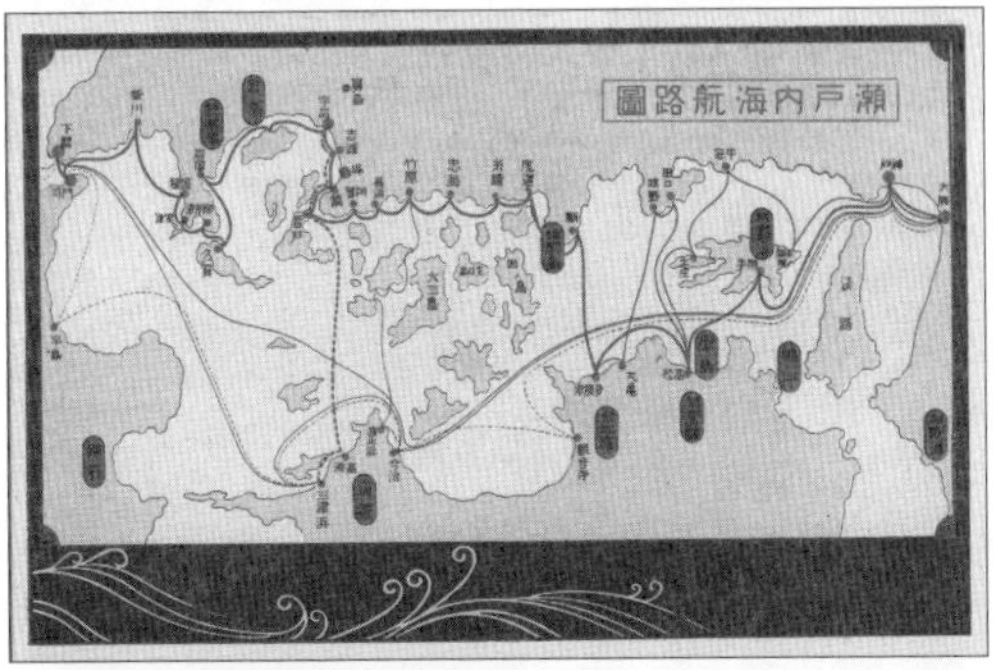

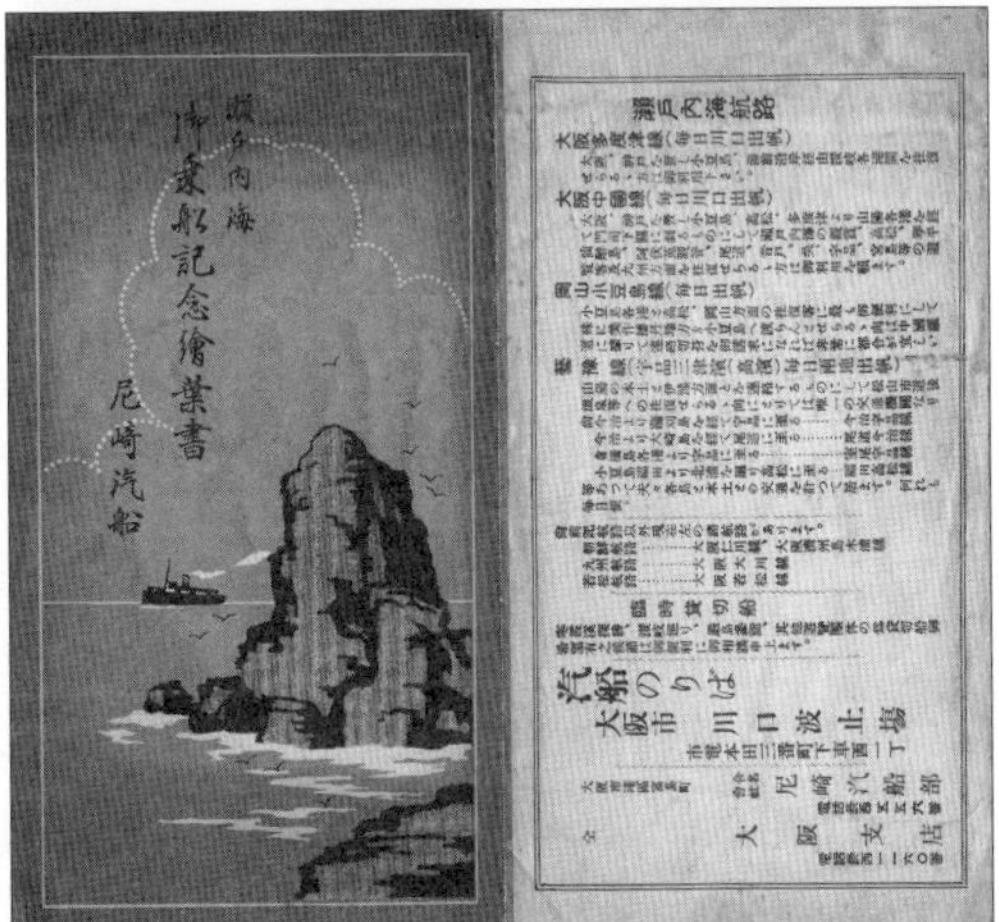

★13〜15

勢力となった。

　同社が天正丸の乗船者に配布した絵葉書を紹介しよう。航路を描くもの、船の写真を題材としたものなどがある。天正丸の絵葉書では、同社の旗のほか、汽船の周囲に寒霞渓や金刀比羅宮のイラストが描かれている。袋には、大阪の川口波止場を出発して多度津や中国四国地方を連絡する航路のほか、九州に至る大阪大川線や大阪若松線、朝鮮半島までを結ぶ大阪仁川線・大阪済州島木浦線などが紹介

されている。（図［★13〜15］）

大阪商船と尼崎汽船との関係について、大正四年十一月五日の『福岡日日新聞』に、「商船尼崎大競争」と題した記事が掲載されている。それによれば各汽船会社は、「相互親睦を計り各自分立競争の弊を防ぎ益斯業の発展公益を期する」ために明治二十六年、関西汽船同盟を設立した。しかし大正四年六月三十日に、この同盟が解散する。これを契機に、大阪商船と尼崎汽船のあいだで、運賃割引の「大競争」が始まったというのだ。

尼崎汽船は尾道や徳島などにあって定額運賃からの割引を実施、さらに各港を往復する際の割引券を大幅に発売して、荷物や乗船客を集めて「他社との歩調を乱さん」とした。これに対して、大阪商船は尼崎汽船に説明を求めたが、返答は要領を得ない。それだけではなく、依然、運賃の低減が続行された。「瀬戸内海航路は混乱の状態」に陥ったが、大阪商船は好んで競争を試みることはせず、「努めて平和の維持」を望んで、対抗策を打たず四ヶ月のあいだ隠忍平静を守った。その結果、商船と取引のあった各港の扱店や仲次人は荷を奪われてしまい疲弊困窮する。やむを得ず大阪商船は、自衛のために「猛然として競争の態度」を決して、運賃の大幅な割引を断行した。「今後内海航路には華々しき競争を見るならん」と記事では予測している。

両社の競争は、瀬戸内にとどまらず、九州の西海岸線に及ぶ。西まわりの九州航路は、尼崎汽船が利益を上げていた。大阪商船が「敵の本拠地」を猛然と衝くべく、従来は不定期の船しか走らせていなかったこの路線に、大川運輸会社と共同経営の協定を結んで参入する。両社の船舶を利用して、大阪、神戸、下関、門司、博多、呼子、平戸、佐世保、長崎、三角（現・熊本県宇城市）、島原、若津

(現・福岡県大川市)の各港を結び、定期運行を始めたのだ。尼崎汽船は「対抗策に余念なきもの」のようだと記者は書いている。今後、両社の競争がどこに及ぶか予測の限りではないが、「船持会社は一般に裕福の際」であるため、激烈にならないではいられないと分析している。

瀬戸内の女王

◉海の女王◉

瀬戸内海の各航路は、汽船会社による競合の場となった。商機にあふれたこの海を制するべく、大阪商船はドル箱の航路に豪華客船をあいついで投入する。★16

大阪商船は、大正末から昭和初期にかけて、毎年のように『瀬戸内海名所巡り』あるいは『瀬戸内海』と題する案内を発行している。案内では、大阪別府航路や大阪山陽航路など、内海を往来する同社のルートを単純化して図示しつつ、各所の観光名所を解説する。その構成から見て取る限り、大阪や神戸を起点とした旅行者を意識して作成されたものだ。

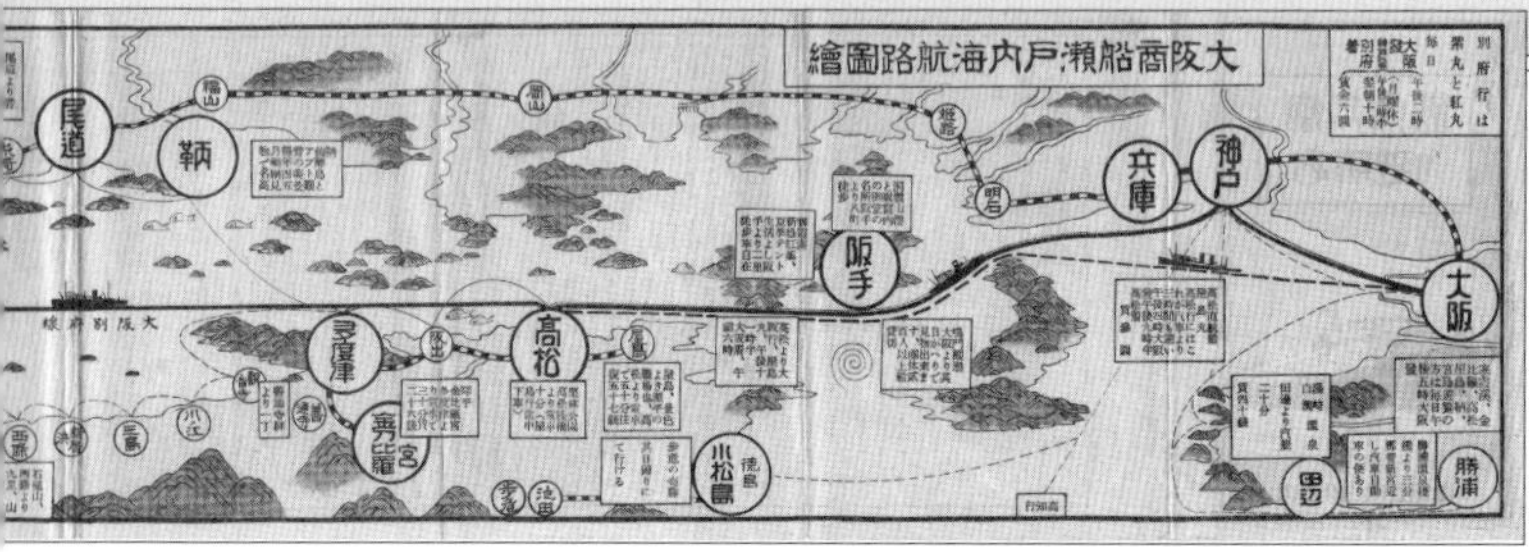

年次は不明だが、大正末か昭和初期の版と推定される『瀬戸内海名所巡り』を見てみよう。鳴門観潮や徳島の大歩危《おおぼけ》小歩危《こぼけ》には、日帰りでも行くことができると強調する。また屋島丸などの直航船に乗ると、午後四時に大阪を出発、午後九時三十分には高松に到着する。「汽車より三時間」も早く到着できるとうたっている。（図［★16・17］）

別府へと向かう際には、毎日午後二時に大阪の天保山を出航する大阪別府航路に加えて、中国地方の各港を経由する大阪山陽航路があった。後者は夕方五時に大阪を発って、小豆島、鞆、宮島を経由して別府に至る。「尾道より音戸まで航海はさながら湖水の様で景色美はし」とある。宮島に関しては、午後五時に大阪から到着、午後九時に別府に向けて出航する便があり、このあいだに充分に参詣できると案内では強調している。大阪が、瀬戸内観光へのゲートウェイとなっていた状況が良く判る。

『瀬戸内海名所巡り』の表紙には、大阪商船の顔となった新型船の勇姿を描いたイラストを掲載している。同社がドイツ製ディーゼル客船「紅丸」を購入、大阪と別府とを結ぶ航路に就航させたのは明治四十五年（一九一二）の春のことだ。大正十年（一九二一）になると、和辻春樹の設計によって完成させた一六〇〇トン級の「紫丸」を投入する。大阪から神戸、高松、今治、高浜（松山港）、大分に寄港して別府温泉に至る航路は、湯治に出向く観光客に加えて一般の旅客も繁く利用、阪神地区と四国の主要港湾、九州東岸各地とを連絡する大動脈となった。

★17

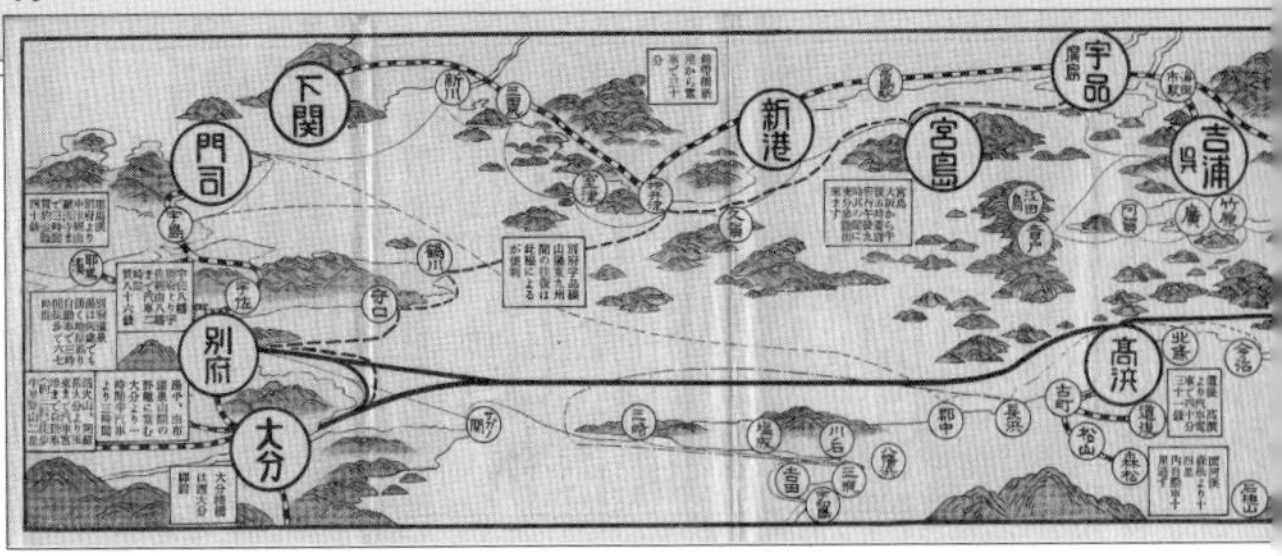

また大正十三年九月、二代目となる紅丸が大阪桜島の大阪鉄工所で進水する。総トン数一五四〇トン余、長さ二百五十尺、船幅三十八尺の新造船は、一等船客三十八名、二等船客百八名、三等船客四百五十名を乗せて、最高速力一四・三ノットで走ることができた。

紫丸と二代目の紅丸は、その美しさから「瀬戸内海航路の女王」などと讃えられた。ここでは紫丸を中心に置き、周囲に各地の名所を鮮やかに描いた美しい絵葉書も紹介しておこう。那智の滝、瀞峡《どろきょう》、金刀比羅宮、阿伏兎観音、宮島、道後温泉、別府海地獄、阿蘇噴火山の風景が楕円状に配置されている。瀬戸内海沿岸の随所を、大阪商船が結んでいるイメージが判りやすく示されている。(図［★18］)

★18

◉船旅の静けさと愉快さ◉

先に紹介した『瀬戸内海名所巡り』の裏面には、瀬戸内海各地の名所の風情とともに、船旅の特徴が記載されている。そこでは、内海を池のように「静か」であり、また滑るように船が走る様子を「愉快」だと紹介する。

「瀬戸内海は至つて静かで御座います、船は決してゆれませぬ、恰度《ちょうど》池の面を辷《すべ》つて行く様に愉快に走ります……」

もっとも、静けさを感じさせたのは海だけではない。船内も、それまでの船よりは遥かに静かであったようだ。案内において汽船会社は、最新式のディーゼルエンジンを採択、石炭を焚かないから煤煙が絶無である点や、甲板上の補助機関がことごとく電気装置で運転しており騒音がない点など、従前に比べて騒音や振動が軽減されたことを強調する。

大阪商船が大阪別府航路に導入した一連の新型船は、同社の自慢であった。案内にも「近頃は紅丸や其他多くの最新式の船が揃ひましたから、尚更乗心地が宜しう御座います、船中設備は益々立派に整頓致しました」と書いている。

いっぽうで、船の走る様子だけが「愉快」なのではなく、紅丸や紫丸での船旅そのものもまた、「愉快」であると強調する。船内が広く、汽車や電車のように混み合うことがない。もとより旅の疲れは起こらない。ゆっくりと甲板を散歩したり、腰をかけて休息したり、活動写真や芝居、浪花節、落語などの余興に笑い興じながら旅行ができる。「欧米の一流旅客船」と伍しても少しも遜色のない「凡ての最高級の愉快を具有」と自画自賛である。

他の海運業者との競争、あるいは鉄道利用者との競合のさなかにあって、大阪商船は船旅の「静けさ」と「愉快さ」を利用者に強く訴求したわけだ。

加えて大阪商船は、清潔さや健康面への配慮も、船旅の利点だと考えていたようだ。海では花見遊山のように、髪や服が砂埃をあびるような不愉快さはない。海の清らかな空気、オゾンを胸いっぱいに吸った時の爽やかな心地を連想してほしい。「それはそれは何ものにもたとへやうもない楽しみ」だと、この案内では強調している。

海上のホテル

◉海の上の大ホテル◉

大阪商船は紅丸や紫丸など、大阪別府航路に投入したディーゼル船の設備や装備の素晴らしさを、広く旅行客に訴えた。とりわけ贅を凝らし、洗練を求めて整えた船室のしつらいは自慢であった。たとえば先に紹介した『瀬戸内海名所巡り』では、紅丸や紫丸の一等客室は「堂々たる大ホテル」と比べても、少しも遜色がないと強調する。説明文を見ると、二代目紅丸の一等客室には、フランス式の客室と桃山風の純日本式の客室とがあったことが判る。このうち日本室は青畳の上に美しい敷物を用意、檜の柱、杉柾《すぎまさ》の天井、壁、襖、小障子《こそうじ》、地袋などの意匠は、「ゆかしさ」を表現した。対して食堂はルネサンス式で、床は精巧なモザイク張り、天井は高くステンドグラスのドームを構える。食堂に続く近代ドイツ式の一等談話室なども含めて、「壮麗なる宮殿の如き感がある」と書いている。

また遊歩甲板の外部を硝子窓で覆い、室内に取り込んだ点も自慢であった。猛雨の日も、「白雲が霏霏《ひひ》たる厳冬の夜」であっても問題はない。船内に座ったままで、緑の美しい島影や明滅する漁り火など、パノラマのような瀬戸内海の勝景を広く展望することができると『瀬戸内海名所巡り』には書かれている。

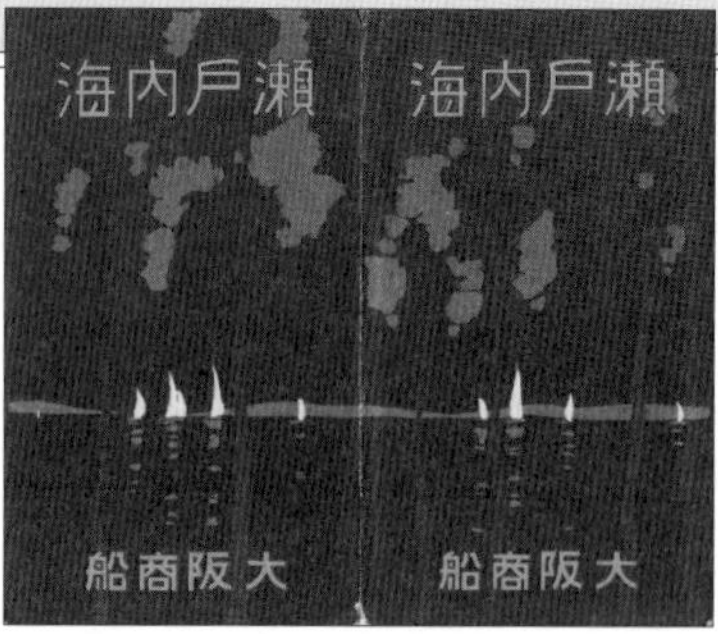

★19

◉和のデザイン◉

次に昭和三年（一九二八）十二月に発行された『瀬戸内海』と題する案内を見てみよう。表紙は茶系の濃淡に金色をアクセントに用いて、木々のあいだから眺める瀬戸内海の島影を描いている。船の帆だけが白く、印象的だ。大阪商船は、毎年のように表紙を改めつつ、同種の案内を発行していた。どの表紙画も、瀬戸内海の素晴らしい風物を写していて、美しく好ましい。（図［★19］）

案内を開くと、表に沿岸の地勢を詳細に描き込んだ地図、裏には大阪湾から小豆島、讃岐、鞆、宮島、伊予に至る瀬戸内各地の名所の紹介がある。多島海が産み出す美観を定番のごとく語りつつ、ここでは別府近傍の景観をイタリアに例えている。（図［★20・21］）

「豊後湾に至りては景趣雄大、鏡の如き水面に漁舟白帆の去来する眺めと、由布、鶴見、高崎の諸山半空に横はり碧を抜き翠を争ふ豪宕《ごうとう》の景は南欧伊太

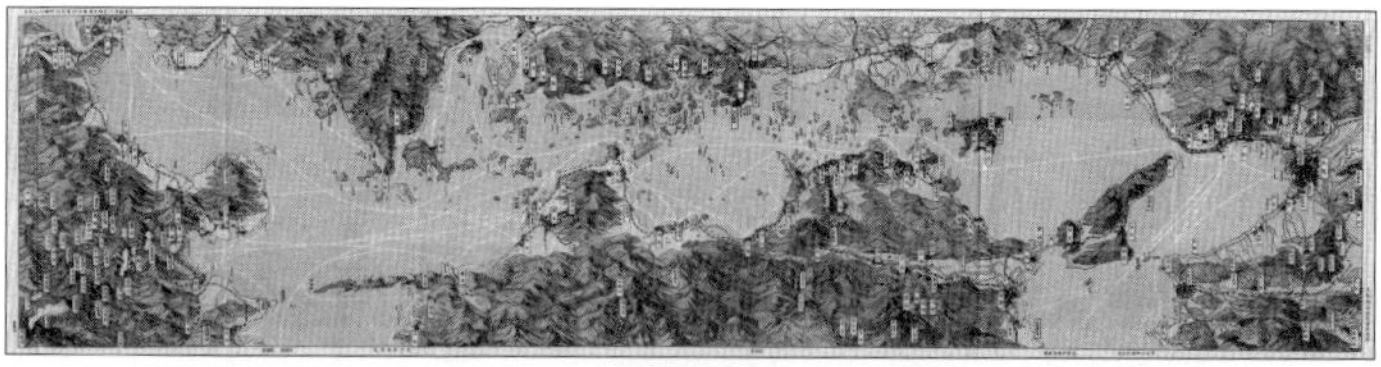

★20・21

利のナポリ、ヴェスビオの山水に比するも敢て譲らずと云はれてゐます。」

この時期、大阪商船による大阪と別府とを結ぶ航路は、昼便の紫丸・紅丸に、緑丸・菫丸《すみれまる》・屋島丸を加えて、毎日昼夜二便を運行していた。案内パンフレットには、花形であった紫丸・紅丸・緑丸といった主要な船舶の外観と、紅丸の洋風の一等食堂、緑丸の三等室や一等日本室など船内の写真が掲載されている。

畳敷きの一等日本室は、間仕切りに障子を用い、小さい物ながら大黒柱のある床の間や棚、書院風の窓を設けている。限られた空間のなかに、伝統的な数寄屋の意匠を凝縮して、巧みに盛り込んでいる様子がうかがえる。いっぽう大空間である三等室の写真を見ると、全体はモダンかつ機能的なデザインであるが、擬宝珠《ぎぼし》や束を立てる腰までの間仕切りなど、細部に和風のデザインが採用されていることが判る。（図［★22］）

★22

◉和辻春樹の「日本式」◉

紅丸や紫丸を始め、大阪商船にあって主要な船の設計を担ったのが、和辻春樹である。随想「公室装飾」（『船』所収、明治書房、一九四〇）などにおいて、紫丸の船室の装飾設計時の苦労を回想している。

和辻は客船の室内装飾において、「日本式」のデザインにこだわり、「日本人が設計し建造し、日本のお客が乗る船であるから日本趣味の装飾様式を考案工夫することは極めて当を得たこと」と書く。「日本調」「日本趣味」を取り入れることで、「外国式」を鵜呑みのままで模倣している状況から脱却をしたいという願いがあったようだ。

しかし「日本式」にもいろいろな解釈がある。下手をすると拙劣なものができてしまい、取り返しがつかなくなる。古典様式をデザインに取り入れなければならないというわけではない。また日本で使用されている装飾材料を使用しなければならないというものでもない。目に見えるところに「日本式」のものがなくても構わないが、どこともなく「日本式」が室内にも「壁の裏」にも存在していると誰もが感じるような意匠を和辻は求めた。あくまでも日本人の独創があり、欧米の装飾設計家には容易に真似ができない、「現代日本式」でなければいけないと考えたようだ。

紫丸が、和辻の本格的な処女作である。当初、食堂や広間など一等公室の設計図書は、大阪鉄工所の設計課に所属する専門のデザイナーが線を引いていた。しかし和辻は、その仕上がりに満足せず、彩色図面のすべてに十文字を引いて不採用とした。造船所の専門家は、船主側ではあるが若造からの注文に憤慨し、和辻みずからがデザインをするようにと捨て台詞を返した。そこで彼は、高島屋装飾部の友人に相談しながら設計を完了させた。結果、先の案内にあるように、ドイツの宮殿のような壮麗さと日本独自の「ゆかしさ」が等価に扱われ、各室に盛り込まれるかたちになった。

このような経験があったからだろう。その後、和辻は新たな船を発注する際、造船所で雇用されている従来の装飾設計家ではなく、彼の表現によるところの「陸上建築家」、すなわち建築の専門家に協力を依頼するようになった。和辻と同時代を生きた若い建築家のなかには、和洋の様式を超えて、合理的かつ機能的なモダニズムの空間造形と伝統的な和風の建築意匠との融和について、さまざまな模索を試みていた者もいたようだ。海上を走る「堂々たる大ホテル」の設計にあって和辻が、先端技術を熟知した船のビルダーと建築家との協働をはかりつつ、従来の様式を超越した新たな「日本式」の独創を模索したのは、いわば時代の必然であった。

周遊のモデルコース

◉旅のモデルルート◉

大正から昭和初期にかけて大阪商船は、瀬戸内海の各所を旅する人に向けて、物見遊山のモデルコースを提案した。自社の航路を乗り継ぎ、また汽車や乗合自動車の利用を組み合わせることで、景勝地を順に巡ることができるように配慮がなされた。

たとえば大正十五年（一九二六）八月版の『瀬戸内海名所巡り』では、中国地方の津々浦々を縫うように航行する山陽線の利用者には、小豆島巡りや讃岐巡り、鞆見物や厳島詣などを紹介する。対して高松、高浜から別府に至る大阪別府航路で西に向かった人には、別府を起点とした小旅行を提示する。湯平や由布などの内陸部の温泉への旅、宇佐・耶馬渓・瀑園巡り、九州アルプスや阿蘇の登山などの記載がある。

◉大正十五年の瀬戸内周遊◉

なかでもハイライトとなるものが、「瀬戸内海周遊」と名付けられたルートだ。さまざまな航路を乗り継ぐことで、重要だと考えられる観光地をつなぎ、名所や絶景を網羅する。この大正十五年(一九二六)版の『瀬戸内海名所巡り』では、所要日数の違いによって、四つの異なるコース案を掲載する。

第一案は、船内三泊、所要日数四日のコースだ。大阪・神戸を夕刻に発つ別府航路を利用する。翌朝、多度津港で乗り換えて、宮島港に向かう。船上から、鞆、尾道、音戸瀬戸、呉、宇品を眺めたうえで、午後五時に宮島に着く。参拝ののち、夜九時発の船で別府に向かい、三日目の早朝六時に別府に着く。午前中に入湯、急げば地獄巡りも可能である。午後一時に紅丸・紫丸に乗船、翌朝九時に大阪に帰着する。初日は夕刻発、四日目は朝に帰着するので、「実際は中二日の休暇」で足りると書いている。船の運賃に別府での昼食代を加えて、十二円五十銭がかかる想定だ。

第二案は所要日数五日。別府までは先の四日コースと同様だが、別府を夜に出て翌朝高浜に到着、道後温泉の入湯を加える。これもすべて船中泊で済ますことができる。高浜港から道後までの汽車代金や入湯税も含め、十九円二十二銭の旅費が見込まれている。

第三案は所要日数六日。大阪を発ってまず多度津港で下船、琴平、屋島、栗林公園を観光ののち、夜の便で別府に出発する。翌朝別府に到着ののち温泉宿で一泊、翌日は山陽線経由で宮島に渡りここでも一泊。さらに翌日、多度津経由で早朝の大阪に戻る。船内三泊上陸二泊だが、「中四日の休暇」で巡ることができるコースだ。宿泊代金も含め、二十二円六十五銭と計算している。

第四案は、所要日数十日。大阪からまず小豆島に向かい、高松、多度津、鞆、宮島、別府、耶馬渓、道後温泉と、まさに瀬戸内を巡って遊ぶ。別府で二泊、加えて小豆島・高松・多度津・鞆・道後温泉でも宿に泊まる。費用は約六十円と見積もっている。

可能な限り夜行の便を使用、船中で睡眠と食事を済ませることで、限られた昼間の時間を、最大限、有効に観光に割くことを計算したツアーがデザインされている。

この案内では、各航路の船賃と時刻表のほか、荷物に関するサービスを特記する。梅田駅前や商船会社の本社があった大阪ビルヂング内の手荷物扱所、あるいは日本橋北詰にあった船客案内所に携行品を持参すれば、一個十銭で天保山の桟橋に運んでおいてもらうことができた。逆に船着場から各扱所まで、あるいは自宅までの託送も同金額で依頼することも可能であった。鉄道で大阪に入り、瀬戸内に向かう船客は、荷物を預ければ鉄道駅から港までの区間を手ぶらで移動することができたわけだ。★23

◉昭和十一年の瀬戸内周遊◉

次に昭和十一年（一九三六）四月に発行された『瀬戸内海と紀州沿岸　遊覧日程案』と題したパンフレットを見てみよう。那智や瀞峡の遊覧、別府から阿蘇・霧島、あるいは雲仙・長崎・日田までを回遊するコースも記載されている。先の大正十五年版の案内と比較すると、汽車やバスを乗り継いで、九州を横断するルートが開発され

たことが判る。(図[★23・24])

瀬戸内海に限る周遊では、ここでは大阪から宮島、別府、道後、高松を巡る七日間のコースが掲載されている。別府と道後での宿泊、地獄巡りのバス代金や各地での食事代も含めて、二十四円六銭と費用概算に記されている。船賃として十円を計上、「阪神―宮島―別府―神戸大阪、瀬戸内海回遊券」とあり、周遊する船客に対する特別な割引の配慮があったことが判る。

船だけではなく、鉄道を組み合わせた「船車連絡割引遊覧券」も販売されていた。たとえば高松の遊覧に関しては、大阪や神戸からの往復の汽船賃に加えて、港から金刀比羅宮に至る電車や屋島に登るケーブルの運賃を合わせて、全体の一割引、季節により二割引という価格設定がなされていた。

近世における瀬戸内の旅は、何日もかけて潮を待ち、風を待つ。そもそも予定の通りに移動ができたわけではない。しかし近代になって移動手段や宿泊施設が発達した結果、船旅の「商品化」が進んだ。瀬戸内海の名所を巡る「旅」も、近代的で快適な「旅行」に転じたわけだ。

◉海を渡ってハイキング◉

瀬戸内海航路の利用者を増やすべく、大阪商船は新たな休日の過ごし方を提案した。その一例が名所を巡るハイキングである。船会社が発行した雑誌『海』にも、寒霞渓や香川

★24

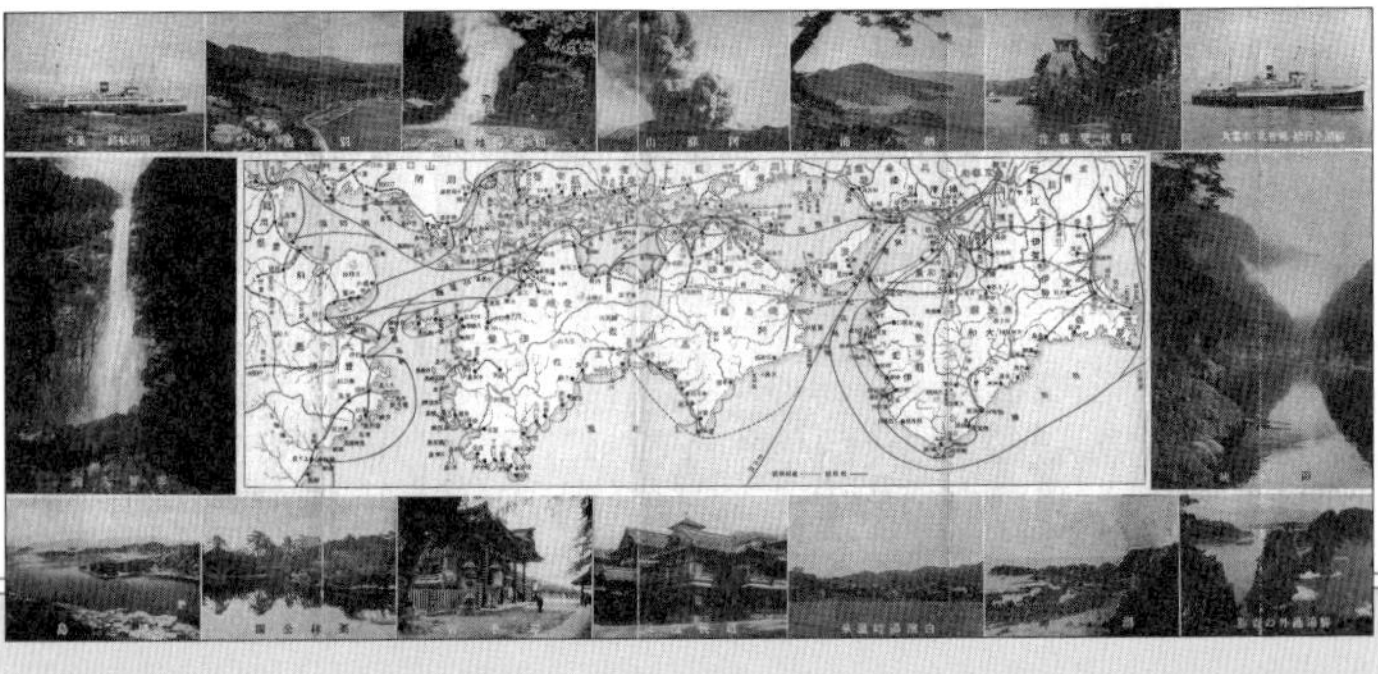

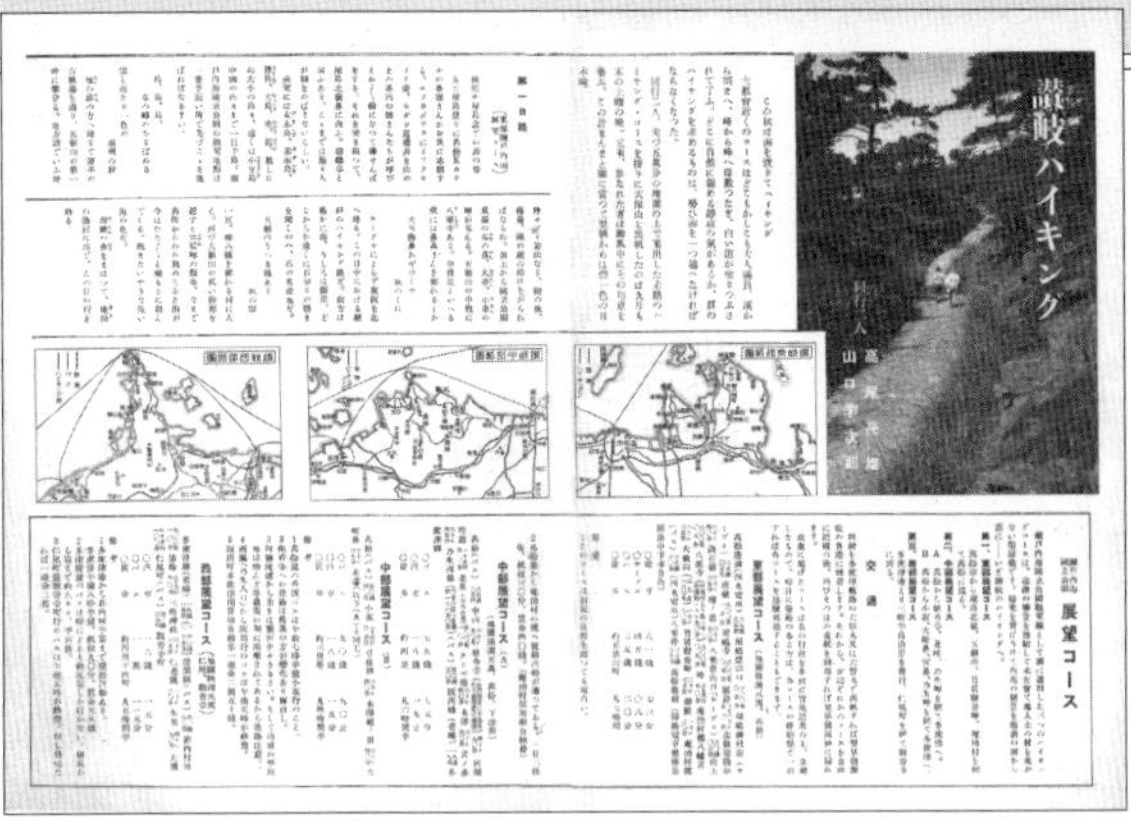
讃岐ハイキング

展望コース

★25

県の各地でのハイキングの提案がある。

たとえば昭和十年（一九三五）十一月号に「讃岐ハイキング」という記事がある。高尾亮雄《あきお》と山口季次郎《すえじろう》が、船会社が「瀬戸内海国立公園観望線」として新たに選出した「東部展望コース」「中部展望コース」「西部展望コース」を旅するものだ。ハイキングの途中、随所で二人は俳句を詠んでいく。いわゆる吟行である。

二人が旅した「東部展望コース」は高松から屋島・五剣山・竹居観音岬・庵治村を経て高松に戻るルート、「中部展望コース」は高松から乃生岬を経て多度津に至るルート、「西部展望コース」は多度津港より三崎半島を経由して、仁尾町・観音寺に至るルートである。出発に際して高尾らは、「北讃の勝景を連結して未だ曽《かつ》て都人士《とじんし》の杖を曳かない閑寂境です。陽光を背にうけて内海の絶景を陽表の側から恣《ほしいまま》に――いざ讃岐のハイキングへ」と書いている。（図［★25］）

高尾亮雄は「大阪お伽倶楽部」「京都お伽倶楽部」「大阪こども研究会」の中心メンバーであり、客船を利用して子供たちを研修の旅に連れ出す「お伽船」を企画したことで大阪商船と縁を深めた人物だ。いっぽうの山口季次郎は、日本にボーイスカウト活動を持ち込んだ佐野常《つね》羽のスタッフであり、日本ボーイスカウト大阪連盟を創設したメンバーのひとりである。記事は「この秋は海を渡りてハイキング」と題した次のような序文から始まる。

「大都会近くのコースはどこもかしこも大入満員、渓から頂きへ、峰から峰へ珠数つなぎ、白い道が塗りつぶされて了ふ。どこに自然に親める静寂の気があるか、真のハイキングを求めるものは、勢ひ海を一つ越へなければならなくなつた。」

大阪や神戸でハイキングが流行した時期である。行楽に良い時候になると大都市近郊の山々にハイカーがあふれた。この状況を受けて、海を隔てた讃岐路においても、新たなハイキングコースが提案されたわけだ。二人は三日をかけて各コースを巡り歩き、四日目に観音寺を遊覧する。初日はまず、屋島から五剣山に向かう。（図［★26〜28］）

「……ニツカポツカにリツクサツク姿、モダン巡礼共を山の上の茶店の姉さんたちが呼びとめ輪になつて通せんぼをする。それを突き破つて、屋島北嶺鼻に向ふ。遊鶴亭と云ふあり、こゝまでは余り人が脚をのばさないらしい。

前望には女木島、男木島、豊島、大島、兜、鎧、数しれぬ大小の島々、遠くは小豆島、中国の山々まで一目千島。瀬戸内海国立公園の観望地点は一番手近い所で先づこゝを選ばねばなるまい。」

二日目は、青峰山根香寺から尾根道を進む。この山並みには、白峰山、黒峰、黄ノ峰、紅の峰などがある。このあたりを、新たに「五色連峰」とでも名付けたいと書いている。そのあと二人は乃生の鼻に向かう予定であったが、除虫菊の畑で道に迷ってしまい、予定外に阿弥陀越という場所に出てしまった。想定していたルートに戻る時間がなくなったため、急いで山を下る。（図［★29・30］）

三日目は、美崎半島から仁尾に至る。美崎の鼻にある三崎神社ではほかに一切、参詣者がいない。

★26～28

★29・30

「松吹く風と波の音、こんな閑寂、幽境が他所にあらふか。シー・サイド・ハイキングとわれらは呼ぶ」と書いている。

「讃岐ハイキング」の記事には、道中から撮影した瀬戸内の眺望写真が添えられている。高見からの展望が瀬戸内海の魅力であることを、船会社もアピールしたかったのだろう。（図［★31］）

◉お船でピクニック◉

瀬戸内海の旅が大衆化するなかで、大阪商船は各種の団体と協力しながら新たな旅の試みを行うことがあった。たとえば子供たちを船で行楽に連れてゆく「健康こども船」などの企画もそのひとつだ。その様子が雑誌『海』に紹介されている。

写真は『海』昭和四年（一九二九）八月号に掲載された「健康こども船」の出帆風景である。大阪商船の鳴門丸を使用、大阪毎日新聞社が主催した企画である。説明を見ると四百六十名ほどの男女学童が参加、大阪から瀬戸内海周遊の旅に出かける際、岸壁の父母との別れの様子を撮影したものだという。沖合により大型の汽船が停泊している。写真を合成したものかも判らないが、空には複葉機が飛んでいる様子もある。（図［★32］）

また昭和五年十月号にも、「健康こども船」の道中を撮影した写真と高原慶子が作詞した「健康こ

★31

★32
★33※

ども船の歌」の詞、別府市公会堂での学童大交歓会や小豆島の丸金醤油で樽風呂に興じている様子などが掲載されている。（図［★33］）

『海』昭和五年四月号には、大分コドモ会主事であり大分新聞社の記者であった森川謙二による「別府へお船でピクニックの記」という寄稿がある。同年一月二十四日と二十五日、大分コドモ会が主催するかたちで、大分から別府まで「コドモのピクニック」が行われた。初日は三百五十九名、二日目は三百十七名、合計六百七十六名、大分市内の小学生が参加した。

二十四日は土曜日だったので、学校が終わり次第、学年別に引率されて大分駅に集まる。汽車で別府に到着すると、駅に別府の小学生代表として百名ほどの子供たちが出迎える。参加者は子供であれば四十名が乗ることができる大型の「亀の井バス」に乗って山麓へ向かう。さらにケーブルで山頂に移動して別府全市を展望、滝を見物、弁当を食べて、童話会と温泉を楽しむ。

一行は夜九時に別府港に着く。大分までの帰路は大阪商船の菫丸

健康こども船より

健康こども船の歌　高原慶子作

一、まづ健康の歡びに
船は乘り出す瀬戸の海
大空高く鷗舞ひ
波切る海に魚をどる。

二、行手の島々めあてにて
進みて行けば何時となく
燈臺守に迎へられ
大船小船に送られる。

三、正しき心は結ばれて
知識と體育進めつゝ
長き旅路も睦まじき
われ等が健康こども船。

❶阪神の山々よ、さらば！
❷小豆島　丸金醤油にて　一同樽風呂に興ずる。
❸宮島　大華表の下にて。
❹別府市公會堂に於ける學童大交歡會。

★34

での船旅である。「こんなキレイな船に乗るのか?」と頓狂な声を出す生徒もいる。一等食堂やキャビンを見学したり、沖合から湯の町の夜景を見返して歓声を上げたりしながら、三十分の船上を過ごす。別府湾を横断する「ホンの短い航海」だが、子供たちにとっては、帰朝者が太平洋を横断して横浜に上陸した際の「揚々なる意気」にも勝るプライドをもって、桟橋に出迎えていた父兄とともに大はしゃぎで家路に着く。

翌日は日曜日である。朝から別府に向かい、午後の屋島丸で大分に帰る。ナポリに似ていて「ナポリ以上」という別府の景色を楽しみつつ、船上で童謡を楽しんだあと、「大分コドモ会万歳アーイ」と皆で万歳をしたようだ。そのさまの写真が掲載されている。(図[★34])

◉日本一周の船旅◉

企画旅行の範囲は瀬戸内海だけではない。大阪商船はジャパン・ツーリスト・ビューローと共同で「日本一周旅行」も主催している。

たとえば、昭和五年(一九三〇)の夏に催行された「日本一周旅行」は、亜米利加丸を利用、「南行」と「北行」の二度に分けて、日本全土および隣国の一部までを約一ヶ月かけて巡るものだ。七月二十五日にまず「南行」として神戸を出港、瀬戸内海を抜けて、三日後に大連に到着する。そのあと天津の太沽の港に入る。船を離れて北平(現・北京)を観光したのち、ふたたび天津から上海・基隆《キールン》を観光、中城湾に船を停泊させて那覇・首里の名所を見たあと、鹿児島を経由して八月十三日に大阪に戻る。

「北行」は八月十五日の出発である。三重県の鳥羽港に入り伊勢神宮を参詣したのち、横浜港に泊まり汽車で日光を見物、さらに、宮城県の石巻港に移動して松島に遊ぶ。船は針路をさらに北にとり、留別・大泊・小樽・函館をまわる。次に日本海を南下、宮津では天の橋立を遊覧、さらに瀬戸内海に入って宮島を参拝する。神戸に戻ってくるのは八月三十一日未明の予定であった。中国・台湾・琉球・千島・樺太を巡り、併せて「日本三景」をすべて見てまわることができる。

大阪商船が発行した雑誌『海』昭和五年四月号の「夏涼しい日本一周の船旅」という記事では、この日本一周旅行の参加者を募るべく、次のように都会における夏の過ごし方の問題点を提起する。

「灼熱の夏、山上に、海浜に、暑さを忘れる事は安閑な銷夏《しょうか》法に相違ありません。併しながら二月余の長い夏を一と所に止つて居るという事は単調倦怠を免れますまい。さうかといつて暑苦しい汽車の旅には今更心牽かれさうにありません。」

そこで六〇〇〇トン級の手頃な優秀客船を使用、愉快に、気楽に、家庭的に、「浴衣掛け気分で涼しい洋上極楽の真価」を味わうことが、壮挙といえるこの旅行を企てた動機であるという。加えて、「海国民にせめてアウトラインだけなりと、日本国土の所在及び外貌」を実地に知らしめたいという想いもあったと書いている。

汽船の料金は、途中で陸路に向かうツアーの汽車や電車の運賃も含めて、「南行」「北行」の全行程に参加すると、A級で二百五十円、B級で四百八十円、C級では七百五十円と高額であった。日本を一周しつつ、遥かに異国の歴史都市を巡る長期の船旅においても、最初と最後に穏やかな瀬戸内の海を巡る行程がとられていた点に注目したい。

デッキのモダンガールたち

◉冬の神詣で◉

大阪商船は、ここまで紹介してきたものの他にも多くの冊子を発行して、大阪から四国・九州、さらには内外各地への船旅を宣伝した。方面ごと、目的地ごと、さらには春夏秋冬それぞれの旅の魅力をアピールする冊子など、その内容は用途に応じてさまざまだ。

ここではまず、新年の船旅を販売するべく制作された案内書を紹介しよう。昭和七年（一九三二）に発行された『神詣でと御入湯のプラン集』は、客船で各地に向かい、正月の初詣と湯治を組み合わせた旅を推す冊子である。「お正月の神詣では暖い船の旅」と強調しつつ、下記のように説明する。（図［★35］）

★35

「寒い空っ風が、電線を鳴らし、舗道の紙屑が、ビルディングの横角をくるくると舞ひ都会に冬がやつて参りました。冬は、御ゆつくりと、暖い温泉にでも、寛がれるに限ります。お正月の休みにはまた、お家族伴れで御遊覧かたがた方々の神詣でに、一年の慶福を祈られるのも、誠に意義ある事と存じます。」

また年末年始にかけて陸の交通が混雑する時期に、横浜・神戸・門司間などを頻繁に連絡している「大型優秀客船」の利用を訴える。神戸・横浜間には南米航路や世界一周に出向く「国際的優秀船」が運行、いっぽう神戸・門司間には、日満連絡航路、内台連絡航路、天津航路、青島航路などの客船が、ほとんど毎日のように往復をしていた。十二月一日から二月末まで、この区間は片道一割引、往復二割引になる「大型優秀客船冬期割引」を実施した。

加えて沖縄航路を除く内地航路は、一月十一日から二月末日に至る期間、冬期特別割引を行っていた。★36 二等・三等の往復乗船券は二割引、団体割引も七十人を超えると三割引とした。通常は往復切符の場合、復路のみ一割引であったから、かなりの値引きである。

◉夏の散歩◉

夏の船旅を宣伝する冊子も紹介しておこう。昭和九年（一九三四）六月に発行されたもので『爽涼・海

を往く』というタイトルがつけられている。（図［★36］）

「灼熱の夏、都塵を避けて海往かん。街のアスファルトがぶくぶく熔ける夏の日も、紺碧の海上を走る近代客船のデッキチエアーに倚れば、海の涼風がいっぺんに夏の苦熱を忘れさせて呉れますよ。」

先の冬のパンフレットと同様に、夏の宣伝文にあっても都会の環境の悪さを強調、海に出向くことの良さを強調する。またここでは、瀬戸内海の勝景を「音楽」に例えて、次のように記している。

「野球を音楽だと言つた人があります。勝れたる風景もまた音楽だと言ひたいのです。特に瀬戸内海は音楽的です。島かと見れば岬、岬かと見れば島、水路尽くるが如くして又忽然と開き――急速調《アレグロ》・緩速調《アンダンテ》・併歩調《モデラート》。両舷に展開する風景美の大オーケストラ……」

瀬戸内海の多島美をいかに表現し、どのように例えて賞賛するのか。宣伝文の担当者の工夫がうかがえる。この冊子では、「音楽」に加えて、瀬戸内海を東京最大の歓楽街である「銀座」に例える次のような一文もある。

「『海のギンザ』瀬戸内海を、明粧のハウスと黒鋼の靴をはく、颯爽たる海の彼女達と散歩して下さい。夏の憂鬱は吹つ飛んでしまひます。」

海を銀座、船を女性とみなして、彼女たちと「瀬戸内海散歩」をしてはどうか、と勧めている。なかなかユニークな発想ではないか。

◉甲板の美女たち◉

瀬戸内航路に限らず、船はしばしば女性に例えて紹介される。加えて、昭和初期の瀬戸内航路を紹介する媒体では、しばしば美しい女性たちが甲板にたたずむ姿を撮影した写真を掲載していることにも注目したい。先の冊子でも海鳥の飛び交うデッキにたたずむ美女の姿がある。加えて、「さよなら行つて参ります」と題して、洋装和装の女性たちが手を振る様子がある。（図［★37］）

また昭和十年（一九三五）版の『別府案内』も表紙を美しい女性たちが飾る。活動的なモダンガールたちが、女性でも安全に船旅を楽しんでいるということを示そうということだろうか。（図［★38・39］）

もっとも戦時体制への移行があきらかになり始める時期には、季節ごとの案内書のデザインもモダンガールの姿も冊子から消える。たとえば昭和十三年暮れに発行された『冬の船旅』では、「戦捷《せんしょう》の聖春を迎ふる神詣」と題して、「銃後に於ては国民精神総動員、長期建設に邁進の一入意義深き新春を迎ふにあたり皇軍の武運長久を祈る神詣……」と宣伝する。また昭和十四年の『夏の船旅』では、「非常時日本の銃後を守る吾々にとつて、体位向上をはかることは現下の急務であります。また海国日本の国民として平素から海に親しみ、船に慣れることの必要なことは云ふまでもない処……」と述べ、この二つの大目的に合致する理想的なものが「大型船の船旅」だと強調する。（図［★40・41］）

時代とともに、瀬戸内の船旅の意義が変貌した跡を、広告や宣伝文から読み取ることが可能だ。

★37

別府案内
大阪商船
昭和十年七月

別府案内
大阪商船

★38・39

夏の船旅
大阪商船
瀬戸内海國立公園を行く
昭和十四年六月

冬の船旅
大阪商船

★40・41

第三章 文化と海

瀬戸内海の観光を先導した大阪商船は、海事思想の普及を訴えるべく、『海』と題する雑誌を発行した。誌面には瀬戸内海一帯の名所や景勝地、伝承や聖蹟が紹介された。宣伝媒体のなかで、瀬戸の海は実に魅力的に語られていた。

船に乗れ　日本人

◉オイ船に乗れ◉

大正十三年（一九二四）、すでに述べた通り大阪商船は、『海』と題するPR誌を創刊した。同社の船旅の様子と航路で結ばれる世界各都市の魅力を紹介、同時に海事思想を啓蒙する読み物を掲載したユニークな雑誌だ。また各地のホテルや観光地の広告の類いも面白い。この章では、雑誌『海』に見る瀬戸内海について、その創刊から終刊までを時局の変化を横にらみしつつ、紹介してゆきたい。

『海』には、瀬戸内に関する面白い読み物がしばしば掲載された。たとえば昭和五年（一九三〇）四月号に、ジャーナリストの土屋大夢が「船に乗れ」という一文を寄せている。

土屋は今治から別府に向かう緑丸の船上の人となる。瀬戸内海を「世界の大公園」であると述べたうえで、ギリシアの多島海は知らないが、ロシアのジャーナリストを宮島から鞆に案内にした時に、異邦人が四方を眺めて、きっと「極楽は斯様《かよう》な所」であろうかとうっとりとしたというエピソードを紹介する。さらに米国の国立公園にはさまざまな歴史や冒険談が伴うことを例示して、神武東征の史蹟、源平の戦蹟、海賊の武勇伝等、多くの物語を持つ瀬戸内の歴史性を評価する。

ただ彼が乗船した緑丸のデッキには、わずかしか乗客が見当たらない。瀬戸内の船旅は、鉄路と競争しながら、多くの人を関西から四国へ、そして九州へと誘った。もっとも幹線となった大阪別府航路にあっても、不況にあって利用者が少なかった時期もあったようだ。土屋は次のように主張する。

「毎日二回大阪商船が勉強して、立派な船を出しても、世間が之に応じて海上旅行を好むやうにならねば、縁の下の力持ちに終わりませう、我々の同胞が汽車の窮屈を好み、船の安楽を嫌ふのは、矢張り三百年鎖国の夢が残つて居るのではありますまいか、残念な事です。」

船と汽車ではわずかに時間の差があるが、大抵の旅行は何も親の死に目に駆け付けるように脇目もふらず突進する必要はないと、速度を急ぐ鉄道の旅を揶揄する。世界一の景色を眺め、身を寛がせて、悠然と船で旅行するほうが洒落ているではありませんかと呼びかける。

また土屋は、不景気にも屈せず、紅丸や緑丸の出帆と到着を二時間早めるという大阪商船の経営努力を評価する。土屋はそれでも船に乗らない人が多いようなら、みずからの居宅を瀬戸内の孤島に移して、山の上から四方に向かって「オイ船に乗れ日本人」と叫ぶつもりだと書く。

そして「海国に生まれ御苦労にも、寒中山に登り谷間へ墜落して死ぬなどは馬鹿の行きどまりであります」と文を結び、「島々を手に取るばかり見て行けば　海にありとは思はざりけり」という歌を添える。最後の展開は飛躍も良いところだが、なかなかに愉快な文章だ。

◉瀬戸内海の対話◉

大阪商船の事務長であった布田虞花《ぐか》（布田源之助）が昭和七年（一九三二）七月号から連続で寄稿した「瀬戸内海周遊対話」も、軽妙な文章である。

この回では知人に依頼、「ボーナスの半分位」を投じて、足かけ十二日の理想的な瀬戸内周遊の旅行プランを立て、また旅を夢想する様子を対話形式で展開する。旅行計画をまとめる本題のあたりは

さておき、瀬戸内海をめぐる余談の部分が面白い。

布田は「一体、瀬戸内海と云ふのは、普通、何処から何処までを指して云ふんだらうね」と問いかける。すると友人は、説が二、三あると蘊蓄《うんちく》を説き始める。まず尋常小学校の『国語読本』にある文章を紹介する。

「本土の西、近く九州と相接せんとする処、下関海峡あり、四国の西には、佐田岬長く突き出て九州にせまりて豊予海峡をなす。淡路島の東端、本土と相望む処、紀淡海峡となり、四国に近き処鳴門海峡となる。この四海峡に包まれたる長き海峡を、瀬戸内海と云ふ」

大阪湾を瀬戸内海に含むかどうかが問題であり、国定教科書では大阪湾を除外していないと説明する。加えて、この説は『瀬戸内海論』の著書として有名な小西和の意見と同じだと強調する。

このあと話は本題から外れ、さまざまな先人が瀬戸内海をどのように例えたかを紹介することになる。たとえば孫文の先輩で伍朝樞《ごちょうすう》の父親である伍廷芳《ごていほう》は、瀬戸内海を通った際に「お国は小国と聞いてゐたのにこれはなかなか大きな川ですネ」と「簡単にやっつけた」という。

★1

◉洋装の美女　羽衣の天女◉

興味深いのは、内海の形態をどう表現したのかというくだりだ。先の小西和は、大阪湾を瀬戸内海の範囲に入れた場合、「渇筆で書いた隷書の一の字に譬《たと》へねばならない」ほどに表現が難しいと嘆じた。対して民本主義を主張したことで著名なジャーナリストである茅原華山

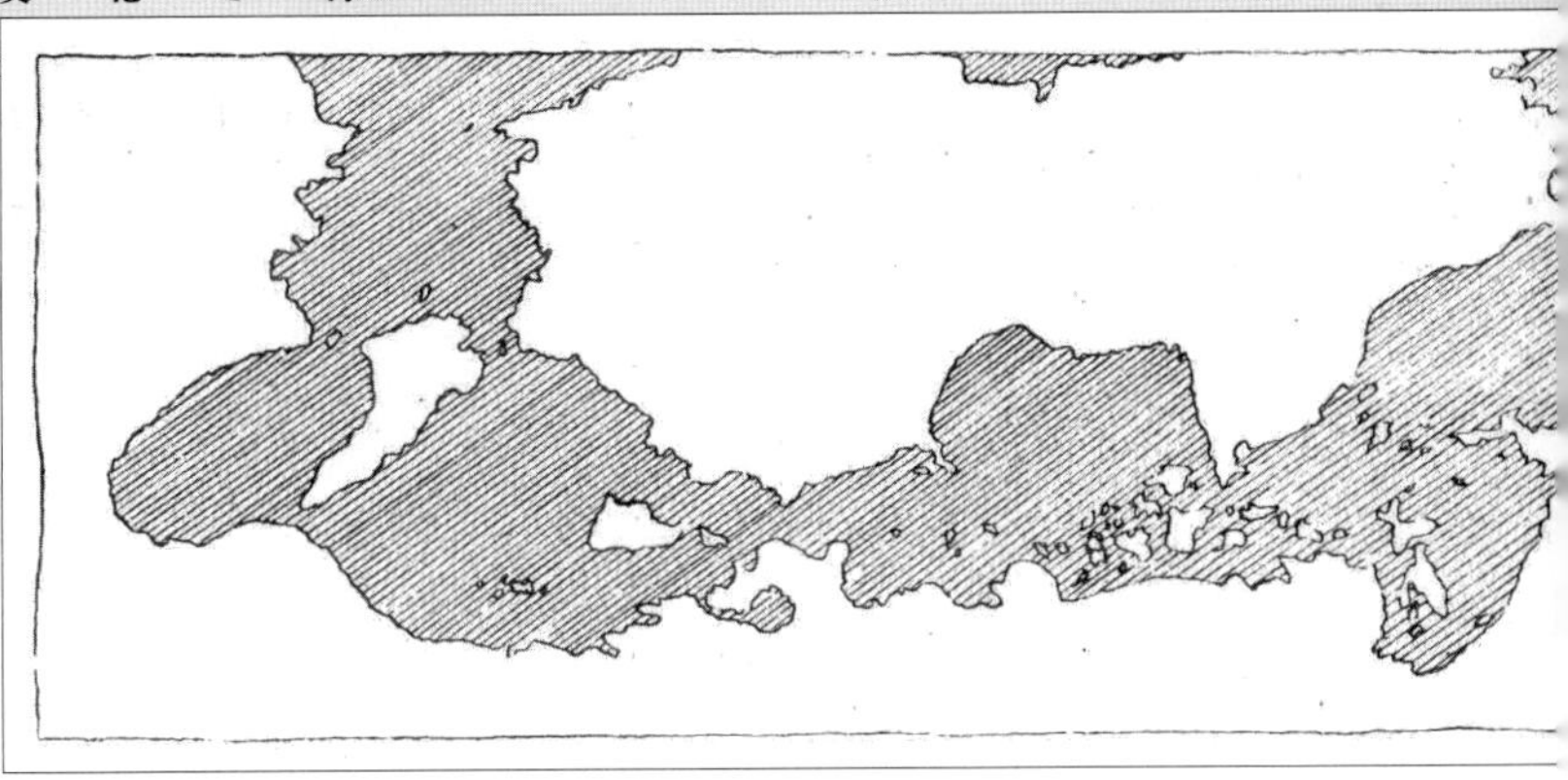

は、大阪湾を範囲から外しつつ、次のように述べたという。

「東が頭で、西が脚である。瀬戸内海の全図をこの心持ちで眺めると、小豆島のある播磨灘がその頭で、備後灘が胸、伊予灘がお臀である。瀬戸内海はまつたく洋装したる美人の立つてゐる格好に似てゐる。すなはち瀬戸内海は、世界の海の女王である」

茅原は瀬戸内の地形に女性の姿態を見いだして、「たいへんな権幕で、狂喜、歓喜、乱舞」したというのだ。布田は瀬戸内海の地図を眺めつつ、確かに「洋装の美女」に似ていないことはないと感想を書いている。

しかし布田は、「いま少し瞳孔を大」にして瀬戸内海の範囲を拡大し、なおかつ逆さに眺めると「大変なことになる」と強調する。何が大変なのかというと、そこに羽衣をかついだ天女が良い気持ちになって、ひらりひらりと大空を翔けている姿があるというのだ。大阪湾が肘、播磨灘が胸、燧灘が「健康なお臀」になる。「洋装の美女」「世界の海の女王」も結構か知らないが、日本古来の天女のほうが嬉しいだろうと語る。雑誌には、逆さにした略地図と妖艶なイラストを添えている。(図[★1・2])

もっとも布田は、大阪商船の傘下にあった摂陽商船が「天女丸」というスマートな客船を新造した際、瀬戸内海のかたちを天女に見立てるという先例があったのかどうかが気になったようだ。そこで船会社に命名の経緯を尋ねてみると、「船は女性だし、女性では天女が一ばん綺麗だから」という、つまらない理由であったという。なので著者は「まづは僕が、……瀬戸内海は天女のすがたに似てゐると云ふことを発見した、家元と云ふ訳さ」と軽口をたたく。

実に面白い議論ではないか。このわずかな事例から、当時の文化人たちにとって、瀬戸内海の印象はあくまでも女性的であったというと、あまりに強引だろうか。

◉海事思想の普及◉

『海』は、各地の学校、官公署、銀行、大会社、青年団、旅行団、クラブ、図書館、旅館、医院などに無料で配布された。年間四冊分の郵送料を添えて申し込めば、個人にも贈呈したようだ。昭和五年（一九三〇）の送料は、八銭であった。

大正十三年（一九二四）の創刊以降、年三冊から四冊を発行する季刊誌であったが、昭和十年から毎月の発行となった。各号の奥付にある説明によれば、読み物も豊富に掲載する正月、四月、七月、十月の「特別号」に加えて、他の八ヶ月を「画報」として編集することとしたとある。ちなみに昭和十年度の発行部数は、特別号四万部、画報三万部であった。

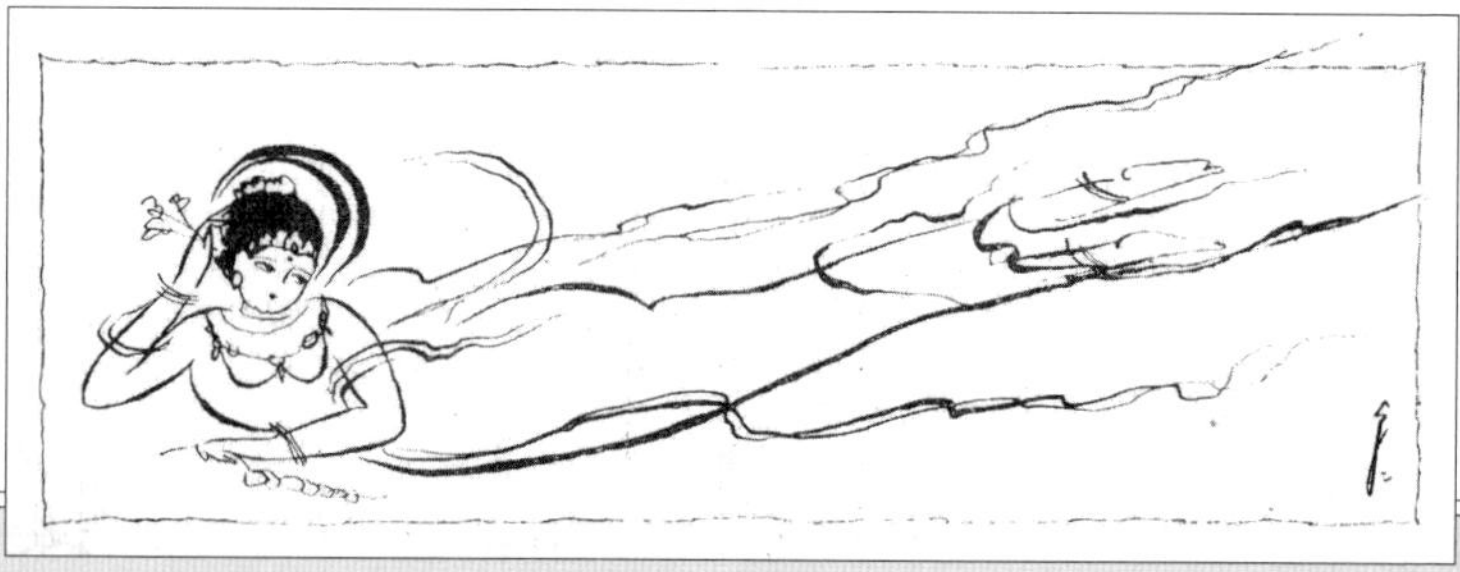

★2

発行の意図は、自社の航路や瀬戸内海各地にある観光地の宣伝にあったのだろう。しかし奥付を見ると、単なるPR誌ではなく、「海事思想普及雑誌」とみずからを位置づけている。公的な機関に送付する意義を説明したかったのだろう。

昭和十三年一月号の巻末に「編輯雑感」という記事がある。この時期に編集を担当していた大阪商船の今道潤三が、発行の意図や編集方針を記述しているものだ。

今道は明治三十三年（一九〇〇）に長崎県に生まれ、京都帝国大学を卒業している。大阪商船では南洋部長を務め、戦後はラジオ東京（現・TBS）の社長となった。国家総動員体制に向かうなかで、海運会社が雑誌という媒体をいかに位置づけていたのかが判り、興味深い。

「編輯雑感」において今道は、大阪商船社長であった村田省蔵が著した『国際海上運輸』（春秋社、一九三七）から文章を引用している。村田は、日中戦争に際して、海運の戦時体制確立を主張、海運自治連盟を結成して理事長に就任、昭和十五年には逓信大臣兼鉄道大臣になった人物だ。

村田は、日本の海運政策における重大事項として、「海事思想の普遍化を図ることは蓋し現下の急務である」と述べ、また「海運が文化の先駆者として、文化の顕揚に、民人の福祉に、将た又国富の増進に偉大なる貢献をなし、平時と戦時とを問はず極めて崇高なる使命の下に活躍してゐる事を国民の脳裡に深く刻みつけたいものである」と書く。

今道は、村田の「この主張の一部」を具現する目的、すなわち「海事思想の普及」という「大理想」のもとに、『海』は発刊されてきたと位置づける。そのうえで、次のように続ける。

『海』は其の道の専門的雑誌製作家によつて編輯せられて居るのではない。貨物を扱つたり船客事務に従事したりしていたものが海運人としての『修練途上』に於てしばらく此の仕事に交るがはる当らされるのであつて、玄人の様な専門的な力もないしまた玄人の真似をし様とも思つてゐない。然かし雑誌製作の技巧には素人でも海運に関しては少なくとも此の仕事の監督者達は素人ではない。我々は海事思想を出来るだけ普及せしむると言ふ熱意に燃へて出来るだけ素人の良い味を出したいと努力して来たし、今後も其の方針のもとに努力するであらう。此の点はよく諒解しておいて戴き度いのである。」

「一流中の一流」の方々からの寄稿がある点を感謝しつつ、専門の編集者ではなく、大阪商船の社員が担当している意義について、このように誇らしげに説明している。

◉海外へ、海外へ◉

あらためて創刊時に戻り、当時の状況に触れておこう。『海』は大正十三年（一九二四）七月に第一号が発行された。その冒頭に、「船に親しんで下さい」という一文が掲げられている。概要を紹介しておきたい。

背景として、政府によって海外への移住が推奨されていたことを指摘しておきたい。大正十二年に八千八百二十五人であった海外移民者の数が、十三年には一万三千九百八十人に増加している。この時期、特に注目されたのが南米であった。大正十二年九月に首都を壊滅させた関東大震災の罹災者のなかにも、渡航費の補助を得てブラジルに移住する人があったようだ。商船会社が海事思想の普及を訴求する雑誌を創刊したのも、国策に沿ったものであったとみることができる。

「海外へ海外へ！此の勇壮な叫びよ、其の魅惑的な詞よ、そこに民族問題や国家生活や、さては気候風土慣習、物産等が絡まり込んで、今日世界に於て、人類生存競争の火の手が挙がり、紅蓮の炎さへ漂うて居ります。」

「かの広袤《こうぼう》千里の満州、無限の宝庫を有する南洋印度、天恵極まりなき南米、文明の中心地たる欧米等、此尨大《ぼうだい》なる地積は、孰《いず》れも我等の檜舞台と見るべきであります、小さい日本で、目白押に住むには、我等の膨張力はあまりに強過ぎます。」

「出ませう、海外へ出ませう、若し百万人の移住に成功すれば、我国富は年々倍増しませう、蓋世の大富豪でも、稀代の大財政家でも、海外への大移住より生ずる巨利を産む力はありますまい、実に大移住こそ、国民の運命を確立せしむべき最大原動力であらねばなりませぬ、今や渺《びょう》たる東海の一孤島で午睡を貪る時ではなかろうと思ひます。」

「眼を海外へむけて下さい、更に歩を諸国に移して下さい、其の準備として、あらゆる機会に於て常に船に親しんで下さい、結局我国を旺んならしむるものは船以外にないと思ひます、所用に帰省に遊覧に見学に、何日如何なる時でも船を利用し船旅にお慣れ下さい、船は我国民の生命であり、国威発揚の大黒柱でありますから。」

海外への移住を促しつつ、そのためにまず、さまざまな機会に「船」に親しんで欲しいと訴える。「創刊の辞」などの表記はないが、『海』という雑誌を世に送るにあたって綴られた船会社からのメッセージとしても読むことができる。

◉大型船での船旅◉

『海』の第一号は、「涼味の巻」と副題を記している。ついで十月に発行された第二号は「秋色の巻」、十二月の奥付のある第三号は「新春の巻」とある。季節ごとに特色がある船旅の魅力を、読者に訴求することが創刊当初から意識されていたわけだ。ここでは海水浴を紹介する創刊号の表紙、紅葉狩りを紹介する第二号の裏表紙とカラー広告を紹介したい。(図[★3〜7])

「涼味の巻」では、瀬戸内海沿岸に加えて紀州各地の名所、さらには東洋第一の海水浴場である青島を紹介する文章、また海水浴の風俗を素材とした四コマ漫画などが掲載されている。なかでも特に推薦されているのが、瀬戸内海を巡る納涼の船旅である。「世界の公園　瀬戸内海」と題する一文では、瀬戸内海は四季いずれも遊覧の季節だが、とりわけ盛夏こそ、何ものにも代えることができないと述べる。

「海風軽衣を翻へす甲板上、万料の涼を浴びつゝ、椅子によりかかり、如斯《かくのごと》き麗はしい、自然の妙景に陶酔しつゝ、旅行せらる快は、我社の善美を極めたる遊覧船を除いて、他にあり能はぬところでありませう。」

このように自社船による瀬戸内の旅を自画自賛している。この真夏の船旅に関連して、大阪商船が強

★3※

★6※

★4※

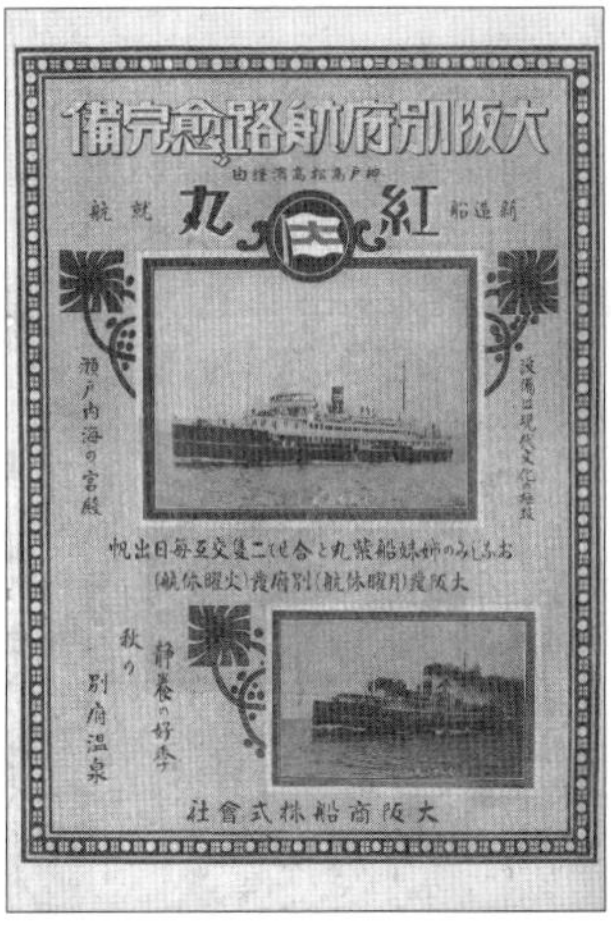

★7※

★5※

★3『海』第１号「涼味の巻」表紙
★4『海』第１号 裏表紙
★5『海』第２号「秋色の巻」裏表紙
★6『海』第２号 広告
★7『海』第２号 広告

く推薦した旅行スタイルが、国際航路に就航していた大型船での「海上納涼旅行」である。

もっとも、わざわざ海外まで避暑に出向くわけではない。神戸港と門司港の区間だけに限って乗船するというものだ。初日は正午に神戸を出る国際便に乗り、二日目の早朝に門司に着く。半日、門司や下関を観光ののち、午後に出航する船で三日目の早朝には神戸に帰着するという船中二泊の行程である。

九五〇〇トンの蓬莱丸、八三三〇トンの扶桑丸を始め、笠戸丸、ばいかる丸、はるぴん丸、亜米利加丸、香港丸などが使用された。十五日間有効の割引切符を発行、一等は二十六円六十銭、二等十六円八十銭、三等は七円であった。『海』第一号では、「理想的銷夏法」と題する広告文でこのツアーを次のように紹介する。

「手軽で愉快な神戸門司間海上納涼旅行！」

「費用と日数が少なく且宿費の要らぬ経済旅行！」

「優秀大型客船で、世界の公園瀬戸内海を往復するものにて涼味万斛！」

「海風涼しい船上に絵の如き島々の景を眺め心ゆくばかり納涼に時を過さるる快味は到底他に求むることが出来ない理想的銷夏法です」

海外へと向かう大型船に乗ることで、人々は外地への旅を疑似体験することができた。わずかに二泊三日という気楽な「理想的銷夏法」は、市民が船旅に慣れる経験を提供する機会でもあった。

瀬戸内海を描く

◉名所と鳥瞰図◉

昭和三年（一九二八）から昭和五年にかけて、大阪商船の雑誌『海』では、瀬戸内海各地の名所や観光地を描くカラーイラストを口絵として添付することもあった。

昭和三年十一月十日、京都御所において、九十二名の外国からの使節のほか二千名以上が参列して、昭和天皇の即位の大礼が執り行われた。奉祝気分で盛りあがる京都・岡崎公園での「御大礼記念京都大博覧会」のほか、大阪・名古屋・東京などの大都市、さらには岡山・香川などの地方都市でも博覧会が開催された。国家的な祝祭を契機として瀬戸内海沿岸の各地でも、広域からの観光集客を振興する動きが具現化した時期であったとみて良いだろ

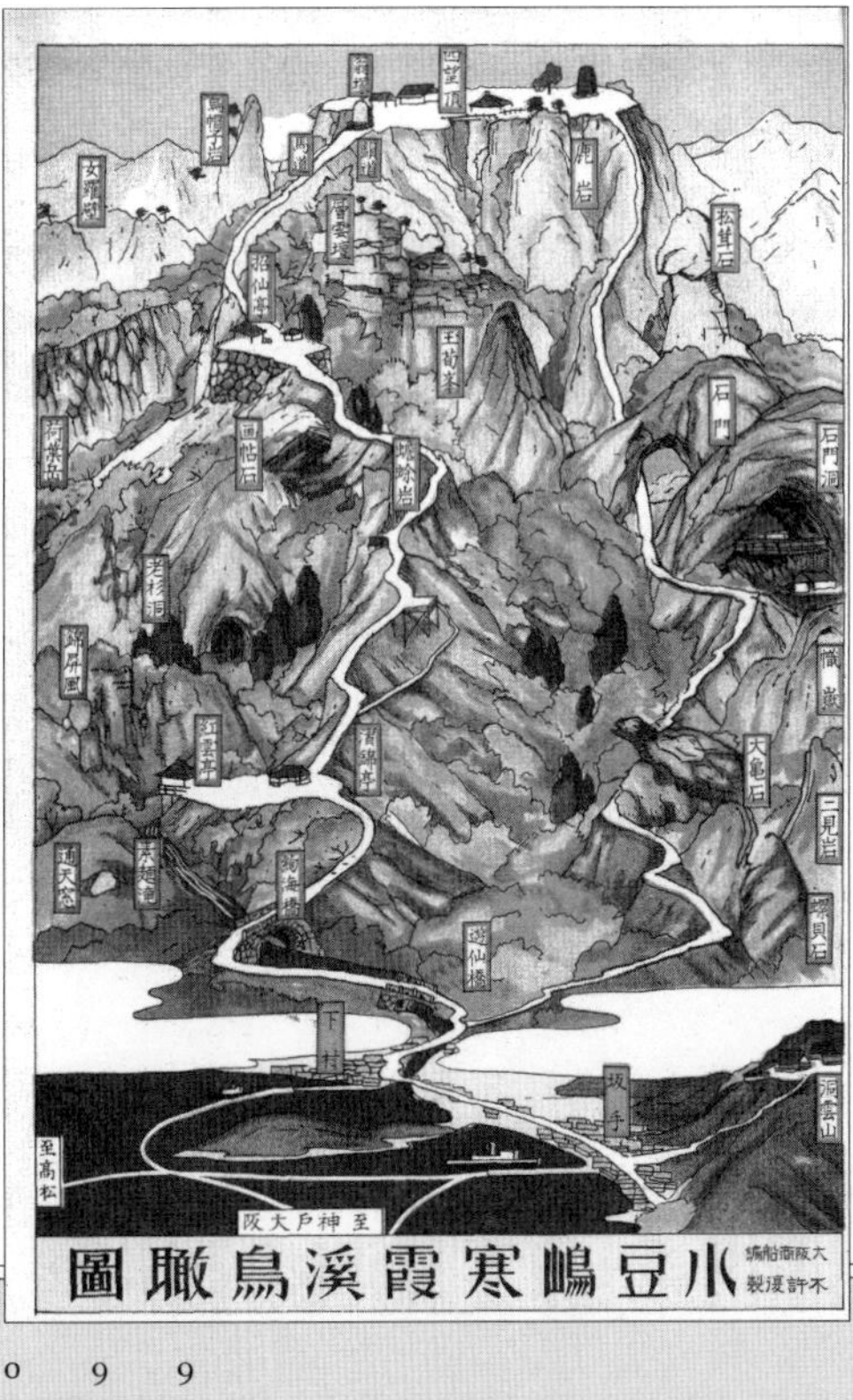

★8

★9

う。

昭和三年十月号の口絵は、寒霞渓の鳥瞰図である。近景に下村・坂手の港がある。白い雲で距離感を紛らせながら、紅葉で錦に染め上げられた景勝地に登ってゆく。橋を渡り、いくつもの奇岩や洞窟を眺めつつ、最終的に四望頂に至る様子が、奥行きと高さを感じさせるように、巧みに描かれている。（図［★8］）

昭和四年一月号には、鶴見山を背景に温泉町を俯瞰する「別府温泉図絵」が掲載されている。昭和四年五月号には、瀬戸内海から高松を中心に屋島・琴平・多度津を一望する「讃岐遊覧図絵」がある。さらに昭和四年八月号には、祖谷渓・大歩危・小歩危を近景に、淡路から遠く大阪・神戸までを見晴らす「阿波遊覧図絵」を添えている。（図［★9〜11］）

また昭和五年一月号では、先の図絵とは視点と眺望する方向を改めて、四国側から北に、遥かに瀬戸内全体を見晴らす構図の「讃岐遊覧図絵」を掲載、大阪・神戸から小豆島、鞆に至るまでの多島海の様子を描き込んでいる。さらに昭和五年四月号には、宇佐八幡や耶馬渓、由布院から久住山など、

讃岐遊覧圖繪
屋島
高松
栗林公園
琴平
多度津
白峯陵
大阪商船編
不許複製

阿波遊覧圖繪
小歩危
大歩危
祖谷溪
剣峡
剣山
大阪商船編

★10・11

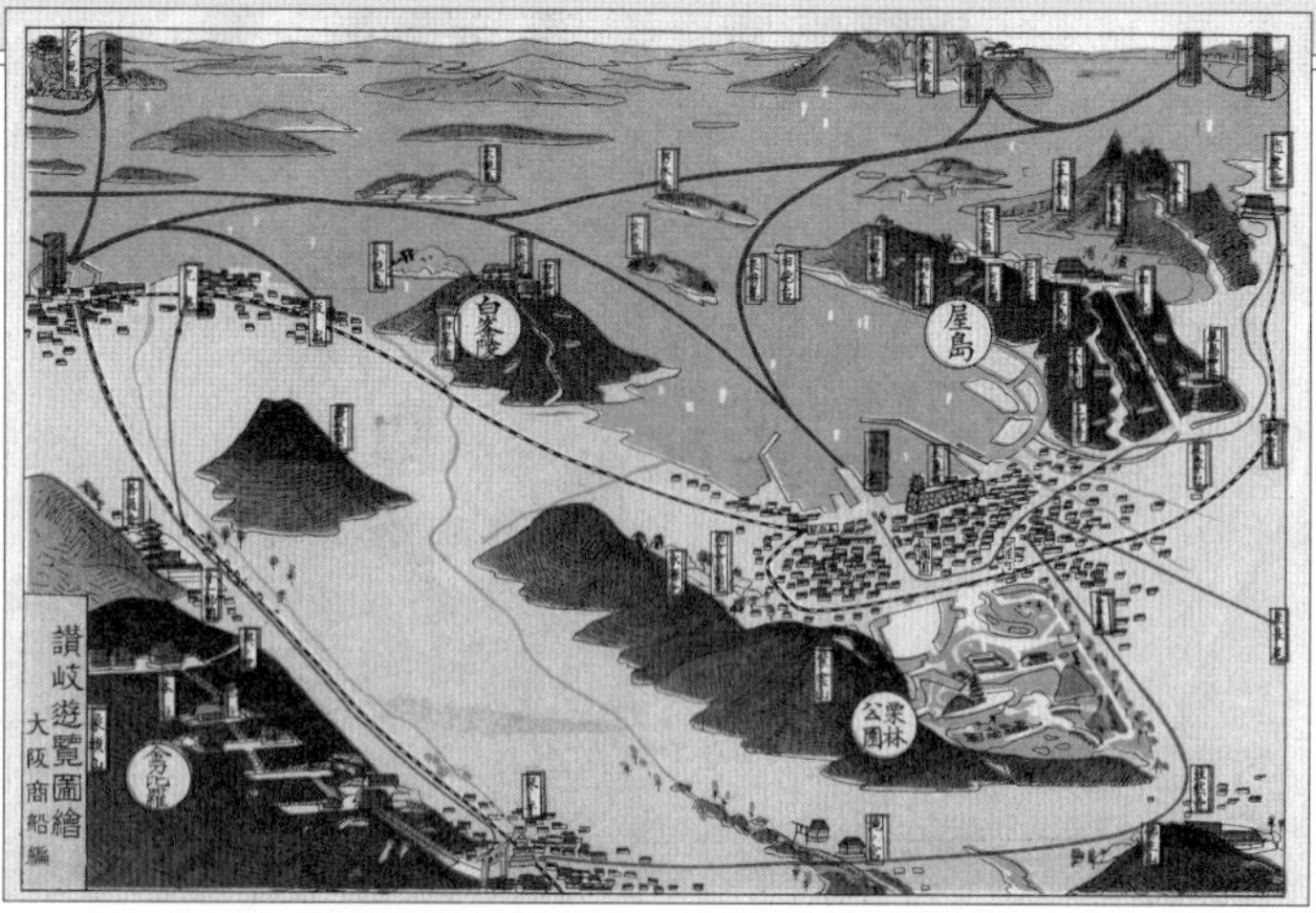

★12

先の温泉の図絵よりも広域を範囲とする「別府遊覧図絵」を載せている。（図［★12・13］）

昭和三年から四年にかけて、大阪商船は別府航路に新造した緑丸と菫丸を投入、日に昼夜二往復の運行を始めている。瀬戸内海の観光を、より強く訴求しようと考えた船会社の思惑があったがゆえに、このような図絵を絵師に描かせたのだろう。

背景には鳥瞰図の流行があった。大正時代から昭和初期にかけて、各地で発行された観光案内や鉄道沿線案内では、名所や旧蹟、あるいは都市そのものを、大胆にデフォルメした鳥瞰図を添付する例が少なくない。松井天山、峯暁雲、金子常光、吉田初三郎などの絵師の名が残る。そのなかでも初三郎は、人気を集めた画家で「大正の広重」と称された。友禅図案の絵師であった初三郎は、日露戦争に従軍ののち、鹿子木《かのこぎ》孟郎《たけしろう》に師事し洋画を学ぶ。やがて商業美術に転じ、大正二年（一九一三）に電鉄会社からの発注で制作した『京阪電車御案内』を契機に、みずからの工房で各地の電車沿線図・名所案内・絵葉書・ポスターなどの仕事を受け、千六百点以上の作品を残す。

『海』に描かれた図絵は、常光や初三郎の作品のように、実

★13

（別府遊覧図絵・大阪商船編）

際の地形を大きく歪めつつ、遥か遠くの景観と近景とを一枚の画面に描くようなダイナミックな構図をとるものではない。平明なイラスト地図である。しかし雑誌を手にとった人たちは、瀬戸内の名所や温泉地に想いを馳せつつ、これらの口絵を眺めたことだろう。天空に視点をおいて、あり得ない眺望を俯瞰する「鳥瞰図」は、人々の空想力とともに旅情をかき立てたに違いない。

◉探勝写生旅行団◉

昭和十一年（一九三六）の正月号には、日本画家・永田春水による扉絵「瀬戸内海の一風景」が掲載されている。近景から中景、そして遠景と、幾重にも島影が重なる海の美観を、その奥行きを強調して描いたものだ。瀬戸の海を大河のごとく表現している。（図［★14］）

永田はこの号に「瀬戸内の島々を追ふて　画眼に映じた瀬戸内海」と題する文章も寄せている。前章で述べたように、この時期、政府の国際観光局が、観光PRのために使用するべく、瀬戸内海国立公園の風光を描くように画家たちに仕事を依頼した。

永田の説明によれば、観光局の命を受けた画家十一名が、飛田《ひだ》周山《しゅうざん》を団長とする「瀬戸内海探勝写生旅行団」を結成、観光局長や鉄道省の関係者とともに、東京から岡山経由で瀬戸内を訪問した。

下津井から鷲羽山に登り、瀬戸内の島嶼を目にする。永田はあまりにも「大きなパノラマ景観」であったため、「宏大明媚な風光に恍惚としてスケッチの鉛筆を走らせようともしなかった」と書いている。晴れ渡った空が、南の方から曇り染め始めたと思った刹那、聚雨が襲ってくる。美しい彩りの島々が刷毛で墨を塗られたような、「名工の墨画、天巧の妙技」に夢幻の境地となって、我を忘れたと述懐する。

そのあと船上で十五夜の名月を眺めつつ、宇野から高松へと向かう。屋島では、五剣山、鬼ヶ島、鎧島、兜島などの説明を受ける。そのあと立ち寄った栗林公園で、西洋式の公園にない日本庭園の美に感動した様子を特記する。一行は、小豆島に渡ったのち、いちど高松に戻り、多度津から白石島、

★14※

鞆、音戸、呉、厳島と巡る。最後は、船で再度、四国に渡り、道後温泉に至る行程であった。

同誌には、永田と同行した飛田周山、西澤笛畝《てきほう》、荻生天泉《おぎゅうてんせん》、小泉勝爾なども感想文を寄せている。西澤は「瀬戸内海の真像」と題した小文で、海の国立公園として世界に誇る瀬戸内海の「勝地の勝地たる」を語るためには、変化のある島民生活と特別な風趣を味わわなければいけないことを思ったと述べる。とりわけ西澤が感銘したのが、白石島の盆踊りと雰囲気である。「見逃す事の出来ない蓬莱峡ともいふべき処」であり、その「和やかな気分には恍惚とするより外はない」と書いている。

そのほかの画家たちが記した短い感想は、「絶景又絶景」と題するページにまとめられている。そのなかで、小泉は鷲羽山からの眺望とともに、白石島の着船場から山に登る途中の村落の趣に心を引かれたといい、「之れは画家としての見方かも知れません」と特記している。飛田は、瀬戸内海の最高佳景に接しようと思えば、陸よりも船、船よりも山頂から展望するべきだと強調、寒霞渓の奇趣、鷲羽山の大観、白石島摩天嶺上の妙などを列記する。加えて厳島を「自然美と人口美の爛熟階調せる大交響楽」と絶賛、「今なほ眼頭に彷彿して、夢魂しきりに飛ぶの感」があったと述べている。事前に得ていた情報以上に、瀬戸内海の風物が、画家たちの絵心を刺激したことがうかがえる。

『海』の誌面では、漫画家や画家たちが、しばしば、それぞれの表現手法で瀬戸内の風光と船上で過ごす旅の魅力を描いている。彼らは、取材のために大阪商船の船旅に招かれたのだろう。また瀬戸内の風光の素晴らしさに触れることで、広報誌への寄稿に限らず、画家たちは他の機会にも瀬戸内海を題材とすることもあっただろう。作品だけではなく、画家という存在もまた瀬戸内海を宣伝する媒体となったわけだ。

伝承と観光開発

瀬戸内海の観光開発にあっては、各地で新たな観光資源を創造するべく、歴史的事象のみならず、古くからの伝承や地域固有の物語に光があてられた。その典型が、高松港の北の沖合に浮かぶ女木島の「鬼ヶ島伝説」である。

◉島の物語◉

女木島と男木島は、玉依姫を祀る姪姫島、豊玉姫を祀る大姫島と呼ばれていた。のちに名称を改め雌雄の島となる。この地が桃太郎伝説の地になったのは、上笠居小学校（現・高松市立鬼無小学校）の訓導（教諭）であった郷土史家の橋本仙太郎が、『四国民報』（現・四国新聞）に論文「童話『桃太郎』の発祥地は讃岐の鬼無」を発表したことに始まる。

その論文によると、桃太郎とは吉備津彦命《きびつひこのみこと》の弟である稚武彦命《わかたけひこのみこと》がモデルであるという。各地に出没して非道の悪事を重ねている鬼どもの征伐を命じられた稚武彦命は、立ち寄った当地で養子となり、義勇兵を率いて出発したとする伝承があるという。

橋本は、この稚武彦命の武勇伝は、そもそもは実話であったという立場をとる。ここでいう鬼とは、瀬戸内の海賊たちのことだ。家来となるイヌは備前の犬島（岡山県）、サルは陶の猿王（綾南町）、キジは雉ヶ谷（鬼無町）出身の住人を指すという。彼らは鬼の本拠地である女木島へ出撃する。激戦ののち大勝利を収めて凱旋した。後日、逆襲してきた鬼の残党も、すべて返り討ちにする。その屍を

「鬼ヶ塚」に埋め、以来、この里を「鬼無」と呼んだ。その後、讃岐の国守であった菅原道真が、この海賊征伐談を、お伽話にまとめたというのが橋本の説である。

実際、昭和五年（一九三〇）になって橋本は女木島の鷲ヶ峰中腹に人の手が入った大洞窟を発見する。結果、讃岐を起源とする桃太郎伝説は、一気に信憑性を増し、広く世に知られるようになる。事の真偽はさておき、ここにビジネスチャンスを見ないわけがない。橋本の新説は、伝承を再創造しつつ、観光資源としての利用をはかろうとする事業者の動きに拍車をかけた。

◉洋画家と鬼ヶ島◉

昭和になって新たな観光地になったこの小島を、『海』も紹介している。

たとえば昭和十一年（一九三六）一月号に、矢崎千代二の「鬼ヶ島研究」なる一文がある。記事には、大久保一郎の描く挿絵と女木島のパステル画が添えられている。（図［★15・16］）

矢崎は、黒田清輝や久米桂一郎が創設した天真道場に入門、のちに東京美術学校で黒田に師事し、白馬会を中心に作家活動を始める。パステル画を多数制作、「日本パステル画会」を創設した人物である。矢崎は、女木島の伝説について次のように述べている。

「……女木島の方が今では鬼ヶ島と呼ばれて、鬼ヶ島遊園株式会社といふのができて海水浴場その他の設備により沢山の遊覧客を引いて居る。

この鬼ヶ島説は男木島の小学校の校長で橋本仙太郎さんといふ人が、いろいろの証拠を挙げ、二十年前から熱心に唱道し今日尚ほその宣伝を続けて居る。その結果として遊園株式会社もできたのであ

大久保一郎畫

らふが反対説や本家争ひも相当あつて、文部省や内務省も今尚ほ全く橋本説を認めて居ないといふことである。」

矢崎は、文部省や内務省は杓子定規に文書に頼り、橋本説を認めることを躊躇しているのだろうと推定する。そのうえで「最も優勢な鬼ヶ島本家」は、犬山の日本ラインあたりであろうと認めつつも、女木島にも可能性を見る。対岸の岡山は桃の産地であり、キビ団子の由来となる吉備の名がある。いっぽう高松付近には、「鬼無」の駅があり、周辺には「鬼塚」「桃太郎塚」「柴山」「婆々池」などがある。また「雉ヶ谷」「雉尾」

★15・16

「雉ヶ峯」などキジにちなむ場所、里人が鬼から避難したという「隠れ谷」「娘山」「逃田」、鬼を討伐したのちに凱旋したことを伝える「勝賀山」「鬼遣屋敷」「凱歌山」などの地名もある。

そのうえで矢崎は、女木島説に加担する立場をとる。その理由が面白い。女木島説では、一介の校長が自分のことでもないのに、世人が伝承を認めないという義憤をもって、私費を投げ打って宣伝している。いっぽう日本ラインのほうは、名古屋の市会議員や大実業家、役人たちが「土地自慢と繁昌策から出発」して、犬山にアトリエを持つ吉田初三郎を「日本一桃太郎会」の会長にまつり上げた。「……権力金力に結托し、盛に宣伝運動に従事して居るといふのがいかにも卑劣で、金力権力が正義を蹂躙する日本近頃の悪習慣の発現である」と批判する。

もっとも矢崎は、女木島の現状を心配する。鬼ヶ島を開発する企業が設立されたが、あくまでもそれは営利事業である。それだけで鬼ヶ島の宣伝が成功したと思ってはいけない。矢崎は「すぐ向ふの玉藻城のあの悲惨な現在を見ればわかる」と述べ、「大抵の営利事業は破壊を導くにきまつてるから政府で認めなければ市だけで保護する」べきだと強調する。遊覧会社による営利事業によって、魅力を失った史蹟や旧蹟の類いが多数あるということだろう。矢崎は、小林万吾、猪熊弦一郎、小倉右一郎、池田勇八、国方林三、日本画の広島光甫など、香川が輩出した芸術家たちにもはかって、女木島の保全に賛成を得たいと強調する。

◉ラジオの旅行記◉

伝承は、再発見され、物語は再創造される。洋画家の懸念をよそに、観光開発という潮流に押されて、物語はひとり歩きを始める。大阪商船も、新たな観光名所を、うまく利用したようだ。

『海』の昭和十二年（一九三七）五月号に、六笠陸三が記した「新版讃岐名所双六」という文章が掲載されている。八栗、志度、津田の松原、五色連峰、本島などを「讃岐新名所」と位置づけ、先にも紹介したように、ハイキングなどの観光ルートとして売り出そうとするものだ。

この記事で、いの一番に掲げられているのが、先に述べた「鬼ヶ島」とされた女木島である。鬼のいた洞窟の概要が紹介されている。港から開墾された段々畑のあいだの曲がりくねった坂道を進むと、息苦しくなったところで「ここで我張れもう一息だ」という札が下がっている。登り切ると入口である。入洞料は十銭、安山岩を打ち抜いたガランとした洞窟のなかに入る。

鬼どもが酒宴を開いた大広間や掠奪した金銀を収める宝庫、堅い岩を鑿先《のみさき》で彫った亀の子天井や違い棚を、鬼たちが「自然へも反抗を企てた丹念さ」と紹介し、「さすがの鬼も芸術に対する憧れがあつたであらう」と述べている。また六笠陸三は次のように書いている。

「長さ四丁にあまると云ふ洞窟だけからでも、かつては備讃瀬戸一帯の島嶼に巣喰つた海賊がどんなに辺海に暴威を逞ふしたかと想像される。女木島を根拠とした『鬼大王』と呼ばれる海賊の征伐に取材した童話桃太郎は犬、猿、雉の登場に依つて親しまれ、勧善懲悪の思想を培ふわが国民性の発露として、日本の代表的童話となり約千五百年前から愛好を持ちつづけられて来たものだ。」

数年前に再発見されたばかりである遺構を、古くからの伝承とつなぐことで、最新の観光地が整備された。ここに至っては、女木島こそ桃太郎伝説の発祥の地という新説を疑う視点は皆無である。しかし六笠は、鬼ヶ島の魅力は、むしろ洞窟を抜けてから広がる鮮麗な公園からの展望にあると強調する。児島半島の全貌を背景に、直島、荒神島、葛島、局島、井島、向島などが秀麗典雅な姿を浮かべている。半島の岬の先に静かに煙を吐く日比の製錬所が見えている。足もとには「女木の島脚が白い渚に包まれて伸び、鴨ヶ瀬の急潮を距てて頭に男木島をのせて肩を張つた格好は見てゐると『鬼』の字の感じがして来る」と書いている。

★17

さらに昭和十二年七月号には、鬼ヶ島への船旅をラジオドラマ化した番組『鬼ヶ島旅行記』の脚本が掲載されている。昭和十二年六月五日に「J.O.B.K. 子供サークル」の番組として、ラジオの電波に乗せられたものだ。

文夫と美代子の兄妹が、伯父とともに大阪から高松にまで旅をした際、女木島に立ち寄った様子を再現するという趣向だ。記念スタンプのようなイラストがなかなか愛らしい。大阪商船は、瀬戸内海にあって再発見された伝承を観光資源とするべく、この種のラジオ番組の制作にも協賛をしていたのだろう。（図［★17］）

地域の事業者と大阪商船が組むことで、瀬戸内海の風光を宣伝し、いっぽうで新たな名所を開発する動きが盛んに行われた。しかし昭和十三年以降、この種の試みに対しても、次第に抑制が求められるようになる。大陸での戦線が拡大、総力戦の遂行が求められるなか、第一次近衛内閣のもと、すべての人的・物的資源を政府が統制運用することができることを定めた「国家総動員法」が公布される。さらに昭和十四年七月には「国民徴用令」も制定された。主要な物品が軍需優先で配分されることもあり代用品が普及、深夜以降の料理屋の営業が禁止され、ネオンの点灯も制約を受けるなど、人々の生活にも戦時色が強まる。『海』の誌面に登場する瀬戸内海への旅に関する記事においても、「観光」ではなく「厚生」という言葉が強調されるようになる。

厚生の海

◉神武東征と瀬戸内◉

『海』の昭和十五年（一九四〇）一月号（通巻百号）は、皇紀二千六百年を迎えたことを寿《ことほ》ぐ記念の号である。巻頭に掲げた「新年の辞」にあっては、瀬戸内海を神武天皇にゆかりの「聖蹟」とみなす概念を、下記のように強調している。

「……天孫御降臨の聖地日向から豊葦原中つ国への御東征に当つて、御道を海路にお採り遊ばされたことである。遠く古代の交通は人間の足を働かせる以外何ものもない。船といへど当時は単に日々の糧を漁る一つの方法として案出された原始的な発明に過ぎなかつた。神武天皇の御東征はそうした時代に於ける長途の御旅行である……敢然として海路を御選びになつた御決断の程が偲ばれる。船路は今日の瀬戸内海であつた。」

天皇の東征を例示することで、瀬戸の海域すべてを聖地とみなそうというわけだ。もっとも海上の旅は、平和な旅行ではなかった。この島、この浦と、未知な場所に停泊を重ねてゆく。その先々に、常に心を許せない者がおり、手向かう者を降ろしていかなければいけない。数知れないほどの難関を克服し、多くの月日を費やして、ついに「輝かしい肇国《ちょうこく》の偉業」を樹立した。このような認識のもとに、次のように書いている。

「われわれは何よりもまづ海国日本人として持つべき海上制覇の厳しい気迫を御身自らお示しにな

つた神武天皇の御威徳を讃仰せずにはゐられない。」

この文書では、神武東征によって開かれた瀬戸内海の船行を、日本における海上史の第一頁、すなわち「交通上の新紀元」であったとみなす。さらに東征によって開かれた海路は、日本文化が発展する母胎となったとみる。朝鮮や大陸からの船も、日本かたの使臣を乗せた遣唐の船も、瀬戸内海を抜けていった。世界の文明が地中海を淵源としているように、聖蹟である瀬戸内海こそ、日本文化が胚胎した場所だと強調する。瀬戸内海を、皇国史観に基づいて再定義するわけだ。

◉聖蹟としての瀬戸内◉

『海』昭和十五年（一九四〇）一月号には、編集部調べとして「皇紀二千六百年を迎ふる神詣で」という小論も掲載されている。そこでは先の文章と同様に、神詣における瀬戸内海の航路の意義を、神武天皇の東征に遡り次のように説いている。

「……神武天皇が御東征にあたつて道を海路におとり遊ばされたことに鑑み、その御航跡を偲び奉る意味に於て瀬戸内海の旅をお遊びになるのが一層意義深くはないでせうか。」

別府航路を利用、九州や伊予方面から大阪に入り、橿原神宮や畝傍《うねび》御陵を参拝するルートを推薦する。逆に大阪や神戸からは、まず別府に出向き、宮崎神宮や青島鵜戸に向かう第一プラン、天孫降臨の聖蹟である高千穂峰と阿蘇の登山を済ませる第二プラン、宇佐神宮の参拝を済ませたあとに霧島に入る第三プランを提案する。

この号では、瀬戸内海の初日の出とともに、宮崎神宮や鵜戸神宮など聖地を撮影した写真を掲げて

★18

『海』昭和十五年一月号より
★18 船で迎へる初日の出
★19 金刀比羅宮　鵜戸神宮
★20 宮崎神宮

★20

★19

いる。聖蹟巡りを理由に、新たな瀬戸内の旅を提示しているかたちだ。（図［★18〜20］）

この時期の『海』は、戦時体制下にあることを受けて、「大東亜共栄圏」の範疇《はんちゅう》となる各国のうち、とりわけ大阪商船の航路にあった大陸や台湾、あるいは南方圏に含まれる各地の風情や生活文化を紹介するグラビアや記事が急増する。また内地に関する文章でも、国家総動員体制を前提とした内容や、時局下の生活について触れるものが増える。

◉要塞の島◉

ただし、瀬戸内海の歴史や風光を紹介する記事が、すべて排除されたわけでもない。たとえば昭和十五年（一九四〇）五月号に掲載された京城帝大助教授の職にあった奥平武彦による「瀬戸内論図巻抄」では、瀬戸内海が大陸への国際的な海路となった歴史、朝鮮からの使節と倭寇など海賊との交戦、さらにはエンゲルベルト・ケンペルやシーボルトなど瀬戸内海の魅力を紹介した外国人の言説に触れ、この海の国際性をひもといている。

また同じ号には、高松市観光課長である森一紅の「金毘羅道中の今昔」という随筆がある。さらに大阪商船の川越清が「随想　島と瀬戸」という小文を寄せている。そこでは島々が点在する瀬戸内の特徴とともに、それゆえに操船上の警戒が必要であることを強調、「……瀬戸内海の航海ほど船人の神経を疲労させるものはないのである。……事実今日でも瀬戸内の船は風よりも潮に倚存する」と書いている。

また昭和十五年三月号に掲載された「伊予の小島《オジマ》」という森光繁の小文は、来島海峡にある文字通

★21·22

り小さな島が要塞となった経緯と現状を紹介するものだ。筆者は、波止浜小学校の校長である。

小島には瀬戸内海の防衛ラインとするべく、三原水道の久野島とともに「芸予要塞」が築かれた。明治三十二年（一八九九）五月に着工、日露戦争前におおよその工事は完了していたが、「最後の秘密に附すべき工事」が行われたのは明治四十一年のことであったという。

しかし十年余りの年月と数十万円を投じて建設されたこの要塞には問題があった。「飛行機を予想しない全く平面的戦闘の防御築城」であったため、「現代の立体的戦闘」に対応した砲台としては、あまり威力を持ち得ない。地理的な面も鑑みて、結局、大正十一年（一九二二）に廃止された。その後、大正十五年八月には、陸海軍の航空機による爆撃演習の標的となった。一週間もの期間、早朝から爆弾が連続して投下される。すさまじい爆音とともに、周辺の水面に数十丈の水柱が立った。

芸予要塞のうち久野島は、陸海火工所として軍部が引き続き使用していた

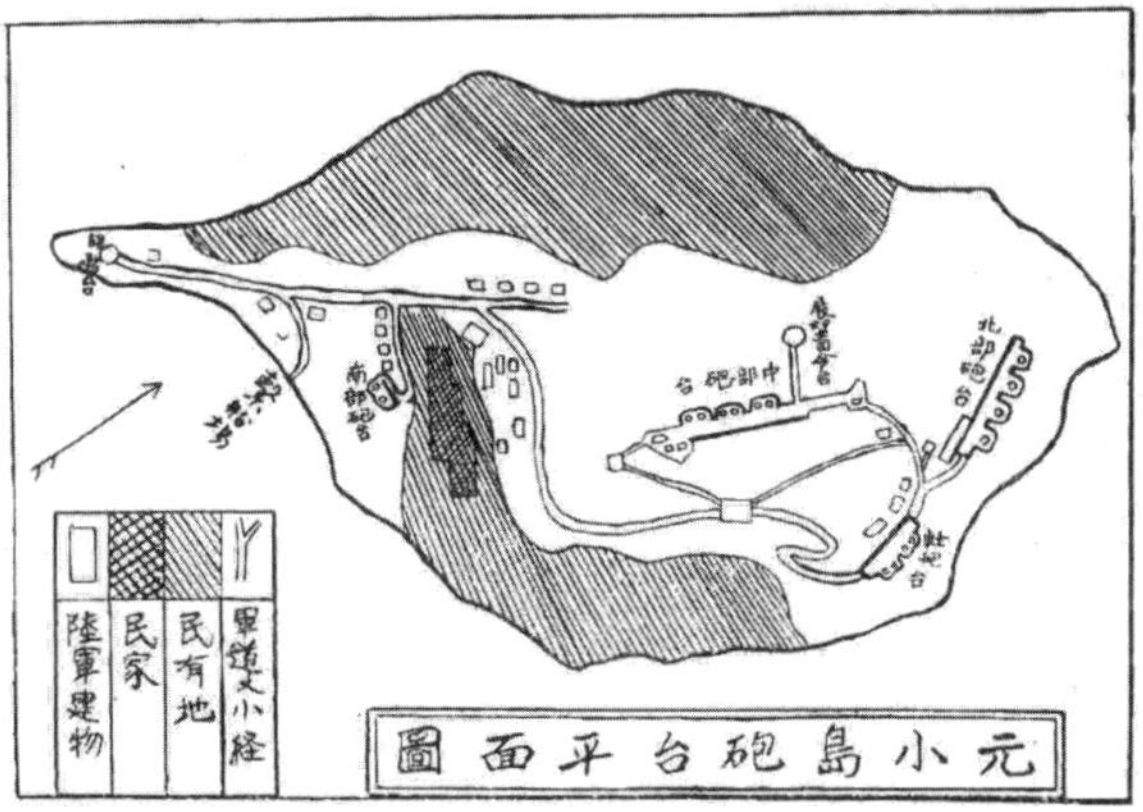

元小島砲台平面圖

ようだ。いっぽう小島砲台はそのまま保存して、地元の波止浜町に払い下げられた。町は海峡をにらみつけてきた砲台を残し、近代的公園として整備、宿泊所や海水浴場、弓場《ゆば》やテニスコートもある海洋青少年訓練道場も開設した。森は「……この歴史と景勝に富む小島に幾日かを宿泊訓練することは時代の青少年の身心を鍛錬するには誠に好箇《こうこ》の地である」と書き、また「春の日永に貝拾ふも亦よし、世にかくれた遊覧見学修練の地」と紹介する。

いっぽうこの小文で森は、この砲台を日本の築城史から見て国宝に値するものと位置づけ、大切に保存したいという考えを示す。徳川時代の「外観華美な城郭」、維新前後の「模倣貧弱なる海岸の砲台」を経て、ようやく築かれた「進歩した近代的要塞」とみなす。地下室に数百人が宿泊できる大規模な砲台だが、「今日の立体戦」すなわち航空機を前提とした戦闘には用をなさなくなった。ほかにある同時期の砲台は廃止のうえ改造されているがゆえに、この小島の砲台は「天守的城廓と現代の要塞との中間的価値として過渡期を語るもので他に存在を見ない国宝的史跡」なのだと評価する。（図［★21〜24］）

「国宝的旧砲台」という軍事施設を、青少年が滞在する楽しみの場として利用することを推奨している点が、時局下ならではは提案だろう。

◉時局と観光◉

昭和十六年（一九四一）になると『海』の内容も、いよいよ戦時色が強まる。物資を確保することが難しくなったのだろう、いよいよ紙の質も悪くなる。

ただし昭和十六年の段階では、いまだ観光目的での船旅も許容されていたようだ。二月号では、愛媛県立大洲高等女学校の教諭が記した「伊予の大洲」を掲載し、巨石文化や近世における街の歴史について紹介している。

さらに同年の三月号には、鉄道省大臣官房に配属されていた井上万寿蔵の「時局下の観光」と題する文章が掲載されている。

井上は「時局」と「観光」というと、世間の常識では、かけ離れた概念であり、国家総動員体制ののちは「時局下に観光などとは何事ぞ」という声が、一般的に有力になりつつあるという見解を示す。しかし、それは行き過ぎた世論であり、新体制における是正するべき「はき違え」のひとつだという考え方を示す。

その根拠として井上が強調するのが、観光が郷土愛や国威発揚という考えを媒介として、時局とぴったりと結びつくという点である。具体的には三つの視点を示す。

第一には「国防力の肉体的根拠」となる国民の体位の向上であり、心身の鍛錬が重要視されている点を挙げる。スポーツがそのための方途だが、老若男女、あらゆる階層や職域を通じて、推すことはできない。そこで「心意転換による保健方策の一つとしての観光」が登場する。井上は、ドイツにおける青年徒歩旅行や青年宿泊所を例示する。輸送力が厳しい路線は避けて、簡素な観光を行うことは、「反時局的」どころか「時局下において必要なる国民厚生策」のひとつだと強調する。長期戦下にあっては、持久力を涵養するための観光が望ましいという認識である。

第二に指摘するのが、「先ず祖国を知れ」という「祖国観光」である。愛国心は、現実の祖国認識の上に築かれるものである。一九二九年に世界不況がイタリアに不測の打撃を与えた際、「イタリア人をしてイタリアを知らしめよ」という標語のもとに、自国民の国内観光を奨励した先例を紹介する。

第三に述べるのが、時局下の国民生活における科学精神である。「科学する心」は、大自然の実証的観察によって完成される。真意を探求する意味において、「観光がものをいふ」と書いている。

◉厚生と船旅◉

さらに昭和十六年四月号には、大政翼賛会国民生活指導部長の職にあった喜多壮一郎が執筆した「厚生と船旅」という文章がある。

「大いに働き、大いに遊べ」というのは平時のことで、戦時下にあって銃後にある日本国民は「大いに働け、大いに働け」でないといけない。新体制下の国民生活は、「三倍も五倍も働く、私利私欲をさつて、額に汗して働くことを意味する」と定義する。

ただ「大いに働け、大いに働け」というのは理屈として正しいとしても、人間は生身の身体である。適度な緩み、休みが必要になる。働きが消耗した精力を補給することを忘れてはいけない。そこで国民厚生の仕事が必要になる。「運動競技、保健、衛生、医療、栄養、趣味、娯楽、その他国家的施設を安全にして、国民をして大いに働く力を養はせなければならない」と書いている。

そこにあって「船の旅」などというと、いかにも悠長に聞こえるだろう。船腹不足の折から、「のたりのたり」と船旅でもあるまいという声もあるだろう。しかし海洋の景観を眺め、壮大な気分を味わい、精神を剛健にし、勤労の能力を培養することは結構なことだという考えを示す。

また、神武天皇が日向の美々津浜を出て、六年に及ぶ辛苦の末に大和の高御座に着くまでの長い海の旅、あるいは中古の歴史にある倭寇の活躍などを例示、海と日本民族との宿縁を強調する。そのうえで、今日、あらゆる苦難を押しのけて、海の彼方に日本の国旗を進めることが、「われらの遠く、或は近くの祖先が奮闘の跡を訪れ、その遺志を大いに展《の》べる事である」と書いている。

喜多は「厚生の旅」は海に限らないと述べつつも、「……日本人は大いに船の旅をこころみて、海洋を押し渡つた祖先の雄心をしのび、さらに、その雄心を養ふことがぜひとも必要である」と書く。小文の最後は、次のような一文で締めている。戦時下にあってまだこの時期では、かろうじて「厚生」の名のもとに、船による観光が推奨されていたことを読み取ることができる。

「厚生の船の旅、絶対によろしい。乗れる船さへあつたら、重要物資の輸送その他国策的用途にさしつかへない限りにおいて、わたしたちは船の旅を奨励するものである。」

◉海◉

昭和十八年（一九四三）八月、監督官庁である海務院の命令に基づいて、雑誌『海』も終刊となる。その冒頭に編集部が記す「謹告」が掲載されている。

大正十三年（一九二四）七月二十五日に「涼味の巻」を発行以来、「海事思想」の普及を目指して、二十年ほどの歴史がある。創刊以来、主として大阪市内ほか全国の中学校以上の諸学校、主要官庁、公共団体、図書館、病院、大会社、新聞社、青少年団、町内会ほか、希望者には無料で寄付をしてきた。「海に親しみ、船に慣れしめ、或は海洋国民の振起を促すため、明朗溌剌《はつらつ》たる写真面を展げ、新鮮なる内容」としたため、各方面から好評を博したと自負を示す。『海』は増刷に増刷を重ねて、数万部を印刷する規模に成長した。昭和十年一月号からは月刊誌となり、全頁アート紙、総百頁を超える堂々たる雑誌として異彩を放った。

ところが「たまたま勃発した支那事変」が状況を変えた。日中戦争が太平洋戦争へ展開するなか、海運や海事に関する知識を深めることは、日本国民にとって最も切実な問題となって、前面に押し出されるようになったという認識を示す。『海』誌の使命とする海事思想普及昂揚の今日ほど重要な秋はありません」と書き、この重大事局に即応し使命の重責を完了するため、国策の線に従って紙面の大節減を断行した。しかしもはや、雑誌を廃刊せざるを得ない状況となる。

「しかるに不図《ふと》も今回、前記の様な指令に接しました次第で、まことに残念であり、哀惜の感なきを得ませんが、大阪商船発行の雑誌『海』を廃刊することによつて戦争目的の遂行に聊《いささ》かなりとも貢献するところあるとすれば『海』誌の光栄これに過ぎるものなく、本誌もまた赤襷《あかだすき》の応召者たる名誉に浴したるものとして、欣然《きんぜん》刊行を中止する次第であります。」

雑誌への愛着、万感の想いが込められた文章である。その後、昭和十八年十月には第一回学徒出陣が行われた。また昭和十九年の国民総武装決起に向けて、戦局は厳しさを増すばかりであった。

column
コラム 1

『海』の顔 ①

——船というモダンデザイン

大阪商船が発行していた広報誌『海』の「顔」ともいえる表紙は、イラスト、写真、画家による絵画やスケッチを使用したものと、時期とともにデザインの手法・傾向は変わる。だがその手法はどうあれ、八十年以上が経過した今でも新鮮さと驚きに満ちたビジュアルのものが多い。

なかでも私が注目したいのは、昭和五年（一九三〇）頃から九年にかけて、イラストを採用していた時期のものだ。各号、なかなかにモダンで興味深い。

★1※

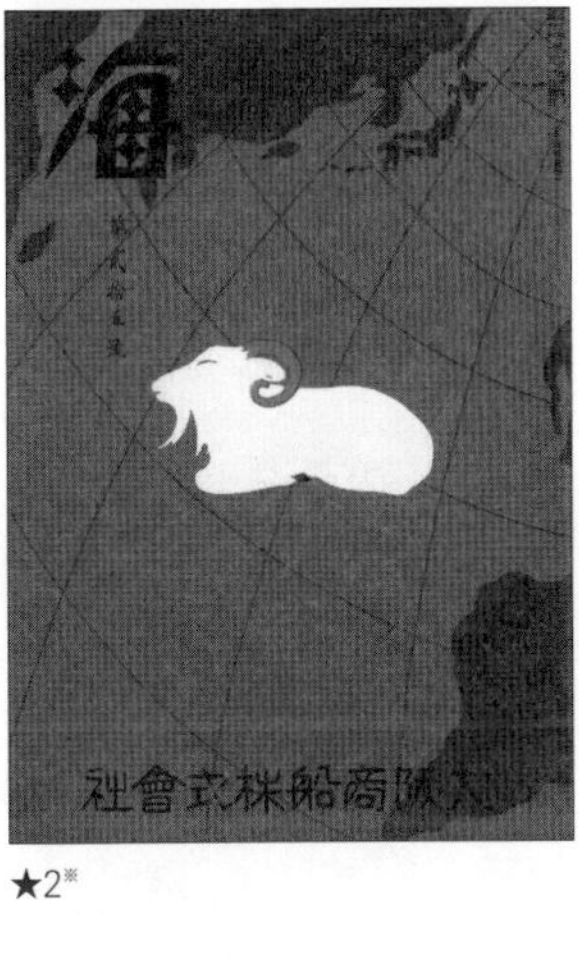

★2※

たとえば昭和五年四月号の表紙は、青空を背景に、巨大な白い灯台と海鳥の飛ぶ風景を描く。具象に近い灯台の描写に対して、近景の家並や桜、緑の木々を版画風にかつ抽象的に処理している。その対比が面白い。（図［★1］）

昭和六年の各号を見ると、一月号は干支である羊が、赤い太平洋を占拠するように寝そべっている様子を描く。羊毛の産地であるオーストラリア大陸に見立てたものだろう。なかなかに洒落ている。四月号は異国の水平線に浮かぶ船舶、十月号はマストにはためく国際標識を描いている。(図[★2〜4])

昭和七年七月号の表紙では、幾何学的に色面で分割した背景に、大型の船舶が海上を走る姿を立体的に描いている。十

★5〜8※

★3・4※

月号では、より大胆に船上の様子を切り取っている。画面からはみ出す煙突の配置が印象的だ。(図[★5〜8])

昭和八年になると各号の表紙は、いっそう先鋭的になる。一月号では、手前に向かって航行する船を中心に、同心円状に赤と白、茶色に塗り分けた光輝が広がる様子が描かれている。初日の出を表現しようとしたのだろうが、思い切った構図である。(図[★12])

四月号はさらに面白い。雑誌のタイトルである「海」の文字を図案化、最後の字画が伸びて桟橋となる。そこに同型の

大型船が三隻停泊している。二隻は煙突から煙を天に吐き出し、出航しようとする様である。七月号、十月号では、さらに抽象度が増す。船上の文物を幾何学的に描くなかに、子供たちの写真をはめ込んでいる。（図［★9〜11］）

昭和十年になると、『海』の表紙は写真構成で処理する場合が増えてくる。ただときおり、大胆な写真のコラージュを採用している号があり、読者の目を引いた。

たとえば、昭和十年十一月号は煙突に大阪商船の商号である「大」の文字をあしらった客船を側面から撮影した写真を多数配置し、あたかも船団のように並べて見せている。（図［★13］）

昭和十二年十一月号では、瀬戸内らしき風景写真を背景に、モダンないでたち

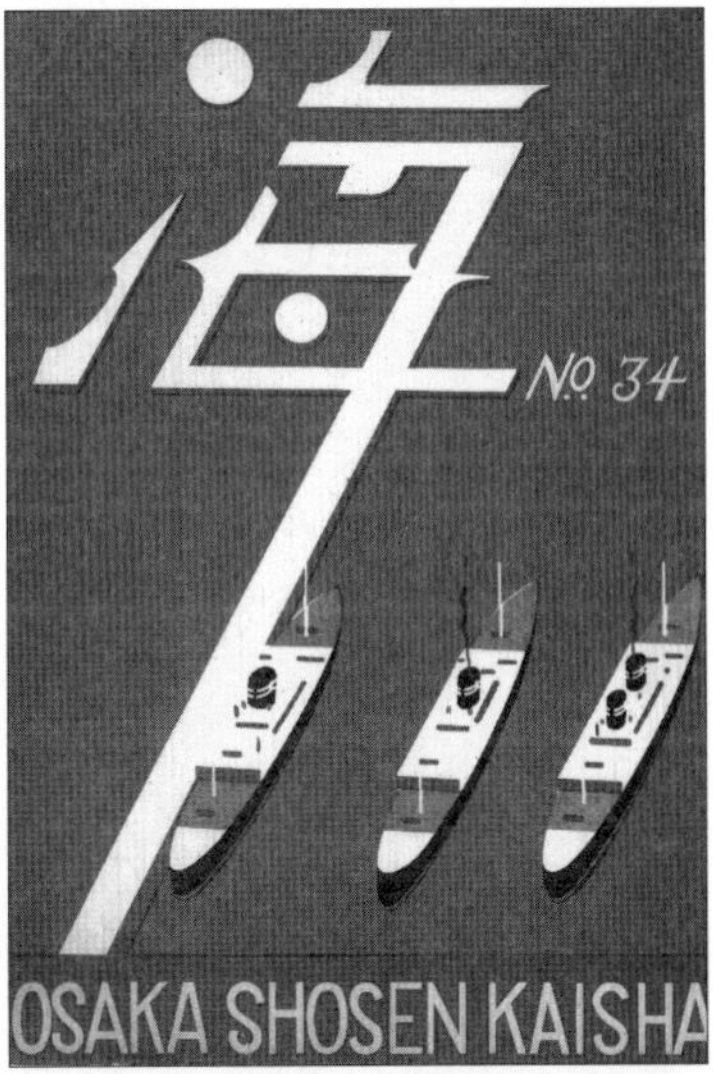

★9〜11※

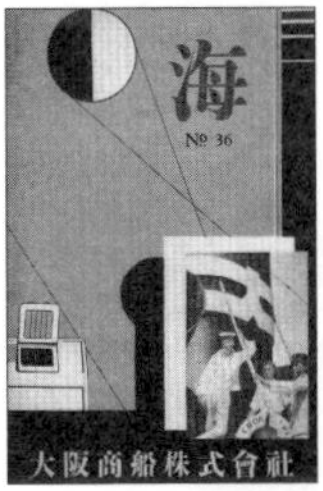

★12※

の二人の女性が風をうけて颯爽とデッキに立つ姿がある。ひとりは大きな花の柄をあしらった和装の女性、もうひとりは紫色のコートをまとった洋装の女性である。実に魅力的な表紙ではないか。(図[★14])

この時代、デザインや芸術作品にあっては、「機械」「流線型」「幾何学」などをモチーフとすることで、新しさを強調することができた。考えてみれば、大阪商船の客船に限らず、大型の船舶は、その種の要素をすべて持ち合わせていた。船という存在そのものが、モダンであったということもできる。

新鋭の豪華な船による旅を紹介、その魅力を読者に伝える役割を担った雑誌『海』の表紙のデザインが、おのずとモダンを指向したのは必然であったのだろう。

★14※

★13※

第四章

名所と海

鞆・宮島・屋島・琴平・寒霞渓など、瀬戸内海には由緒ある名勝や奇勝が散在している。鉄道やケーブルカーの敷設、遊覧バスの事業化、洋風ホテルの開業など、各地で競い合うように観光開発が推進された。ここでは「名所」が近代化し、わずかな期間で観光地へと変貌するダイナミズムを論じよう。

鞆　観光鯛網

★1

◉日東第一の形勝◉

国立公園に指定された瀬戸内海に散在する名所が、いかに近代的な観光地として整えられてきたのか。遊覧客を集めるべく工夫を重ねていたのか。本章では大正から昭和初期に流通した各種の図版を読み解きながら、各地の著名な遊覧地をめぐる言説を巡っていきたい。

最初に紹介するのが鞆の浦（広島県福山市）である。

鞆の浦では、潮の流れが東西に分かれ、かつ山に囲まれた天然の良港が船を荒天から護る。万葉集に大伴旅人が歌を残しているほど、古くから知られる潮待ちの港であった。江戸時代には西国大名が江戸に参府をする際に、この港を経由した。また北前船の寄港地としても利用される。波止場、雁木、船番所、常夜灯、焚場などの港湾施設とともに、元禄年間（一六八八〜一七〇四）に街が整備された。

歴史のある港は、明治時代以降、近代化のなかで衰退を余儀なくされる。山陽鉄道（現・JR山陽本線）の開通によって、陸運が盛んになる。いっぽう瀬戸内海の舟運は和船から洋船へと転じるが、水深の浅い鞆には近代港湾としての限界が

★2

あった。

転機は大正二年（一九一三）に訪れる。軽便鉄道が福山と鞆とを結ぶようになり、古い情緒のある港は、内海の美の粋を尽くした観光地を目指すことになる。大正二年から翌年にかけて、大阪の篤志家からの寄進を受けて、仙酔島や弁天島、皇后島に数十基の灯籠が設置され、風景の創出が行われた。

地元の原田潮花堂が発行した『鞆の浦美観　ガイドみやげ』が手元にある。裏面を絵図とした袋に、絵葉書八枚、栞《しおり》四枚をセットにしたものだ。表側には、仙酔島など風景のイラストとともに、名所の概要を記している。（図【★1・2】）

名勝である鞆の素晴らしさを次のように紹介している。

「日東第一形勝　世界海上の一大公園とまで外人の讃美して居る瀬戸内海でも風景の粋をあつめて居るのは、鞆である。深緑の山を負ふて前には紺碧の潮水をたゝへその上に、仙酔、弁天、皇后、玉津、津軽、髑躑の島々を浮べ、いふやうなき情趣をみなぎらして居る」

「日東第一形勝」という讃辞は、「朝鮮より東の世界で一番風光明媚な場所」といった意味合いだ。江戸時代初期から中期にかけて、鞆には半島から江戸を目指す朝鮮通信使が十一回も寄港している。彼らは福禅寺に宿をとり、客殿である対潮楼《たいちょうろう》から見晴らす眺めを絶賛した。一七一一年に滞在した第八回通信使の従事官である李邦彦が、この六文字を大書して寺に託して以来、この地の風光を誉め讃える言葉として慣用されるようになった。

◉瀬戸内海の心臓◉

昭和十六年（一九四一）五月、広島県が発行した『国立公園鞆の浦観光』という小冊子がある。表紙を阿伏兎観音の光景を描くイラストとし、写真や地図とともに地域内の観光ルートを説明する。観光地として整備するなかで、遊覧のためのモデルルートを設定するという方法論が普及したのだろう。

（図［★3・4］）

★3

冊子の冒頭では、鞆の浦の概要を次のように記している。

「昔から名高い瀬戸内海の景色は、海の一大公園として、世界の何処にも及ぶ処がないとまで誉めたたへられてゐる。風光明媚の瀬戸内海は何処へ行つても捨難い趣きがあるが、其の中でもとりわけて優れたものは、安芸の厳島、備後で鞆の浦、讃岐の屋島この三箇所であらう。おのおのその特長の美しさがあつて、何れも劣らぬ神秘的の絶景である。」

鞆の浦に遊覧客が遠近から雲集する理由として、神功皇后に

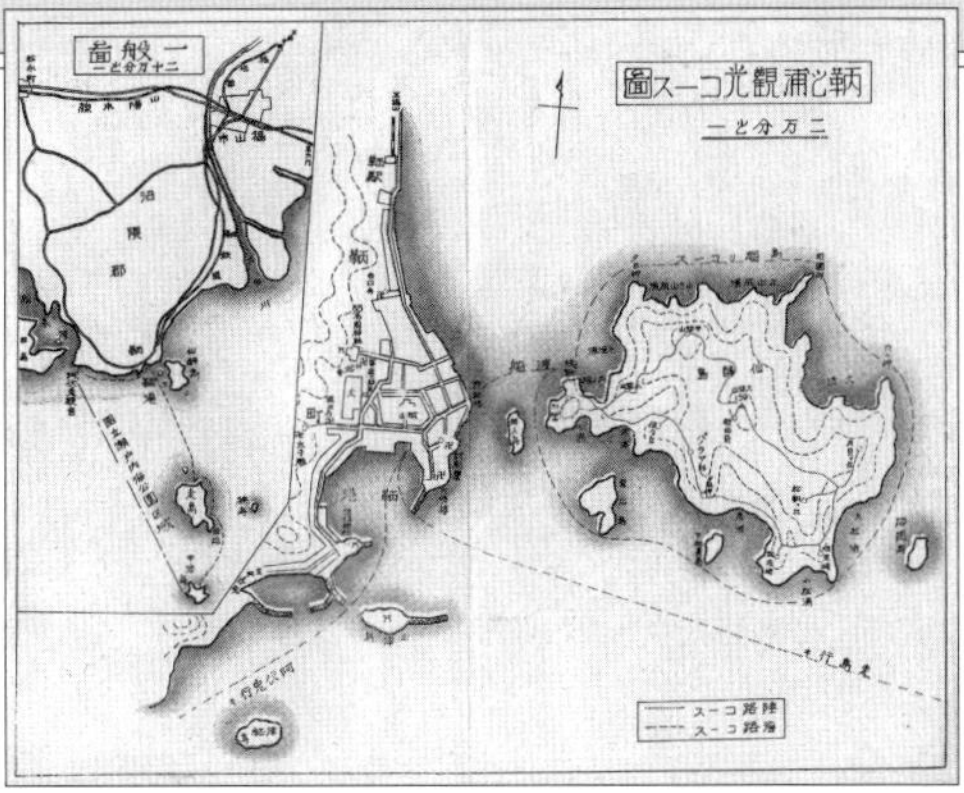

★4

始まる歴史と、稀に見る海上美と島嶼美、さらには瀬戸内海の中央で最も良い位置を占めている点を強調、「鞆の浦を見ないで内海の風光を語るな」とまで言う人もいるが、過言ではないと書いている。また、風景だけではなく、気候はいつも和やかで、人情も親切であると続ける。

さらに変化に富む景観美を、以下のように説明する。

「海岸は実に妙味ある屈曲を形成し又変化に富んだ地形が展開してゐる。すんなりと弓のやうに曲つた浜辺、そゝり立つた絶壁のやうな断崖、蝸牛の角のやうに細く突き出した波止場、これ等を美しい海水でめぐらしてゐる様は全く絵であり、詩である。」

「沖には浮島のやうな仙酔島を首座に何れも形の美しい弁天、皇后、玉津、津軽其他の島々が美事な枝ぶりの松をのせて、真青な海の上に巧に盆石を置いたやうに、ポカリポカリと浮んで薄墨を流したやうな讃予の山が遥にバックとなつて現はれてゐる。この美しい神秘的な風景は全くパノラマである。この風光に接したものは誰もが恍惚として我を忘れるのも無理はない。」

四季折々の変化に応じた楽しい遊びの催しがあり、年中、飽くことがない。「天下に冠絶した風景」とともに遊覧施設が充分にある鞆の浦は、瀬戸内海の観光コースにおける「重要な心臓」であり、決して見逃すことができない。だからこそ、老若男女がその風景に陶酔し、愉悦を満喫する。鞆の浦は、世界にも稀な「楽園仙境の地」だと強調している。

『国立公園鞆の浦観光』では、鞆の浦観光の順路として、まず街のなかの名蹟を巡ることを推奨する。安国寺《あんこくじ》の境内の釈迦堂、沼名前神社、小松寺境内の平重盛手植えの松で「平治の昔」を偲んだあとで医王寺方面に向かう。石畳の参詣道を行き過ぎて右に巡ると山中鹿之助の首塚がある。近くの「ささやき橋」で、妓女と嫖客《ひょうかく》が恋をささやいた往時の逢瀬を想い、さらに法宣寺の天蓋の松の偉容に立ち寄る。

◉パノラマという概念◉

このあと医王寺から美しい海を眺めること、さらに太子殿にまでイナズマ型の坂道を登り眺望することを推す。前者からの眺めを「一幅の名画」、後者からの見晴らしを、天地のなかに浮かぶ「大きなパノラマ」とし、とりわけ股のぞきで眺める俯瞰美は「名画の遠く及ばないもの」と激賞している。下山ののち浜辺にまわり、淀姫神社や城山、さらに小高い丘にある福禅寺の対潮楼を訪問すれば、遊覧順路は終了となる。

鞆の浦の近代的な観光開発において、注目されたのが仙酔島である。大正十年代以降、島の公園化が企画され、遊覧客向けの町営渡船が用意された。登山道や周遊道路が整備され、また頂上に四阿《あずまや》が建設された。大正十五年（一九二六）に天皇の行幸があった御膳山を「御野立所」とし、また田ノ浦と彦浦に夏期に家族連れの行楽客を集めるべく海水浴場が整備された。

仙酔島の周遊順路にあって、夕凪岬から坂道を登る「田の浦越し」に、「パノラマ台」と名付けら

★5

★9

★6

★10

★7

『国立公園鞆の浦』
★5　表紙
★6　太子殿より仙酔島を望む
★7　仙酔島中弥山より鞆の浦を望む
★8　阿伏兎観音・大悲閣
★9　弁天島の月
★10 鞆の浦の鯛網

★8

れた展望所が整備された。先の小冊子では「パノラマ台は仙人ヶ丘の嶮崖を右に御膳山や弁天島を向に眺め、眺望は正しくパノラマで誰もがうつとりする美しい景色である」と説明する。

「パノラマ」という概念を援用しつつ、実際の風景を絵画に例えることが、鞆の美観を文章として説明するうえで有効な枠組みとなっていたことが判る。実際、戦前に鞆の浦観光協会が発行したイラスト版の絵葉書では、名所の風景に加えて、太子殿や仙酔島弥山からの「パノラマ」を選定している。当時、各地の観光地や名所において、視野のある限り見晴らすことができる優れた景観を、概して「パノラマ」と称したのだろう。(図【★5〜10】)

◉スピード時代と名所観光◉

鞆の浦の観光にあって、街の散策や弥山周遊とともに、欠かせないのが船を使った観光である。先の冊子では、仙酔島巡りのほかに、海路からの阿伏兎や走島への遊覧を推している。この種の海上からの遊覧には、モーター船が多く使われるようになったことが特記されていることに注目したい。

「最近、スピード時代に適応すべく鞆で作られた稲垣快速艇といふ小型船がある」と紹介している。「速力一時間三十五哩《マイル》で水上を滑走するやうに白浪を蹴立てて行くさまは実に爽快である」と、高速のボートが疾走する写真が掲載されている。

美観を売り物とする名所の観光において、「スピード時代」という言葉がでてくるあたりが時代を感じさせる。高速船で移動するという行動そのものが、新たなレジャーとして意識されていたということだろう。

◉日本二十五勝◉

大正十四年（一九二五）、鞆は内務省から名勝に指定される。さらにその二年後、『大阪毎日新聞』と『東京日日新聞』が主催、鉄道省が後援するかたちで実施された「日本新八景」の選定事業において海岸部門の候補にエントリーされる。

「日本新八景」は、山岳、渓谷、瀑布《ばくふ》、温泉、湖沼、河川、海岸、平原の八部門を設定、一般からの葉書投票による部門ごとの投票数上位十位までを候補地とし、最終的に横山大観や谷崎潤一郎といった文人や画家、学者たちの審査で「八景」を決定するという試みである。選定された景勝地には、著名な文人と画家が現地を訪れ、その紀行文が新聞紙上に掲載された。

全国の観光地で投票への呼びかけが行われた。鞆も例外ではなく、町役場が率先して「時！来る！日東第一形勝鞆の浦を天下に紹介するのは此時」という宣伝文で住人に投票への参加を喚起した。しかし、「日本新八景」の海岸部門には室戸岬が選ばれる。惜しくも鞆は敗れたが、「新八景」に準じる「日本二十五勝」のひとつに推されている。その後、昭和九年（一九三四）に国立公園に指定されたことで、鞆の名はいっそう全国に知れ渡ることになる。

『国立公園鞆の浦観光』では、鞆の浦にある「遊覧施設」の第一として「鯛網」を挙げ、以下のように評している。

「鞆の浦の年中行事のナンバーワンは何んといつても鯛網である。ほかでは見られない催しで四月下旬頃から鞆、横島、田島等の沖合ではじまり、五月一ぱいまでがそのシーズンである。」

冊子では、その概要を次のように紹介する。大漁の赤い縁起物の幟《のぼり》を立てた二艘の親船が、源氏と平家に分かれて併走する。漁師たちは、それぞれ紅と白の鉢巻きをしている。各親船に、それぞれ錨船がつき、さらに沖船と称する指揮船が同行する。このほかにも数艘の小船が従って、独特の船団がかたちづくられる。沖船に総指揮役がいて親船に指示を出す。いっぽう親船にはそれぞれひとりの指揮役が艫《ろ》の上に立って、みずからの船と錨船とを指揮する。冊子では、このような仕組みを「頗《すこぶ》る秩序立つたもの」と述べている。

五十名ほどの屈強な漁師が、掛け声も勇ましくモーターボートに勝る速力で、沖に船を漕ぎ出す。目的の海面に到着すると、潮加減を見た総指揮役が「網下ろせ」と大声で命令、これを親船の指揮役が伝達して、浮きのついた網を海に投げ込む。千尋ほどもある長い網を「ハーリハヨイショ」という掛け声とともに海に降ろし、二艘の船は反対方向に針路をとって円を描く。

鯛がこの円から逃げないように、小船の漁師が長い棹で海面をたたく。間もなく「網揚げ」の命令がでて、円を縮めていく。網のなかには鯛や鰆などが、重なり合って跳ねている。さっと五色の吹き流しを立てると、歓呼が一斉にあがる。大漁を祝うサインなのだ。

「雪のやうな飛沫、金鱗、銀鱗は日に閃めいて目も眩むばかり美事である。その壮観は迚《とて》も想像の及ばぬ光景で一生に始めての遊覧客がどよめきわたるのも無理からぬことである。」

『国立公園鞆の浦観光』ではこのように記し、五月は鯛網見物に諸方から遊覧船が集まる鞆の浦の「書き入れ時」と述べている。

★12

★11

◉観光鯛網◉

冬場を外洋で過ごした鯛は、産卵場所を求めて三月末に瀬戸内に入る。島のように見えるほどに、海面近くを泳ぐ魚群が濃く、古くは「魚島」という言葉があったという。この時期の鯛を効率よく獲るために、「しばり網」を応用した鯛網が用いられる。寛永九年（一六三二）、福山城主・水野勝成の命を受けて、走島の庄屋である村上太郎兵衛と鞆の当納屋忠兵衛が共同で考案したと伝えられている。

以後、村上家は十代に渡って鯛網漁を継続、漁法は瀬戸内各地に広まったとされる。いっぽう観光客の増加に伴い、鞆では鯛網を物見の対象とする人が増えてきた。そこで大正十二年（一九二三）に第一回の「観光鯛網」が始められた。

観光客に向け見せることを意識した漁は、当初から人気を集めたようだ。大正十三年五月二十日の『大阪朝日新聞』は、「土地発展の一策として、この鯛網の見物を主に土

曜と日曜に二回乃至三回催している。中国筋は固《もと》より京阪神名古屋あたりからも見物客が殺到して非常な賑ひだ」と記している。

鯛網の様子は、旅館の案内書にも、写真とともに紹介されている。たとえば対山館の案内では、大漁旗を掲げた船隊の様子を表に、また網を引く漁師たちの姿を社寺の風景や旅館の座敷の写真と併せて掲載する。(図［★11・12］)

いっぽう仙酔亭のパンフレットでは、イラストで巨大な鯛が海上に白い腹を見せている様子を描く。それを円形に取り囲む親船と錨船、沖船の姿がある。その周囲を、多くの屋形船が取り巻いている。見物の船ということだろう。一匹の巨大な鯛を、船隊が追い込んでいる風情が実に面白い。「鯛網の壮観」という小文では、一度に一尺あまりの大鯛が数百尾も捕獲される様子を「乱跳又乱跳金鱗銀鱗日に閃き海上俄に紅色を呈する光景は……壮絶……美絶……覚へず快哉を叫び拍手喝采を禁じ得られませぬ偉観であります」と書いている。(図［★13・14］)

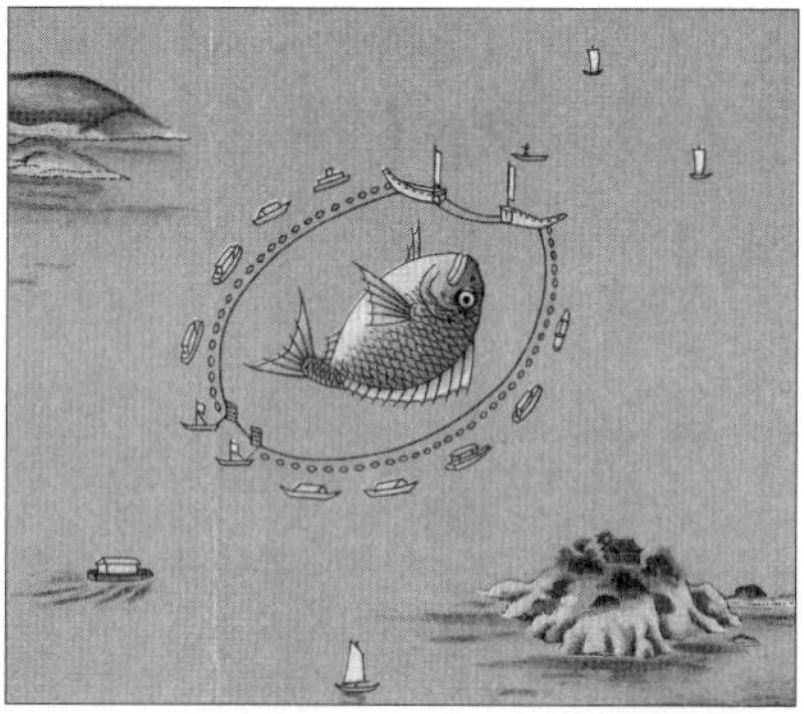

★13・14

観光客向けの鯛網は、仙酔島から沖合、十丁余りの位置にある「擂鉢」と称する網代を中心に、商工会によって実施された。五月中の日曜日、九時に船を出して三時間を要する。旅館裏の海岸から七十から八十人乗りの観覧船が出る。観覧料金は大人一円二十銭、子供は半額であった。また希望があれば、別にモーターボートや和船を仕立てて、見物することも可能であった。

ショーアップされた観光用の鯛網とは別に、沖合で行われていた本格的な鯛網漁を見学に出向くこともできた。四月下旬から連日、晴雨にかかわらず操業している沖合の漁場まで、二十人乗りの観覧船を日に十五円で借り切って出向く。船中での楽しみに、昼食や酒を用意することも可能であった。また「御大漁の祝酒」として日本酒の小樽を用意しておき、沖で漁師たちに渡すと、返礼として魚をくれることがあると記されている。また沖相場で魚を直接、購入することもできた。「沖で取り取りの魚を調理して舌鼓を打つのも又格別」と記載されている。

◉見せる漁業◉

名所を有する観光地では、地元の有力者たちが保勝会を結成し、地域の歴史を掘り起こし、史蹟・古蹟の修復に努めた。鞆でも昭和七年（一九三二）に「鞆の浦保勝会」が設立された。活動を後援したのは仁丹本舗の経営者である森下博である。

保勝会が発行した昭和十一年版の『鯛網遊覧案内』の

★15

パンフレットがある。現地でのツアーだけではなく、摂陽商船や尼崎汽船と連携した大阪や神戸からの「阪神鞆間鯛網観覧券付特別割引乗船券」の販売を促進するべく発行されたものだ。（図［★15］）

大阪を午後五時十分、神戸を午後七時四十分に出立する船便に乗ると、早朝六時三十分に鞆に着く。その足で鯛網を見物することができる。運賃は片道で二等五円四十銭、三等三円二十銭となっている。船賃は二割引、鯛網の料金は二十銭割引に設定されている。

鞆では伝統的な漁である鯛網が、観光客の増加に伴って観光の対象となり、ひいては年中行事に位置づけられるようになった。当初は実際の漁を一般客に公開するといった体裁であったが、徐々にショーという意味合いが強まった。観光地が近代化を果たすなかで、水産業の領域における産業観光がおのずと誕生した状況を知ることができる。

宮島「日本三景」の近代

◉厳島の巨大ジオラマ◉

瀬戸内海を代表する景勝地のひとつが、厳島神社が所在する宮島（広島県廿日市市）である。ここでは「日本三景」に数えられる名所の近代化について述べておきたい。

まず大阪で行われた興行を告知する刷り物を紹介しよう。第二芦辺倶楽部がかけた「新写真」、す

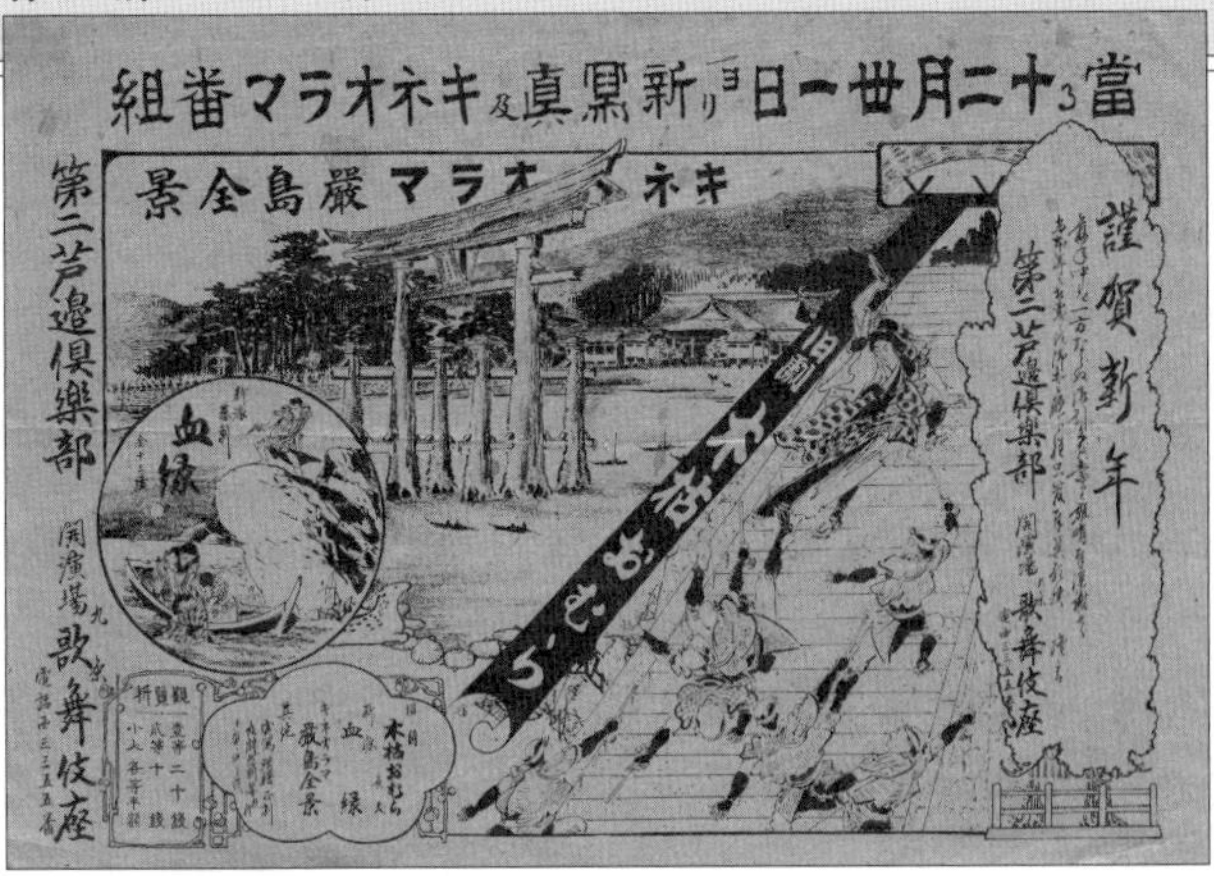

★16

なわち活動写真の新作と、厳島全景のキネオラマの上演を宣伝するものだ。（図［★16］）

千日前の芦辺倶楽部は、寄席と活動写真の上映館二館を備えた劇場である。一号館から三号館と称し、屋上には空中庭園「芦辺パーク」があった。明治四十五年（一九一二）一月、いわゆる「南の大火」で、界隈は焼け野原となり、芦辺倶楽部も延焼している。この刷り物では「第二芦辺倶楽部」とあり、「開演場九条歌舞伎座」とうたっている。詳細は不明だが、千日前で興行を打てない事情があった明治末の火災直後に発行されたものだろうか。

「キネオラマ」は、「キネマ」と「パノラマ」を合成した和製英語である。舞台に精緻な立体模型を造り、多色の電気照明や幻灯、擬音などを加味して、ジオラマ風に情景を再現する。そのうえで活動映画と同様に、弁士が巧みな話術で会場を盛り上げた。明治末頃に流行した特殊な演目である。厳島の模型を用いた興行も、大阪で話題となったことだろう。

明治四十五年、大阪の新世界に開業した「厳島館」にも、厳島神社の建築模型が展示された。大正二年（一九一三）に出版された『大阪新名所新世界写真帖』（大阪土地建物）では、「日英博覧会以来の呼物として今尚ほ人気旺盛なるもののみならず我国美術の典型として尊重せらる」と紹介したうえで、さらに次のように来歴を詳細に書いている。

「日本三景の一たる安芸の宮島の模型なり。本模型は会主たる広島県人高橋延太郎氏が県費の補助を得、前後七年間の星霜を閲《けみ》し、刻苦辛酸を重ねて完成せしもの……」

精巧な社の模型は、明治四十三年、ロンドンで開催された日英博覧会において、広島県代表の展示として出品されたものだ。会場では「日本美術の典型として多大の好評」を博したといい、閉会後は欧米人から高額での買い取りを申し込まれるほどの逸品であった。新世界に特設館を開いた背景には、美術工芸の奨励と教育に資するという目的があったという。ともあれ、ここで紹介した事例から、明治末から大正初期、「日本三景」のひとつである厳島神社のジオラマ模型が、内外で人気を集めていたことが判る。

◉神の島と「日本三景」◉

宮島は、古代より島そのものが信仰の対象とされていた。平清盛を始め平家の庇護を得て、厳島神社の社殿が整備される。中世には海の守護者である夷《えびす》信仰と結びつき、足利尊氏や義満もこの社に足を運んでいる。さらに毛利元就も厳島神社を崇敬、秀吉も九州遠征の途上で参拝し大経堂を建立させている。

近世になると厳島詣は、民衆信仰の対象となった。厳島神社が「日本三景」のひとつに数えられるようになったのも、江戸時代に遡る。林羅山の三男である儒学者・林春斎が寛永二十年（一六四三）にとりまとめた『日本国事跡考』において、「松島、此島之外有小島若干、殆如盆池月波之景、境致之佳興、丹後天橋立、安芸厳島為三処奇観」と記した。これが「日本三景」の端緒となったとされる。

近代になってからも、厳島神社のある宮島は、「神の島」として日本各地から多くの人を集める。たとえば弥山三鬼大権現を篤く信仰していた伊藤博文は、その生涯のなかで幾度となく参拝、浄財を集めて、弥山への登山道を整備した。三鬼堂や大願寺の掲額は、伊藤公の直筆と伝えられている。

もっとも明治初期には、いくつかの転機があり、厳島神社の景観も変貌をみる。ひとつは仏教の排除である。明治元年（一八六八）の神仏分離令、さらには廃仏毀釈運動の影響もあって、神社に属していた寺院は廃絶となり、本地堂や鐘楼などの仏堂が取り壊された。

また境内の景色を特徴づけている朱塗りの塗装も、仏教的であるとみなされた。明治八年、大鳥居を再建する際には素木の柱が用いられた。また本社本殿の屋根には、千木《ちぎ》と堅魚木《かつおぎ》が載せられた。さらに明治十四年までには、社殿の彩色も洗い落とされた。この時期に発行された錦絵などを見ると、彩色のない鳥居や社殿が描かれている。

その後、明治三十三年の暴風と高潮によって社殿が破損、翌年から大正八年（一九一九）にかけて実施された修復工事において、ようやく瓦棟が復旧され、社殿や鳥居も朱色の着彩が再現されることになる。

◉鉄路と宮島◉

近代になると交通機関の発達によって、宮島は観光地としてさらに発展をみる。そこにおいても、「日本三景」という場所性は強調される。たとえば明治二十七年（一八九四）の『山陽鉄道名所案内』

では「唯だ彼の安芸の厳島に至ては日本三景の一にして旅客少なからず随て之を知らんと欲する人々の多き」と書いてある。

明治三十年、宮島駅（現・宮島口駅）が開業、旅客・貨物の取扱が始まる。さらに芸備日日新聞社の社主であった実業家・早速勝三が赤崎海岸に設けた桟橋を利用、連絡船が運行する。明治三十六年に山陽鉄道が宮島航路を買収し、鉄道連絡船とする。また明治三十九年、鉄道国有法に基づいて、渡船とともども鉄道院の傘下となる。

宮島の風光は「鉄道唱歌」にも歌われている。路線ごとの名所や風光を歌い込んだ歌は、大阪で昇文館という出版社を経営していた市田元蔵が企画、大和田建樹が詩を担当した。宇和島藩士の家に生まれた大和田は、明倫館から広島外国語学校に学び、上京ののち交詢社の書記などを経て、東京高等師範学校の教授となった人物である。明治二十四年に教職を辞して文筆家となり、多くの詩歌や紀行文を著している。鉄道唱歌は、市田とともに取材旅行を実施しながら制作したという。

鉄道唱歌は、版権を得た楽器商の三木佐助が出版することで、広く人々の口ずさむところとなった。第二集である「山陽・九州篇」は、明治三十三年に出版されている。そこでは当時の宮島駅が、十九番から二十二番にかけて次のように歌われている。

己斐《こい》の松原五日市　いつしか過ぎて厳島　鳥居を前に眺めやる　宮島駅につきにけり

汽笛ならして客を待つ　汽船に乗れば十五分　早くもここぞ市杵島《いちきしま》

姫のまします宮どころ

海にいでたる廻廊の　板に浮べてさす汐に　うつる灯籠の火の影は　星か蛍か漁火《いさりび》か

毛利元就この島に　城をかまえて君の敵　陶晴賢《すえはるかた》を誅《ちゅう》せしは　のこす武臣の鑑なり

ちなみに「山陽・九州篇」は、のちに山陽線の全線開通を待って歌詞が追加された。「山陽線唱歌」のタイトルで再編集されたうえで、再発売されている。

◉観光地化する宮島◉

明治末から大正時代にかけて、宮島に渡る観光客が増えたようだ。多くの旅館が施設を拡充し、さまざまな案内や絵葉書の類いを発行するようになった。ここでは石鳥居前に、本館と三階建ての別館を経営した大根屋が配布した案内地図を紹介しておきたい。鹿と鳥居のシルエットを美しく描いた袋には「日本三景ノ一」とある。大正十四年（一九二五）二月二十五日に発行されたものだ。

添付された案内地図は、横に長い鳥瞰図である。宮島駅前には鉄道院桟橋の詳細が描かれている。島内の名所旧蹟や社寺のほか、警察署や劇場などの施設も明記されている。大根屋旅館のほか、ひがしや旅館、伊藤旅館、かめ福旅館、長田旅館などの位置が記入されている。各旅館が原図を共有して、それぞれに案内パンフレットを制作し、顧客に配布していたのだろう。（図［★17〜20］）

★17

観光地として人気を得るにつれて、宮島にも外国人観光客の接遇を意識した洋風のホテルが開業する。なかでも広く名を知られた宿が、大元神社境内の宮島ホテルであろう。（図［★21］）

この地にあった旅館「白雲洞」を神戸のミカドホテルが買収、株式会社宮島ホテルが設立されたのは明治四十五年（一九一二）のことだ。ここに外国人も快適に宿泊することができる洋風のホテルを建設する構想が生まれる。

この事業に広島県知事である寺田祐之が興味を示したようだ。鳥取・岡山・宮城で県知事の経験を持つ寺田が、広島県知事に就任したのは大正二年（一九一三）二月二十七日のことである。彼は宮城県知事時代に、七ヶ浜・塩竈・松島・鳴瀬一帯を一大観光地

★18

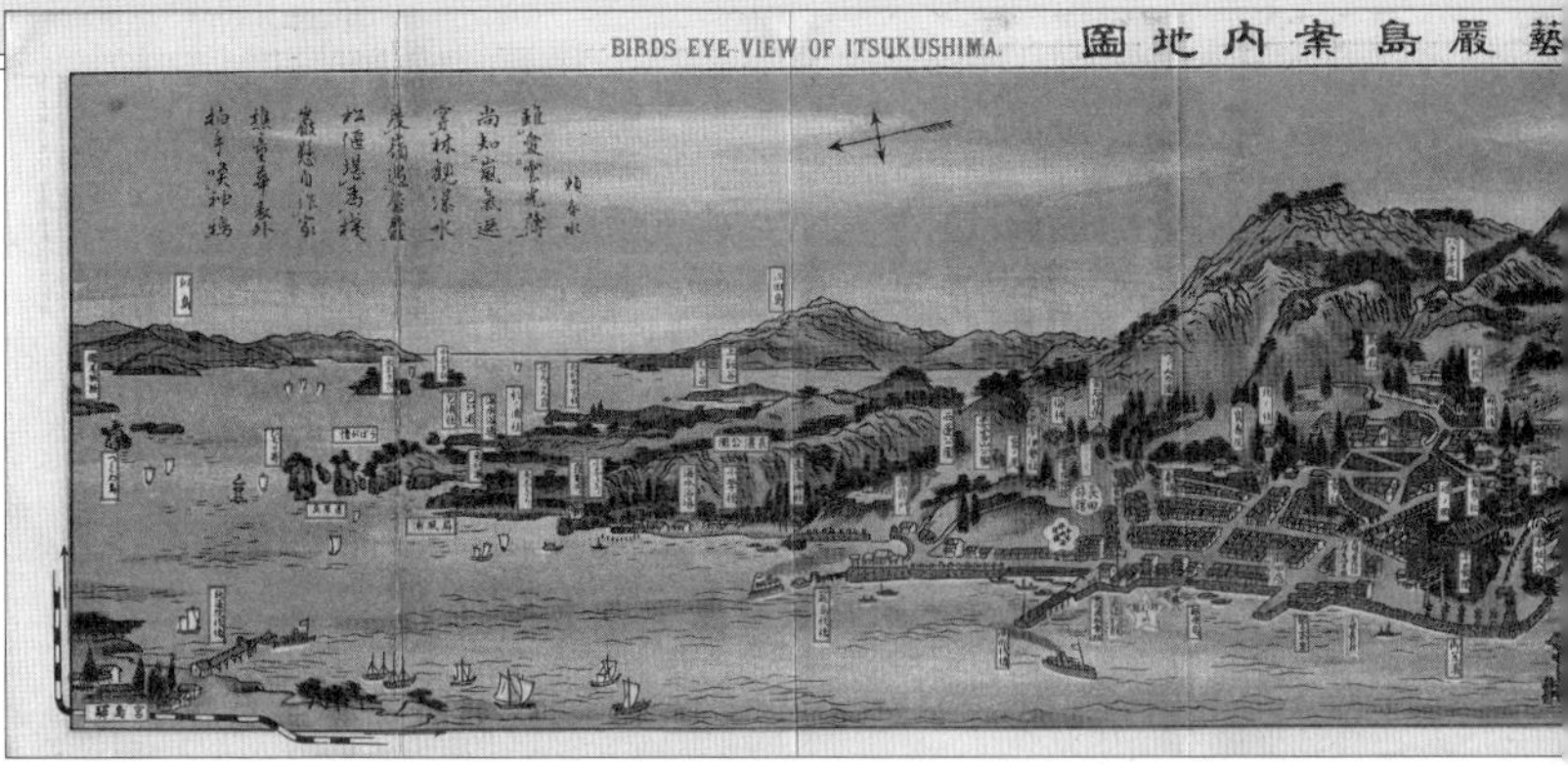

『日本三景ノ一 厳嶋案内地図』
★ 17「大日本三景 安芸厳島案内地図」全図
★ 18 表紙
★ 19 大根屋旅館　ひがしや旅館　伊藤旅館　かめ福旅館　長田旅館 ほか
★ 20 宮島駅と鉄道院桟橋

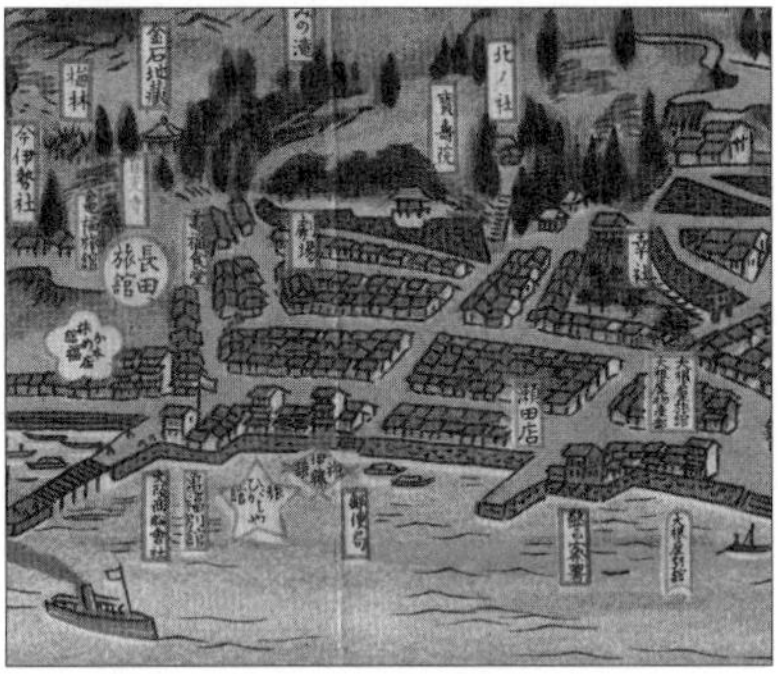

★ 19

★ 20

★21

とする「松島公園」構想を打ち出し、そのシンボルとして東北地方初のリゾート・ホテル「松島パークホテル」（現存せず。跡地は松島公園グリーン広場）を具体化した経験を持つ。

その知見があったのだろう、広島に着任した寺田は、松島と同様に「日本三景」のひとつにうたわれた宮島に着目する。彼は、松島パークホテルを設計したチェコの建築家ヤン・レツルを広島に呼び寄せる。レツルは広島県物産陳列館とともに、宮島ホテルの設計も請け負うことになる。

◉和風の楼閣◉

宮島ホテルが発行した絵葉書を紹介しておこう。本館は、海を見晴らす位置にあり、唐破風《からはふ》や千鳥破風で屋根を飾り、花頭窓《かとうまど》を連続させるなど、和風の細部意匠を多く用いた木造四階の建物である。鳥居が立つ神社への参道に接している状況や、海岸沿いに多くの石灯籠が並ぶ様子も描き込まれている。沖からホテルに向かう船の姿もある。（図［★22～25］）

この絵葉書は、吉田初三郎の高弟である前田虹映の手になるものだ。本名を前田穣《ゆたか》といい、明治三十年（一八九七）六

★22

★24

★23

★25

宮島ホテル発行の絵葉書
★22 陽春の宮島ホテル
★23 大元公園と宮島ホテル
★24 宮島ホテルより大元公園を望む
★25 厳島神社と宮島ホテル

月十九日生まれ、山口県柳井町の出身である。大正七年（一九一八）春に田中頼璋の門下となるべく上京するが、初三郎の画風に心服して師事をすることになる。全国の名所図絵を量産した工房の中核を担う絵師のひとりとなるが、昭和十一年（一九三六）四月、初三郎が犬山市に構えていた日本ライン蘇江画室から八戸市種差海岸別邸に制作拠点を転じたことを契機に独立、郷里である柳井市にみずからの画室を設けて、福山市の広告会社などから仕事を受けて活躍することになる。

◉夕映えと神烏◉

戦前に発行された宮島ホテルのパンフレットを二種類、紹介しておきたい。風光明媚な名所で営業していたホテルの概要を、海外からの観光客の来訪を意識しつつ紹介するものだ。

まず一種目は、表紙に「A SACRED-ISLAND "MIYAJIMA"」の文字があるものだ。夕映えの瀬戸内を背景に、宮島の島影と鳥居を濃紺のシルエットで描くイラストを添える。その上空を、目をかっと見開いて一羽の烏が飛翔している。（図【★26】）

宮島では烏は神の使いであり、「神烏《おがらす》」と呼ばれている。伝承によれば、三人の姫神が鎮座するべき新たな聖地を求めて、船に乗って瀬戸内海の島々や浦々を巡った際、烏が先達の役割を担い、社殿が建設される場所に導いたという。

神烏の伝承は、春に恒例の「御島巡《おしまめぐ》り」と「御烏喰式《おとぐいしき》」として神事化されている。「御島巡り」は右まわりに宮島を一周、浦々に点在する神社を順に参拝する儀礼だ。その途中、養父埼浦《やぶざきうら》神社の沖合にあたる養父崎浦で行われるのが「御烏喰式」である。神主が祝詞を奏上するなか、筵《むしろ》で包んだ菰《まこも》の上に団子を載せて海に浮かべると、森から雄雌二羽の神鳥が飛来し団子を取って飛び去るという。

　神鳥は、秋になると対岸の廿日市市大野にある大頭神社で子別れを行うとされる。ちなみに親鳥は速谷神社を経て紀州熊野に向かい、残された子供たちが宮島の弥山に残るのだという。実際、熊野神社でも宮島から鳥が飛んでくるという伝説があるらしい。宮島と熊野は、遥かな古代から聖なる鳥の物語で結ばれていたわけだ。

★26

◉聖島の洋風ホテル◉

　このパンフレットでは、大食堂・待合室・寝室・和室などホテルの諸室の内装に加えて、展望室からの眺望の様子を写真で紹介する。加えて、経路と室料、食事の料金を英文および和文で説明する。(図［★27］)

　宮島駅桟橋から専用の「自動艇」に乗れば、海上二マイルを快走し、わずか六分でホテル前桟橋に到着する。ホテルには和洋両様の設備があり、部屋も食事も、好みによって和洋双方から選択することができた。特に食事に関しては、「御料理の善美を以つて諸賢の御好評を頂いて居ります」と述べ

★27

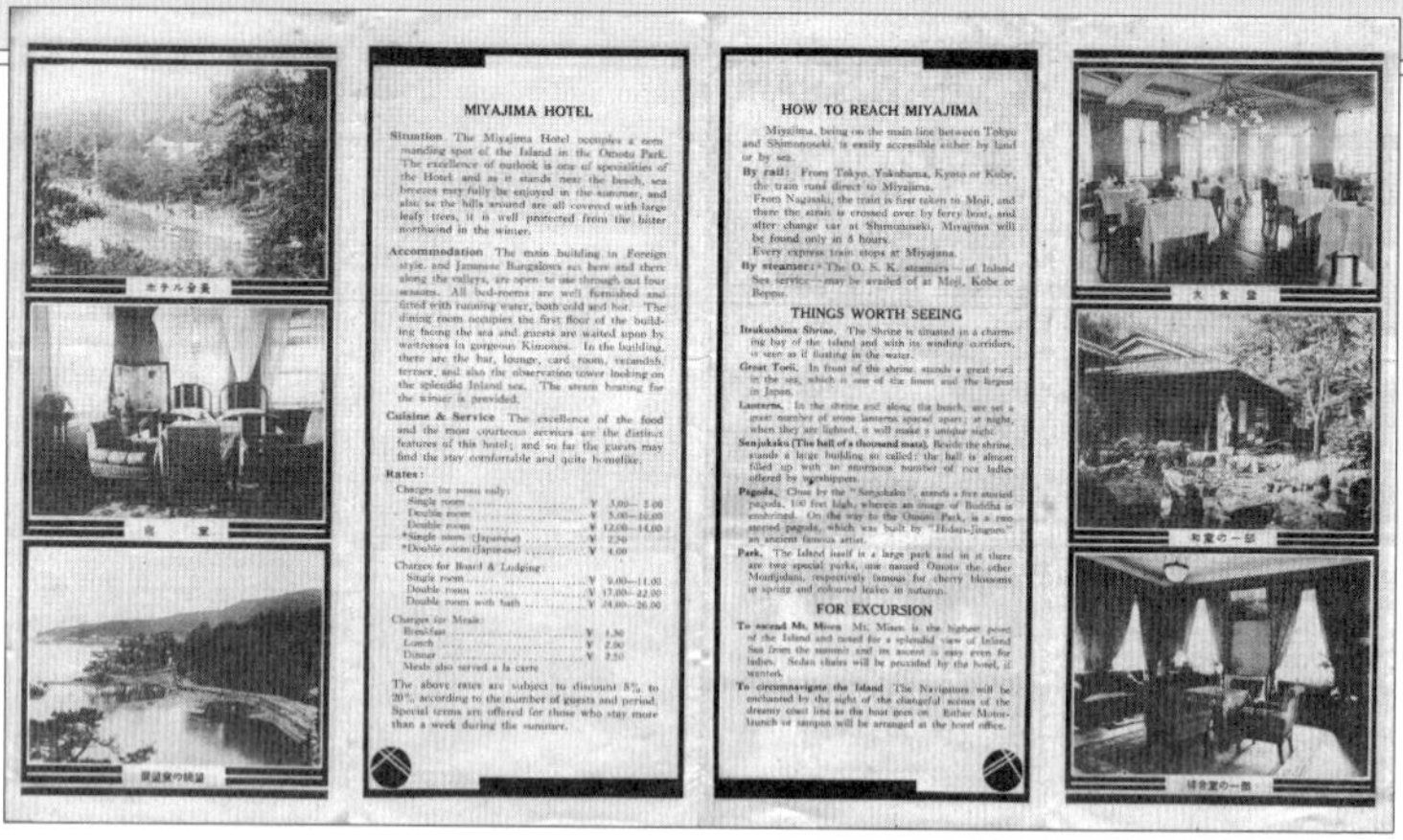

MIYAJIMA HOTEL

Situation The Miyajima Hotel occupies a commanding spot of the Island in the Omoto Park. The excellence of outlook is one of specialities of the Hotel and as it stands near the beach, sea breezes may fully be enjoyed in the summer, and also as the hills around are all covered with large leafy trees, it is well protected from the bitter northwind in the winter.

Accommodation The main building in Foreign style, and Japanese Bungalows set here and there along the valleys, are open to use through out four seasons. All bed-rooms are well furnished and fitted with running water, both cold and hot. The dining room occupies the first floor of the building facing the sea and guests are waited upon by waitresses in gorgeous Kimonos. In the building, there are the bar, lounge, card room, verandah, terrace, and also the observation tower looking on the splendid Inland sea. The steam heating for the winter is provided.

Cuisine & Service The excellence of the food and the most courteous services are the distinct features of this hotel; and so far the guests may find the stay comfortable and quite homelike.

Rates:

Charges for room only:
Single room .... ¥ 3.00— 5.00
Double room .... ¥ 5.00—10.00
Double room .... ¥ 12.00—14.00
*Single room (Japanese) .... ¥ 2.50
*Double room (Japanese) .... ¥ 4.00

Charges for Board & Lodging:
Single room .... ¥ 9.00—11.00
Double room .... ¥ 17.00—22.00
Double room with bath .... ¥ 24.00—26.00

Charges for Meals:
Breakfast .... ¥ 1.50
Lunch .... ¥ 2.00
Dinner .... ¥ 2.50
Meals also served a la carte

The above rates are subject to discount 8% to 20% according to the number of guests and period. Special terms are offered for those who stay more than a week during the summer.

HOW TO REACH MIYAJIMA

Miyajima, being on the main line between Tokyo and Shimonoseki, is easily accessible either by land or by sea.

By rail: From Tokyo, Yokohama, Kyoto or Kobe, the train runs direct to Miyajima.
From Nagasaki, the train is first taken to Moji, and there the strait is crossed over by ferry boat, and after change car at Shimonoseki, Miyajima will be found only in 5 hours.
Every express train stops at Miyajima.

By steamer: The O. S. K. steamers—of Inland Sea service—may be availed of at Moji, Kobe or Beppu.

THINGS WORTH SEEING

Itsukushima Shrine. The Shrine is situated in a charming bay of the Island and with its winding corridors, is seen as if floating in the water.

Great Torii. In front of the shrine, stands a great torii in the sea, which is one of the finest and the largest in Japan.

Lanterns. In the shrine and along the beach, are set a great number of stone lanterns spaced apart; at night, when they are lighted, it will make a unique sight.

Senjokaku (The hall of a thousand mats). Beside the shrine, stands a large building so called; the hall is almost filled up with an enormous number of rice ladles offered by worshippers.

Pagoda. Close by the "Senjokaku", stands a five storied pagoda, 100 feet high, wherein an image of Buddha is enshrined. On the way to the Omoto Park, is a two storied pagoda, which was built by "Hidari-Jingoro" an ancient famous artist.

Park. The Island itself is a large park and in it there are two special parks, one named Omoto the other Momijidani, respectively famous for cherry blossoms in spring and coloured leaves in autumn.

FOR EXCURSION

To ascend Mt. Misen Mt. Misen is the highest point of the Island and noted for a splendid view of Inland Sea from the summit and its ascent is easy even for ladies. Sedan chairs will be provided by the hotel, if wanted.

To circumnavigate the Island The Navigators will be enchanted by the sight of the changeful scenes of the dreamy coast line as the boat goes on. Either Motor-launch or sampan will be arranged at the hotel office.

ている。またアフタヌーン・ティーのサービスがあったのも、外国人を意識した経営ゆえの配慮であった。

「……各種の公室、売店等の設けもありますから、ご宿泊には聊の御不便もございません。衛生上の施設は特に留意する処であり万遺憾なきを期して居りますので、内外貴顕の方々より御投宿の栄を絶えず担つて居ります。」

パンフレットでは、このように設備が優れている点を強調する。宿泊は食事つきの「米式」と、食事がついていない「欧式」の二種があった。洋室は一人室で三円から五円、二人室で五円から十円、浴室のある部屋は十二円から十四円の幅で料金が設定されていた。和室には専用の浴室があり、一人利用で二円五十銭、二人の利用で四円の室料であった。また休憩だけの利用では、最低料金である一円からの用立てが可能であったことが明記されている。

見開きの頁には「From the Tourist」、すなわち、宮島を訪問した旅行者から寄せられたお便りという体裁で、英文の印象記を掲載している。（図［★28］）

「海浜から松が茂る山々が立ち上がる。堂々とした鳥居が、湾からのアプローチを護る。森、岩々が、ラピスラズリの宝石のような海に映り込む。どの場所も平穏であり、まるで『夢の島』の魔法のようだ。邪魔な音は、いっさい入り込まない。聖地の清らかな岸に沿って、人々は歩を進め、うやうやしく参拝をする。森の鹿も彼らに混じるが、人を恐れたり、躊躇したりはしない。この島は、彼らの避難場所である。歩を進めると、私たちは突端に至る。目の前に歌川広重が描く浮世絵のような、すばらしい水面が広がる。多くの舟が浮かび、菫のような本州の山々が霞んでいる。」

宮島を「聖なる島」とみて、その美しさを外国人に訴える文章である。

もう一種のパンフレットも紹介しておこう。表紙は鳥居と松の樹木、鹿など、宮島の風物を描いている。その脇に振袖を着て、日本髪を結った女性がいる。着物の柄には、松や桜、帯には青と紅の楓と、四季折々の島の景物を描き込んでいる。(図［★30］)

見開きには「宮島ホテル　グラビヤセクション」と題した写真による構成がある。先のパンフレットに紹介されているカットに加えて、船上から眺めたホテルの全景、酒場、テニスコート、テラスなどの様子も見て取ることができる。外国人

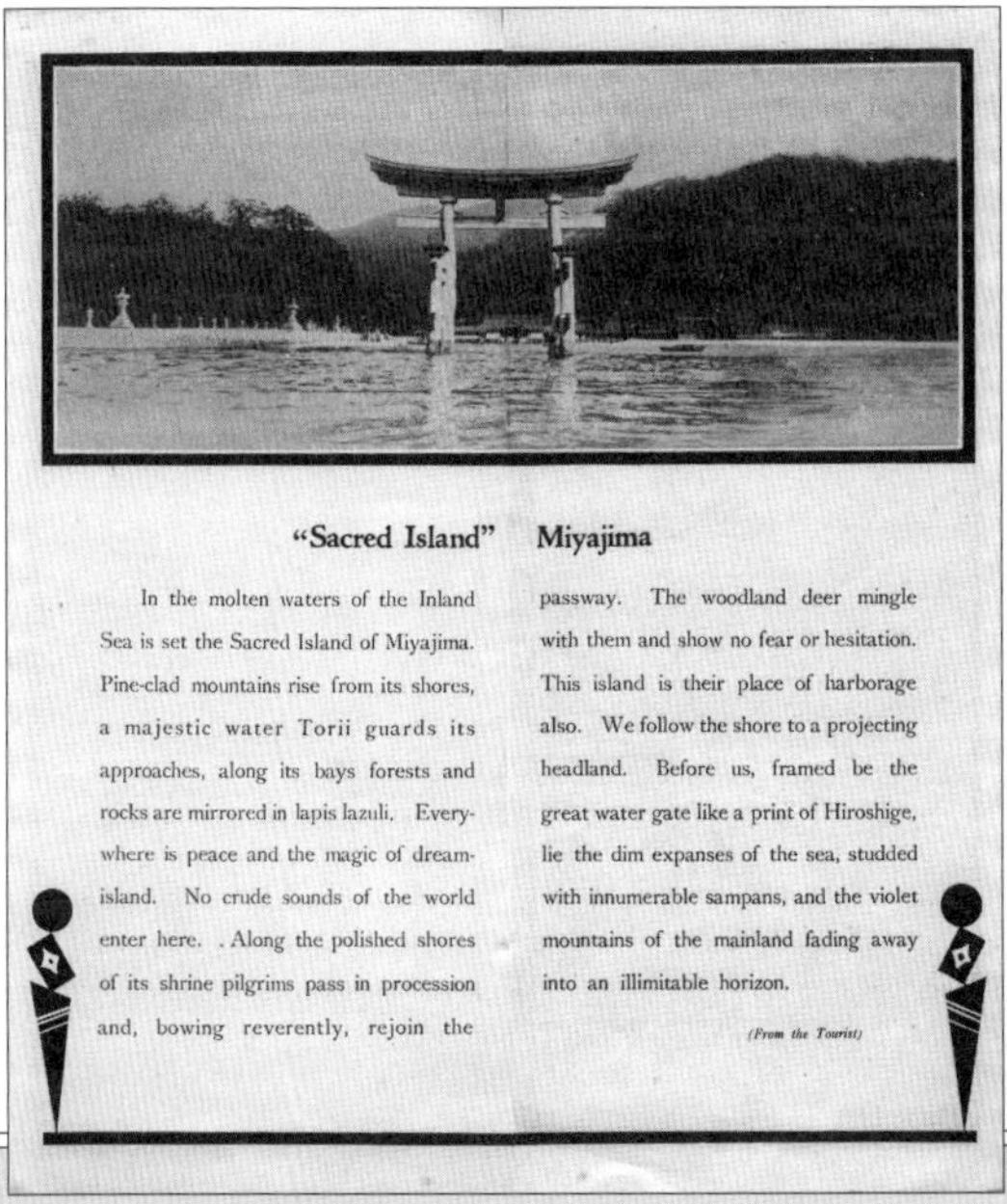

"Sacred Island" Miyajima
In the molten waters of the Inland Sea is set the Sacred Island of Miyajima. Pine-clad mountains rise from its shores, a majestic water Torii guards its approaches, along its bays forests and rocks are mirrored in lapis lazuli. Every-where is peace and the magic of dream-island. No crude sounds of the world enter here. . Along the polished shores of its shrine pilgrims pass in procession and, bowing reverently, rejoin the passway. The woodland deer mingle with them and show no fear or hesitation. This island is their place of harborage also. We follow the shore to a projecting headland. Before us, framed be the great water gate like a print of Hiroshige, lie the dim expanses of the sea, studded with innumerable sampans, and the violet mountains of the mainland fading away into an illimitable horizon.
(From the Tourist)

★28

★29

★30

の滞在に備えた本格的なホテルであったことが判る。（図［★29］）

◉名勝の公園化◉

宮島が観光地として変貌するなかで、島内の主要な景勝地は公園として整備されていく。

そもそも宮島において、行政が整備し管理する「公園」という概念が導入されたのは、新政府が誕生して間もない明治六年（一八七三）にまで遡る。この年の正月十五日、太政官から各府県に公園に関する布告が出された。「古来の勝区、名人の旧跡等」を「永く万人偕楽の地」とするため、新たに「公園」という制度を設けることを伝え、それぞれ候補地を示すことが求められた。これを受けて広島県では、日本三景のひとつである厳島神社のある宮島を公園とする方針を示す。

由緒のある名所や名勝、さらには神社や寺院の境内地が、近代的な「公園」に位置づけられ、市民の利用に提供されることになったわけだ。この時、制定された「厳島公園」の範囲は、海岸部では長浜から網の浦まで、また厳島神社の背後を占める弥山の山容を含む。弥山は、その山頂から山麓一帯までが県の管理のもとに置かれた。

もっとも公園内の設備を整備する動きは、日清戦争が終結した明治三十年代から本格化したようだ。区域内を踏査し、山や谷、滝や岩といった地勢に加えて、ツツジやモミジなど自生する植物の調査が行われた。また社寺の由緒や、文化財としての価値がある建物の詳細も念入りに調べられた。

公園の整備にあたっては、景観の良い道筋に遊歩道を設けること、眺望の良い場所に四阿や便所・水飲み場・ベンチなどを設けて休憩所とすること、四季を通して楽しめるようにウメ・モモ・サクラ・ツツジ・カエデなどの樹木を植えることなどが検討された。日本の「公園の父」といわれる造園家・本多静六によって、「厳島公園改良案」がとりまとめられたのは明治四十五年のことだ。大正四年（一九一五）、この案をもとにした改良工事が着手される。

桟橋前にある宮尾城址は要害山公園となり、大元神社の境内は大元公園、弥山への登山路の入口近くに紅葉谷公園が整備された。大元浦から多宝塔を経て大聖院に続く「あせび歩道」、滝町から紅葉谷に通じる「もみじ歩道」などの散策路が整えられ、厳島神社の背後の山麓を周遊するコースが整えられた。

◉公園から絶勝に◉

日本三景のひとつに数えられる厳島神社が所在する宮島は、瀬戸内海のなかでも最も著名な観光地という地位を得る。大正七年（一九一八）から昭和七年（一九三二）まで使用された『尋常小学国語読

★31

本』の巻五には次のように紹介されている。

「厳島は、まはりが七里もある島で、島には鹿がたくさんすんでゐます。島の東北に厳島神社があります。朱ぬりの社殿が山のみどりを後にして、たいそうきれいに見えます。ことにしほのみちた時は、社殿や廻廊が海の中に浮いて、お話にある龍宮はこれかと思はれます。社前の海に日本一の大鳥居があります。」

昭和二年に発行された『厳島案内』には、聖域で暮らす鹿とともに、社殿を遠景に海上に浮かぶように立つ鳥居のイラストが描かれている。（図［★31］）

表紙の下部分には、カテイ石鹸やクラブ白粉の広告があり、隅に「苦楽　女性　プラトン社印行」の文字がある。プラトン社は、クラブ洗粉などを製造販売した大阪の化粧品会社である中山太陽堂を後ろ盾に、『苦楽』『女性』などの雑誌を出版したことで知られる出版社である。この案内には宮島駅長による次のような説明がある。

「瀬戸内海は、到るところ、明媚な風光、豪快な景趣が打ち続き、白帆点綴の長汀曲浦と相俟つて、行客をして嘆賞に堪えざらしむるものがありますが、殊に、その瀬戸内海のうちでも、天地秀麗山水の精妙を極め、しかも、歴史上の遺物名蹟と、それに相応しい様々の伝説と口碑とを持つた、この絵の様な我が厳島が、広島湾の中に、静かに夢のやうに、浮び出て居ることは、一たびこゝを訪れたものゝ、いつまでも忘るゝことの出来ない、思ひ出の一つであらうと思ひます。昔、日本三景に数へら

★32

れた厳島は、今や、世界の公園として、普く、全世界に喧伝せられ、年々幾十万の内外人を送迎して居るのであります。私は、こゝに、始めて御来訪の方々のために、この厳島大自然の風光美を御紹介することを、洵《まこと》に光栄に存じます。」

ここでは瀬戸内海ではなく、厳島そのものが「大自然の風光美」を提示する「世界の公園」であるという認識が示されている。対して二年後、すなわち昭和四年に改訂された同種のパンフレットでは、表紙から鹿は消され、紅葉の絵が追加されている。紹介文も前半はそのままに後半を下記のように改稿、加筆されている。（図［★32］）

「昔日本三景に数へられた厳島は今や世界的絶勝として普く全世界に喧伝せられ、年々百万にあまる内外人を送迎して居るのであります。尚ほ厳島に近く西に岩国の錦帯橋があります。桜花と共にその名高く、又東は広島に大本営趾がありまして、明治大帝の国難に当面し給ひたる当時をまのあたりに拝することが出来ます。尚ほ広島より定期自動車にて三段峡を訪へば全国無比といはるゝ峡谷美と渓流美を探ることも出来ます。」

「世界の公園」とあった表現を「世界的絶勝」に改め、来訪者数も大幅に増やして記載している様子が判る。

★33

◉廻れば七里◉

宮島に渡るには船を利用するしかない。大阪商船も宮島を巡るさまざまな遊覧コースを宣伝した。たとえば昭和四年（一九二九）五月の日付のあるパンフレット『宮島遊覧』では、次のように魅力を説明する。

「日本三景の随一安芸の宮島は春夏秋冬その秀麗な風光を内海の静波に映じて居ります、海中に立つ朱塗の大鳥居や波に浮ぶ本殿、廻廊、さては千畳閣、五重塔は絵のやうにも夢のやうにも眺められ、歴史や伝説がからみついて、遊覧者に限りない懐かしさと満足を与へて居ります。」

大阪商船は、大阪から門司までいくつかの港を連絡する通常の山陽航路のほか、毎土曜日の夜に屋島丸を使って、大阪や神戸を出発し宮島を経由して岩国までを結ぶ「宮島遊覧船」を運行していた。（図［★33・34］）

★34

また昭和十年三月のパンフレットでは「安芸の宮島廻れば七里、浦は七浦七えびす」と宣伝してい

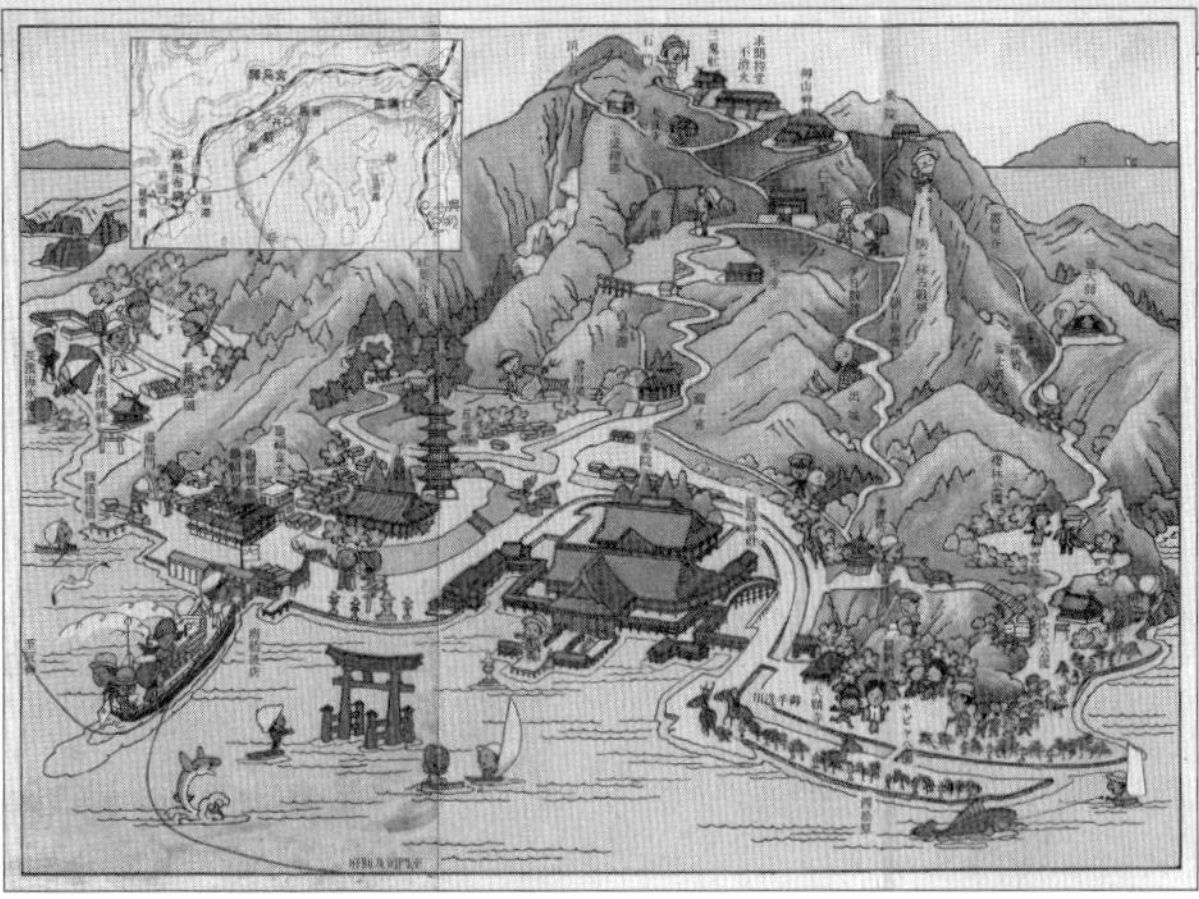

★35

る。先に紹介した『尋常小学国語読本』にも同様の表現があるように、島の規模を説明する際には、一周巡ると七里の大きさがあるという表現が好まれたようだ。海上の大鳥居を背景に船上でのホッケーに興じる子供たちのイラストを表紙としている。また鳥瞰図でも宮島の随所で行楽している人々の姿が描かれている。実に楽しげだ。（図［★35・36］）

この時期になると、春と秋など気候の良い時期を選んで、別府航路に就航していた同社の花形である紫丸を宮島遊覧船に投入することもあった。より便利に、より経済的に、かつ、より楽しく宮島の遊覧ができるように配慮されたものだという。なお阪神から宮島へと向かう往路は岩国の港に立ち寄るが、帰路は広島に寄港するように航路が設定された。

パンフレットでは、宮島遊覧ののちに広島に遊び、大本営の跡を拝して「明治大帝の御聖徳」を偲ぶことを推薦している。日曜の朝、午前九時四十分に宮島に到着、厳島神社を参拝したあと、渡船で宮島口側に渡り、広島電鉄で市内に入るルートが紹介されている。

★36

◉海水浴場の浜辺◉

宮島は「厳島詣」の目的地として、全国的に知名度の高い名所である。近代になると対岸にまで鉄路が延びたことにより、内外から観光客を集める遊山地となった。しかし広島市民からみると、宮島に至る途中にある廿日市や五日市などの海浜は、瀬戸内海を身近に楽しむことができる郊外の行楽地という一面もある。各地に遊園や海浜の特性を活かしたレジャー施設が立地した。一例が「海水浴場」である。もっともその初期にあっては、海浜において水泳を行う行楽地ではなく、文字通り、海水を浴びる療養施設のことであった。わが国では明治二十年代以降、近代的な衛生思想が紹介されるなか、海の水を沸かして浴びることで治癒を目指す健康療法が注目される。

各都市の近郊に位置する風光明媚な海浜に、「海水浴」を主とする施設が開設された。広島では、五日市の海老山周辺に明治三十年代に開設された事例を先駆とするようだ。海老山東側の海浜院（宮田旅館）は、山陽鉄道開通ののちに潮湯や蒸し風呂を開設した。また西側山麓にも、海老館・神明館・朝日館などが営業を始めている。

廿日市の海浜に桜尾館が開場したのは明治三十六年（一九〇三）六月のことだ。館主である谷口氏のほか、町内の有志が共同事業で建設した二階建ての施設には、潮湯、蒸し風呂、海水浴場のほか、運動場や養魚池などが設けられた。池での船遊びや、小亭での納涼も想定されたようだ。開館式では、三名の医学士と軍医も参集、数十名の「廿日市美人」が来賓を遇する酒宴が行われた。

◉都市の近代化と電気軌道◉

広島から宮島に至る海岸線を、都市住民の行楽地へと改めるうえで、軌道線も重要な役割を果たした。

軌道敷設をめぐる動きは明治時代の末に遡る。軍都である広島は、日清戦争において大本営が置かれ、臨時首都として機能する。さらに日露戦争後には、人口の集中が進み都市化が顕著になる。市街地を整備するなかで、広島城の掘割の埋め立てが始まる。明治四十四年（一九一一）から大正四年（一九一五）にかけて、外堀のほか、運河である西塔川や平田屋川の埋め立てが順次、完了してゆく。水路の跡地をいかに利用するのかを議論するなかで、路面電車を敷設する機運が高まる。ここにおいて、松永安左衛門や福沢桃介が計画を進める「広島電気鉄道株式会社」と、大林組の大林芳五郎が中心となった「広島電気軌道株式会社」の二社が競合した。双方が話し合いを行った結果、松永たちが譲るかたちで大林の事業が具体化する。

明治四十三年二月七日、広島電気軌道に対して軌道敷設の免許が下りる。大正元年十一月二十三日、広島駅前から紙屋町を経由して相生橋までを結ぶ本線と、八丁堀と白島との区間で営業運転を始める。開業日には花電車を運行、多くの人が見物に集まったという。十二月八日には己斐までの延伸区間での営業も始めている。外堀や西塔川を埋め立てた市街地の中心部は道路に軌道を敷設したが、それ以外の区間は専用軌道を建設した。

大正六年八月二日、広島電気軌道は広島瓦斯《ガス》株式会社と合併を果たし、広島瓦斯電軌株式会社と社名を改め、路線の延長をはかる。宮島線の工事にも着手、大正十一年八月には己斐・草津間、大正

★37

十三年四月に草津・廿日市間、さらに大正十四年七月に地御前、大正十五年七月に新宮島までを開通させている。新宮島の波止場から第一宮島丸・第二宮島丸・第三宮島丸と名付けられた連絡船が出発、宮島まで観光客を運んだ。

新宮島から先は、海岸を埋め立てて軌道を敷く用地を確保する必要があり、工事は難航する。ようやく昭和六年（一九三一）二月一日になって、宮島口までの全線が開通した。

◉郊外電車と沿線での行楽◉

ここでは広島瓦斯電軌が発行した沿線案内パンフレットである『船車連絡　宮島線案内』を紹介しよう。大正十四年（一九二五）九月要塞司令部の認可済という記載があるが、新宮島まで延伸した様子が描かれている。（図［★37・38］）

裏面の説明文の冒頭に「謹告」と題する次のような一文がある。

「本線は広島市の西端（市内電車終点）己斐町から日本三景厳島へ高速度ボギー式電車と快速優美なる発動機船にて連絡運転致します」

「電車は二十分毎に、船は四十分毎に早朝より夜十二時迄往復致します。又日曜日祭日等は船、車共に増発致しますから御楽に御旅行が出来ます」

金子常光が描いた鳥瞰図には、絶佳園、高須桃山、草津梅山、荒手・井口・

★38

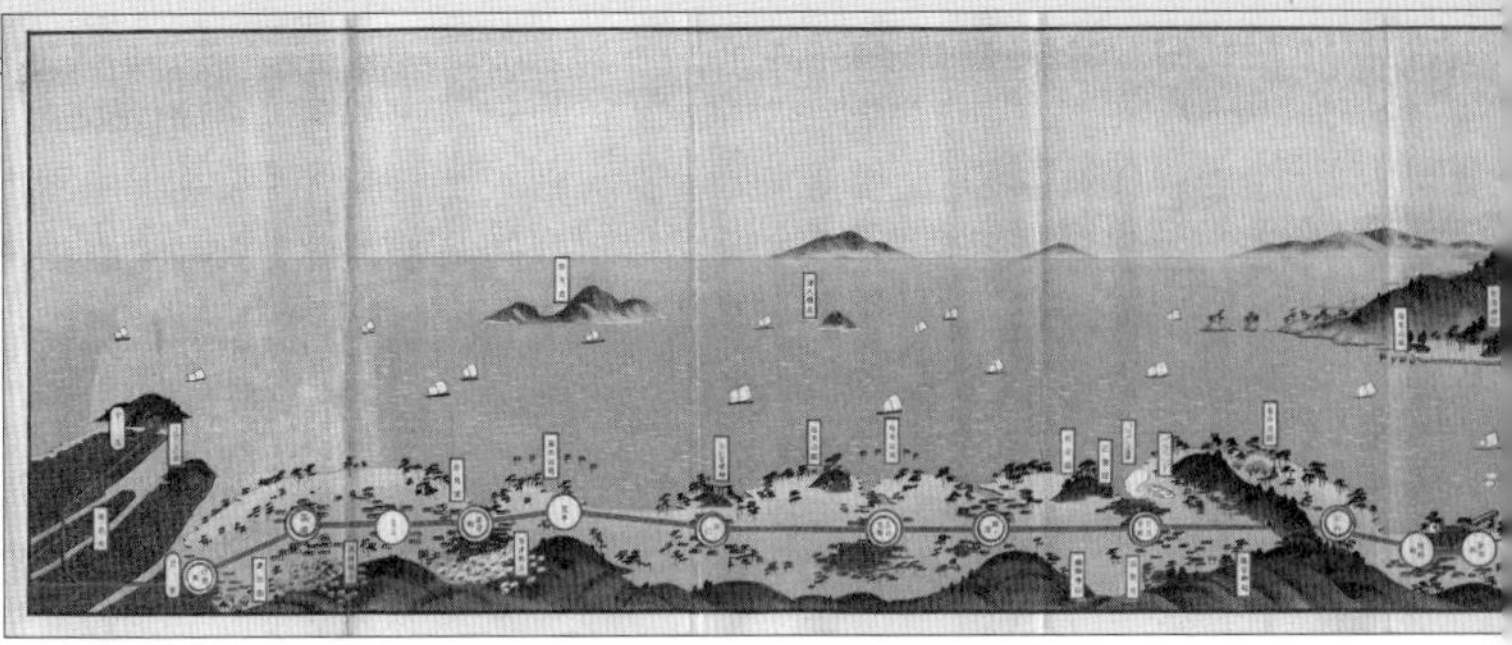

五日市の海水浴場、海老公園、松原海浜のパラダイス温泉など、沿線各所にある名所旧蹟のほか、新しく整備された行楽地が記載されている。

「沿線名勝案内」と題して、それぞれの魅力を短く解説する。たとえば「高須桃山」は「高須停留所北二丁、桃花を以て関西第一の称あり、安芸の小富士を一眸に収め目前の風光極めて佳なり、陽春の候山内到る処に売店を設けて遊客の便に供せり」とある。また「草津梅山」については「荒手停留所より北一丁、梅樹全山を蓋ひ花時の眺めは絵の如き内海の美景と相俟て観賞措く能はざるところなり、加ふるに此処は毛利元就が陶軍討伐に際し当時重きをなしたる旧城跡なり」と記している。この梅山には鶯宿園という園地があったようだ。軌道線も写り込んでいる当時の絵葉書を紹介しておこう。（図［★39〜41］）

◉パラダイスと楽々園◉

宮島線沿線にあって、新たな遊園地として整備されたのが廿日市市のパラダイ

★39〜41

ス温泉である。先の『船車連絡　宮島線案内』では「松原海浜にあり、近郷唯一の温泉場として知らる、附近に大グラウンドあり」と紹介されている。鳥瞰図では、運動場とともに、湯気がたなびいている様子が描き込まれている。

株式会社廿日市パラダイスは、浴場および料理業の経営を目的として、資本金三万円で大正十三年（一九二四）十二月十四日に代表社員である西尾福太郎を中心に設立されたものだ。大屋根がひときわ目を引く洋館の施設内には、一階に塩風呂と蒸し風呂、二階に舞台付きの大広間があり、春夏恒例の廿日市券番の踊りのほか各種の興行が行われた。広い遊園地にはブランコや滑り台もあった。呼び物となった海水を利用した五〇メートルプールの使用料金は一人五銭であった。ここでは、しばしば水泳大会が企画されたという。大正十四年段階で入場者は一日平均三百五十人であったというから、年間入場者は約十三万人といったところだろう。

パラダイスに隣接してグラウンドがあり、野球の試合が行われた。米国流の遊園地と温泉、さらにはスポーツ施設を組み合わせる郊外開発のアイデアは、宝塚や甲子園など同時期に関西の民鉄が行った事業と類似する。

いっぽう広島瓦斯電軌が宮島線の利用者を増やすべく、沿線に直営で開設した遊園施設が「楽々園」である。昭和十一年（一九三六）の開業、名称は「電車で楽々行ける遊園地」に由来するという。遊園地とともに住宅地の開発を併せて計画したのが特長である。

屋島　歴史的絵巻物

◉無尽蔵の景勝◉

讃岐は景勝地が多い。また、さまざまな歴史的情味を感じさせる史蹟が随所にある。まさに遊覧地と呼ぶにふさわしい土地柄だ。高松市の頼富庄蔵が発行した昭和初期のものと思われる『讃岐遊覧御案内』と題するパンフレットを紹介しよう。ここでは「お勧めしたい讃岐の旅」と題して、その魅力を紹介している。

「北方瀬戸内海に面し、南方阿讃の連山を背とする讃岐地方は、夙に世界的公園地帯として定評あるところ、その碧水に浮ぶ島々を眺め、陸に屹立する山々の容趣はさながら一幅の絵の如く、大自然の至美を漂はせて余すところがありません。」

「実際讃岐の風光は規模の広大にして精緻なる点で到底他地方の追従を許さず、苟くも景勝の地を其処に求めむとすれば、殆んど、無尽蔵と云ふの外ありません。」

このように述べたうえで、栗林公園、屋島、寒霞渓などの名所を列挙すると同時に、金刀比羅宮を始めとする社寺や旧蹟を挙げて「古典的趣韻」が豊かである点も強調する。崇徳天皇の遺蹟、源平の古戦場、弘法大師の生誕地、菅原道真の故事などが点在、讃岐全体で「歴史的絵巻物」を展開しているという認識を説く。

加えてその頃、讃岐への観光客の数が次第に増加してきたことを指摘する。その背景には、大阪や

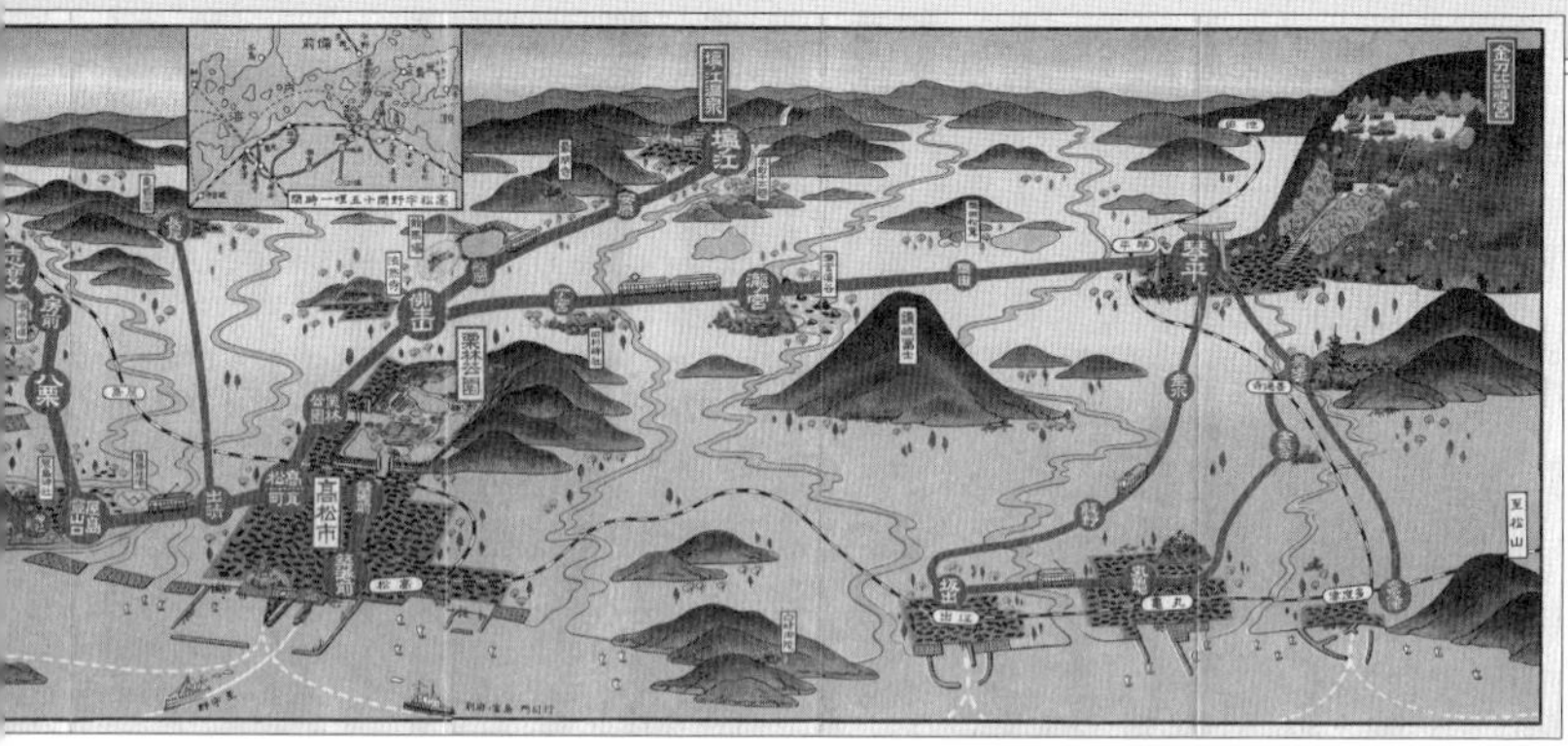

神戸、あるいは山陽方面からの交通が至便になった結果、讃岐の名声と価値が広く天下に讃えられるようになったことがあると著者は述べる。併せて遺蹟保存や勝地の保護開発に関する施設が完備されるようになったため、「今や十二分に外来客の満足を得べく面目を新にするに至った」と書いている。

　讃岐平野においても、明治末から昭和初期にかけて、鉄道のネットワークがかたちづくられた。高松を起点とする予讃線・高徳線、多度津から阿波池田に抜ける土讃線が国有の路線となった。加えて、四国水力発電の電鉄部門である屋島遊覧電車、琴平電鉄、塩江軽便鉄道、高松電気軌道、琴平参宮電鉄、琴平急行電鉄など、電気軌道や軽便鉄道が敷設された。また名所である屋島や八栗に至る登山鉄道も営業を始める。

　観光開発を進展させるためには、風光に加えて歴史的な文化遺産を利活用することが必然となった。このような気運を背景に、港湾や都市と

★43

名所を連絡する交通手段を整備する事業への投資がなされるようになった。

『讃岐遊覧御案内』の表紙は、まさに「絵巻物」として讃岐の風景を描く。玉藻城を近景に遥かに屋島の古戦場を見晴らす絵柄をめくると、栗林公園の風景が隠れているといった体裁である。(図［★43］)

いっぽう冊子に収められた鳥瞰図は、瀬戸内海側の高い視点から讃岐平野の全貌を見晴らす構図である。五剣山、屋島、白峰御陵などの名勝

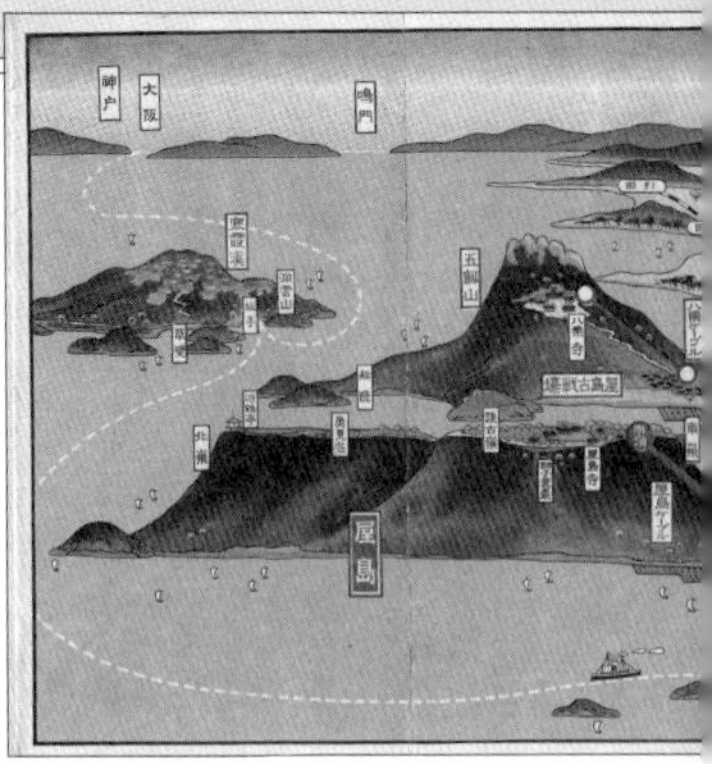

★42

とともに、高松、坂出、丸亀、多度津の市街地が海沿いに配置されている。市街地の家屋が紋様のように表現されている点が面白い。海沿いには塩田が広がっている。内陸に目をやると、塩江温泉、瀧の宮、金刀比羅宮などの名所が鉄路で連絡されている様子がうかがえる。(図［★42］)

◉関西唯一の観光国◉

讃岐の観光案内として使用される鳥瞰図の類いでは、この絵とは逆に南側から、大小さまざまな島が並ぶ瀬戸内海を遥かに望むような描写をする場合もある。

昭和七年（一九三二）五月一日に高松市役所が発行した『高松遊覧案内』もその一例である。鳥瞰図の絵師として有名な常光が手がけた構図は、四国の山々の遥か上空に位置する視座から、高松の市街地を中心に置いて、瀬戸内海をあたかも湖水のように描くものだ。(図［★44・45］)

実際の島々の大きさをデフォルメし、小豆島だけを大きく表す。対照的に淡路島や紀伊半島は、棒

のように小さく描いている。五剣山や寒霞渓が天高くそびえ立っている様子が面白い。いっぽう岡山から瀬戸内に突き出す児島の半島を強調、高松と本州との距離が近いことを視覚的に示そうと工夫をしている。

　このパンフレットでは、高松を「遊覧の都」「関西唯一の観光国」と称し、盛り場の賑わいについて触れている。

「宜《むべ》なる哉、高松は最も都会らしき都会として大阪らしく、京都らしく、神戸らしく、近代的外観と内容を備えて隆々たる発展と進歩を来すに至つた。而して市街中最も殷賑なるは丸亀町、南新町、片原町、兵庫町等であるが、之等商業街に建つ宏壮なる建物斬新を競ふ店舗の列は妍麗眼を奪ひ、又内町百間町筋等の狭斜の巷には都姿の脂粉の香が漂ひカフエーの窓からはジヤズの賑やかな音が絶へず洩れてゐる……」

　当時、高松は都市計画の進捗もあって、明治二十三年（一八九〇）の市制実施時に四万二千人余りであった人口は、

★45

八万五千人ほどに増加していた。規模では比較できないであろうが、大阪や京都、神戸の特長を兼ね備えている「都会らしい都会」であるという自己評価が面白い。

★44

◉憧れの響きを持つ国◉

昭和十年（一九三五）に香川県国立公園協会が発行した『讃岐遊覧御案内図』も、讃岐平野を近景に瀬戸内海を眺望する構図である。表紙は源氏と平家の合戦を描く。（図［★46〜49］）

この冊子では、「はしがき」に「讃岐！　その名ほどなつかしく且つ憧れの響を持つ国はあるまい」と自信満々に書き起こす。とりわけこの年の三月に開通したばかりの高徳線の沿線に注目し、「『海の国立公園』中の王座を占むる屋島、八栗を控へ、東讃岐の国宝的観光地帯として、断然たる魅力と光彩を持つて讃岐へ、讃岐へと来遊する人士を吸引するであらう」と強調している。

讃岐平野から瀬戸内を見晴らすこの絵図は、隅に「高松三越図案部作」と記載されている。図をよく見ると、三越だけが異様に大きく描かれている。画家の主張ではなく、制作者の意図なのだろう。観光名所や主要都市を概説する裏面の写真構成でも、三越高松支店を紹介、「荘麗な七階のビルヂングに百貨妍を競ふて流行の粋が集まり、屋上露台から内海の眺望は誠に優美です」と記している。

同様に南側から讃岐平野を眺望する鳥瞰図を、あと一点、紹介しておこう。『国立公園屋島　讃岐遊覧案内』と題したパンフレットは、屋島の血の池茶屋本店の森與八という人物が発行したものだ。表紙に「屋島の戦い」での那須与一のエピソードをイラストで描く。鳥瞰図では、森が経営する茶屋

『讃岐遊覧御案内図』
★46 鳥瞰図全図
★47 高松三越図案部作
★48 三越
★49 表紙

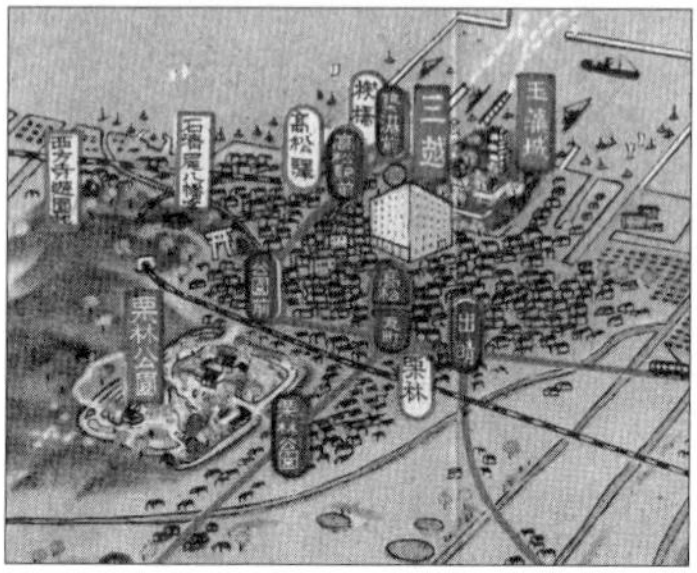

★48

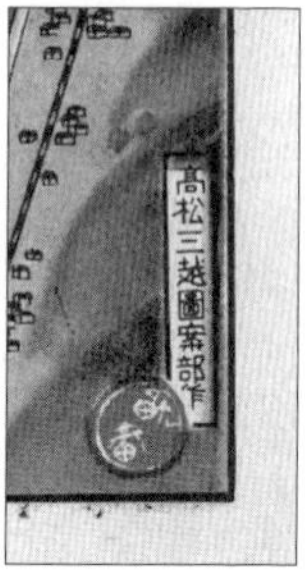

★47

★49

★52

★46

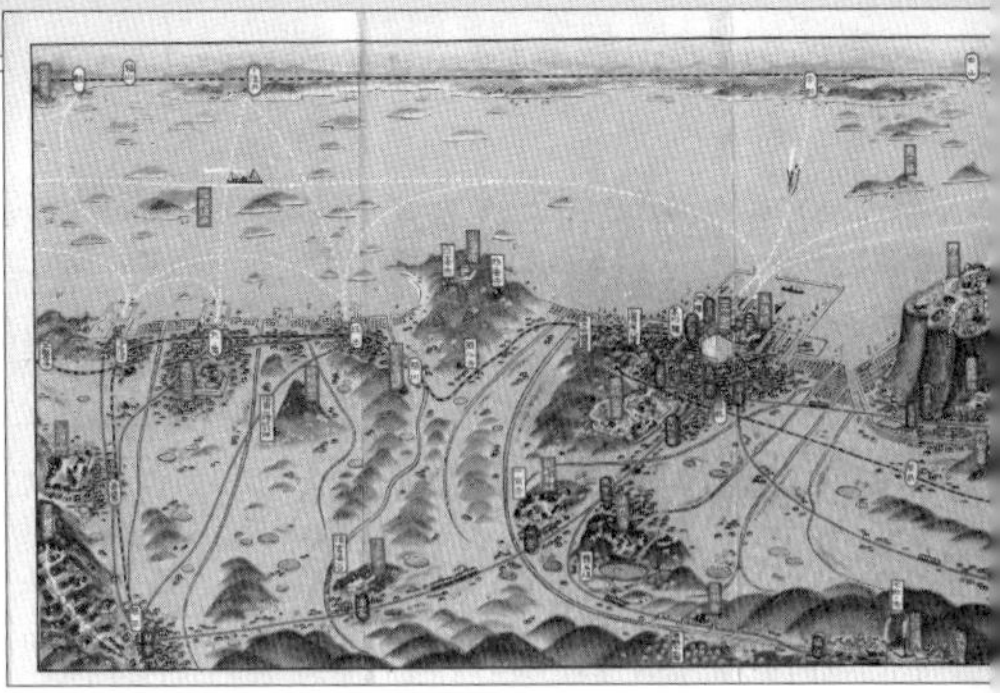

『国立公園屋島 讃岐遊覧案内』
★50 表紙
★51「源平古戦場 讃岐名所図絵」
血の池周辺
★52 全図

★50

★51

の本店と支店を始め、屋島の山上一帯、殊に源平合戦の際に源氏の武士が血のついた刀を洗ったという血の池周辺が詳細に描かれている。(図[★50～52])

これらの絵図でも強調されているように、讃岐平野を一幅の絵巻物に見立てた際、ひときわ目につく景物が屋島である。平板なテーブル状の景観がユニークだ。高さ二九三メートルほど、南嶺から北嶺までの距離は約二・五キロメートルである。その名の通り、「屋根」のような「島」であったが、江戸時代に進められた塩田開発の結果、四国と陸続きとなった。

屋島は、地中からの噴出物が盛り上がって形成された台地である。露出した岩石のありさま、火成岩の構造が珍しいことから、昭和九年十一月に溶岩台地全体が天然記念物に指定された。

屋島の近傍では、古くから人々が暮らしていたようだ。『日本書紀』(七二〇)には、七世紀にはすでに、この地に屋島城が築かれていたと記されている。また那須与一の扇の逸話や義経の弓流しの故事で広く知られている通り、源平の合戦では激戦地となった。

南嶺に天平勝宝(七四九～七五七)の時代、唐の学僧である鑑真によって開創された屋島寺がある。鑑真が苦難の末に日本に渡来、薩摩に漂着したのは、天平勝宝五年(七五三)のことだ。翌年、瀬戸内を東に、海路、東大寺に向かう。その途上、屋島の沖にさしかかった際、頂から立ち昇る瑞光を感得した。鑑真は北嶺に登り、山上に普賢堂を建立させて、持参していた普賢菩薩像と経典を納めたという。

のちに弟子である東大寺戒壇院の恵雲律師が堂塔を建立、精舎を構えて屋島寺と称した。この寺の中興の祖という役割を担ったのが、弘法大師である。弘仁六年(八一五)、嵯峨天皇の勅願を受けて屋島を訪問、北嶺にあった伽藍を現在地の南嶺に移し、十一面千手観音像を安置して本尊とした。

しかし屋島寺の寺運は、戦乱の世において衰える。再興を果たすのは、江戸時代になって、生駒家・松平家など歴代藩主の厚い庇護を受けるようになってからのことだ。四国霊場八十四番札所となり、人々の信仰も集めるようになった。

◉狸伝説◉

屋島寺にまつわる著名な伝承のひとつが、屋島の禿狸という異名を持つ太三郎狸だろう。その出自には諸説がある。弘法大師が当地を訪問した際、霧深い山中で道に迷った。その時、蓑笠を着た老人が現れ、大師を山上まで案内したという。この老人こそ屋島太三郎狸が変化した姿であったとする伝承がある。いっぽう、平家にちなむ異説もある。ある狸が矢傷で死にかけた時、平重盛に助けられた。これを恩義に感じた狸は、平家の守護を誓った。その子孫が太三郎狸なのだという。

ともあれ平家が滅亡したのち、太三郎狸は屋島寺の守護となり、四国の狸の総大将となる。その変化の妙技は日本一といわれ、佐渡の団三郎狸、淡路の芝右衛門狸とともに「日本三名狸」と呼ばれることとなった。三百匹もの眷属が屋島に参集する大寒の日には、かつて自分が目にした義経の八艘飛びや弓流しの様子を幻術で見せたという。

彼の最期にも面白い伝承がある。淡路の芝右衛門狸との化け比べで命を落としたというのだ。太三郎狸が、淡路に乗り込んで勝負を挑んだ。その日、芝右衛門は、海に現れる無数の軍船を見た。戦争でも起きるのかと驚いていているうちに、船は瞬時に消えてなくなり、代わりに屋島の禿狸が現れた。あまりにも見事な術に驚いた芝右衛門狸は、勝ち誇る太三郎狸に、自分は大名行列に化けてみせると言い放つ。次の勝負の日、実際に見事な大名行列が現れた。太三郎狸は「敵ながらあっぱれ」と大声で誉め上げたとたん、「無礼者!」と大声で叫ぶ武士に槍で刺し殺された。術で化けたのではなく、本物の大名行列だったというわけだ。

さらに太三郎狸は日露戦争の際には、小豆を兵隊に化けさせて現地で活躍させたという。多くの善行を積んだがゆえに、太三郎狸は蓑山大明神として祭祀される。また狸でありながら一夫一婦の契りを守ったため、家庭円満、縁結び、水商売の守護、また子宝の福運をもたらすとして信仰されるに至った。

●屋島の展望を見るまでは絶景と言うな●

信仰と伝承の地である屋島にも、近代的な観光開発の波が押し寄せる。大正二年(一九一三)、森田惣吉が編集・執筆した『屋嶋めぐり』(宮脇開益堂)と題する小冊子は、観光化が進む屋島の地誌と歴史をまとめたものだ。(図[★53・54])

表紙のイラストは、白い帆船を近景として緑色の屋島を遥かに見晴らす構図だ。その下に兜が大きく描かれている。裏表紙には波千鳥や平家蟹とともに、源氏の家紋である笹竜胆と平家の蝶紋を描く。序文において屋島寺の住職である安永龍瑛は、「宝の山に入りながら手を空ふして還へるものありとかや近時屋島登山の旅客多き中にたまさか羊腸たる屋島の阪を攀《よ》ぢながら何等得る所なかりしとの不平をこぼすもの往々ある」と書く。この様子に憤慨した森田が、この案内冊子をまとめたと出版の経

★53・54

緯を書いている。それほど登山する人が増えたということだろう。

森田は同時代の識者たちが、いかに屋島を評したのかについて述べている。森田がまずひも解くのは、小西和の著書『瀬戸内海論』である。同書において小西が「日光を見ねば結構と云ふな」という言葉を真似て、「屋島の展望を試みぬ内は絶景と云ふな」という警句を流行させたいと書いているという。次に森田が紹介するのは、市原隆作の『悲壮史蹟　屋島と壇の浦』(文成社、一九一二)での著述である。市原は、屋島は「絵画の様」というよりほかはなく、展望も広く、「雄大の形相」や「水陸交錯の変化」にも富んでいると指摘した。そのうえで「江の島を大きく相模灘を小さくして箱根山をそっくり海中へ据江た」ようだと例えて、瀬戸内海の「誇るべき逸品」だと屋島への讃辞を書いたという。さらに森田は、スイスやフランス、米国の勝地を探査した経験がある宮内庁の技師・市川之雄の言葉を載せている。市川は、屋島に登山した際に「天下の絶景」「屋島山の景勝は日本の風景を代表せしもの」と激賞したそうだ。

◉ケーブルカーによる観光地化◉

屋島が大衆的な観光地へと転じるためには、人々を高見に簡易に移動させる手段が必要となった。

瓦町
栗林公園
屋島登山口
ケーブルカー
上リ廿五銭
下リ十五銭 往復三十五銭
毎十分發車
五分間ニシテ山上ニ行ケマス
築港前ヨリ屋島登山口迄
電車賃二十八銭
公園前ヨリ屋島登山口マデ
約二十分
高松ヨリ琴平マデ
約一時間、運賃六十五銭
琴平行ハ瓦町ニテのりかへ
三社連絡切符發賣致シマス
屋島登山鐵道株

★58

栗林公園
屋島
御案内

★55

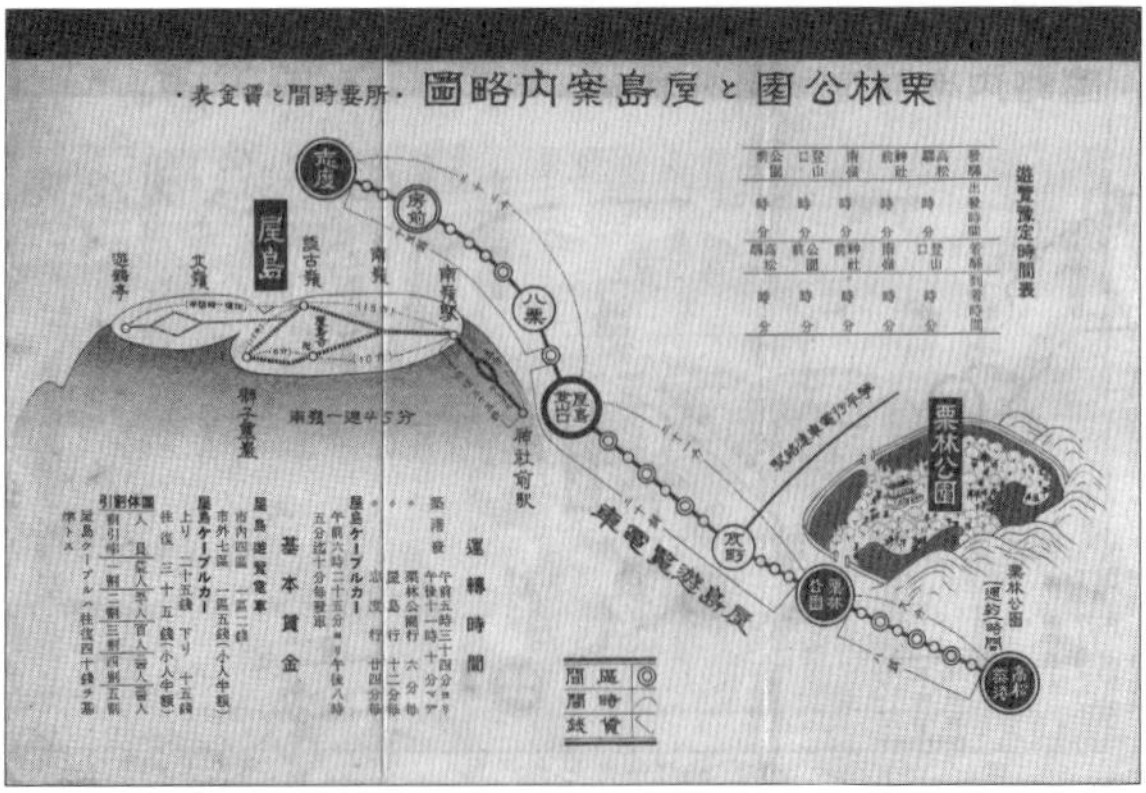
栗林公園と屋島案内略圖
・所要時間と賃金表・
屋島
栗林公園
遊覧豫定時間表
運轉時間
基本賃金

★56

栗林公園
築港前

★57

『栗林公園 屋島 御案内』
★55 表紙　★56「栗林公園と屋島案内略図」
★57「海の国立公園屋島と栗林公園」

★58『屋嶋ケーブルカー御案内』
★59『五剣山八栗案内』

★59

ここにあって鋼索鉄道、すなわちケーブルカー形式の登山鉄道の建設が具体化する。

米国では、サンフランシスコに一八七三年に建設されたケーブルカーが初期の事例だ。急坂の多い市街地に適した公共交通手段として、技術者アンドリュー・スミス・ハレディーが考案する。その後、世界各地に建設されていく。間もなくケーブルカーは、山岳における登山鉄道としても建設が進められる。

日本でも大正七年（一九一八）に開業した生駒鋼索鉄道を始め、大正から昭和初期にかけて、全国各地の観光地に建設された。屋島のケーブルカーは、昭和二年（一九二七）に事業会社を設立し、工事に着手している。早くも昭和四年には運行が始まり、多くの観光客を山上の名所に運んだ。ただし昭和十九年二月十一日、屋島神社前と屋島南嶺との区間は、不要不急線として運行を休止することになる。

戦前における屋島登山鉄道の案内書をいくつか紹介しよう。屋島登山鉄道が配布した案内では、屋島遊覧電車と琴平電鉄の路線も紹介、三社連絡切符を販売する旨を記載する。また屋島遊覧電車を経営していた四国水力電気株式会社が発行した『栗林公園　屋島　御案内』というパンフレットを見ると、桜が咲き誇っている時期の屋島の様子が描かれている。（図［★55〜57］）

屋島ケーブルとともに、すぐ近傍にそびえる五剣山にも、ケーブル車両による登山鉄道が敷設された。五剣山は、その名の通り、五つの峰が剣のように切り立ってそびえている。ただし五つの峰のうち、東の峰は宝永四年（一七〇七）の大地震で崩壊したため、実質は「四剣山」というべき姿である。山上には日本最古の聖天といわれた八栗聖天を祀り、また四国霊場第八十五番札所である八栗寺も寺

地を占めている。（図［★58］）

昭和六年二月十五日、八栗登山口から八栗山上とを結ぶ路線が開業する。事業者である八栗登山鉄道が配布した戦前の案内を見ると、「断崖峭立神鑿鬼斧の靂容聳へ其の雄大なる絶景は山上駅下車の第一歩視界を圧するの壮観なり」「全山は日本アルプスの縮図にして登山の妙味実に深く其の眺望に至つては西に壇の浦を隔てゝ屋島を伏瞰し、源平攻守の旧蹟を指点しては寿永の昔を偲び、北方は大島、鎧島、兜島、稲木島等点々として眼下にあり」といった記述がある。

最新の技術であった登山鉄道が、物語性を豊かに有する山上の聖域を、近代的な観光地へと改めたわけだ。（図［★59］）

琴平　讃岐の神都

◉鉄道のネットワーク◉

大正から昭和初期にかけて讃岐平野には鉄路が縦横に開通し、散在する名所旧蹟が結ばれた。特に集中したのが、高松や丸亀、坂出、多度津など港湾のある都市と、金刀比羅宮が所在する琴平とを連絡する路線である。

高松からは、鉄道省の予讃線支線と琴平電鉄が金刀比羅宮に向かう旅客を運んだ。坂出や多度津港

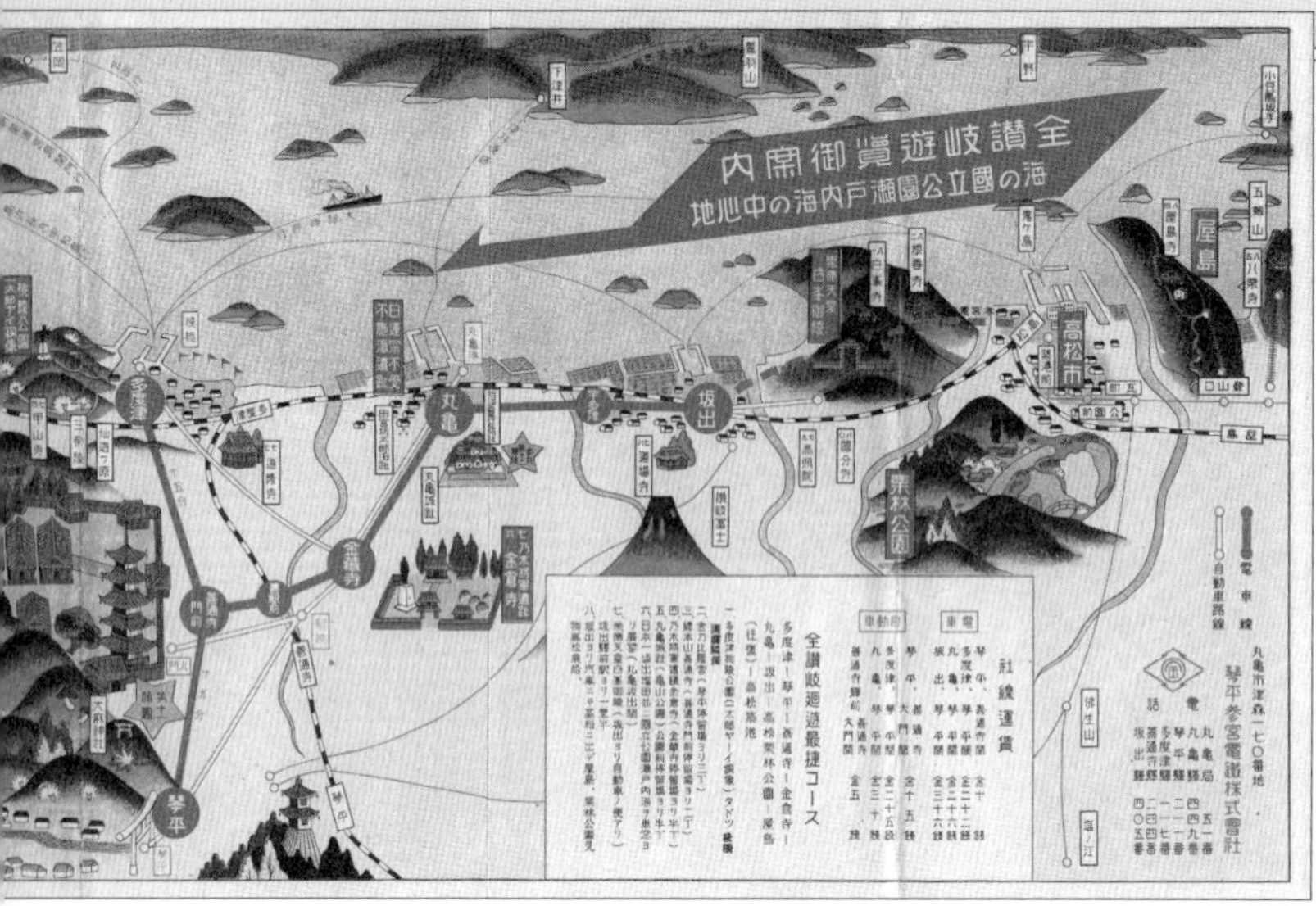

からは、琴平参宮電鉄が運行した。昭和五年（一九三〇）になって、この地域では最後発となる琴平急行電鉄も営業を始めている。鉄道だけではなく、道路整備に伴ってバス輸送も始まる。もちろん沿線人口がそれほど多くあったわけではない。各路線が全国から讃岐路への観光客や参詣者を奪い合うかたちになった。

琴平参宮電鉄の案内では、車掌の姿を描く漫画を表紙とするユニークなものも発行されていた。なかには他社路線を意図的に描いていない沿線図もある。競合の激しさを物語るところだ。（図［★60〜62］）

琴平電鉄の案内では、讃岐が国立公園に指定された理由は、瀬戸内海の風色が麗しいだけではないと説く。金刀比羅宮、法然寺、栗林公園、屋島などの重要な観光地が隣接しており、それぞれが、おびただしい数の遊覧客を集めていることが評価されたのだと見る。加えて、なかでも「王座」を占めているのが金刀比羅宮だと指摘する。（図［★63・64］）

琴平電鉄が設立されたのは、大正十三年（一九二四）

★60

七月二十八日のことだ。年号が大正から昭和に変わる年の暮れ、十二月二十一日に栗林公園から滝宮のあいだがまず開業している。ついで翌昭和二年春には琴平と高松の瓦町までが全通、昭和十三年に塩江温泉鉄道を合併し、塩江線としている。

金刀比羅宮の由緒も紹介しておこう。奥社まで千三百六十八段を重ねる参道の石段が有名な社は、「こんぴらさん」の名で親しまれている。金毘羅宮、稀に琴平宮とも書かれることがある。明治元年（一八六八）の神仏分離令で改められるまでは、真言宗象頭山松尾寺金光院という寺院であったが、廃仏毀釈によって金刀比羅宮となったものだ。祀られている金毘羅大権現は、神仏習合の神であり、十一面観音菩薩を本地仏とする。

松尾寺の開山については、大宝年間（七〇一～七〇四）、象頭山に登った役小角（神変大菩薩）が、天竺毘比羅霊鷲山（象頭山）に住まう護法善神金毘羅《クンビーラ》の神験に遭ったのが縁起であるという。そもそもは琴平山（象頭山）の山岳信仰と修験道が融合することで、霊験を顕した聖地であった。

いっぽうで金毘羅大権現は、海上交通の守り神としても有名

★61・62

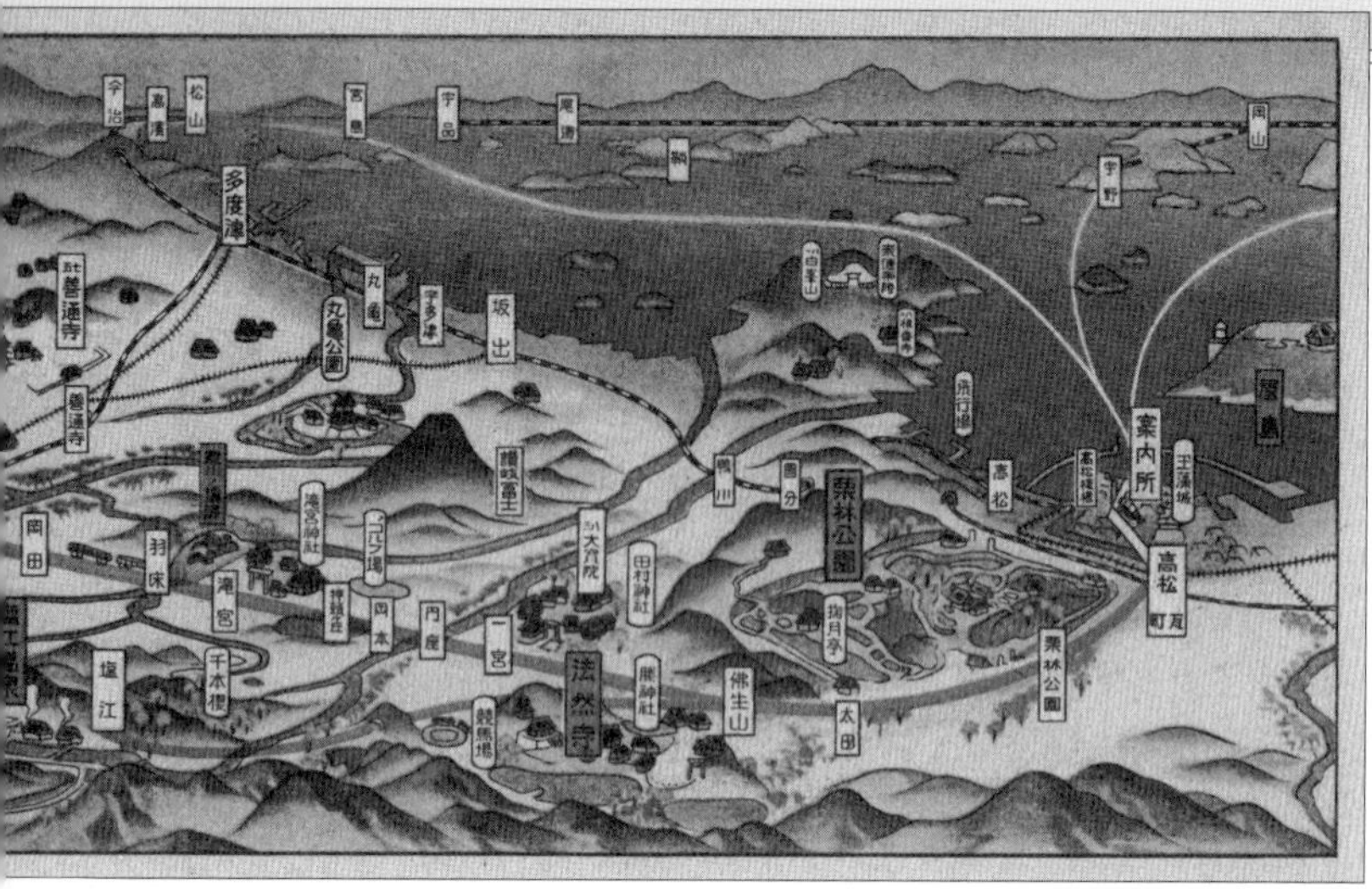

だ。その拠り所は、護法善神金比羅《クンピーラ》が、ガンジスの大河を守護する女神ガンガーを乗せて移動した水神であったこととも関係する。海事関係者の崇敬を広く集め、金刀比羅宮の絵馬殿には航海の安全を祈願する絵馬が多く飾られた。海を守護する武人たちの信心も篤い。古く塩飽水軍は金毘羅大権現を深く信仰し、全国の寄港地で金毘羅信仰を広めた。

　修験道に由来する聖地であるからだろう、金毘羅大権現の眷属は天狗であるとされた。『和漢三才図会』(一七一二)には「当山の天狗を金比羅坊と名づく」と記された。江戸時代になると、天狗面を背負った白装束の金毘羅道者(行人)が各地を巡り、信仰を説いてまわった。これを受けて各地で金毘羅講が組織され、伊勢神宮へのお陰参りと同様に金毘羅参りが盛んになる。

　金毘羅信仰の普及に功を為したのが、松尾寺金光院の別当であった金剛坊宥盛である。彼は「○」に「金」の印を入れた団扇を販売することを思いつき、大和から職人を招いて制作させて、人気の土産物とした。息を引き取る間際、

★63

死後も御神体を守り抜くと誓い、天狗になったという伝承もある。

金毘羅参りは、庶民にとって重要な旅の機会であった。江戸時代の末期には「こんぴら船々　追風《おいて》に帆かけて　シュラシュシュシュ　まわれば　四国は　讃州那珂の郡　象頭山　金毘羅大権現　一度まわれば……」という民謡も歌われるようになった。

人々が安全に、快適に旅ができるように、丸亀街道、多度津街道、高松街道、阿波街道、伊予・土佐街道の、いわゆる「金毘羅五街道」が整備された。琴平では、近世において、すでに幹線となる街道や宿泊施設が整備され、周遊のルートも確立されていたわけだ。参詣という形式をとりながらも、讃岐路には早くから近代的なツーリズムを受け入れる素地が確立されていたことになる。

◉霊境の琴平　観光楽土の都◉

近代になっても金刀比羅宮のある琴平は、多くの人々の信仰を集めた。昭和二年（一九二七）、琴平公園に隣接する旅館「琴平花壇」が発行した案内書『金刀比羅宮御境内及讃岐名所図絵』では、表紙に「〇」に「金」の文字があり、高灯籠が象徴的に描かれている。添えられた俯瞰図を見ると、先に紹介した鉄道会社などの鳥瞰図とは逆に、瀬戸内海を手前と

★64

して、中景に琴平の市街地、赤い雲がたなびくように描かれた堂々たる琴平山の景色を遠景に描いている。（図【★65〜68】）

また琴平町が発行した案内では、「霊境の琴平　観光楽土の都」と題して、「世界最高の海の公園として知られたる瀬戸内海の勝景を一望の内に見る讃岐の神都こそ我が琴平町なり」と記している。鳥瞰図は初三郎の手になるものだ。（図【★69・70】）

この案内では、観光の視点から琴平町の概況を紹介、大旅館街などの設備は「関西稀に見る」ものであり、土産を商う店舗の殷賑ぶりは「他に於て見ることの出来ざる」と、次のように書いている。

「琴平町は琴平山麓に位し旅客を主とする施設の完備せる市街地なりされば、参道筋には一時に数百人を収容し得る往昔を偲ぶ昔ながらの掛あんどを掲げたる大旅館軒を並べ、一夜の宿泊にも御意の儘《わがまま》奉仕し琴平情緒を満喫せしむる設備の完きは関西稀に見る所なり。」

「讃岐の風光名所旧跡に因める琴平土産を商ふ店又百数十軒を数へ、四時絶へざる賓客を迎ふ殷賑振り等、実に信仰の地遊覧の都として他に於て見ることの出来ざる大なる誇りなり。」

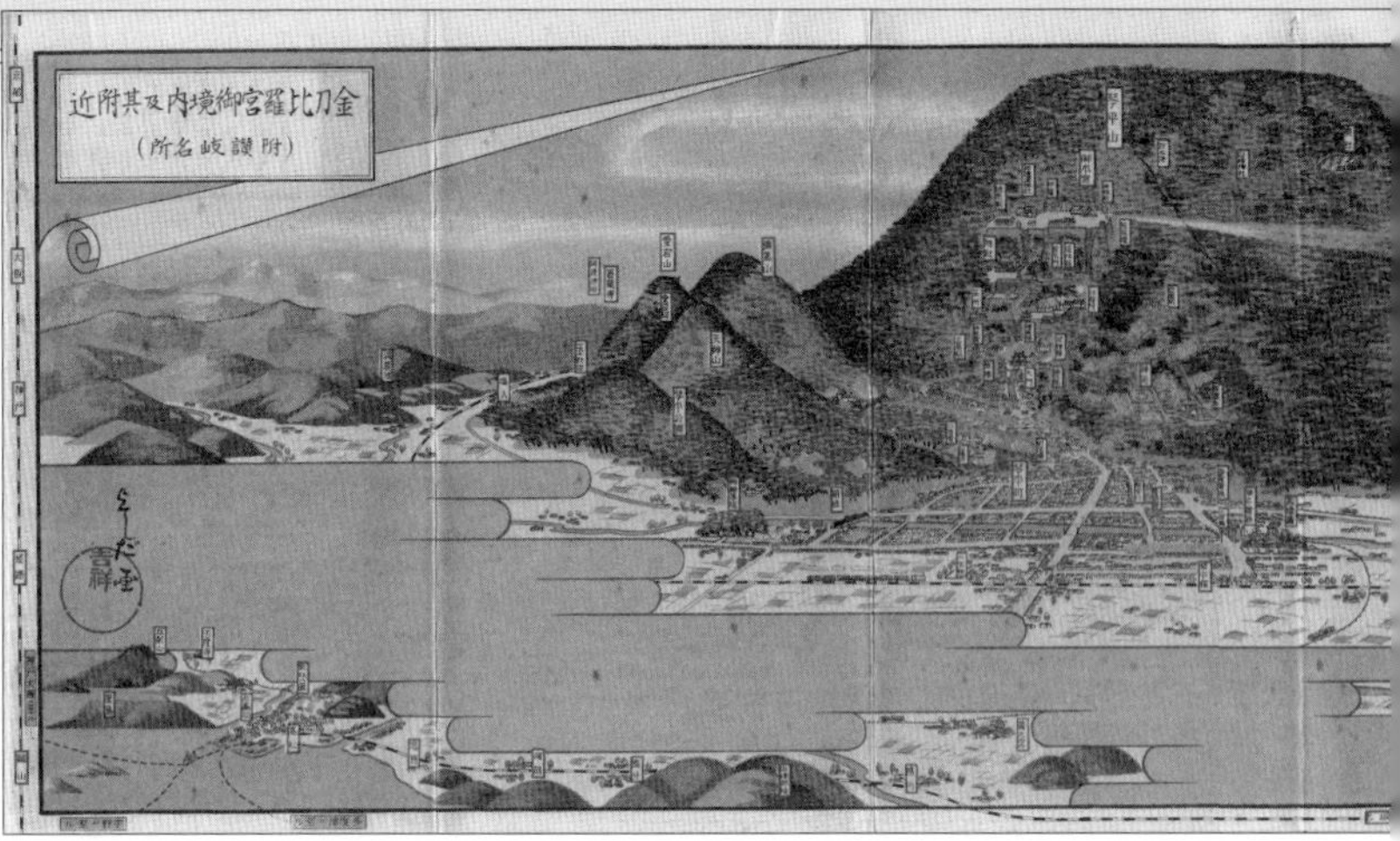
金刀比羅宮御境内及其附近
(附讃岐名所)

金刀比羅宮御境内
及
讃岐名所圖繪

讃岐琴平公園内
旅館琴平花壇全景

★65～68

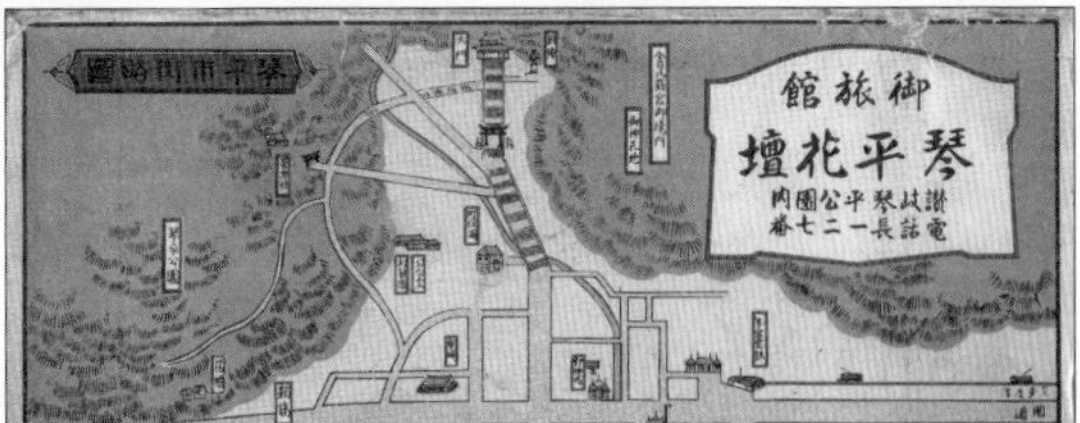
琴平市街略圖
御旅館
琴平花壇
讃岐琴平公園内
電話長一二七番

さらに商工業について紹介する項目では、次のように記している。

「仲多度郡南部の集散地にして鉄道及電車の開通後、綾歌、三豊両郡南部の顧客激増して商工業の発達著しきものあり、産物は彫刻品、鋸《のこぎり》、鑢《やすり》、タオル、飴、柚餅子《ゆべし》、清酒等あり。」

「土産物業者百十、旅館業者六十の多きに達し広大なるもの尠《すくな》からず、実業家は何れも親切第一主義を以て顧客優待に努め居れり。」

琴平町では「賽客歓迎部」を設けて接遇し、境内を無料で案内する「女子案内人」を置いたようだ。次のような記載がある。

「旅客を優待すべく諸般の企画施設をなす為め賽客歓迎部を設け、女子案内人を置き、特に社務所の許可を得て境内無料説明を為さしむる等、其実績を挙ぐべく努力しつゝあり。」

信仰の山の麓に広がる街は、近世からの資産をうまく利活用すると同時に、自動車や鉄道を利用した近代的な観光のスタイルによる需要の増加を受け入れることで、よりいっそうの発展をみた。

★69・70

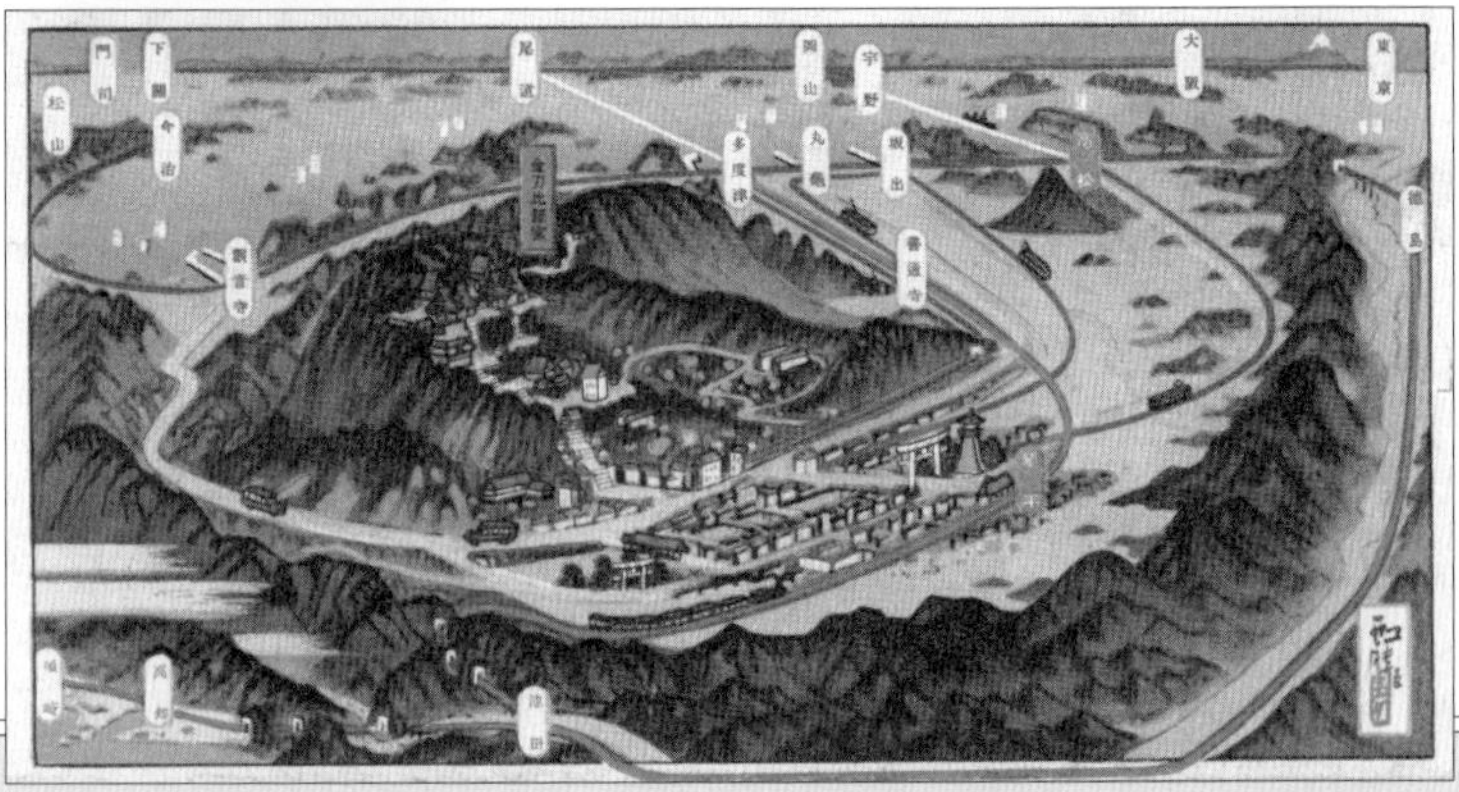

寒霞渓　日本三大奇勝

★71

◉島四国◉

播磨灘に浮かぶ小豆島（香川県）の名は、古く神話時代に遡る。『日本書紀』に「阿豆枳辞摩《あづきじま》」の記述があり、のちに中世までは「しょうずしま」と読んだようだ。内海に浮かぶ島の姿は、「小牛」に例えられることもあった。

大正時代か昭和初期に発行されたと推察される『日本名所小豆島案内図』は、島の概要を紹介するものだ。図において、最も高く描かれている星ヶ城山は、備前児島半島飽浦の豪族であった佐々木信胤が築かせた山城跡があった場所である。居館趾、鍛冶場跡、空堀、井戸、土塁、石塁などの遺構がある。島瞰図には、オリーブを育成する農地のほか、島の特産として知られるようになった醤油の製造所が多数記載されている。（図［★72］）

裏面には、島内に設定された「小豆島八十八箇所霊場」の札所の図が添付されている。古来、小豆島は聖なる島と

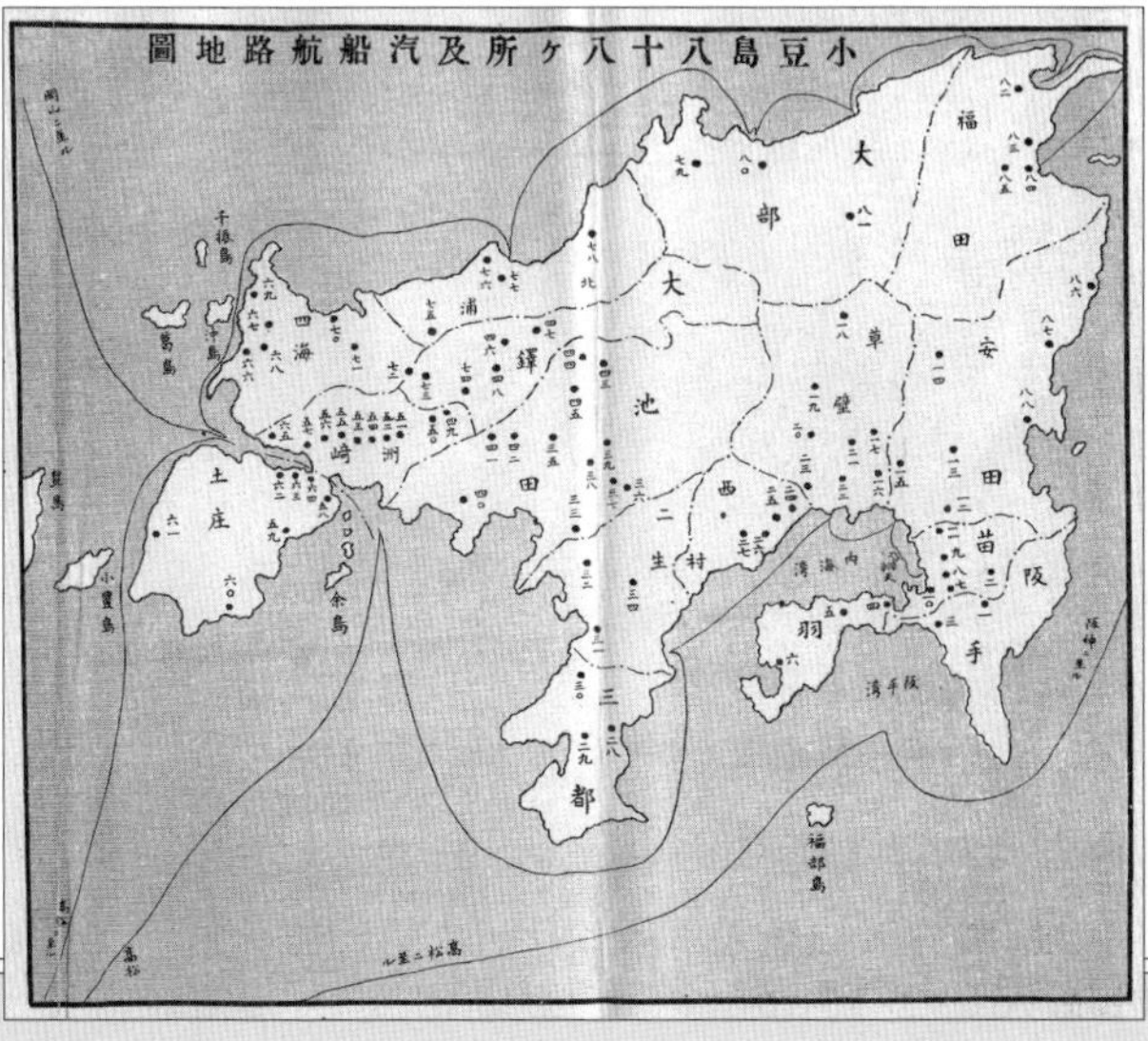

★72

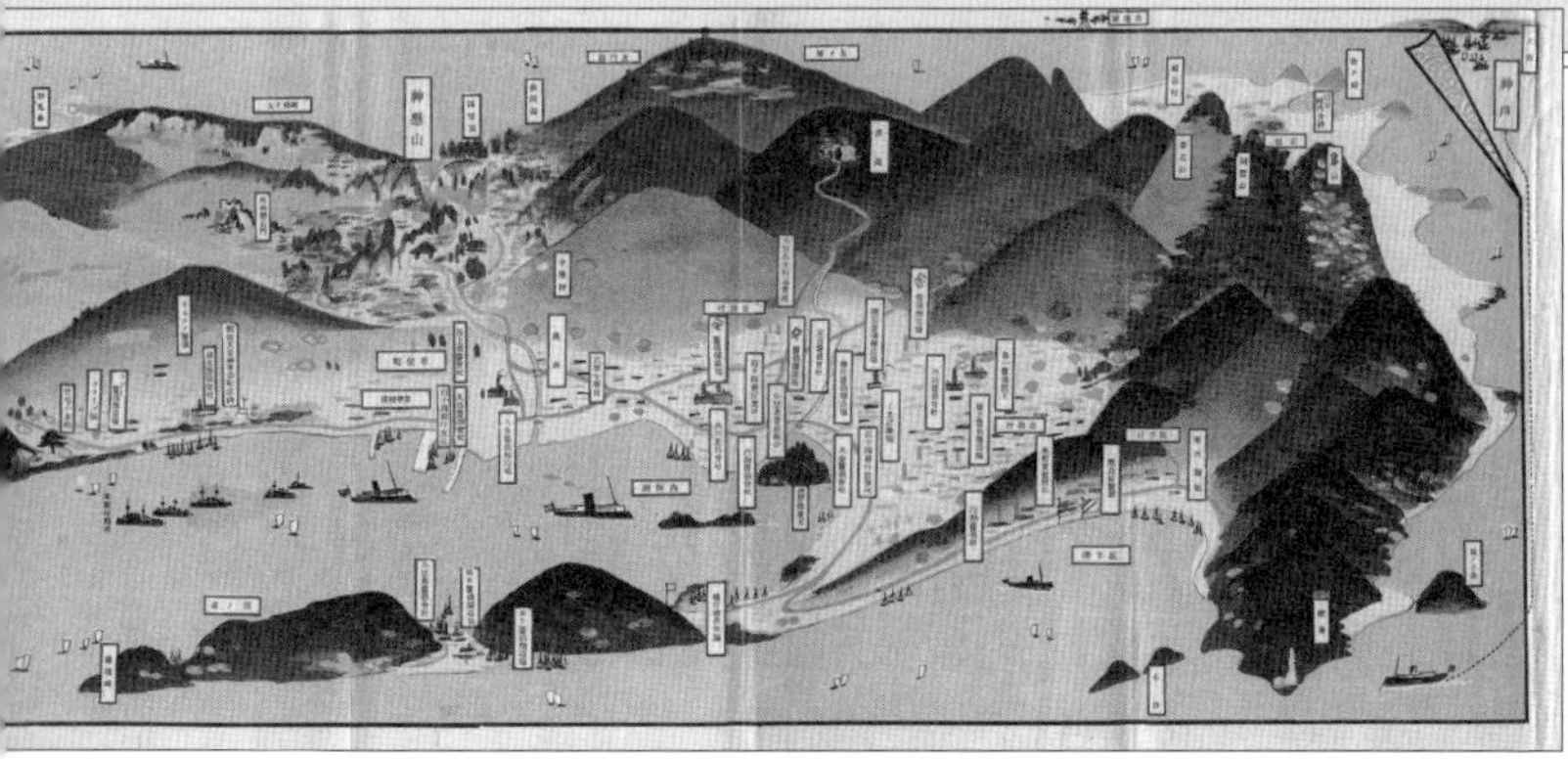

して知られていた。その由来は真言宗の開祖である弘法大師が、生国である讃岐と京の都を往来する途中にあって、小豆島にたびたび立ち寄り、洞窟など島内の随所を修行の地としたことに遡る。各所に遺る霊験あらたかな霊所は大師信仰の対象となった。札所巡りに本場である四国と比較して、小豆島の霊場群は「島四国」と呼ばれ、遍路の対象となった。（図［★71］）

この『日本名所小豆島案内図』は、モダンなグラフィックの表紙が印象的だ。同心円を扇状に重ねた「青海波」の紋様を象徴的に描く海面の彼方に島影がある。幾何学図像を組み合わせつつ、鮮やかな色彩に塗り分けられた雲海をつらぬいて、赤い太陽を背景に天に向かってそびえ立つ三つの奇岩の姿がある。小豆島を代表する景勝地である寒霞渓を、シルエットで描いたものだ。（図［★73］）

寒霞渓は東西七キロメートル、南北四キロメートル、約千三百万年前に火山活動によって堆積した岩石が、風雪と水の

★73

流れによる浸食を受けて、岩が露出する山肌と奇岩による固有の地勢を産み出した。寒霞渓は、大分県の耶馬渓、群馬県の妙義山とともに「日本三大奇景」、ないしは「日本三大奇勝」に数えられている。

◉自然景観の名所化◉

寒霞渓のある山は、応神天皇が岩に鉤を掛けて登ったという『日本書紀』の記述から、鉤掛山、あるいは神懸山《かんかけやま》と呼ばれていた。「神懸《かんかけ》」に「寒霞渓」という雅名を充てたのは、明治八年（一八七五）にこの地を訪問した儒学者・藤沢南岳である。またジャーナリストである成島柳北が、明治二年十月にこの山に登った印象を『朝野新聞』に寄稿したのは明治十一年十月十七日のことだ。

「……夫れ天下に名山多し。然れども其の奇石霊妙なる秀美清幽なる爽快活溌なる鍵懸の如き者は、余の未だ嘗て見ざる所なり。其の山質石にして峻嶂巉巌《ざんがん》、相対峙し、剣の如く門の如く怪獣翔禽の如く、其の奇景、実に名状すべからず。而して山中雑樹、稀にして翠松紅楓、相映じて深澗飛瀑の間に点綴し、一歩一景、変幻極り無く其頂に到れば、四顧皆海にして讃阿の山水播備の城市歴歴、双眸に攢《あつま》る。真に宇内の絶景なり」

★74

仙台の松島や大分の耶馬渓は、文人雅客であれば誰もが勝地であることを知っている。しかし神懸は、讃岐の人でないと、その名を知らない人も多いので惜しいと強調している。

「一歩一景」という成島柳北の言葉の通り、歩を進めるたびに、珍しい景色が続々と視野に入る。文人たちは、寒霞渓のなかにある絶景や奇景を選定し名付けを行った。明治二十二年十一月二十二日、神懸山に登った姫路出身の漢詩家・石橋雲来が、従来、語られていた八景に四景を加えて十二景とした。これを受けて、南画家の長阪雲在が描いた『寒霞渓十二勝』（木村善三）を発行したのは明治二十八年のことだ。

その後、ふたつの登山ルートに沿うかたちで、表十二景、裏八景、総計二十景の名所として整理された。大正十年（一九二一）に発行された『小豆島寒霞渓表裏二十景案内真図』（大森国松）では、表の一番である「通天窓」から十二番の「四望頂」に至る登山路を左半に描き、対して、鹿岩、松茸岩、大亀岩、二見岩、法螺貝岩までを通って下山する道を右半に配置している。頂上にいる貴人は応神天皇だろう。（図［★74］）

自然が偶発的に産み出した奇観は、あくまでも、そのままでは名所と呼ぶには値しない。大景観を構成する個別の小景観や中景観に名付けや意味付けを行い、自然景観を文化的景観に転じさせることで、その価値が増すのだ。

●奇勝を護る●

寒霞渓の近代化は、勝景の保全運動とともにあった。明治三十一年（一八九八）、地元有志によって神懸山保勝会が設立され、遊歩道の整備を進めるとともに、その価値を広める活動を始める。ほかにない奇観の価値を宣伝するべく、保勝会はまず新聞記者や画家を現地に招いた。たとえば明治四十二年十一月七日には、大阪商船の後援を得て「関西新聞記者大会」を実施した。この時は十八社から四十名ほどが参加、四望頂や極楽寺で宴や会合を催している。また明治四十三年十一月四日には、十三名の洋画家を招聘、島の風景画を描かせている。大阪毎日新聞社の記者で歌人としても知られる角田浩々《こうこう》歌客《かきゃく》を招き、十一日間ほど滞在した印象を「小豆島遊記」として紙上に連載させたのもこの年のことである。

明治四十五年になって、地元を揺るがす出来事が起こる。外国人が寒霞渓の地所を購入して別荘地を建設しようとしたのだ。その際、保全に向けて尽力したのが長西英三郎である。長西家は代々年寄

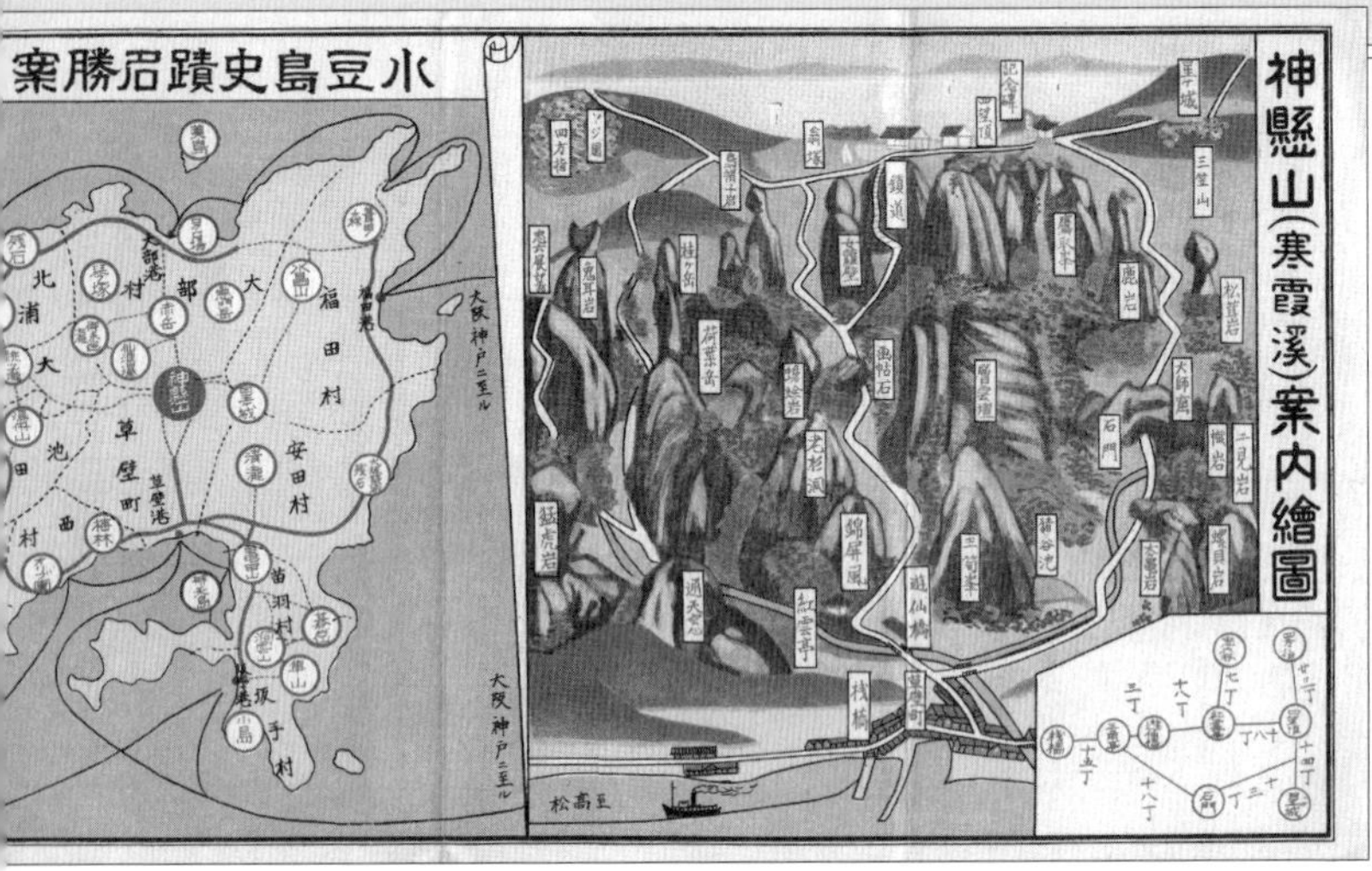

役を務めていた家系である。幕末に醤油醸造業を創業した英三郎は、業界団体を設立して小豆島の醤油を関西全般を販路として拡大することに成功、「小豆島の醤油王」と呼ばれた。長西は、寒霞渓での宅地開発の計画に反対、みずから費用を負担して全山を神懸山保勝会の所有地とすることで、美観を護ることに成功した。

先人の努力が実る。大正十二年（一九二三）、「神懸山（寒霞渓）」の名で国の名勝に指定されたのだ。さらに国立公園制定の動きのなかで、寒霞渓をその一部に含むべきだという議論が起こる。結果、昭和九年（一九三四）になって、瀬戸内海国立公園が開設された際、小豆島の大部分がその範疇に入ることになった。四月十四日には神懸山保勝会が主催するかたちで、「国立公園正式指定内海聯合祝賀会」が草壁公会堂

★76

★75

で開催された。保勝会は「国立公園」と強調する案内パンフレットも発行している。（図［★75・76］）

◉モータリゼーションと島内観光◉

小豆島の観光開発が進む。大阪商船、小豆島汽船、尼崎汽船、摂陽商船、内海汽船など、島と本州と四国とを連絡する船会社も観光客の誘致に力を入れた。

最大の目当ては、秋の寒霞渓である。昭和五年（一九三〇）九月に大阪商船が発行したパンフレット『寒霞渓遊覧案内』は、「『東に妙義、西に神懸』のスローガンで、皆様よく御存知の寒霞渓の紅葉の秋が参りました」と口上を記す。日本三大奇勝のうち二ヶ所を特に強調して、観光キャンペーンの文言がひねり出されていた様子が判る。大阪商船は見頃となる十一月に、毎年、臨時の遊覧船を仕立てていた。昭和五年にも「この奇巌と紅葉の絶勝」を広く天下に紹介するため、十一月一日から二十二日にかけて、例年のように運行する予定であることが記されている。（図［★77］）

島内にあって、観光客の足となったのがバスである。高松市の平井雅一によって、坂手に事業所を置く平井自動車部が設立されたのは大正八年（一九一九）十二月のことだ。平井は自動車を一台導

★77

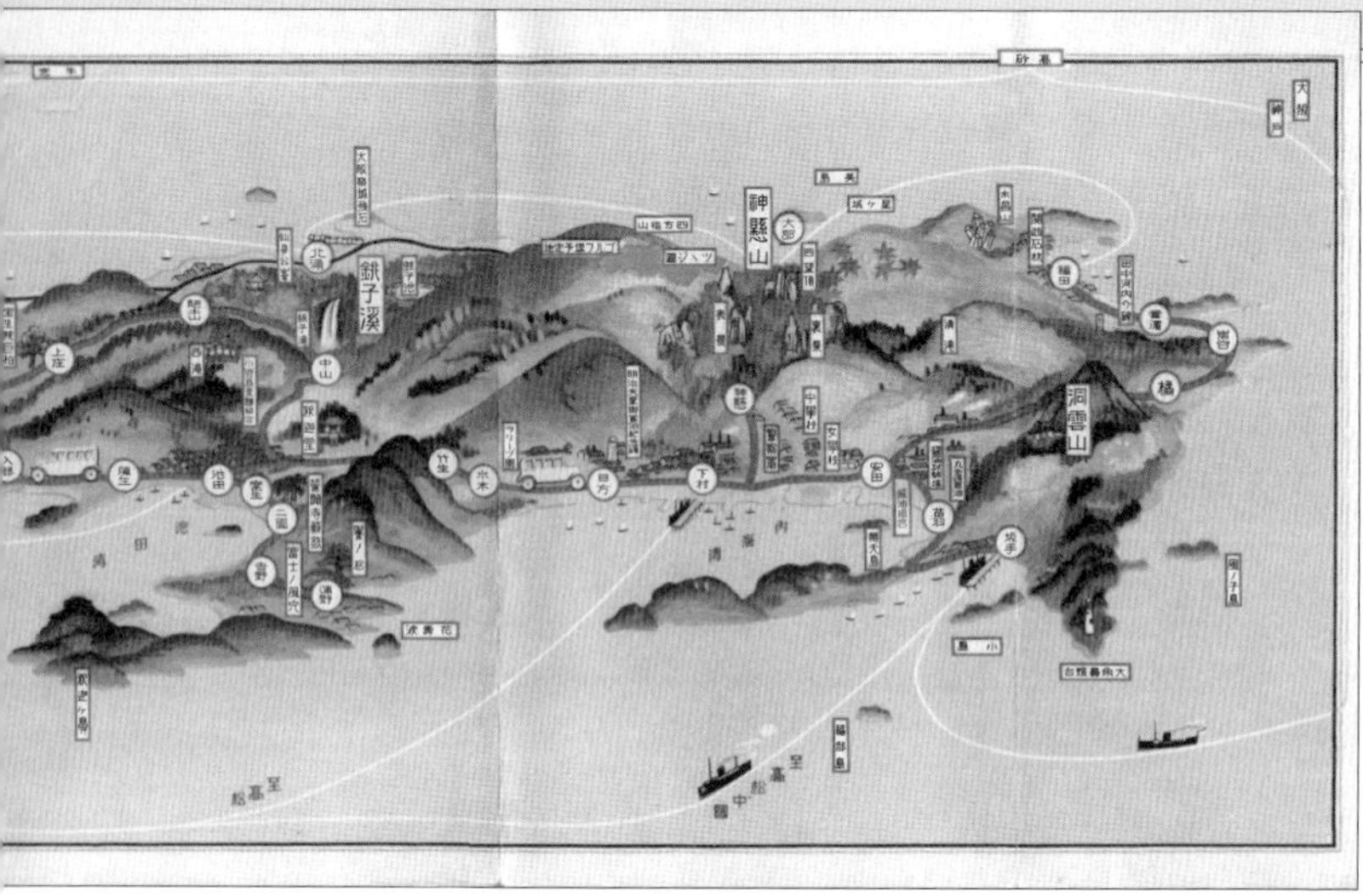

入して、港のある島内の東西の拠点である坂手と土庄とを連絡する路線で運行を開始した。大正十三年六月、坂手の武井雅次が平井からバス事業権を継承し、社名を武井自動車部に改称する。

武井の乗合自動車事業を発展させるかたちで、小豆島自動車会社が発足したのは昭和三年十月一日のことだ。昭和五年には草壁と福田とを結ぶ路線を通じさせ、ついで昭和七年に寒懸渓線が開通した。さらに昭和八年に昭和自動車会社を合併し、島内のバス路線を統一した。

小豆島自動車の乗合バスは「島バス」の愛称で呼ばれるようになった。同社が発行した小豆島の案内を紹介しよう。「瀬戸内海国立公園の中心地　小豆島」と題して、「常春の楽園」「絵の島」などと位置づける次のような文章を掲げる。（図［★78・79］）

「大風景国日本が世界に誇る国立公園の内唯一の海上公園『瀬戸内海』の其中心地たる小豆島」

「造化の神が世の最も明るい美しい絵の具を以つて描き上げた様な秀麗比ひなき小豆島は諾冊二神が生み給ひしに

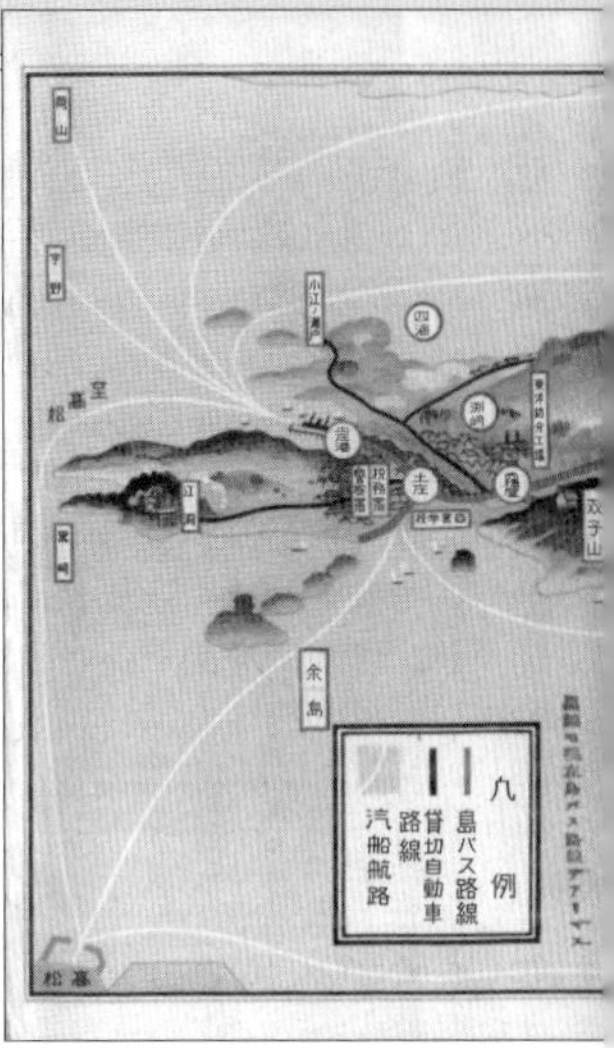

★78

始まり神代より自然に恵まれたる常春の楽園であります」
「……四季を通じ観光に、保養に、巡礼に天下稀に見る楽土であります。瀬戸内海の自然美を満喫する小豆島……詩の国・絵の島・伝説の里へ……さあ参りませう。」

自動車会社は、名所・旧蹟・霊場のほとんどすべてがバス路線の近くにあるので遊覧には乗合自動車が便利であると述べたうえで、沿線以外の勝地には貸切自動車の利用を勧めている。寒霞渓・洞雲山・銚子渓・双子山・余島など代表的な勝地は、一日の行程で充分見ることができる。「オール小豆島」を心ゆくまで探勝するには、島バス本線沿線、支線沿線、貸切自動車による沿線以外の観光と、合計三日間を要すると書いている。また車を借り切れば、「一笠一杖の道者姿」で一週間はかかる八十八箇所の「島四国」の遍路が、わずかに二日間で、ほぼすべての霊場を巡ることができると記載している。

モータリゼーションの発達と自動車用の道路整備の進展によって観光地での行動スタイルが、極めて短期間に変化した経緯が、小豆島の島内観光開発の動きから知ることができる。

★79

淡路　聖蹟めぐり

★80

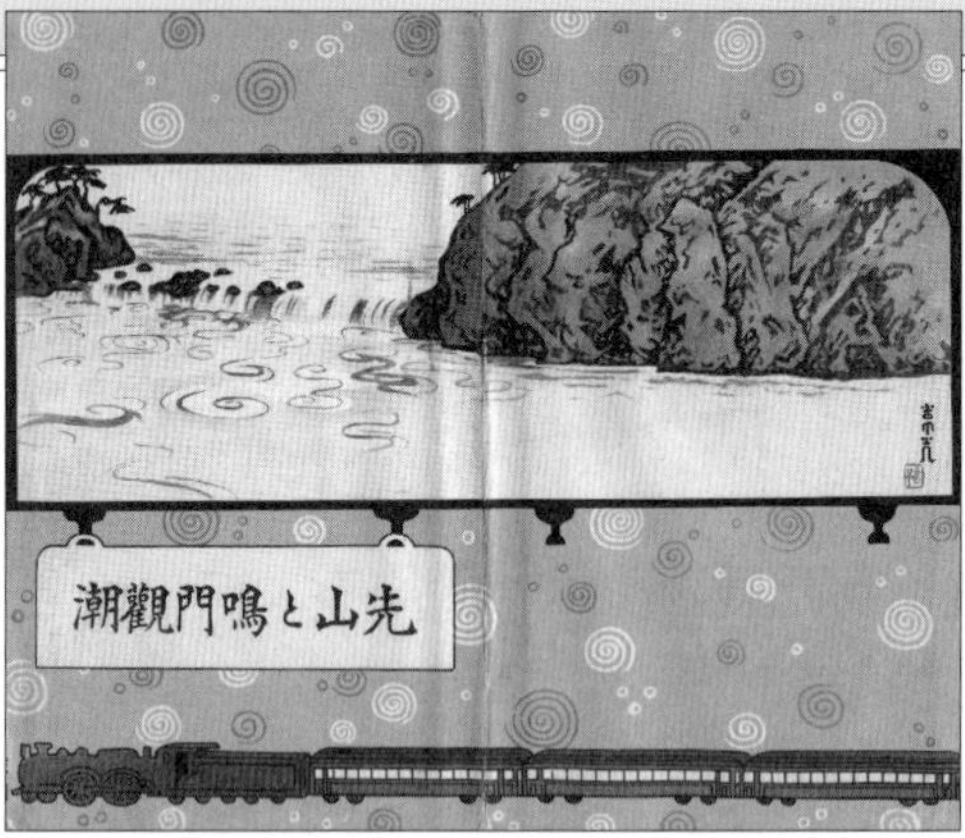

◉国産みの島◉

淡路（兵庫県）は、日本列島の創成に関わる神話の島である。『古事記』や『日本書紀』に記載された「国産み神話」は、おおよそ次のようなものだ。「地上を固め、治めよ」と命じられた男神イザナギと女神イザナミは、「天の浮橋」から、天つ神から授かった沼矛《ぬぼこ》を差し下ろして、混沌とした大地をかき回す。玉で飾った矛を引き上げた際、先から落ちた塩が積もり、固まって陸となった。おのずと凝り固まったので、「淤能碁呂島《おのごろじま》」と呼ぶ。その場所は定かではない。ただ比定地として、淡路島にほど近い沼島や絵島などが想定される場合もある。

産まれたばかりの島へ天降り、「天の御柱」と「八尋殿」を建てた二神は、夫婦の契りを結び、島々を産み出してゆく。「淡道之穂之狭別島《あはじのほのさわけのしま》（淡路島）」を手始めとして、「伊予之二名島《いよのふたなしま》（四国）」、「隠伎之三子島《おきのみつごのしま》（隠岐島）」、「筑紫島《つくしのしま》（九州）」、「伊岐島《いきしま》（壱岐）」、「津島《つしま》（対馬）」、「佐度島《さどのしま》（佐渡島）」、そして最後に「大倭豊秋津島《おほやまととよあきつしま》（本州）」を産むに至った。以上の諸島を指して、「大八島国《おおやしまくに》」という。さら

★81

に「吉備児島《きびのこじま》（児島半島）」、「小豆島《あずきしま》（小豆島《しょうどしま》）」、「大島《おほしま》（周防大島）」、「女島《ひめしま》（姫島）」、「知訶島《ちかのしま》（五島列島）」、「両児島《ふたごのしま》（男女群島）」などの六島が誕生した。

「国産み」ののち、イザナギとイザナミは、天照大神《あまてらすおおみかみ》、月読命《つくよみのみこと》、素戔嗚命《すさのおのみこと》を始め、多くの神を産む。

◉大須磨、超舞子◉

淡路鉄道が発行した『先山と鳴門観潮』と題するパンフレットを紹介しよう。昭和二年（一九二七）に由良要塞司令部が認可したと記載がある。タイトルにある先山は、島の中央にそびえる秀麗な山で「淡路富士」として知られ、大阪毎日新聞社が選定した「日本新百景」にも選定されている。山腹にある千光寺は、「四国西国及びはないが、せめは島の巡礼なりと」とうたわれた「淡路西国霊場」の一番札所である。

表紙がなかなか面白い。渦巻き紋様をデザイン化した地模様の上に、鳴門海峡の渦潮を画題とした着彩の山水画を置く。下段には横に流すように、三両の客車を引く蒸気機関車の姿を描いている。裏面には島内の名所を撮影した写真を数葉ほど配置している。（図［★80・81］）

淡路島の中央部に鉄路を設けて島の東西を連絡する構想は、明治時代から議論がなされたものだ。

明治四十四年（一九一一）、賀集新九郎など地元の資産家が、洲本と福良を結ぶルートでの敷設免許を申請した。翌年、許可が下り、大正三年（一九一四）に資本金四十五万円をもって会社は設立を見た。資金難や第一次世界大戦時の資材の高騰もあって工事が遅れるが、政府からの援助もあり事業は具体化、大正十一年になって洲本口と市村間での営業が始まる。全通したのは、さらに三年が経過した大正十四年のことであった。

案内に添付された鳥瞰図は、常光が描いたものだ。大阪から泉州方面と和歌山、淡輪から洲本を経由して福良に至り、鳴門を経由して徳島に至るまでを詳細に描き込んでいる。他の地域の情報量は少ないが、瀬戸内海全体を収める構図だ。その裏面に名所旧蹟の案内文を載せて、淡路の魅力を紹介している。（図［★82］）

「はしがき」では、まず「白砂青松、風光絶佳の域」として、須磨や舞子に指を折っていたのは、渡海が億劫に考えられていた「古き時代」の満足であると説き起こす。現代の交通機関を巧みに利用、「俗了を避けて更に大いなる風物」に親しもうと思えば、淡路島に足を運ぶべきだと強調する。わずかに「一葦帯水」の瀬戸さえ越せば、「より見事なる須磨や舞子」「大須磨」「超舞子」が随所にあると書いている。そのうえで「周回三十六里の津々浦々、松も砂も海も山も総じて天工の大公園」と述べる。淡路の

★82

風光の良さや海浜リゾートの魅力を述べる手段として、避暑地として人気を集めていた神戸近郊の須磨や舞子を、比較対象として例示している点が面白い。

また神話や伝説、古代や上代の人々の暮らしを伝える地名や寺社など、勝区や名蹟の多くが鉄路が走る三原平野に集まっていることを紹介しつつ、「島の淡路を東西に横断して探勝に便すると同時に、四国地に聯絡する昔ながらの浮桟橋としての使命を完全に果するもの、即ち淡路鉄道である」と文章を結んでいる。

◉聖地の聖蹟めぐり◉

淡路鉄道が発行した『聖地淡路島』と題するパンフレットも見ておこう。表紙には、イザナギ、イザナミの二神が高天原から矛を突き下ろし、淡路島を産み出している人形ジオラマを撮影した写真を配している。裏表紙には「阪神の郊外自然公園」「海上の厚生園」と記して、淡路を訪問するモデルルートを記す。また島を描く地図には、大阪・神戸・淡輪から船で洲本に渡り、鉄道で福良に抜けて鳴門に舟運で渡る道順を示して、「本州四国間最短コース」と見出しで説明している。日付はないが、「観光」ではなく「厚生旅行」という表現を強調している点から推察すると、昭和十年代のなかば以降に発行されたものだろう。（図［★83・84］）

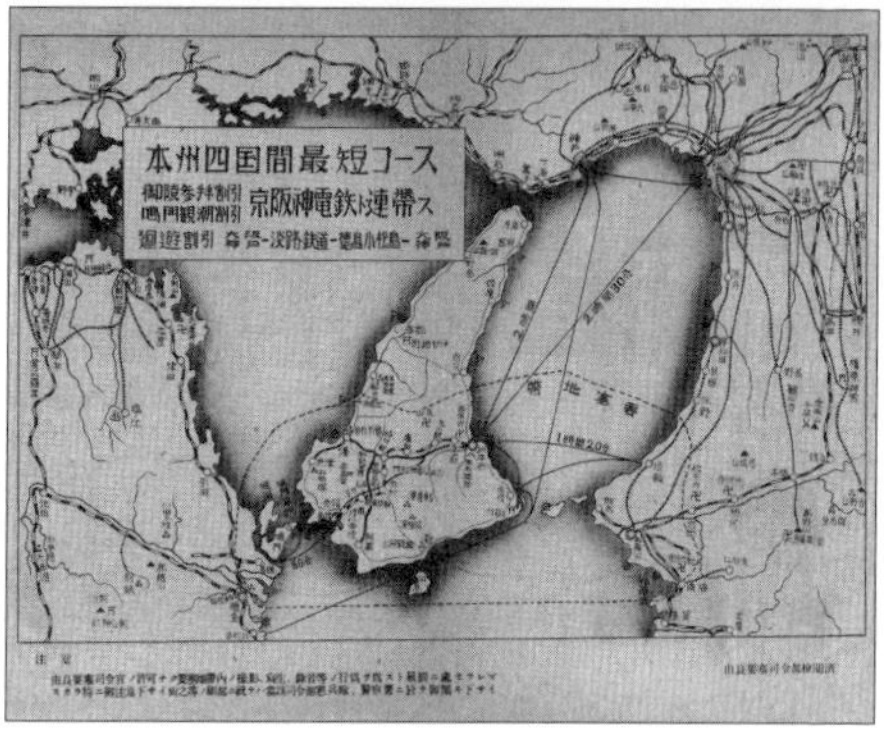

そのほか、案内では、慶野松原や五色浜などの景勝地、洲本城址や高田屋嘉兵衛邸跡などの名所旧蹟、淡路人形芝居などの芸能、鯛網、水仙境や鳴門オレンジ、名産の玉葱を栽培する「玉茹むすめ」などの産品や名物の類いが紹介されている。

パンフレットには「聖蹟めぐり」と題するルート図も掲載する。淡路島の聖性を体現する聖蹟が、この淡路鉄道沿線に集中していることが判る。おのころ島駅前には、イザナギとイザナミを祀る「おのころ島神社」がある。また掃守駅から移動すると、同様に二神を祭祀する伊弉諾《いざなぎ》大社がある。『日本書紀』によれば、国産みと国造りを終えたイザナギが子供である天照大神に国家統一を任せたのち、幽宮《かくりのみや》を造り隠れたのが、この地だという。

★83・84

国産みの神々を祀る社だけではない。御陵参詣も「聖蹟めぐり」の対象である。御陵東駅前には、淳仁《じゅんに》天皇の御陵があり、近傍には生母である当麻夫人の墓地もある。一本松駅の西には、幽閉地の跡という「野辺の宮」、浄域を持つ高島天皇塚がある。(図［★85］)

淳仁天皇は、天武天皇の皇子である舎人親王《とねりしんのう》の七男である。しかし三歳で父が没したために、皇孫

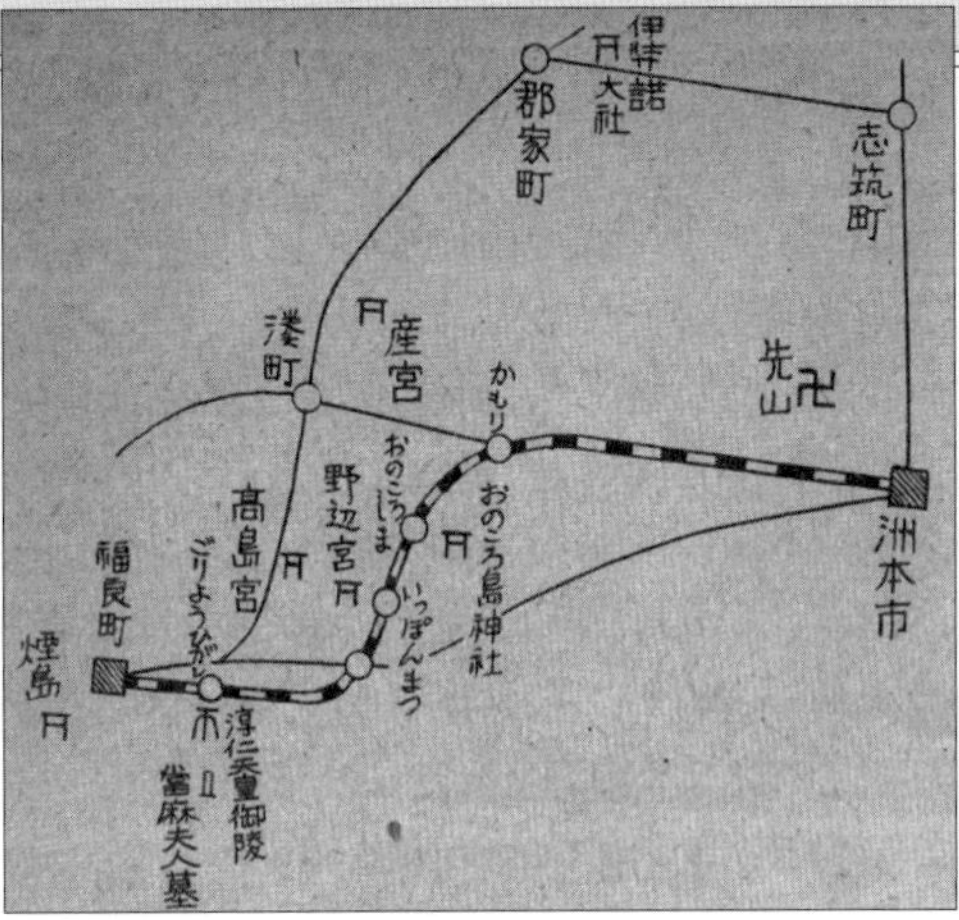

★85

でありながら官位を受けることはなかった。しかし藤原朝臣仲麻呂の長男真従《まより》の未亡人である粟田諸《あわたのもろ》姉《ね》を妻としたことで、仲麻呂の強い庇護を得ることになる。『続日本紀』（七九七）によれば、立太子以前は妻とともに仲麻呂邸に居住していたとある。

天平宝字二年（七五八）八月、孝謙《こうけん》天皇から践祚《せんそ》を受けて第四十七代の天皇に即位する。恵美押勝《えみのおしかつ》と改名した仲麻呂が権勢を誇るなか、官制改革・租税軽減・窮民救済などの諸施策を行うが、弓削道《ゆげのどう》鏡《きょう》を重用した上皇とのあいだの溝が広がる。国務は天皇が行い、対外事項など国の方針を決める事項は上皇が決定するかたちで、政務は二分されるに至った。

天平宝字八年、押勝は道鏡を退けるよう進言するが、上皇は押勝が謀反を計画したとして征伐、みずから再祚《さいそ》して称徳天皇となる。いわゆる「恵美押勝の乱」である。上皇に対する謀反を理由に廃位を宣告された天皇は、親王の待遇で淡路に流された。天平神護元年（七六五）十月、逃亡を企てるが未遂となり、翌日に変死する。薨年《こうねん》三十三歳、在位わずかに六年ののちに幽閉された帝は、淡路廃帝・淡路公などと長く呼ばれていたが、明治政府によって、ようやく「淳仁天皇」という諡号《しごう》が追贈された。

先に紹介した昭和二年（一九二七）認可の記載がある案内書では、須磨や舞子を超える優れた淡路の風光を、広く売り出すことが意図されていた。対して戦時体制に向かう時期に発行された

『聖地淡路島』では、神話に登場する神々を祀る社や廃帝の陵墓の存在を強調している。誘客の意図の変化に時代の変化を読み取ることができる。

◉要塞地帯と温泉◉

淡路島洲本の菰江《こもえ》海岸にあった温泉旅館「四州園」が発行した案内を紹介しよう。昭和九年（一九三四）の年次が記載されている。紀伊・摂津・和泉・播磨の四国を一望に見晴らすことができることから、藩公によって「四州園」と名付けられたという由緒のある宿だ。大阪湾に面した景勝地にあって、積み上げられた石垣の上に和風の客室や大広間を幾棟も設けた様子を、絵図から見て取ることができる。また敷地内には、玉突きなどができる洋風の娯楽室やベビーゴルフ場もあったようだ。（図［★86］）

詩人・国木田独歩は、この宿を訪れ「孤島の絶勝」とうたった。また民権派のジャーナリストである田岡嶺雲も、明治四十年（一九〇七）に療養のために滞在した際の見聞から大分の名勝である耶馬渓と比べて「海岸の耶馬渓」と嘆賞したという。

この種の観光案内を出版する際には、軍事施設の位置などが判らない

★86

ようにするために、由良要塞司令部の検閲を受ける必要があった。由良要塞は大阪湾を防衛するべく、淡路島の南と本州との境界である紀淡海峡の一帯に建設されたものだ。明治二十二年以降、順次、諸施設の建設が進む。

由良地区には、生石山砲台、成山砲台、高崎砲台、赤松山堡塁、伊張山堡塁、生石山堡塁などが配備された。沖ノ島や虎島を含む友ヶ島地区には、第一から第五までの砲台と虎島保塁が置かれた。対岸の加太・深山地区には、深山第一・第二砲台、男良谷《おらのたに》（深山第三）砲台、城ヶ崎探照灯台、大川山堡塁、高森山保塁に加えて、加太砲台、田倉崎砲台、東部の佐瀬川保塁、西ノ庄保塁が整備された。明治三十六年五月に、鳴門海峡を防衛するべく配備された鳴門要塞を編入、四地区に再編された。

ともに見晴らしの良さを求めたがゆえに、防衛線となる砲台などの軍事施設と温泉旅館が近傍に立地したのは道理であろう。

◉淡路への船旅◉

淡路島と本州を結ぶ定期航路が開かれたのは、明治十三年（一八八〇）五月十日のことだ。淡路汽船会社が、大阪・兵庫と洲本とのあいだを毎日一往復、蒸気船淡路丸で結んだ。明治十七年になると、大阪商船が淡路汽船を合併吸収するかたちで航路を引き継ぐ。さらに資本金二十万円をもって子会社

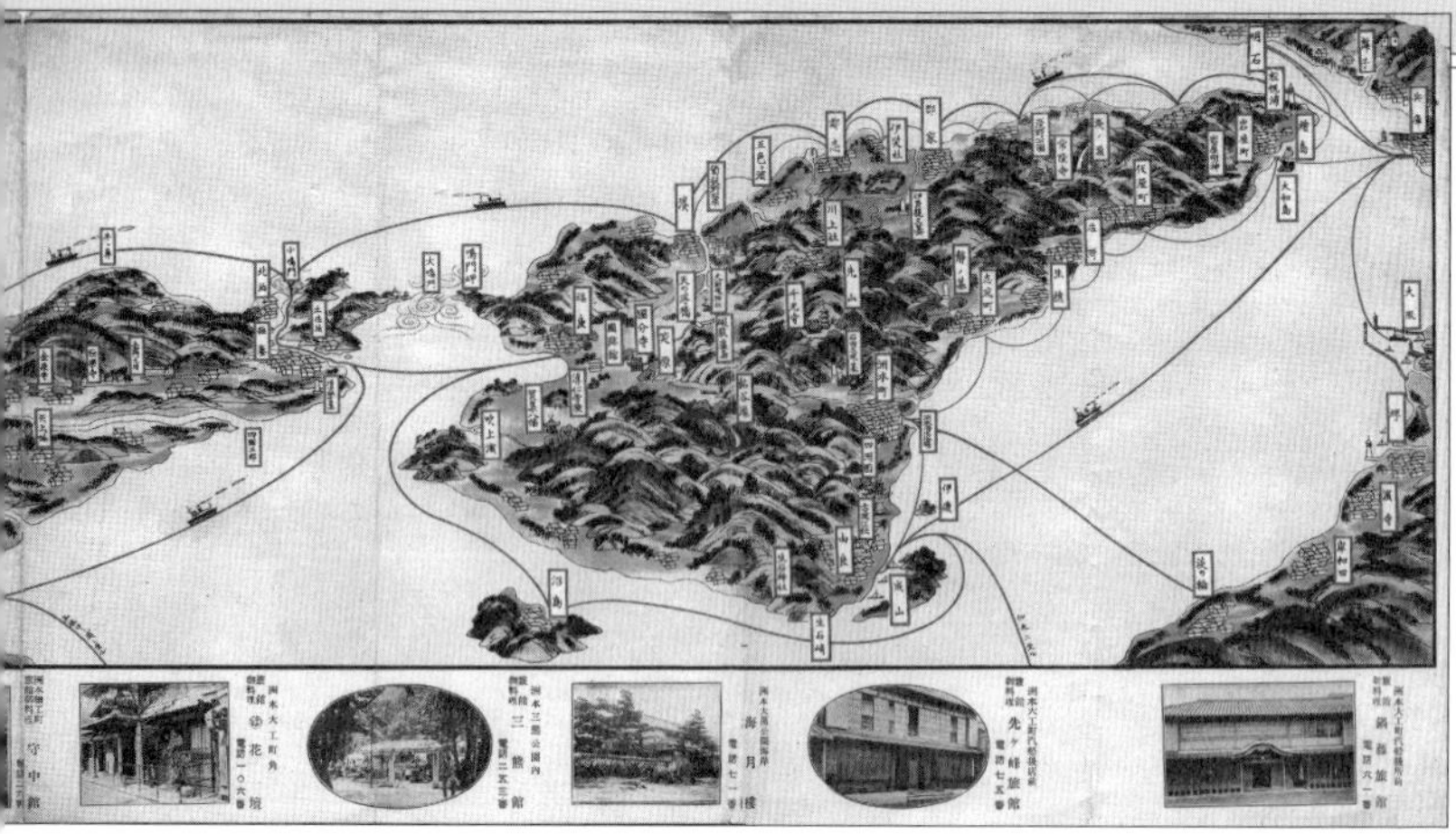

である摂陽商船を設立、大阪湾と淡路島を連絡する航路の受け皿としたのは大正三年（一九一四）十一月のことだ。摂陽商船は、大正四年に甲浦線、大正五年に兵庫湊線、洲本淡輪線などの運行を始め、京阪神の各港と淡路島、さらには四国方面をくまなく連絡する舟運のネットワークをかたちにした。

ここでは摂陽商船が発行した『航路案内　淡路と讃岐』を紹介しよう。地図を見ると淡路島を巡るように航路が設定されていることが判る。下段には、鍋藤旅館、先ヶ峰旅館、海月楼、三熊館、花壇、守中館、四州園といった料理旅館を紹介する。（図［★87・88］）

★88

大正末から昭和初期にかけて、島内各所で京阪神からの誘客を意識した観光開発が進んだ。特に各自治体が力を入れたのが、海水浴場の経営である。大阪湾に面した洲本大浜海水浴場や岩屋海水浴場、西浦沿岸でも海水浴場や夏期臨海学舎の開設が続いた。

★87

夏期の行楽客を島に運ぶべく、摂陽商船は快速船を投入する。大正十五年に、ディーゼルエンジンを搭載した新造船である天女丸を運用、春から秋に限る「大阪洲本急行便」を設けて、大阪と洲本を二時間三十分で連絡した。さらに昭和五年（一九三〇）には此花丸による「兵庫洲本急行便」の運行を開始している。快速船の投入によって、大阪や神戸から淡路島への日帰り観光が可能となった。

◉楽園の花束◉

摂陽商船が昭和十二年（一九三七）に配布した案内書がある。「夢の島　淡路へ四月一日より日帰り便開始」と題し、快速船による日帰り観光を紹介するものだ。（図［★89］）淡路の魅力を「楽園の花束」に例えつつ、社寺や陵への参詣・参拝のほか、ハイキングや釣り、野生水仙や鳴門観潮などの名所を具体的に紹介している。

「淡路島は都人へ贈る楽園の花束です。阪神からこんなにも近くに宝石のやうな美しい島を生んだ造物主のやさしさに驚きます。島がま緑に萠えたつてぽつかりと白い綿雲を浮ばせると

★89

○天女丸乗組マリン
ガールの種々相
船内サービスに御案内にアットホー
ムの感覺をエンジョイ願ふ爲め洗錬
されたマリンガールが演ずる鳴門小
唄や色々の御慰さみには二時間餘の
船旅は餘りに短きを嘆ぜしめます
天女丸
大阪

★90

渚といふ渚には、銀の玉をころばせて春のよろこびに羽ばたきます。すがたうれしい娘遍路のうちならす鉦の音が海風にのつてながれてくると島人の胸にも海の青がとびこんで船にあけくれの港々には島の情緒が花のやうにひらいてくるのです。特異な島の風土と港の甘い情緒をさぐるには春風を孕んでゆくのが一等です。」

天女丸にはマリンガールと呼ばれる女性が同乗していた。案内には彼女たちによる「風景放送」と余興があったと記載されている。船上から見晴らせる大阪湾の風光や淡路島の歴史や文化を、船内放送でガイドをし、歌を歌ったりしたということだろう。案内では「船内サービスに御案内にアツトホームの感覚をエンジヨイ願ふ為め洗練されたマリンガールが演ずる鳴門小唄や色々の御慰みには二時間余の船旅は余りに短きを嘆せしめます」と、英単語を説明文に取り入れて、モダンなファッションに身を包んだ彼女たちの魅力を紹介している。（図［★90〜93］）

そのほか「乗組万歳師」による落語・漫才・珍劇、福引や観劇の紹介、子供用の土産、乗組バンドの名曲演奏などの船内サービスがあった。また乗り込んでいた芸人たちは、船が到着したのち、洲本の大浜公園内の舞台でも演技を行った。

この案内の「はしがき」には、「……わずかに一葦帯水世界の公園と名に負へる瀬戸内海のその中で一番景色も美しく京阪神に近い隠れたる島です」と紹介している。島のなかでもとりわけ美しく、瀬戸内を代表する景勝地である島の南側一帯が、軍事施設が散在する要塞地帯であることは、当然、伏せられている。

★91〜93

column

コラム 2

『海』の顔 ②
――イラストレーションの先駆け

広報誌『海』（大阪商船）では、新年号など特別な号に限って、表紙に画家の作品を掲載することがあった。

たとえば昭和八年（一九三三）十二月号の表紙は、洋画家・矢崎千代二の筆になるものだ。編集後記には、「瑞気みなぎる新年の海岸」と記載している。また昭和十年十月特別号は、表紙に大久保一郎の作品「桟橋」を、扉に持田卓二が描く「海の見える窓」を載せる。持田の作品は机の形状などをキュビズム風に、ややデフォルメした静物画である。（図［★1・2］）

昭和十年から十二年にかけて、持田と大久保は『海』の表紙絵を担当した。持田は、船上の女性の姿を美しく描いた。昭和十一年の正月号では、和装の美人が船室に座っている様子がモチーフとなっている。卓上に紅梅の鉢があり、手元にトランプのカードを何かいいたげに見せ

★1・2※

ている。流し目がなかなかに艶っぽい。(図[★3])

昭和十二年の新年号は、金色の初日の出を背景に水平線を走る商船を中央に描く。四周に、船室内の人々の振る舞いを描いたスケッチを配置している。対して昭和十二年六月号の表紙はシンプルだ。デッキに立って、花束を持つ和装の女性を描く。唇と花弁、「海」の題字が同じ朱色であるあたりが印象に残る。後ろ姿を線描するだけの紳士との対比も洒落ていて面白い。(図[★4・5])

大久保一郎の作品も個性的だ。船上や港に求めた画題を、大胆なタッチで描くものが多い。(図[★6〜9])

持田は、三越大阪支店のPR誌『大阪の三越』の表紙などを手がけていたこと

★3※

★4・5※

★6〜9※

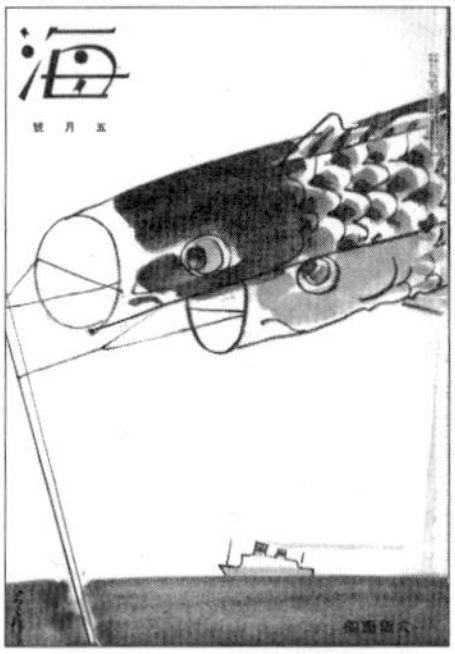

でも知られている。一九二〇年代、三越や大丸、高島屋などの百貨店や資生堂、森永製菓など、商業用の広告ポスターや商業雑誌などを媒体として、グラフィックアートがめざましい発展を遂げた。大阪にあっても、今竹七郎などの名が知られるようになる。

　持田や大久保も、時代に先駆けて、消費者を意識したメディアに活躍の場を求めた画家であったと言うことができるだろう。

第五章

産業と海

海は人々に生活の糧を与える。本章では、瀬戸内海各地の産業景観について述べてみたい。製塩業など江戸時代から継承された地域の特性を活かした生業が近代化を果たす。同時に、大規模な造船業など海に面した土地に固有の新産業も立地する。塩田が広がる景観も、巨大煙突から吐き出される煤煙も、瀬戸内海の人文的景観であり、時に観光資源となる場合があった。

★1

産業のランドスケープ

◉産業の鳥瞰図◉

前田虹映《こうえい》の筆になる『広島県名勝史蹟遊覧観光図』は、昭和十二年（一九三七）に広島県観光協会が発行したものだ。県土全体を俯瞰した地図に、広島城や福山城、厳島神社、頼山陽旧宅、鞆や尾道の寺院などの名所旧蹟や、江田島海軍兵学校、呉の軍港など主要な建物を描き足している。さらに各種の名物や特産品をイラストで加えている。西條には巨大な酒の瓶と樽がそびえ、宮島には杓文字《しゃもじ》が置かれている。海中には汽船よりも、遥かに大きな堂々たる鯛が泳いでいる。なかなかユーモラスなものだ。（図［★1〜4］）

さまざまな行楽地でレジャーに興じる人々の姿もある。瀬戸内沿岸では、海水浴場で避暑を過ごす水着の人たち、三段峡や帝釈峡などでは秋の紅

『広島県名勝史蹟遊覧観光図』
★1 鳥瞰図全図　★2 宮島 厳島神社 ほか　★3 鞆公園 汽船よりも大きな鯛
★4 三段峡・帝釈峡 雪の高原スキーヤー ほか

★2

★3

★4

葉のなかで渓谷に遊ぶ人たち、雪の積もる高原にはスキーヤーたちの姿がある。またよく見ると、土地を代表する歴史上の偉人たちの姿もある。

前田虹映は昭和十一年、師である初三郎の工房から独立したのち、昭和二十年に亡くなるまで、各地の観光協会や地方自治体からの依頼を受けて、独自の発想の鳥瞰図を制作した。『岐阜県主要観光地案内図』（岐阜県観光協会、一九三七）、『福岡・久留米・大牟田三都観光図絵』（福岡・久留米・大牟田各市役所、一九三九）など、『広島県名勝史蹟遊覧観光図』と同様に名所旧蹟や産業をデフォルメして描く鳥瞰図も、いくつか発表している。

この絵の特徴のひとつが、大竹・府中・呉・三原・福山など、瀬戸内海の沿岸各地で操業している近代的な工場の姿があることだ。近代的な産業景観もまた、瀬戸内海を代表する風物となったということだろう。

◉山陽地方の近代化と工業◉

昭和初期における瀬戸内海の産業立地について概説しておこう。ここでは『日本地理大系　中国四国篇』（改造社、一九三一）を資料として、瀬戸内海に面した各地の産業に関する当時の評価を見ておきたい。

まず「中国地方の概説」と題して、京都帝国大学の教授であった人文地理学者・石橋五郎が寄稿した文章から、山陽地方の産業全般の概要を紹介しよう。農業については自然条件に制約されることが大きいとしつつ、山陽地方は花崗岩の土壌であるがゆえに米の品質が良く、また二毛作が行われていることで産額が大きいと説く。特産品としては、岡山・広島の藺草《いぐさ》のほか、園芸農業が興ったことを特筆する。また気候が乾燥し、斜面の多い瀬戸内海の沿岸は、総じて果樹栽培に都合が良い。石橋は、岡山の桃・梨、広島の葡萄・蜜柑・ネーブルなどを例示する。

漁業に関しては、地形と海流に恵まれた瀬戸内海を「自然の養魚池」と位置づけている。また広島での牡蠣の養殖も特記している。

いっぽう山陽地方における鉱業は振るわないが、単に原料や燃料の有無に関係なく、「大工業」の発達がある。瀬戸内海の輸送運賃が低廉になり、利益を見込むことができる。「北九州及び阪神工業地帯の余勢は漸次東西からこの地方に延びて来た。工業の将来は有望である」と書いている。

この時点での工業生産額は、岡山県で一億三千九百万円（うち紡績業が七千八百万円）、広島県が一億五百万円（うち紡績業・食料品が六千二百万円）、山口県が七千五百万円（うち化学工業が三千万円）と紹介する。加えて「広島県が呉に壮大な工廠を有する事も忘れてはならぬ」と書いている。

阪神と北九州という二大工業地帯のあいだにあって、双方から移転をはかる事業所が、山陽地方の瀬戸内海沿岸部に見受けられたということだろう。同じ『日本地理大系　中国四国篇』に、桝田一二と長谷川与三治が寄せた「中国の人文地理」という文章では、工業に関する「瀬戸内区」の特長を、「瀬戸内区は阪神北九州両工業地帯に介在し、両地帯の漸移地帯の観を呈するが岡山倉敷福山附近・広島附近・徳山下松附近・宇部小野田附近・下関彦島附近等比較的地域別に行はれ所謂工業地帯と称する程ではない」と書いている。

◉北四国の近代化と鉱工業◉

同様に『日本地理大系　中国四国篇』の記述から、徳島・香川・愛媛など、北四国の産業の状況について見ておこう。

石橋五郎による「四国地方の概説」では、四国全体の産業について、地勢の不利があるため米作は振るわず、畜産も愛媛の養蚕以外は評価するほどではないが、水産業は有望であると説く。

また高松高等商業学校（現・香川大学）の教授で地理学を専門とした寺田貞次による「四国人文地理」という論文では、鉱工業の状況を次のように解説する。

「四国の地は元来鉱産に乏しいので、工業には一般に恵まれてゐると考へられない。然し農産及び水産は発達してゐるから、之を原料とする工業は早く行はれ、製紙・製塩を始め、讃岐の綿花・砂糖、阿波の製藍の如きは一時盛であつた。然るに時勢の推移は遺憾ながら、此等工業の持続を許さなかつた。製塩を除いては全く衰へてしまつた。さりとて之に代るべき大工業の発達を促すべき動力並びに原料を有してゐないので、之が勃興を見るに至らず、……各地特有の工業又は工芸品の発展を促しつつある状態である。」

北四国では古くから、和紙、織物、製麺、醸造などの製造が行われていた。また養蚕の発展とともに生糸業が興り、煙草や茶の調製、高松の後藤塗、丸亀の団扇などの工芸品製造なども盛んである。しかし近代的な鉱工業では、わが国の「四大銅山」のひとつである別子《べっし》の銅山があり、四阪島と香川の直島の製錬所で金・銀・銅の製錬を実施しているほかは、見るべきものがなかったようだ。その様子を次のように説明する。

「四国における工業は、別子に属する製錬業を除き、近代的大工業の発達は未だ盛ではない。然し四国の地は人口稠密、労働力を得るに便なる処であり、また水力の利用にも適する処が少なくない。且阪神の大市場を控えてゐるので、工業上の位置に於て決して不適を見ることは出来ない。」

四国の瀬戸内沿岸における工業の将来性については石橋も寺田も否定はしていない。地元で石炭を産出しないという不利があるが、瀬戸内海に面した地域では九州産のものを安価で得ることができる。実際、今治などに紡績者が工場を設ける例がでてきたことを受けて、寺田は次のように書いている。

「現に各種の工業殊に労働力を利用する工業は各地に発達の気運を示してゐる。紡績業の如き其の一例であり、殊に北部四国に於て其の気運一歩進めるを覚える。此等は四国人の将来大に留意すべき点と云はねばならない。」

次節以降、大正時代から昭和初期に発行された各種の都市図や絵葉書から、瀬戸内海における産業のランドスケープについて、各都市の個別事例を紹介したい。

今治・四阪島　煙突のある景観

◉今治　伊予の大阪◉

「工業都市として、港市として、東予にまたとない活躍をなしてゐる今治市は、『伊予の大阪』として、宇和島を『伊予の京都』とするものに対照される。」

『日本地理風俗大系』第十一巻（新光社、一九三〇）では、今治（愛媛県）をこのように紹介する。ともに歴史を重ねた由緒のある城下町ではあるが、南予の中心地である宇和島を「京都」に例え、対して綿織物を軸に工業化の道をとった今治を「大阪」に見立てたのだ。

今治市役所と商工会が昭和九年（一九三四）に吉田初三郎に描かせて発行した鳥瞰図を紹介しよう。表紙のイラストは、頂きに雪を抱く石槌の山を遠景に、煙を吐き出す煙突群が象徴的な工場群と市街地を中景に描く。近景に広がるのが、大正九年（一九二〇）に着工、第一期・第二期の整備を昭和八年に終えたばかりの近代的な港湾の姿である。大阪商船の巨大な客船が、堂々と停泊している風情が印象的だ。（図［★5］）

★5

★6

この『産業之今治市』の解説でも、先の資料と同様に、今治を「四国の大阪」とする認識を示す。そもそもは商業地として名を知られていた今治では、その頃、綿織物業が勃興したため、商業地から一転して商工業地となり、さらに工業地に転じた。機業地として全国屈指の地となったがゆえに「四国の大阪」の名を得た。加えて、港湾の整備によって四国随一の開港場となったから、商業の前途も揚々であると概括する。

今治における綿織物製造は、享保年間（一七一六～三六）の白木綿織物の商品化にまで遡る。和泉・讃岐から仕入れた実綿を製織、「伊予木綿」の商標をもって大阪で販売したところ好評を得た。しかし明治維新ののちに、播州産の低廉かつ品質の良い製品が市場で流通、同時に海外から質の良い金巾《かなきん》が輸入されたため、今治の綿織物は衰退の一途をたどる。その後、日清戦争や日露戦争による軍需で好況を呈した時期もあったが、結局、大正年間には今治での生産を終える。

対して、成長をみたのが「綿ネル」の生産である。宮脇村（現・今治市大西町）の造り酒屋の家に生まれた矢野七三郎は白木綿に代わる産品として、当時流行をみた「紀州ネル」に着眼した。和歌山から技術を導入、興業舎の名前で明治十九年（一八八六）に製造を開始した。三年後に矢野は盗賊に刺されて世を去るが、村上綿練合資会社などの後継者を輩出し次第に発達する。

『産業之今治市』の解説では、大正七年、八年頃の好況時には、「綿ネル」の販路は内地にとどまらなかったと述べている。外地はもとより、インドや米国にまで拡張、年産千六百万円から千七百万円に達したことを紹介する。その後、「綿ネル」の需要は減じたが、代替に広幅の綿織物を生産、特にタオルの製織が次第に増加していることを紹介、「今や今治の綿織物は世界到る所に進出せるの現状である」と書いている。

◉煙突のある景観◉

綿工業が発達、綿糸の需要が多くあった今治には、綿紡績の工場も立地した。近代的な綿紡績工場では、明治二十六年（一八九三）、柳町に設立された伊予紡績株式会社が始まりである。しかし業績が振るわず、買収を受けて明治三十六年に福島紡績今治支店、大正七年（一九一八）に今治紡績合名会社となる。

柳町の紡績場が、大阪合同紡績の今治工場へと転じたのは大正十二年のことだ。大阪合同紡績はさらに生産力を向上させるべく、昭和二年（一九二七）四月に蒼社川河口の天保山に第二工場を建設、二ヶ所を合わせて紡錘数五万九百九十二の規模となる。昭和六年、大阪合同紡績が東洋紡績との合併を果たしたのちも、今治での生産は継続する。『産業之今治市』の鳥瞰図を開くと、吹揚城《ふきあげじょう》の城下町を囲むように、昭和織物会社、丸今綿布株式会社、木原織布工場などとともに、東洋紡績の二ヶ所の工場の威容も見て取ることができる。（図［★6］）

鳥瞰図の描写でも、黒い煙突が特に強調されて描かれていることが判るだろう。裏面の「今治市街」と題する写真も、工場を大きく写す俯瞰景である。天空に向けて煤煙を吐き出す煙突こそ、産業都市の象徴であるというわけだ。（図［★7］）

◉四阪島の黒煙◉

吹揚城とは、海砂を吹き上げた砂丘に建設された今治城の通称である。城址に整備された公園の解説文には、市街地を一望できると同時に、島々が多数浮かぶ来島海峡の奇勝と「遠く四阪島の黒煙」を望むことができると特記されている。

「四阪島」には、別子銅山の製錬施設が設置されていた。そもそもは燧灘中西部に位置する無人島である。美濃島、家の島、明神島、鼠島の四島からなり、西隣に梶島がある。今治の産業を紹介する鳥瞰図「産業之今治市」にも、瀬戸内海に浮かぶ小さな島に巨大煙突が林立、風に煤煙をたなびかせている様子が描かれている。

住友家が別子銅山を開いたのは、元禄四年（一六九一）のことだ。当初は山麓の山根地区で製錬を施していたが、出鉱量と製錬能力の拡充をはかるべく、製錬所は新居浜《にいはま》の沿岸部に移された。その結果、排出される亜硫酸ガスが周辺地域の

農作物に被害を及ぼし、また山林の樹木を枯死させた。いわゆる煙害である。

そこで明治二十九年（一八九六）、別子銅山の支配人であった住友総理事・伊庭貞剛は、二〇キロメートルほど沖合に離れた海上の無人島を買収して事業所を移すことを決断した。設計を担当した塩野門之助は、家の島を焼鉱窯を配置する工場地区、美濃島を住宅・事務所地区として使用、双方の島のあいだの浅い海面、幅一〇〇メートルほどを埋め立てて陸続きとする計画を立てた。

諸施設の建設にあたっては、別子銅山の純利益二年分に相当する百七十万円が費やされ、多くの労働者が住まう環境が整備された。結果、かつての無人島は、最大五千五百人が暮らし、小学校に千人以上が通うほどの住民を数える活気のある島に転じた。

明治三十七年八月一日、工事の一部竣工を期して焼鉱窯の初吹式が行われた。同年十月には溶鉱炉の試験操業も始まった。本格的な操業は翌年一月のことだ。窯や炉から排出されるガスは煙道を経由して集められ、家の島西端に設置した巨大煙突から排出した。

◉煙害との闘い◉

新居浜近傍における煙害問題を解決するべく、製錬施設の四阪島への移転が実現した。住友側は排出される亜硫酸ガスは海上で拡散すると考えたようだ。しかし実際は予想とは真逆であった。製錬所が操業を開始すると、有害物質は風に乗って越智郡から宇摩郡まで、すなわち東予地方全体にまで飛散した。煙害を収斂させるどころか、反対に広域に被害を拡大させる結果となった。

★7

各地で農民たちが立ち上がった。明治四十一年（一九〇八）八月、理事である中田錦吉や鉱業所支配人である久保無二雄が越智郡富田村（現・愛媛県今治市）を視察した時には、数千人の農民たちが彼らを取り囲むほどの勢いであったという。明治四十三年、愛媛県の知事であった伊沢多喜男による調停案を受けて、住友は東予四郡の損害を賠償する方針を示す。愛媛県に納められた賠償金は、被害額に応じて各郡に配分された。また精錬鉱量を制限、また短期の操業停止などを定める協定が結ばれた。

同時に住友側は、煙突の改善や製法の技術改良に腐心する。大正三年（一九一四）、六本の煙突が建設された。鉱毒に関する専門家を交えた調査会で「硫煙希釈法」のアイデアが提案されたのを受けた計画だという。それまで高い一本の煙突から放出していた煙に外気を混ぜ、なおかつ数本の低い煙突から分散して放出することでガスの濃度を薄めようというのだ。ただ実際に稼動させてみると、亜硫酸ガスが低くたれこめて島を覆った。なおかつ、いったん滞留し凝集された煙が海を越えることも判明、わずか二年半ほどで六本煙突の使用は中止された。

いっぽうで工場の近代化も進められる。大正九年の工場在籍者は千七百十名であったが、翌十年に生産設備の大改修を実施、十二月段階では七百四十二人が勤務するまでに合理化が進められた。さらに大正十一年には海底ケーブルを敷設して、新居浜側からの電気供給が行われている。

製法の改善に向けての試行錯誤も続けられた。昭和三年（一九二八）十月にペテルゼン式硫酸工場の建設に着手、翌年九月に竣工をみて煙害は緩和された。さらに昭和十四年、硫黄酸化物をアンモニア水で中和して回収する中和工場が完成したことにより、煙害の根絶がようやく実現した。この時点において、四阪島への移転から数えて、すでに三十四年が経過していた。

別子銅山　近代科学の精華

◉近代科学の精華◉

『日本地理風俗大系』第十一巻では、「別子銅山」という項目で次のように書いている。

「新居浜から端出場《はでば》までは約十キロ。鉄道はその間六箇所に停車場を有し、別子の鉱石を運搬する以外鉱山関係の人々を無賃で乗車させてゐる。大阪の富豪住友の稼業。伊予の富はこの鉄道によつて、年々伊予から外へ持出されてゆくのである。」

新居浜（愛媛県）の海辺に広がる惣開に点在する別子銅山の本社、製作所、選鉱工場、電練工場、肥料製造所など、住友系の工場群を称して、「全く住友によつて開かれたところで、住友関係以外のものは何もない」と述べる。さらに山中に掘り抜かれた銅山から、四阪島に建設された製錬所までを総称して、「近代科学の精華」と評価している。

「山から島まで、……投じられた資本は莫大なもの。そしてあらゆる近代科学の精華はこの間に集められたかの観がある。四国四県のうち、同一資本系統の事業として、これに及ぶ宏大な、そして複雑（化）したものは他にはない。」

続けて、その設備の新しさを次のように説明する。坑内には電車が通じ、延長は一六キロメートルを超える。七〇〇〇メートルの深さがある竪坑ではケージが間断なく上下する。いっぽう東平・黒石のあいだでは自動索道が運行している。施設内に設けられた索道の総延長は八キロメートルに及ぶ。

四阪島に電気を送る海底ケーブルの長さは二〇キロメートルに達しており、「世界に比を見ない長さ」であるという。各所に散在する事務所や工場のあいだは私設電話で連絡する。電線の延長は九二〇キロメートル、電話機は三百六十台を数える。「その事業の宏大さを語るものであろう」と書いている。

◉銅山の開坑◉

別子銅山の開坑は元禄四年(一六九一)に遡る。泉屋の屋号で、日本で初めて、銀・銅を分離して精錬する銅吹きを事業化した住友が手がけたものだ。発見された露頭をもとに開かれた最初の坑道は「歓喜坑」と名付けられ、下財小屋・砕女小屋・勘場・御番所・銅蔵・米蔵・炭蔵なども建てられた。わずか七年目の元禄十一年には、全国の生産高の二八パーセントとなる一五二一トンを産出している。住む人もいなかった足谷川の谷あいが、突如、国内有数の鉱業の場に転じたわけだ。

当初、産銅は、険しい山道を越えるように整備された第一次泉屋道を通って浦山まで仲持衆によって運ばれ、さらに牛馬で天満浦まで移送してから大阪に送られた。のちに新居浜浦に至る第二次泉屋道を使用する許可を得た。寛延二年(一七四九)には、隣接する西条藩に属する嶺北の立川銅山を併合、銅山峰一帯と山麓での本格的な採鉱や銅製錬を行うようになった。

◉銅山の近代化◉

明治新政府は天領に位置していた銅山の接収をはかる。のちに住友家初代総理事となる別子銅山支配人・広瀬宰平は、川之江に駐在していた土佐藩士・川田小一郎に対して住友による鉱山経営が国益に寄与することを説き、経営権を護り通した。

広瀬宰平は銅山経営の近代化に取り組む。粗銅から精銅をつくる吹所を大阪から移すことで、輸送のコストを省いた。また西洋技術の導入が不可欠であると確信した広瀬は、明治七年（一八七四）に、フランスのヘクト・リリエンタール商会に務める技師ルイ・ラロックを招聘した。ラロックは全山の地質や鉱物を詳細に調査、生産や輸送に関する改善の提案や将来の経営方針までをまとめた「目論見書」を作成した。

ラロックによる注目すべき提案が、東延より鉱脈の傾斜に沿って大斜坑を開削、支坑道を延ばして生産を増強しようというものだ。明治九年に「東延斜坑」の開削に着手、四九度の傾斜を持つ大斜坑の完成によって富鉱を掘り出すことが可能になった。

またラロックは、金子村惣開（現・愛媛県新居浜市）に大規模な製錬所を建設し、別子山内および立川にあった既存の施設を移転させる考えを示した。明治二十一年に操業を開始した惣開製錬所は、五基の洋式溶鉱炉と和式溶鉱炉などを擁する大製錬基地となり、翌二十二年には、住友の出張所も口屋から惣開に移されている。

さらにラロックが強調したのが、運搬力の増強を可能とする連絡路や馬車鉄軌道の必要性である。人力と牛馬での背荷運搬に頼っていた状況を改めるべく、広瀬はまず牛車を導入することとし、故郷である近江から女牛を持ち込んだ。全長二八キロメートルの牛車道が完成したのは、明治十三年のことだ。さらに経路の短縮をはかる隧道《すいどう》の工事を進め、明治十五年に長さ一〇一〇メートルの「第一通洞」を掘り抜いた。

ついで日本では初となる鉱山専用の山岳鉄道「別子鉱山鉄道」の敷設を具体化させる。明治二十六年、惣開から端出場までを結ぶ「下部鉄道」、第一通洞北口の角石原《かどいしはら》と牛車道の中宿である石ヶ山《いしがさん》丈《じょう》とを結ぶ「上部鉄道」があいついで開通、ドイツ・クラウス社製のタンク機関車が鉱石を積んだ貨車を引いた。さらに石ヶ山丈から端出場までの区間を索道で結ぶことで、機械力による輸送ルートが確保された。

◉鉱業の文化的景観◉

明治三十五年（一九〇二）に東延斜坑底と東平を結ぶ「第三通洞」が貫通する。東平とは、呉木・尾端・喜三谷・柳谷・辷坂《すべりざか》・第三・一本松・東平などからなる集落の総称である。「山の町」といわれた東平には、採鉱課事務所や選鉱場のほか、病院・学校・保育所・接待館・神社・寺院・販売所・娯楽場・社宅といった生活関連施設が建設された。大正五年（一九一六）には、採鉱本部が東延から東平に移転した。また新居浜での電錬工場の建設、先に紹介した四阪島製錬所の本格稼働と公害対策なども展開される。

別子銅山の様子は絵葉書に記録されている。採鉱の様子、鉄道や索道など輸送手段の風景、山中の集落や施設群、海浜部の産業拠点、海上輸送の様子、島に整備された巨大製錬工場など、さまざまな写真が流布した。別子銅山から産出される鉱石を拠り所とする産業集積が、山中から山麓、瀬戸内海全体へと展開した様子が記録されている。鉱業の景観に多くの市民が関心を持っていたことが判る。

（図［★8〜23］）

★12

★8

★13

★9

★14

★10

★15

★11

★8（採鉱の様子）坑内鑿岩機作業　★9（鉄道や索道など輸送手段の風景）東平黒石間索道
★10（同）黒石索道ステーション　★11（山中の集落や施設群）東平全景　★12（同）端出場全景
★13（海浜部の産業拠点）惣開全景　★14（同）新居浜選鉱場　★15（同）新居浜製作所鋳造工場

★20

★16

★21

★17

★22

★18

★23

★19

★16（海浜部の産業拠点）電気製銅所内部　★17・18（海上輸送の様子）鉱石運搬曳船　★19（島に整備された巨大製錬工場）四阪島製錬所　★20（同）住友四阪島製錬所亀ヶ浦の景　★21（同）住友四阪島製錬所付属骸炭竈の景　★22（同）四阪島製錬所硫酸工場　★23（同）四阪島製錬所溶鉱炉

宇部・小野田　せめんとまち

◉小野田セメント町◉

大正十五年（一九二六）、常光が描いた『山口県大観』（山口県・日本名所図絵社）を紹介しよう。瀬戸内に面した産業施設としては、徳山の海軍燃料廠や宇部の炭坑などが描かれている。良く見ると小野田の位置に、仮名で「おのだせめんとまち」という記載がある。大正四年十一月二十五日に開通した小野田軽便鉄道（のちの小野田鉄道）の終着駅である。ユニークな駅名は、地域の基幹となった産業に由来する。（図［★24・25］）

小野田におけるセメント製造が具体化したのは明治十四年（一八八一）のことだ。旧萩藩士である笠井順八が、廃藩置県によって困窮した士族の授産を目的としてセメント製造の事業所を起業したことに遡る。同様に士族を救う目的で設立された岩国の義済堂機械製糸工場とともに、山口における近代的な工業の嚆矢《こうし》となった。

維新ののち、県の勧業局主任の職にあった順八は、輸入セメントを用いて造られた防長共同会社の石造倉庫の堅牢性に驚く。東京・深川の官営工場における国産セメントの製造を伝え聞いた順八は、

★24

知人の荒川佐平衛とともに県産の大理石と泥土を持って上京した。深川工作分局「摂綿篤《セメント》製造所」において、渡欧して技術を学んだ宇都宮三郎の指導を得る。

帰郷した順八たちは、厚狭郡西須恵村にあった旧萩藩直営の干拓地である小野田新開作に着目する。海沿いの立地は、石炭・石灰石・泥土などの原料が得やすく、かつ製品の搬出にも便利であると考えたようだ。明治十四年に民間で最初のセメント製造の事業所を創業、社名を「セメント製造会社」（明治二十六年に小野田セメント製造株式会社に改組）とした。二年後には工場を完成させ、生産を始めている。のちに順八は、日本舎密製造株式会社（日産化学小野田工場）も誘致している。

西須恵村は、須恵村と名称を変える。生産の拠点であった市街地は「セメント町」の地名がつけられた。さらに大正九年に町制を施行した際、セメント製造業とともに発展を遂げたがゆえに、地元最大の企業名をとって小野田町とした。『日本地理風俗大系』第十巻（新光社、一九三〇）では、「小野田町はセメント町ともいはれ、当町の生命は小野田セメントと大日本人造肥料会社の製品とである。小野田セメントは年産額六百八十五万樽、約五百万円に上り、明治十四年の創始で、本邦セメント界の最大のものである」と書いている。

★26

★25

◉宇部は伸び行く◉

昭和八年（一九三三）、宇部市役所が発行した書簡図絵『宇部は伸び行く』も、先の「山口県大観」と同様に、常光が鳥瞰図の制作を手がけ、「日本名所図絵社」が印刷を請け負っている。題目の通り、宇部（山口県）の市街地を中心に見晴らした景観を描くものだが、小野田のセメント町の記載もある。（図［★26］）

表紙には、岸壁に並ぶ工場地帯と煙突群を描く。セメント会社や火力発電所の姿だろう。近景を紺色のシルエットとしつつ、背景の山々と、空にたなびく煙の流れを金色で彩る表現が美しい。瀬戸内海に面した産業都市に訪れた夕映えの様子を連想させるものだ。（図［★27］）

農業に頼っていた一寒村であった宇部が、産業都市に転じた背景には、明治後半に宇部炭鉱の開発が進んだことを指摘することができる。宇部炭鉱とは、一帯に位置する長生炭鉱、沖ノ山炭鉱、東《ひがし》見初《みぞめ》炭鉱、新浦炭鉱、本山炭鉱などの総称である。

宇部における石炭の発掘は、江戸時代には小規模ながら、地上部分で実施されていた。そもそもは農民が匿名組合を組織し、農閑期に自家用に使

★27

用する炭を採掘していたようだ。のちに塩田の燃料にも重宝したという。

　ところが明治二十年（一八八七）頃、海底にも大量の石炭が埋蔵されていることが判明する。陸から海に向けて大斜坑が掘削された。明治二十八年の段階で、すでに二十四坑を数え、明治三十年一月には宇部鉱業組合が結成された。蒸気機関、さらには宇部電気会社による電力を利用することで、国内最大規模の海底採炭事業に発展した。

　大正十四年（一九二五）に発行されたと推察される『宇部鉱業案内』（宇部鉱業組合）は、海底炭田の概要を紹介する地図である。表紙は先の鳥瞰図と同様に、瀬戸内海を背景に、工場の様子を影絵のように描いている。付図を見ると、市街地から海底に向けて、幹と枝のように炭坑が延びている様子が判る。（図【★28・29】）

「現在の海底採掘面積三百余万坪年産額百三十万噸《トン》、海面鉱区面積五千万坪に上れり。現今の市街地は往時緑ガ浜と称し白砂青松の仙境なりしが時代の推移に伴ひ各所に開坑し処々に煙突屹立するに至り爾来炭業の

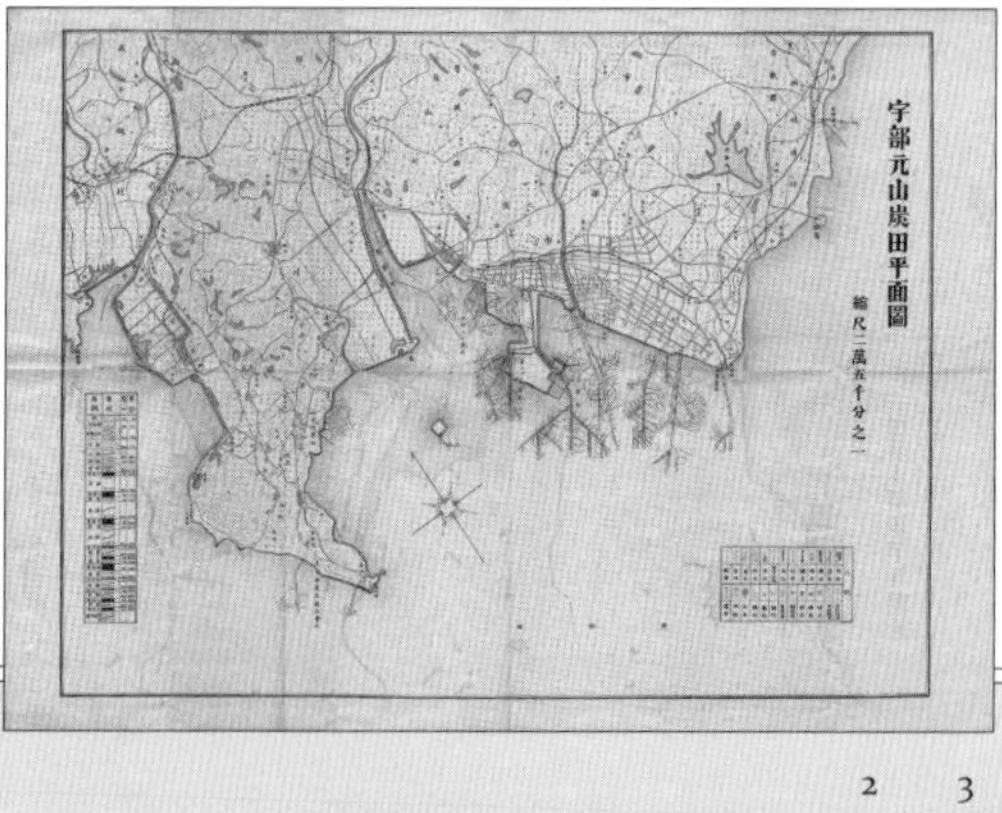

★28・29

発達と共に人家櫛比《しっぴ》し街衢《がいく》連り市邑を形成し逐年異数の発展をなし……」

説明では、寒村が急速に鉱工業都市に転じた様子をこのように記述している。急速な都市化を受けて、宇部村は大正十年には町制を経ることなく、村から直接、市制に移行した。

◉無限の工業へ◉

宇部における鉱山の開発にあって、指導者として活躍したのが渡辺祐策である。渡辺は明治三十年（一八九七）に沖ノ山炭鉱を創業し採炭を始めたことで知られている。

宇部が鉱業の街から、工業都市に転じた背景には「有限の鉱業から無限の工業へ」とする渡辺の発想があった。天与の資源である石炭の埋蔵量には限りがある。自分たちの代で掘り尽くしてしまう前に、「無限の富」を生む工業を起こすべきだと説いたという。これを受けて宇部の臨海部では、炭鉱からの廃土であるボタを埋め立てることで遠浅の海を陸地に改め、近代的な港湾を整えつつ、将来における工業用地を確保した。

渡辺は、宇部電気株式会社や宇部紡績株式会社など、宇部の地で続々と新産業の起業を手がけた。さらに大正三年（一九一四）に炭鉱機械の製作修繕を行う宇部新川鉄工所、大正十二年に宇部セメント製造株式会社、昭和八年（一九三三）に石炭を原料に硫安を製造する宇部窒素工業株式会社が設立された。各社が合併し、宇部興産株式会社が誕生したのは昭和十七年のことだ。「興産」という言葉には、「地域社会に有用な産業を次々に興す」という意味が込められているという。

丸亀　伝統の近代化

◉香川という卵◉

香川県商工連合会が発行した『商工の輝』昭和三年（一九二八）第一号では、巻頭に写真構成を掲げ、名古屋の百貨店や京都での博覧会に、県産品を出展した際の様子を紹介している。（図［★30〜32］）同誌の本文では、香川県内務部長の横尾惣三郎が「本県商工業の振興策に就て」と題する文章を寄せている。横尾は「香川県は商工業の振興に就て凡ゆる要素を持って居る」という見解を示したうえで、その理由を記す。

第一には、わが国第一の人口密度を有している点である。第二には海陸交通の要衝を占めている点を挙げる。瀬戸内海に臨み、日本だけではなく東アジアにおける商工業の中心である「大大阪」を東に控えている。中国・九州・四国はもちろん遠くは大陸や南洋一帯にも展開ができると地政学的な可能性を述べる。そして第三には、賃金が低廉であることを強調する。香川県は、動力は不幸にも不充分だが、人口が多いがゆえに賃金は低廉である。それが「商工業を振興する原動力」になるという見解を示す。

もっとも横尾は、商工業の発展にあって、必要かつ充分な資本、経験、組織の不足を指摘する。そのためには、三つの振興策があると述べる。ひとつは東京・大阪・名古屋などから、わが国の「第一流の実業家」を勧誘し、投資させることである。もうひとつは、香川県の商工業家たちに、大阪や名

★30～32

古屋の先進的な商工業を視察させることである。そして三番目として、著名な実業家の講演会を行うと同時に、商工会などに実業家による研究会を設けることを挙げている。

「今や世界は一転しつつある。同時に日本も亦一転しつつある。この転期に際し本県商工業界が躍進するには先づ人材の輩出と宜しく積極進取の大旗を掲げて小なる瀬戸内海を相手にせず全日本的は勿論満蒙朝鮮支那南洋と進んで世界的に活躍する抱負と自信とがなくてはならない。」

香川県の実業家も、東京や名古屋の実業家と関係を密接にすることで、「気宇を闊大《かつだい》にし抱負を遠大」に持たなければならない。発奮し、また反省して、「香川県と云ふ卵」から抜け出て、日本的あるいは世界的に活躍することができるという考えを示す。

◉四国涼しい◉

横尾が指摘するように、昭和初期の段階では、世界的な企業は香川から輩出されておらず、資本の蓄積も乏しかったのだろう。もっとも香川県においても、瀬戸内沿岸では、地域に根ざした特徴的な製造業が近代化の途上にあった。ここでは丸亀の事例を紹介したい。

『日本地理風俗大系』第十一巻では、「丸亀の産物」という項目で次のように書いている。

「工産物は大部分が雑工業で、団扇、帽子、木製品、足袋、玩具、竹製品、傘の類であるが、その中でも主要なるは団扇である。その起源は大分古いとの説もあるが、普通は天明年間、丸亀藩主京極家の江戸屋敷にゐた足軽が、隣家豊前奥平家の者に学び、団扇の骨割きを副業として営んだのに始まると伝へられてゐる。」

ここで指摘されているエピソードは、藩財政を救う地場産業として製造が奨励された「女竹丸柄うちわ」の起源である。しかし丸亀における団扇製造の歴史は、さらに遡るという説もある。寛永十年(一六三三)、金毘羅権現の別当であった金光院住職宥睍《ゆうげん》は金刀比羅宮の紋である天狗の羽団扇にちなむ団扇を作り、金刀比羅参りの土産とすることを思いつく。当時の藩主に進言のうえ、奈良から熟練者を招いて製法を学び、販売を始めたのが「男竹丸柄うちわ」であるという伝承が残っているからだ。

丸亀で団扇製造が盛んになった理由を、材料の得やすさに求める説がある。「伊予竹に土佐紙貼りてあわ(阿波)ぐれば讃岐うちわで至極(四国)涼しい」という歌がある。すなわち、竹は伊予、紙は土佐、糊は阿波の産品を使うことができるというわけだ。

◉伝統産業の近代化◉

もっとも「丸亀うちわ」が、全国区になるのは明治時代になって、「奈良うちわ」を模範とする「塩屋平柄うちわ」の生産が始まって以降のことだ。技術を習得した吉田利七が、東塩屋(現・塩屋町）の自宅で工場を開いたのが端緒となり、大久保瀧次郎らの共同工場などでの生産が始まる。やがて各事業者が寄り合うかたちで「丸亀団扇株式合資会社」を設立、さらに明治四十年代になると塩屋団扇職工組合、塩屋団扇合資会社などが組織化された。丸亀における団扇生産は、武家の内職であった前近代の状態からようやく脱し、組織的な製造業への転換が進められた。

さらに大正初期に、竹骨の切り込みや穴を開ける機械を導入、生産量が飛躍的に増大した。また昭和になってから「名入れ印刷機」が採用された。竹骨に和紙を貼った既製品を大量に作り置きしておき、発注者の要望に応じて、企業や店舗名などを印字することが可能になった。

『日本地理風俗大系』第十一巻では、伝統的な工芸であった団扇も海外への輸出をはかるようになった点を指摘する。

「……大阪の商人により外国輸出をも試みるに至り、やうやく当地特産品の一位を占め、団扇八十余万円、団扇骨百八十五万円を出し、全国団扇の八割を産出する盛況に達した。」

全国シェアの八割以上を占めたことで、「日本一のうちわどころ」である丸亀の名が広まった。販路はインドや米国にまで拡大された。ここでは往時の様子を伝える資料として、丸亀の合資会社大久保商会が、昭和八年（一九三三）に発行した『第二工場新築落成記念』を紹介しよう。事業所のほか、作業場の様子を記録した写真が掲載されている。（図［★33〜37］）

大久保瀧次郎が率いる団扇問屋は、大正十一年（一九二二）九月の創業、年間に既製品を五百万本、半製品を五百万本も生産している。ただし「時代の進展と共に既製品の需要頓《とみ》に増加し本年度の如きは稀有の注文殺到の為め品不足を来し従って御不満の点も多々ある事と恐縮致して居ります」という

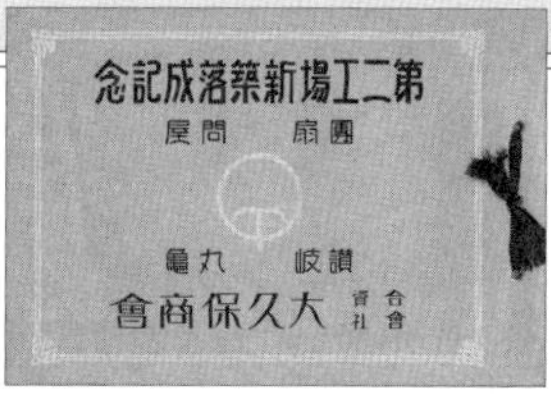

★33

★34

★35

★36

★37

『第二工場新築落成記念』
★33 表紙
★34 大久保商会 新築第二工場の全景
★35 工場内部（仕上の実況）
★36 荷造発送部
★37 事務所

状況にあった。従前の第一工場の生産能力だけでは需要に応じることができなくなり、第二工場を新設することになった。「既製品に於ては丸亀産額の三分の一を占め新築第二工場の増産と共に今後益々多量生産に向つて進展を図り真の産業合理化の実を挙げんとするものなり」と書いている。

尾道・因島　造船の街

◉千艘万艘の出入船◉

尾道（広島県）は、瀬戸内を代表する港町である。背後に浄土寺、西国寺、千光寺の三山を控え、前面に向島と相対する。尾道水道は、往古からの天然の良港であり海上交通の重要拠点であった。尾道市が発行した『観光の尾道』と題するパンフレットでは、「一千年の歴史を誇る瀬戸内海屈指の商港」と位置づけている。（図［★38］）

平安時代末の嘉応元年（一一六九）、尾道村は後白河院の領地であった備後大田荘の倉敷地となり、公認の港となる。応永二年（一三九五）に足利義満は、大田荘内桑原六ヶ郷の地頭職と併せて、尾道倉敷も高野山西塔に寄進した。年間千八百四十石ほどの年貢米

★38

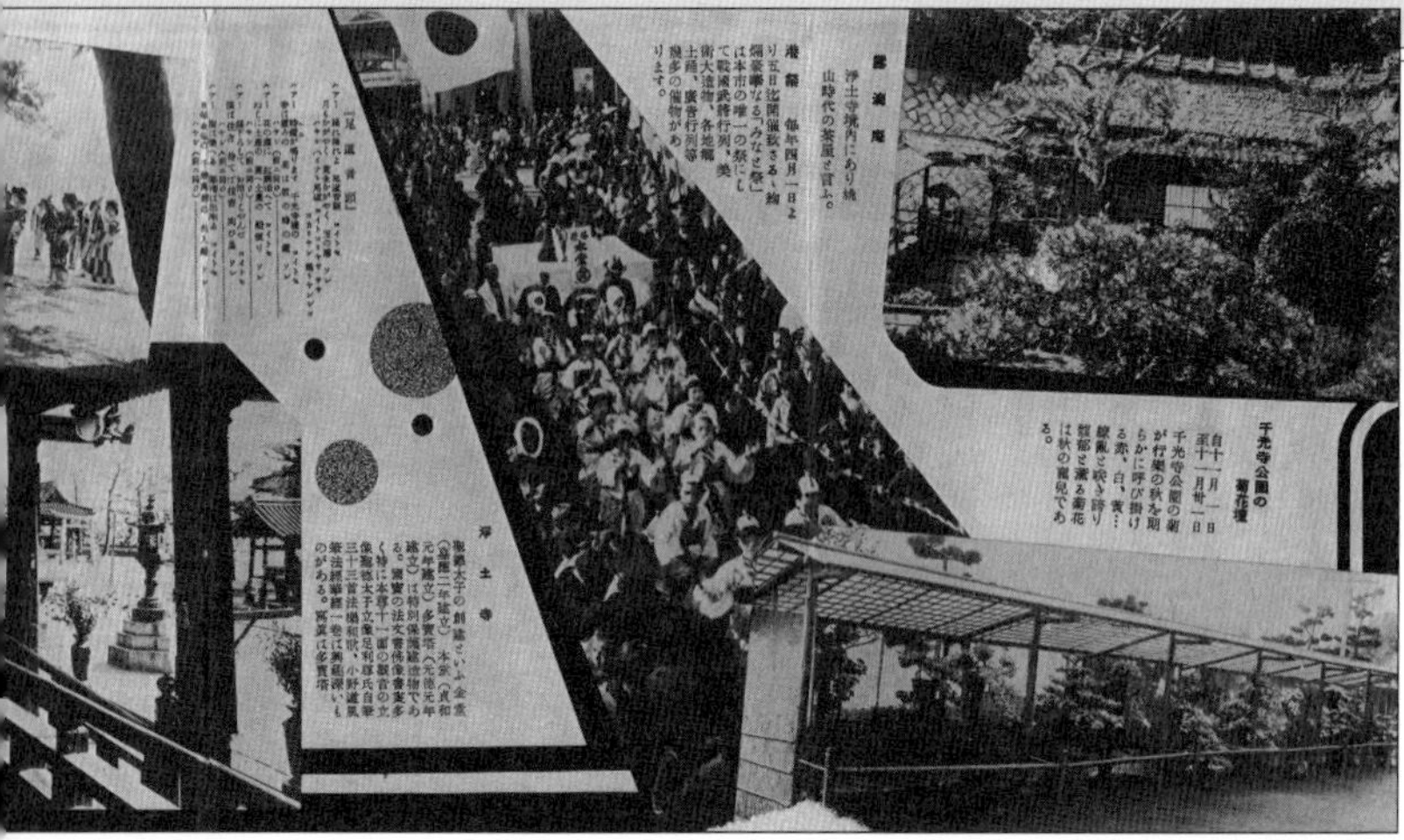

を一時保管、海路紀州へと積み出した。

室町時代になると、明とのあいだで行われた勘合貿易に携わった木造帆船が出入りする。尾道の社寺も、遣明船団の船主となった。山陽地方の守護大名であり、尾道にある西国寺の庇護者でもあった山名宗全もまた、この船団に深く関与したようだ。また尾道に近い因島を拠点とした村上水軍が、遣明船の警護を請け負うこともあったようだ。

『観光の尾道』では、銅や鉄、清酒などを尾道から輸出したと紹介、「海外を股にかけた海の豪商が輩出し港勢はいやが上に飛躍を遂げた」と説明する。

戦国の世にあっては大西屋・渋谷与右衛門が毛利軍の軍需品を扱い、また秀吉の継ぎ船が置かれた。鎖国により外国貿易は禁止されるが、尾道は瀬戸内海を往来する北前船の寄港地として発展をみる。河村瑞賢が開いた西廻航路を経由して、北国の産物がここに持ち込まれた。逆に尾道からは、畳表や綿製品、酒や酢、塩などの特産品が積み込まれた。多くの帆船が輻輳した結果、港は狭隘《きょうあい》となる。町奉行の任に就いた広島藩の平山角左衛門尚住は、寛保元年（一七四一）に住吉浜の埋め立てに

★39

着手、係留《けいりゅう》施設を整えた。

明治時代になると、尾道は大阪と各地を結ぶ瀬戸内海の航路の拠点港のひとつとなる。明治三十一年（一八九八）に市制施行、昭和四年（一九二九）から十三ヶ年の継続事業をもって、港の改修工事に着手する。『観光の尾道』は、築港工事が行われているこの時期に発行されたもののようだ。パンフレットに紹介された『尾道音頭』には、「街は栄へる　築港は出来る　ヨイトセ　日毎夜毎の　千艘万艘の　出入船」という一節がある。（図［★39］）

◉造船業の勃興◉

商港である尾道の近傍では、古くから船大工が木造船を製作していた。この地域で最初に鋼船を進水させたのは因島の土生村（現・尾道市）において、橘富太郎や弓場定松などが創業した土生船渠《はぶせんきょ》合資会社である。明治二十九年（一八九六）に二〇〇〇トン、ついで明治三十年に三五〇〇トン級の船舶が入る石造の乾船渠《かんせんきょ》をあいついで開墾した。二基のドックと修繕工場からなる事業所は、明治三十六年一月に神戸川崎造船所に勤務していた渡辺久就を社長に迎えて、因島船渠株式会社に改組した。

同時期に近傍でも近代的な造船業が興る。明治三十四年六月、同じ因島の三庄村に、村上卓一ほか七名が発起人となり、資本金五万円をもって備後船渠株式会社が設立される。尾道対岸の小歌島《おかじま》では、明治三十九年に松場船渠が創業する。昭和四年（一九二九）、松場船渠跡を借り受けて事業を興した杉原鉄工所は、職工三十人を擁し、六〇〇トン級の船を造ることが可能なドックを保有した。

また向島東村では大正二年（一九一三）、水野常吉による修理専門の水野船渠造船所が設立される。のちに弓削出身の海運業者である浜根岸太郎が買収、大正七年六月に向島船渠株式会社と改めた。さらに瀬戸田では、大正四年に山陽造船が、昭和十五年に瀬戸田船渠株式会社が設立されている。

◉因島と大阪鉄工所◉

日露戦争が勃発した際、国内の造船事業に特需が起こる。御用船の多くが広島の宇品港に集結した関係で、因島や向島など尾道近傍の造船事業所にも修繕の発注があいつぎ活況を呈した。しかし戦後、全国の造船界を不況が襲った。尾道も例外ではない。明治四十一年（一九〇八）には、因島船渠は工場を閉鎖、備後船渠も神戸の鈴木商店の手に渡る。

造船不況のもと、逆張りを英断し設備投資に乗り出したのが大阪鉄工所の経営陣である。明治十四年、英国人E・H・ハンターが大阪で起業した大阪鉄工所は、実子である範多龍太郎所主の代となっていた。グラスゴー大学に留学し、造船工学と土木工学を修めた龍太郎は、造船事業所の近代化に取り組んだ。明治三十三年に桜島工場を創業、明治四十年に日本初となる洋式捕鯨船「第二捕鯨丸」を、翌四十一年にはスタンダード石油からの発注を受けて、これも日本初となる機械動力付きの小型鋼鉄製タンカー「虎丸」を建造している。

明治四十四年七月、大阪鉄工所は九万七千円の代価で閉鎖中の因島船渠工場を買収、弓場定松が個人で保有していた住幸因島船渠と併せて分工場とし、船舶の修理を行うこととした。初代工場長であった木村鐐之助は、一部のドックを拡幅・浚渫《しゅんせつ》して拡充するとともに、海面を埋め立てて敷地を拡大した。

第一世界大戦が勃発すると、造船業界に千載一遇の好機が訪れる。因島分工場にも新造船の発注があいつぐ。大正三年（一九一四）には一〇〇〇トン以下の船舶を三隻にとどまった新造の需要が、五年には三〇〇〇トン級の船をあいついで進水させるほどに増加した。さらなる施設の拡充をはかるべく、大阪鉄工所は因島にあった備後船渠の株式を購入、大正八年七月に備後工場として傘下に収めた。

もっとも好況のあとには不況の波が業界を襲うのが常だ。大阪鉄工所は大阪桜島工場への集中を決断し、大正十五年以降、因島は修繕船のみを扱う分工場とした。大正三年段階で千百人を擁した工場も、六百人から八百人ほどの工員を残す規模に縮小された。

大阪鉄工所因島工場で新たな船の進水を見るのは、満州事変ののち、ふたたび生産力拡充が求められるようになった昭和九年（一九三四）六月以降のことだ。再発足した因島工場には、昭和十二年五月に国策に沿う巨大な八号船渠が完成する。ドックを俯瞰する絵葉書や、『因島略史』（大阪鉄工所因島工場事務部庶務課、一九四一）に掲載された写真から、往時の因島工場の様子が垣間見えてくる。（図［★40〜44］）

★40

★42

★43

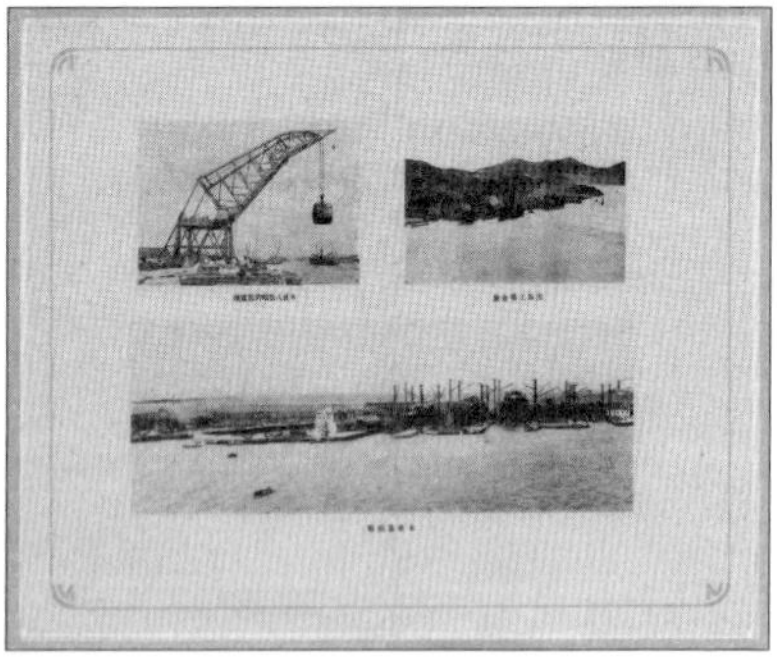

★41

★44

『大阪鉄工所 営業案内』
★40 表紙
★41 本社八十頓釣起重機　因島工場全景
本社造船場
★42 大阪鉄工所 因島ドックの遠望

『因島略史』
★43 大阪鉄工所 因島ドックの遠望
★44 同 因島工場本館

撫養・坂出　塩田のある景観

海浜部に築かれた干拓地にあって、ひろびろとした塩田が広がる風情も、瀬戸内沿岸の特徴的な産業景観のひとつである。

◉十州塩と撫養◉

瀬戸内地方では、古墳時代から製塩が行われていたようだ。近世になって入り浜式塩田の技術が導入されて以降、阿波・讃岐・伊予・長門・周防・安芸・備後・備中・備前・播磨の十州が生産量を伸ばす。全国で自給自足できる土地は限られていたため、他地域の製塩を凌駕していた「十州」の塩が各地に運ばれ販売される。全国の塩の市場を寡占したために、明治時代以降、「十州塩《じっしゅうえん》」の名が広く知られるようになった。このうち四国側では、たとえば徳島県の撫養《むや》町（現・鳴門市）や香川県の坂出などが産地として有名である。撫養は、海峡を隔てて淡路島に接する地勢から、古くから阿波への玄関口となる要津《ようしん》として知られた。古代官道の南海道もこの地から四国へと入る。中世には吉野川経由で産物を積み出す港として栄えた。

藩政時代には、阿波に封じられた蜂須賀家が築いた九つの支城のひとつである岡崎城の城下となる。しかし幕府の一国一城令によってこの城は破却される。代替として藩は御屋敷を設置、近隣の村とともに「撫養二十四ヶ村浦」と総称し、塩田経営と製塩を主導する。

そもそも撫養は海路と陸路の結節点である交通の要所であった。阿波五街道のひとつである撫養街

★45～47

道が吉野川沿いに延びて、池田に至る。池田から北に向かえば讃岐、南に行けば土佐、そのまま先に歩を伸ばすと伊予に出る。街道が吉野川の左岸を通るために川北街道という異称もあった。

近代になっても、しばらくは四国のゲートという撫養の役割は継承される。大阪から撫養を経由して高松までを結ぶ汽船が運行されたのだ。しかし付近の地形が大型船の寄港には向かない。近傍の小松島に、新しく近代的な港湾が築かれたことで、港町としての活力は次第に衰微した。

◉鳴門観潮と凧の街◉

いっぽう淡路島と隔てる鳴門海峡で起こる渦潮が、広域からの観光客を撫養に呼び込んだ。戦前、摂陽商船が発行した観光パンフレットの類いでも、表紙は鳴門の渦潮を描いている。紋様のように幾何学的にデザインしたものや、海峡を臨む風景をイラストとしたものなどがあって面白い。（図［★45～47］）

昭和十一年（一九三六）に撫養町が発行したパンフレットの表紙には、潮位の段差が産み出す巨大な渦と周囲を行き交う船を背景に、天に舞い上がる大凧を描く。白円のまわりを赤く太く縁取るデザインが個性的だ。「撫養名物　万国唯一の大凧　わんわんと鳴門の渦潮」の文字がある。観潮とともに撫養名物として知られたのが、世界一の大

きさの「わんわん凧」である。（図［★48］）

撫養名物である「わんわん凧」の起源は、元禄五年（一六九二）に遡る。六月一日、蓮華寺の本堂を再建した際、上棟の式にあって丹《に》塗りの椀に鏡餅を盛って檀家にふるまった。その際、棟梁であった又右衛門が、余興として宇陀紙を五十枚張った大凧をしつらえた。デザインは朱塗りの椀に白い餅を入れるさまを写して、紅白の二重円とした。吹き上げの浜から揚げた大凧は、見事に天に昇ったようだ。喝采を博して、大いに面目をほどこしたという。その後、大凧揚げは、撫養一円に広まり、五月から七月にかけての風物詩となる。

時代とともに、凧はさらに巨大化した。先の案内書に記載された昭和初期の大凧は、直径十二間五尺、面積百十八坪、宇陀紙三千百枚張り、総重量千八百五十貫であったという。「まさに超々弩級とも称すべき驚異的存在である」と記載している。

飛揚当日に用意されるのは「わんわん凧」だけではない。大代の「菊一」、矢倉の「水仙」、北浜の「笹」、黒崎の「丸太」、立岩の「菊わん」、林崎の「桜大」、木津の「菊巴」、桑島の「轡《くつわ》」、吉永の「釘抜」など、直径六間から十間もの凧も含めて伝統ある「名題凧」が多数あった。先のパンフレットでは次のように紹介する。

「大横綱『わんわん』以下百余組の名題凧が総出動して、鳴門

★48

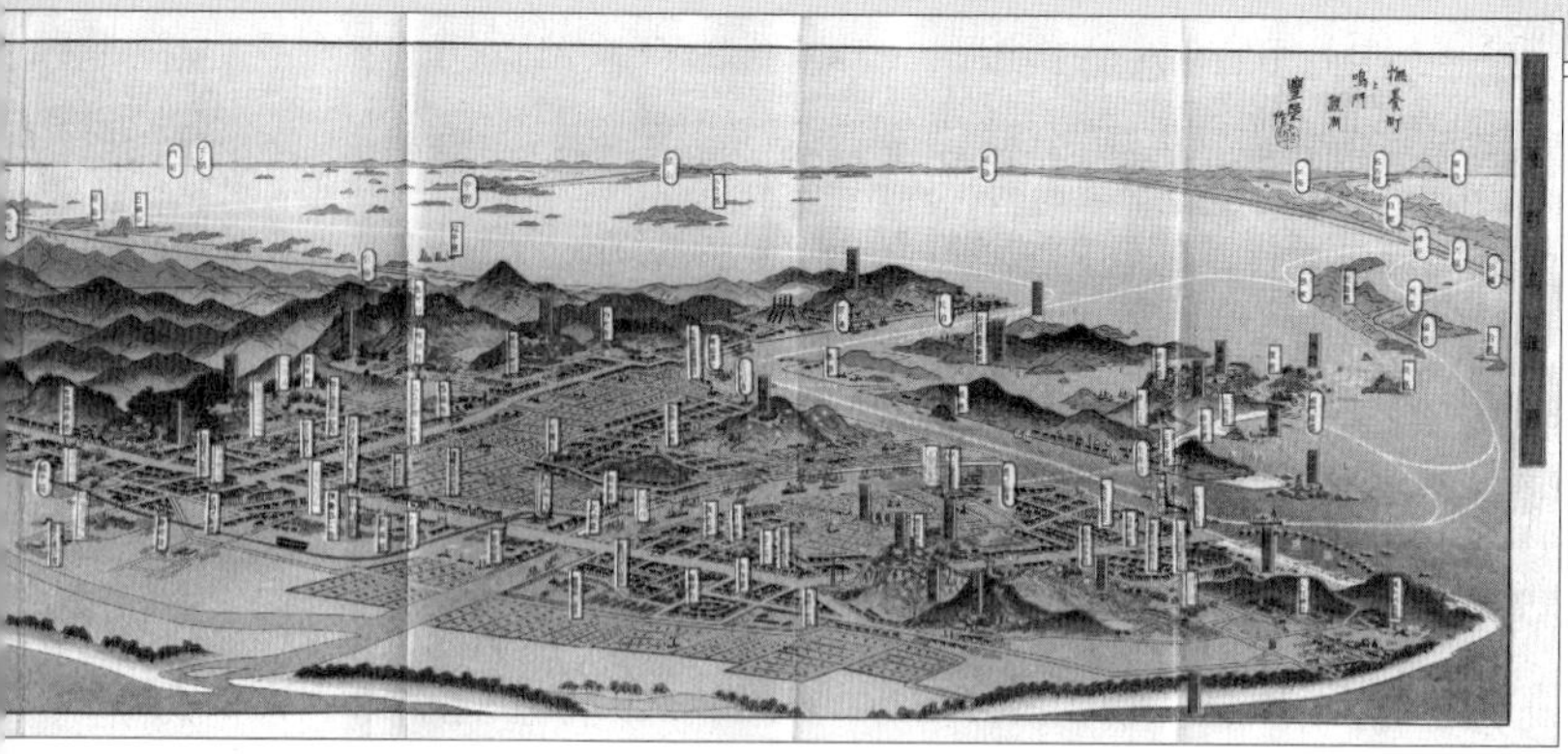

を大観する里浦広戸海岸の蒼穹に豪快無双の空のペイジエントを展開する壮絶限りなき豪華版はまさに郷土名物の王座に君臨するものといへよう。」

「凧飛揚場の広戸海岸は五万、六万……七万といふ一望観衆の洪水、七十、八十、百、百五十といふ凧の汎濫で、凧の狂想曲に耳も聾するばかり。……紀伊水道の海波を射て吹き募る南東風は万丈の砂煙を捲きかへして空のモンスタアを吹き揚げ弾き放つて巨凧群の快翔乱舞する壮絶観は……至上至高のスポーツであらう。」

パンフレットが発行された昭和十一年は、数百もの凧が乱舞する凧揚げの最盛期であったようだ。各地から見物客が撫養に押し掛けた。その様子を「かくて凧の町撫養、『わんわん』の町撫養は文字通り凧の感激と熱狂の坩堝のなかにたぎち立つのである」と表現している。

◉塩方十二ヶ村と斎田塩◉

撫養町役場が発行したパンフレットには、初三郎の弟子である城下豊栄が描いた鳥瞰図が添付されている。市街地のあいだに割り込むように、入浜式の塩田が延々と広がっている様子が判るだろう。海浜部の浅瀬を埋め立てて、用地を確保した様子が推測できる。よく見ると、塩田の内

★49

外に煙を上げている煙突と釜屋が黒々と記載されている。（図［★49］）

撫養における製塩の歴史は古い。五〜六世紀頃の製塩遺蹟が発掘されている。しかし産業として発展をみるのは、龍野から阿波国に転封された蜂須賀家が奨励をして以降のことだ。領民の生業を盛んとするべく、蜂須賀家政は播州から大谷五郎右衛門や馬居七郎兵衛などの製塩技術者を招き、沿岸一帯の干潟地を踏査させて適地を探させる。慶長四年（一五九九）三月、桑山にある夷山のもとに最初の塩場が確保された。最初に塩田開拓の鍬《くわ》を入れたという言い伝えから「鍬初め」の島、すなわち「鍬島」と呼ばれ、のちに桑島に転じたようだ。

降雨量が少なく風が強い気象条件とともに、海が浅く随所に洲がある地形が製塩に適していたようだ。播州や淡路などからの移住者を受け入れて塩田の開発が進む。正保元年（一六四四）までには、立岩・弁財天・北浜・南浜・斎田・大桑島・小桑島・黒崎・三ッ石・高島・明神・小島田の塩方十二ヶ村が成立した。

その後、歴代藩主の保護を受けた撫養での製塩業は、「斎田塩」として全国的にその名を知られるほど盛んになる。阿波藍、煙草と並んで阿波の三大産業と呼ばれるまでの隆盛をみた。昭和十一年（一九三六）版のパンフレットでは、塩と足袋を当地の産業の「両横綱」に例え、「塩田は四百十余町歩に達し、昭和十年度の産額は九十九万三千二百三十三円、同移出額は百四十七万千八百円」に及ぶと書いている。

◉坂出の塩田◉

讃岐も塩田開発の適地であった。江戸初期には、東讃の引田・松原・志度・牟礼、坂出、丸亀の塩屋、小豆島、塩飽島などで塩田が開かれた。天正十五年（一五八七）、赤穂から讃岐に封ぜられた生駒氏が、播州の塩づくりを導入したのだという。

宝暦三年（一七五三）、高松藩主・松平頼恭は、屋島西海岸の潟元で塩田の工事に着手させる。たびたび堤防が決壊する難工事を経て宝歴五年までに三十余町歩を完成させ、たまたま亥年であったことにちなんで、「亥の浜」と命名される。引き続き、翌年には十六町歩の「子の浜」が開かれている。

さらに九代藩主・松平頼恕は、悪化した藩財政の再建として、坂出の海浜に大規模な「入り浜式塩田」を築かせる。高松藩の測量方であった久米通賢（栄左衛門）の建白を受けた事業で、三年六ヶ月もの工期を費やした。文政十二年（一八二九）、干拓のための堤普請が完了、天保三年（一八三二）には西新開・東新開・江尻新開からなる国内有数の坂出塩田が誕生した。

坂出の事業では、排水溜の整備、海水取入口などに「久米式」といわれる独特の工夫がなされた。頼恕は、栄左衛門の業績を後世に伝えるべく碑を建てさせた。やがて坂出の塩は、砂糖・綿と並ぶ郷土の名産となり、「讃岐三白」のひとつに数えられるようになる。

近代になると、製塩業は隆盛期を迎える。宇多津で大規模な入浜式塩田を築造、西讃でも塩田を拡大する。香川県での塩の生産量は明治九年（一八七六）に全国第三位、明治二十二年に全国第二位、さらに明治二十七年には全国第一位となる。塩田の景色は、香川を代表する風光となった。

大正から昭和初期に発行された坂出の名所絵葉書にも、作業する人たちの姿を見ることができる。

★50

★51

★53

★52

★54

『坂出町絵葉書』
★50 表紙
★51 塩業の中心坂出塩田
★52 坂出塩田

『讃岐 風光と産業』
★53「讃岐ノ塩」頁
坂出塩田写真
★54 表紙

また昭和五年（一九三〇）に香川県が発行した『讃岐　風光と産業』にも、「讃岐ノ塩」という頁がある。坂出の塩田を撮影した写真を掲載するとともに、全国の生産量の三分の一を香川県が生産、その九分の一を坂出塩田が担っていることを誇らしげに書いている。（図［★50〜54］）

★55·56

赤穂・三田尻・中関　日本一の製塩地

◉赤穂の塩◉

塩田が広がる景観は、瀬戸内沿岸独特の風物であり名所であった。なかでも温暖な瀬戸内気候と遠浅の海に恵まれた播州は、古くから塩の産地として知られている。

有名な例が赤穂（兵庫県）の沿岸部、千種川の両岸に広がる東浜、西浜の塩田である。料理旅館である御崎館が発行したパンフレットや、昭和三年（一九二八）の日付がある赤穂鉄道が発行した沿線案内にも、その様子が描かれている。（図［★55〜57］）

赤穂における塩業の歴史は古代にまで遡る。堆積地が広がるその地形が塩づくりに適していたようだ。土器製塩の時代を経て、揚浜式の塩田が発達した。もっとも生産性を高めたのは、初代浅野家藩主・浅野長直が、潮の満ち引きを利用した大規模な入り浜式塩田の開発に着手して以降のことだ。長直の代で百三十五町歩を開き、五万石の塩を製造するようになった。以来、全国有数の塩の生産地として知られるようになり、最盛期には四百町歩もの

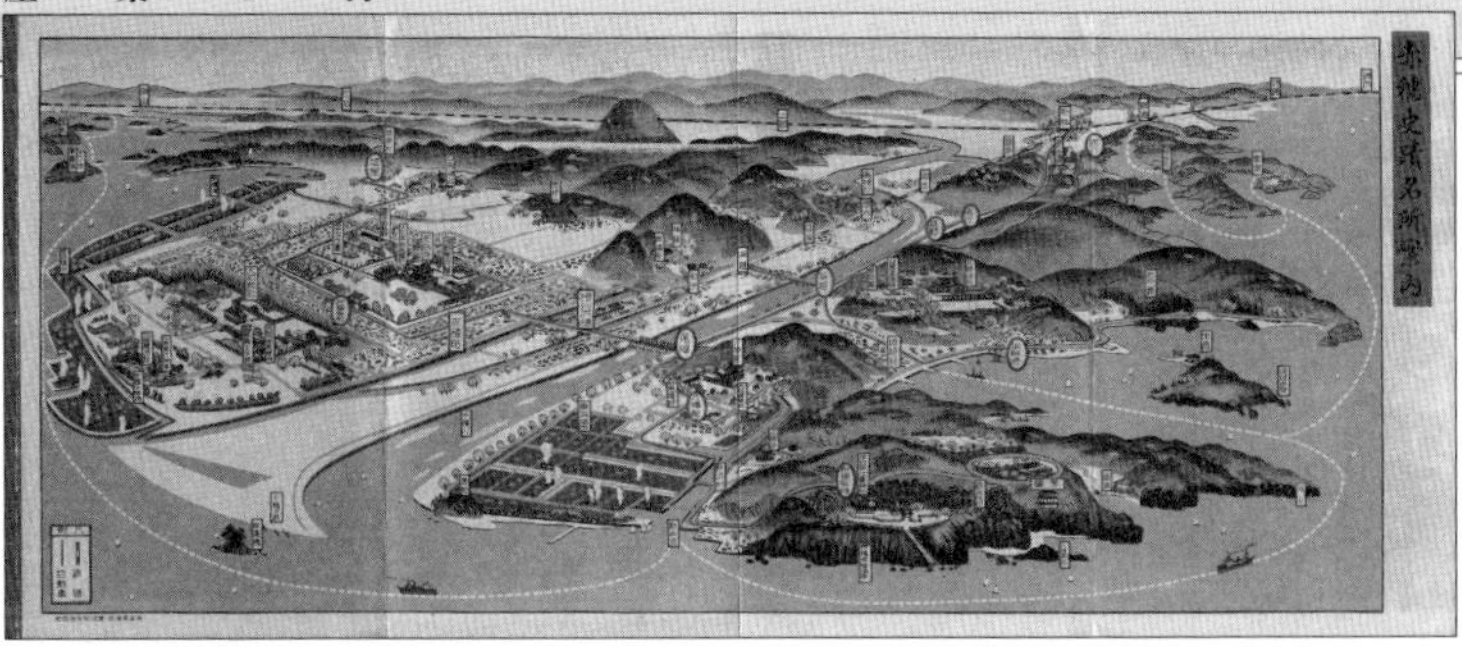

塩田が海沿いに広がっていたという。

「赤穂の塩」は海路で全国各地へ運ばれた。もっとも塩田の近傍は遠浅のため大型船が入港できない。そこで高瀬舟で川筋を運び、さらに陸路を経由して天然の良港である坂越浦にまで運ぶ必要があった。

赤穂で塩製造を担った事業者として、歴史に名を残すのが田淵家である。江戸時代初期から「川口屋」の屋号で、塩田、塩問屋、塩廻船などを営んだ。延享五年（一七四八）以降に田淵姓を名乗り、文化・文政期（一八〇四〜三〇）には約百六町歩の塩田を保有した。日本有数の塩田地主である。

当時の塩田の生産力は高く、水田に比べて十倍から二十倍もの収入になったようだ。田淵家の地所は、水田に換算すると千町歩、すなわち石高一万石に匹敵する。大名家にも値する大店《おおだな》であったと言われている。

◉防長の四郎兵衛と黄金百船◉

赤穂とともに広く名を知られた山陽地方の塩の産地が、防府に隣接する三田尻（山口県）である。三田尻の名は、皇室の御料田、すなわち「御田」の海側にあることにちなむという。江戸時代にあっては、塩業者二百一軒、塩の生産は三十六万石に達し、防長両国（周防・長門）における生産の半ばを占めた。

三田尻において塩の生産が盛んになった背景には、防長二国三十六万九千余石を領有していた毛利家による「三白政策」があった。毛利藩では懸案の財政難に対処するべく、防長米、紙、塩という白色の特産品、すなわち「毛利の三白」の生産の振興をはかる方針を定める。のちに蝋を加えた「四白政策」に発展、大阪の市場では「防長の四郎兵衛」などと呼ばれた。

波の穏やかな防府の沿岸部において、対岸の田島や向島とのあいだに広がる浅い海面の干拓が進められる。藩が直接事業を行う「公儀開削」の例としては、元禄十二年（一六九九）に築造された「三田尻大開削」が知られる。その後、一七六〇年代にかけて、公儀開削や権利を得た藩士が担う勤功開削によって、中浜塩田、鶴浜塩田、新上地開削、大浜塩田などが順次、築造されてゆく。

塩田の拡大に伴い、三田尻の西側、かつて田島の東海岸を占める一画に、新たに「中関宰判」と称する行政区を設けた。「中関」とは、東に位置した「上関」、西にある「赤間関（下関）」を意識した命名である。このようにして、中関塩田（中浜・鶴浜・大浜）、さらに田島の西側海岸を占める西浦浜、東側の江泊浜を合わせて、いわゆる「三田尻六ヶ所浜」が姿を見せる。

三田尻で生産された塩は、北前船によって各地に運ばれた。安永五年（一七七六）に北陸・山陰、寛政二年（一七九〇）には遠く奥州にも輸送されるようになる。総量は年間二十万石を数えるまでになり、「みたじり」が塩の代名詞となった地方もある。

毛利藩は船乗りの慰安を目的として、大浜の西端となる中関の地に「新地」を開き、従来の集落と併せて、繁華な港町を開くことにした。藩命を受けた代官・石川伝左衛門によって登用された加藤伝蔵は、私財を投じて遊女屋・芸妓屋・料理屋・芝居小屋などが並ぶ繁華な街を造り上げる。

もっともこのあたりは水深が浅く、大型の船を着けることができない。そのため「上荷船」と呼ばれる吃水《きっすい》の浅い四～五トン積みの小型船で、入川を経由して北前船まで運ぶ必要があった。結果として中関の港に廻船業が発達、天保年間（一八三〇～四四）には百二十隻が運用されていたという。「上関より下関よりも、金の落つるは中関」「太平の世にはとざさぬ中関、ここにとどまる黄金百船」などと、当時の賑わいは伝えられている。

★58～60

◉塩田という名所◉

近代になっても三田尻の名は、国内有数の生産規模を誇る塩の産地として広く知られることになる。併せてその独特の景観は、赤穂と同様に「名所」となる。海水を蓄える施設や煮詰めるために設けられた釜屋が点在する風景は、他の地方にはない産業の景観として意識された。防府の名勝を紹介する各種の絵葉書にも、必ず塩田の風景が選ばれている。また吉田初三郎は、月明かりに浮かぶ塩田の様子を描いてい

る。昼間とは違う情緒を感じたのだろう。（図［★58～60］）

日本航空輸送研究所が発行した瀬戸内海各地の名所風景を空撮した一連の絵葉書にも、三田尻塩田が選ばれている。塩田の各区画が幾何学的に整序され、連鎖する様子が鳥の目線から撮影されている。従来にない視点場を得て、海を陸に変えた人為的景観が、瀬戸内を代表する産業景観として評価されたのだろう。（図［★61］）

★61

★62・63

★64

日露戦争の戦費調達をめぐる課税の議論を経て、明治三十八年（一九〇五）に塩専売法が施行される。これを受けて、鶴浜の東南部に「三田尻塩務局」が置かれた。さらに明治四十二年には向島に東洋一、あるいは「世界三大製塩工場のひとつ」などと讃えられた「専売局製塩試験場」が設置され、製塩技術の近代化がはかられた。塩田の景勝地にも、近代的な工業化の波が押し寄せる。その様子もまた「名所」となり、各種の絵葉書が発行されている。（図［★62・63］）

◉日本第一の製塩地◉

もっとも「三田尻」のブランドで、この地で生産される塩が全国に知れ渡ることに対して、中関の人たちは対抗意識を持っていたようだ。昭和三年（一九二八）十一月に中関町役場は『日本第一の製塩地　中関町鳥瞰図』を発行している。中関町役場を中心に描き、左手に中関港、右手に製塩工場のある向島を配置する。中央手前に、入り川によって区画された塩田の広がりを示す。釜屋と煙を吐き出す煙突群が、水路に沿って多数並んでいる様子が判る。（図［★64～70］）

この図では、「中関塩田」という呼称を強調している。三田尻に関しては意図的に小さく描いているように思える。鳥瞰図を

日本第一製塩地中関鳥瞰図

★65

人丸神社
向島再製塩工場
地蔵岩
牛ケ頸
黒瀬

★66

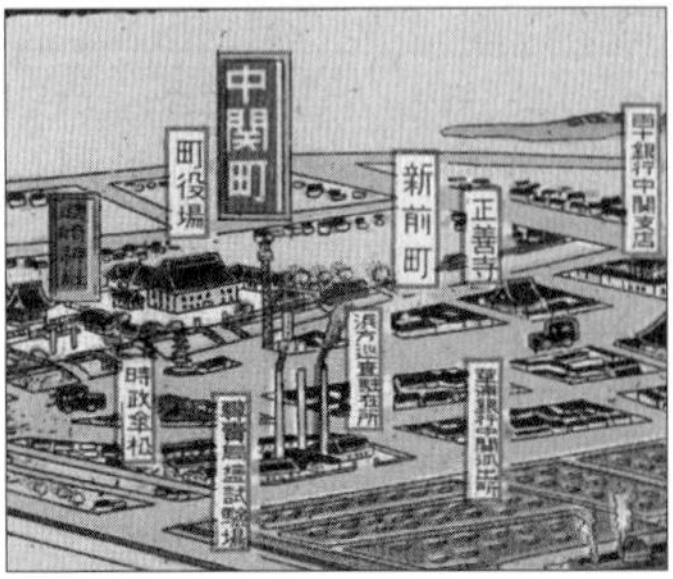
中関町
町役場
新前町
正善寺
銀行中関支店

★68

宮市
三田尻
三田尻

★67

★69

★70

『日本第一の製塩地 中関町鳥瞰図』
★65 鳥瞰図全図
★66 製塩工場(向島)
★67 三田尻の描写
★68 中関町役場
★69 中関塩田
★70 中関港

描いた絵師である吉田初三郎が、「三田尻」の名で通用している塩の産地を、あえて「中関塩田」と記したらしい。

「……日本一の製塩地として、中学校の教科書にも、この中関と境を接して相隣する、三田尻の名を冠してあるが、何ぞ知らむ、思ひもよらぬ根なし草にして、そもや三田尻の何処に、何程の汐浜ありや。本図に於て見らるゝ如く、その塩田は全部この中関町に存在せるもの、あやまりもまた甚しく、私は切に此等の事実を明らかにし、文部当局に於ても、よろしく右教科書を訂正するの要ありと感ずるものである。」

「絵に添へて一筆」という小文で、初三郎は当時の中関町長から依頼を受けた経緯を紹介しつつ、「中関塩田」という名前を広める必要性をこのように記している。絵師は、日本第一の製塩地は三田尻ではなく中関であると主張したい中関町役場側の強い意向を汲んで、この絵を描いたわけだ。

column

コラム 3 『海』が映した乗客たち

大阪商船が発行した広報雑誌『海』には、乗客のポートレートや、団体旅行客の集合写真を掲載している号がある。

なかには著名人の写真も少なくない。たとえば昭和十年（一九三五）三月号には「御乗船記念写真」というページを設けて、新装となった吉林丸が大阪に停泊中、第四師団長であった東久邇宮が臨船した様子が紹介されている。また「日本人此処に在り」と絶叫して身を挺し、「北満の義人」として名を上げた村上久米太郎が令嬢を伴って、みどり丸で大阪から松山に向かう姿もある。（図［★1］）

もっとも各号に掲載されている記念写真の多くは、修学旅行の途上にある学生たちを撮影したものだ。そのほかには、試合に向かう途中なのだろう、野球部や学生相撲の団体の写真もある。別府に興行に向かったのだろうか、制服姿の女性たちがカメラに向かって微笑む河合ダンスの一行の姿などもある。当時の旅人たちの姿が記録されていて興味深い。（図［★2］）

『海』の昭和七年一月号には、「小さき海の文芸」というページがあり、子供たちの作文を掲載している。「ほんこん丸」と題する小文は、大阪市松枝小学校五年の女子児童が寄せたものである。冒頭の一節を紹介しよう。


築港ゆきの電車からおりて、住友さんばしへと急ぎました。

どんな船かしら？

それを考へながら足を早めました。

さんばしへつくと小山ほどもあらうと思はれる大きなほんこん丸が、海にういてゐました。どこからのぼつて

★1

★2

行くのだらうとあちこちを見たら、一つのはしごがかかつてゐました。

甲板の上にまで登り、その広さに驚く。岸壁から自動車を吊り上げている様子を特に文章にとどめる。そのあと三等室から二等室、一等室を見学する。とりわけ食堂が印象深かったようだ。

二等の食堂は三等のそれよりも奇麗で、花瓶のなかに美しい花が挿してあったことを印象的に述べる。さらに一等の食堂は、三等や二等よりもずっと立派で「まるで大丸や三越のやうな食堂へ迷ひこんだやうな感じがしました……」と描写する。

いろいろの珍らしいものを見て、又もとの甲板の上にかへつて来ました。すると、まもなくぼーつといふけたたましい汽笛をたてて、船はだんだんとさんばしをはなれてゆきました。海のまん中へんまできた時、どちらが北か南か方角がわからなくなりました。しばらくたつて船員さんたちのおせわで、ひるのたのしい食事をいただきました。

やがて船は無事、神戸に着いたようだ。降りる際に、船員さん、船長さんにお礼をいって陸地に降りたと、文章を結んでいる。船内を見学するべく、大阪から神戸まで乗船する学校も多かったようだ。

同じ大阪市松枝小学校五年生でも、男子児童はとにかくやんちゃである。「船」と題した小文は、実にいきいきと客船見物の様子を書いている。全文を引用しておこう。

白帆をはつたほかけ舟が、僕らののつてゐる船をとりまいた。此所は大阪港より大分遠い。

「おい海賊だ」

と誰かが言つた。

「よしやれ」

と杖をかたげて甲板へ出た。杖を鉄砲のやうに持つて、

「ドドドドドドド」

と言つて打ちはじめたが、海賊船は一さうとして沈まない。

「海賊船はもうやめだ」

と言つて、ポケットからグリコを出してたべながら、

「三等室見物だ」

僕は三等室へ入つた。

中は大分暗い。見物をしてゐると、加藤君がやつて来た。

「太田君下までゆこか」

「おこられへんか」

「おこられへんやろ」

「さうか、では行かう」

二人で下まで下《お》りた。真暗で誰が誰だかわからない。

「加藤君暗いなあ」

「うん」

その時不意に

「だれや」

と上の方でだれかがどなつた。僕はひやつとした。

船の人がおこつて来たのではないかと思ってこわごわすかして見ると、それは辻村君だつた。

間もなく神戸港の中へ入つた。もうこれで下りるのかと思ふとなさけなくなつた。

乗船から下船までを過ごす船内のひとときは、単に目的地への移動時間を意味しない。鉄路や空路が整備され、航路が相対的に移動に多くの時間を要するようになると、船会社は急がずにゆっくり移動することの良さを説くことになる。その際、船そのものに娯楽の要素がなければ説得力がない。

大人以上に忍耐力の乏しい子供たちが、このように船内の時間を楽しむ様子を掲載しているのも、そのような点をPRしたい商船会社側の狙いがあったのかも知れない。

勧業を目的とした博覧会という制度は、大正時代・昭和初期には
観光集客の機会と意識されるようになる。
博覧会場という祝祭の場には、さまざまな余興や娯楽が用意された。
いっぽう港湾のある都市には、市民だけではなく観光客が遊ぶ
繁華な街区がかたちづくられ、独自のモダンな文化が萌芽した。
博覧会場のモダニズム、そして花街のモダニズムが、
瀬戸内海沿岸の各地で開花した。

第六章

都市と海

博覧会と都市

大正から昭和初期にかけて、日本各地で産業振興や観光客誘致を目的に博覧会が実施された。瀬戸内沿岸の諸都市も例外ではない。

◉文明開化と博覧会◉

国内で最初の「博覧会」は、維新直後の京都で企画された。天皇の東幸によって、経済面での衰退が懸念された京都では、有力な町人たちが勧業のための策を講じる。明治四年（一八七一）、十月十日から約一ヶ月に渡って、西本願寺書院を会場に「京都博覧会」が実施された。三井八郎右衛門、小野善助、熊谷直孝などの商人が中心となり、京都府の協力を得て実現をみた。この成功を契機に設立された「京都博覧会社」が、以降、数十回に渡ってほぼ毎年、「京都博覧会」を開催することになる。

呉服商を始め、京都の有力な商人が参画した。勧業の目的から、機械類や外国製品、動植物の標本、生糸類などが出展された。加えて、日本古来の武具、新作や骨董の陶磁器、書画や古器物なども陳列された。物産展に、美術展や骨董市を加えたような催事であったようだ。また展示品の優劣が審議されたため、品評会という側面もあった。公家や武家の所有していた名品が出ることもあった。展示された品々は一部を除いて売却された。

京都での博覧会は、当初から外国人を呼び込むことが重要視されていた。もっとも当時、居留地で暮らす外国人も自由に京都に入ることはできなかった。そこで特別の入洛規則が設けられた。宿泊施設や警備体制などの制約を受けつつ、明治五年の博覧会では、日本人の来観者四万六千九百三十五人に対して、七百七十人の外国人を受け入れている。

明治五年、万国博覧会への出展準備を担った文部省博物局が、東京・神田の湯島聖堂で官営では最初となる「博覧会」を開いた。ここでも剥製や標本、古美術品などが主な展示品であった。

京都や東京での先例が全国で話題となる。各地の社寺仏閣を会場として、同様の博覧会が行われた。瀬戸内海の沿岸に位置する各地域も例外ではない。中国地方では、たとえば明治五年の六月十日から一ヶ月に渡って、広島県が呼びかけて厳島千畳閣大聖院で催された「厳島博覧会」が早い事例だ。翌六年には同様の博覧会が岡山で開催されている。四国でも金刀比羅宮を会場とした「金刀比羅宮博覧会」（明治六年）、松山での「愛媛博覧会」（明治十年）、などがある。

城が博覧会場となることもある。明治十二年四月一日から岡山城本丸を会場として開催された「岡山博覧会」などが一例である。県令であった高崎五六が主唱、「岡山博覧会社」との官民合同になる博覧会が実施された。会場内には農業館・動物畜養所・機械館などが設けられ、県内外から五千三百点ほどの品々が陳列された。明治十年に東京・上野で開催された第一回内国勧業博覧会で人気を集めた米国式風車や、気球の公開もあった。初日に四千人、会期中に十五万人以上の入場者を集めたという。

◉勧業策と共進会◉

文明開化期に実施された「博覧会」は、勧業のための催事といいながらも、その実態は古物や珍品の展示即売会という一面を有していた。いっぽうで、農産物など分野を定めて生産者の商品を陳列し、品評をはかることで、生産技術の向上や情報交換の場とする大がかりな物産会が新たに企画されるようになった。後者は「共進会」と総称された。

初期の共進会では、明治十二年（一八七九）に横浜で行われた「製茶共進会」や「生糸繭共進会」などが知られている。茶や生糸を扱う横浜の先例は、もっぱら輸出を奨励しようという意味合いがあった。対して国産を奨励するべく、綿や砂糖、織物や畜産を扱う共進会も各地で実施されるようになった。

愛媛県の事例を見てみよう。畜産など分野を限った共進会に加えて、各分野の産品を扱う「重要物産共進会」が開催された。当時、会場を写す絵葉書が発行された。（図［★1〜5］）

また、『大阪朝日新聞』に掲載された記事をもとに、大正八年（一九一九）に開催された「愛媛県第二回重要物産共進会」の様子も紹介しておきたい。

愛媛では前例のない大きさの共進会であった。四月十日付の記事で記者は「県としては実に空前の大規模」と見出しを掲げ、「……愈本日を以て開会の幕を切つて落し陽春四月花の天地と共に百花繚乱の妍を競ふ、其の規模に於て内容に於て県下空前の催しなるは素より他府県のそれに比するも頗る優越なる……」と書いている。十日、三百名ほどの来賓を迎えて愛媛県公会堂で開会式が挙行された。

二会場に陳列された展示品は一万千八百点にものぼる。愛媛県下の出展者は六千六十一人、重要な県産品を網羅していた。また四国各県のほか、他府県や朝鮮、青島からも多数の参考品が出展された。そのほか松山城の天守閣には乃木将軍の遺物を陳列、松山農業学校では伊予資料展覧会、松山高等小

『第二回愛媛県重要物産共進会 絵はがき』
★1 袋　★2 第一会場（松山一番町）
★3 第二会場（道後公園）　★4 郵便局通運及び銀行出張所　★5 夜景

★1

★4

★2

★5

★3

学校では教育品展覧会が催された。思い思いに意匠を凝らす、自費陳列による「特別出品」もあった。なかでも愛媛県の産業の大勢を知る統計表は、色硝子を用いた「奇想天外の珍趣向」であったという。

「第一会場」は鉱工業の展示である。「工産部」と「鉱産部」から構成された。「工産部」は二十九種別二千六十一点、綿織物が千八十五点と過半を占め、その多くが伊予絣《いよかすり》であった。各製織家の努力、優れた職工の製織によって、数年前に比較して進歩が著しいと、新聞記者は分析している。そのほか漆器、竹製品、木製品、金属製品、刃物、陶磁器、紙製品、傘、瓦、土管、石灰、染物及び加工布などが展示された。新聞には「県下工業界の進歩を語る物多く殊に手芸工業の発達せる状態は最も注目すべき点なり」とある。

「鉱産部」には、鉱石や製煉品、鉱山機械類など、数百点の出展があった。なかでも採鉱の知識を普及するべく、住友別子鉱業所が製作した「採鉱模型」は、教育参考品としても価値のあるものと記者は論評している。

道後公園に設けられた「第二会場」は「農産部」「蚕糸部」「水産部」「飲食品部」「参考品部」「副業品部」などで構成されている。「農産部」には、米麦、玉蜀黍《とうもろこし》や豆類、製紙原料である楮《こうぞ》や三叉《みつまた》、柑橘類、野菜類、茶など、二十九種二千八十九点の県産品が並んだ。「参考品部」には「特別陳列」を含む、県外からの四千点が並べられた。そのなかでは高知県の出品した珊瑚、陸軍省・海軍省の軍事教育資料、朝日新聞社が出陳した社会教育資料などが特筆に値するものとされた。

共進会の会期中に、中国四国新聞記者大会、産業組合大会、女子教育大会、四国畜産大会、愛媛県医師総会、県下町村長会、愛媛県茶業組合連合大会、関西織物同業組合連合会、神職大会、肥料業者

大会、四国蚕糸業者大会、水産大会など、各種の大会や会議が実施された。また俵米や畜産の品評会、警祭招魂祭、武徳大会、市制三十年記念祝賀会などの催事も行われた。

◉博覧会場のモダニズム◉

明治期の博覧会や共進会は、勧業の場という役割を担っていた。陳列品の優劣を競う品評がなされ、出品者にとって博覧会での評価は重要な意味を持っていた。いっぽう入場者は、最新の製品や技術に関する情報を得ることが主たる来場目的であった。しかし大正時代以降、従来の勧業の場という役割に加えて、多くの人が集う観光イベントという性格も帯びる。博覧会場に、多くの余興や娯楽が用意された。「勧業」の場が、人々が楽しみとする「行楽」の場に転じたのだ。

昭和になると四国においても大規模な地方博覧会が企画される。松山では昭和二年(一九二七)に「国有鉄道松山開通記念全国産業博覧会」が開催された。大正十四年(一九二五)、松山市は周辺四ヶ村を合併して人口七万六千人の都市となっていた。併せて讃予線(現・予讃線)が松山まで開通をみた。双方を記念するとともに、金融恐慌などの社会不安を払拭するべく、産業の奨励と貿易の振興をはかる博覧会が実施された。

期間は四月十日から五月十四日まで、会場となった歩兵第二十二連隊城北練兵場には、四つの展示館と機械館が配置された。そのほか森永子供園、参考館、満鉄館、衛生参考館、北海道館、朝鮮館、台湾館、演芸館、興行館などの特設展示場が建つ。裏門近傍には電気館と興行場が建設された。「子供の国」と名付けられた遊園地は、ウキタ電気営業所が運営した。博覧会の建物の基本設計は、愛媛県出身の三好雅利が経営する東京美術装飾社が請け負った。池に建つ噴水塔には、アサヒビールの広告が掲載された。動員数は十万人余り、地方博覧会としては成功の部類であったようだ。

高松でも博覧会が企画される。昭和三年、六年の歳月をかけて整備された高松港第三期工事の竣成と高松市庁舎の落成を記念して、高松市が主催する「全国産業博覧会」が催された。会場となった高松城跡には、農林水産館や機械館など各種の展示館が並び、出品総数は十五万点、全国三府三十六県から出品があった。加えて、外地からの参画もあった。三月二十日から五月十日までの期間中に四十八万九千人もの人が入場した。期間中には、五千人が参加する全国教育者会議、千三百人が集う全国市町村大会などの会議が実施された。

会場内では、讃岐郷土館が人気を集めた。「海女の玉乗り」という郷土の伝説にちなんで、向かい合う二匹の竜と珠玉《しゅぎょく》を配したファサードが特徴であった。アールデコやモダニズム様式の展示館群のなかに、伝統的な屋根を屋上に載せた満蒙館などが混じっていた。各種の余興が用意されたが、とりわけ夜間のイルミネーションの美しさは格別であった。会場の東部分を高松電灯、西部分を四国水力電気が分担した。両社が最新の技術を競ったようだ。本館正面に据え置かれた噴水は色彩投光照明が施された。演芸場は二千の電灯で飾られた。都市に仮設された博覧会場は、珍しい文物や技術とともに、技術で裏付けされた最新のデザインや美観に触れる機会でもあった。ここでは当時、発行された絵葉書を何枚か紹介しておこう。（図［★6〜11］）

★6

★9

★7

★10

★8

★11

高松市主催「全国産業博覧会」絵葉書
★6 高松築港　会場ノ一部　★7 一湾館　★8 満蒙館　★9 正門夜景　★10 中央館の夜景 其一　★11 場内夜景 其三

● 岡山と博覧会 ●

広島や岡山など中国地方の中心都市でも、大規模な博覧会があいついで実施されるようになる。なかでも大がかりな事例が昭和三年（一九二八）に実施された「大日本勧業博覧会」である。三月二十日から五月十八日までの二ヶ月間の会期中に、岡山練兵場・東山公園・鹿田駅跡の三会場に百三十三万三千二百八十二人もの入場者を集めた。

岡山で産業振興を目的とする博覧会を実施したいという機運は大正の末頃から高まったようだ。大正十五年（一九二六）四月の岡山市商工協会幹事会にはかられていたが、二年後に市制施行四十周年を迎える時期にあって、伯備線の開通、都市計画の施行と旭川の改修などと併せて、発展する岡山市勢を対外的にも示そうという意図があったようだ。各府県の出展に加えて、外地や委任統治地の物産を網羅することが企図された。博覧会の名称に「大日本」という冠をつけたあたりに、主催者側の意欲を感じることができる。

主催者である岡山市役所が発行した案内図の表紙は、岡山城と後楽園、丹頂鶴の絵柄である。一面に岡山市を中心に全国を網羅する鳥瞰図、裏面に会場の俯瞰図を印刷する。（図【★12〜14〜】）噴水を設けた広場に面するように、各展示館が配置されている。練兵場に仮設された第一会場には、本館のほか、農水産館、林鉱館、機械電気館など、主題を定めた陳列館が用意された。また岡山別館、京都館、北海道館、八幡製鉄所特設館、満蒙館、

★12

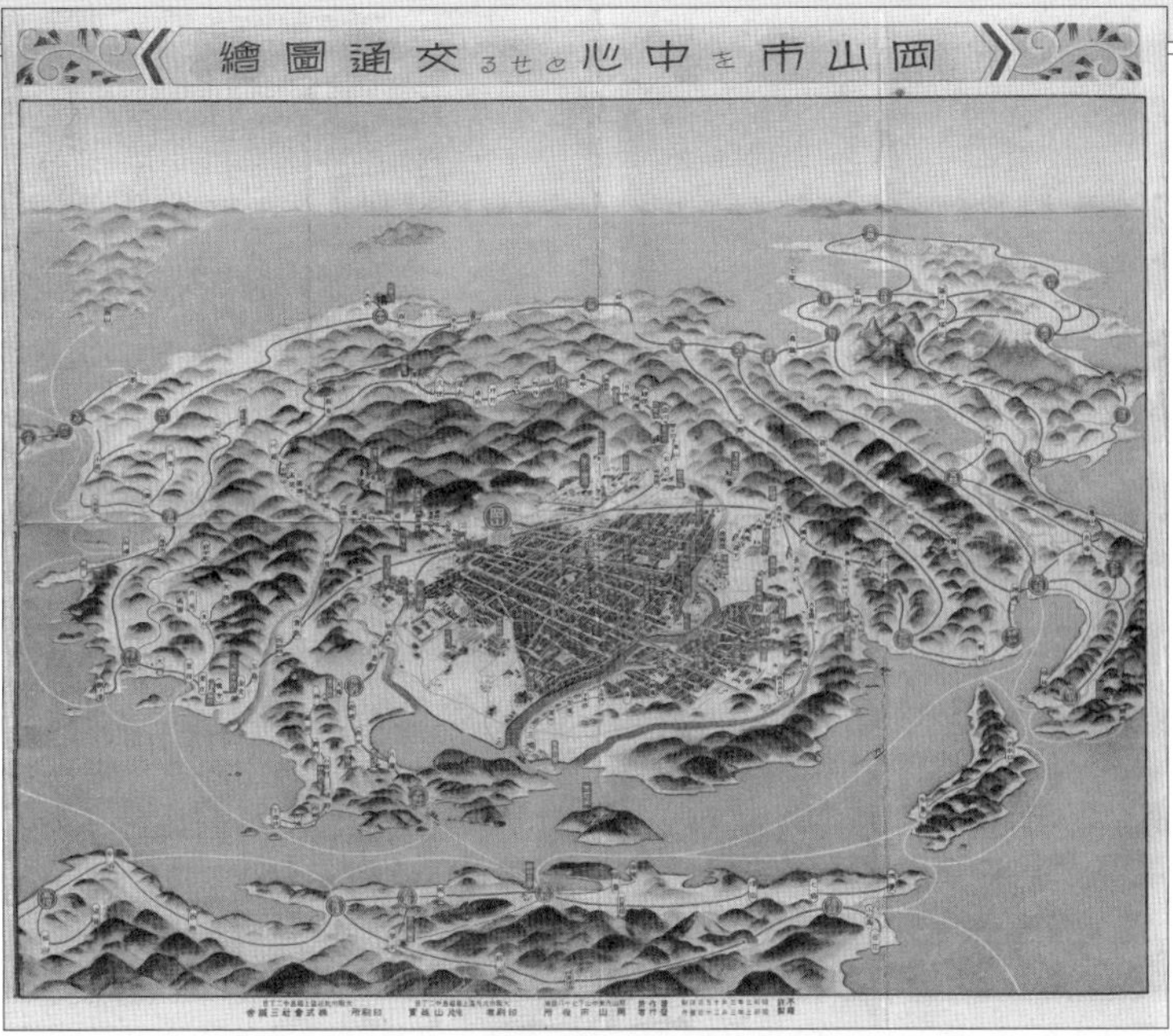

★13・14

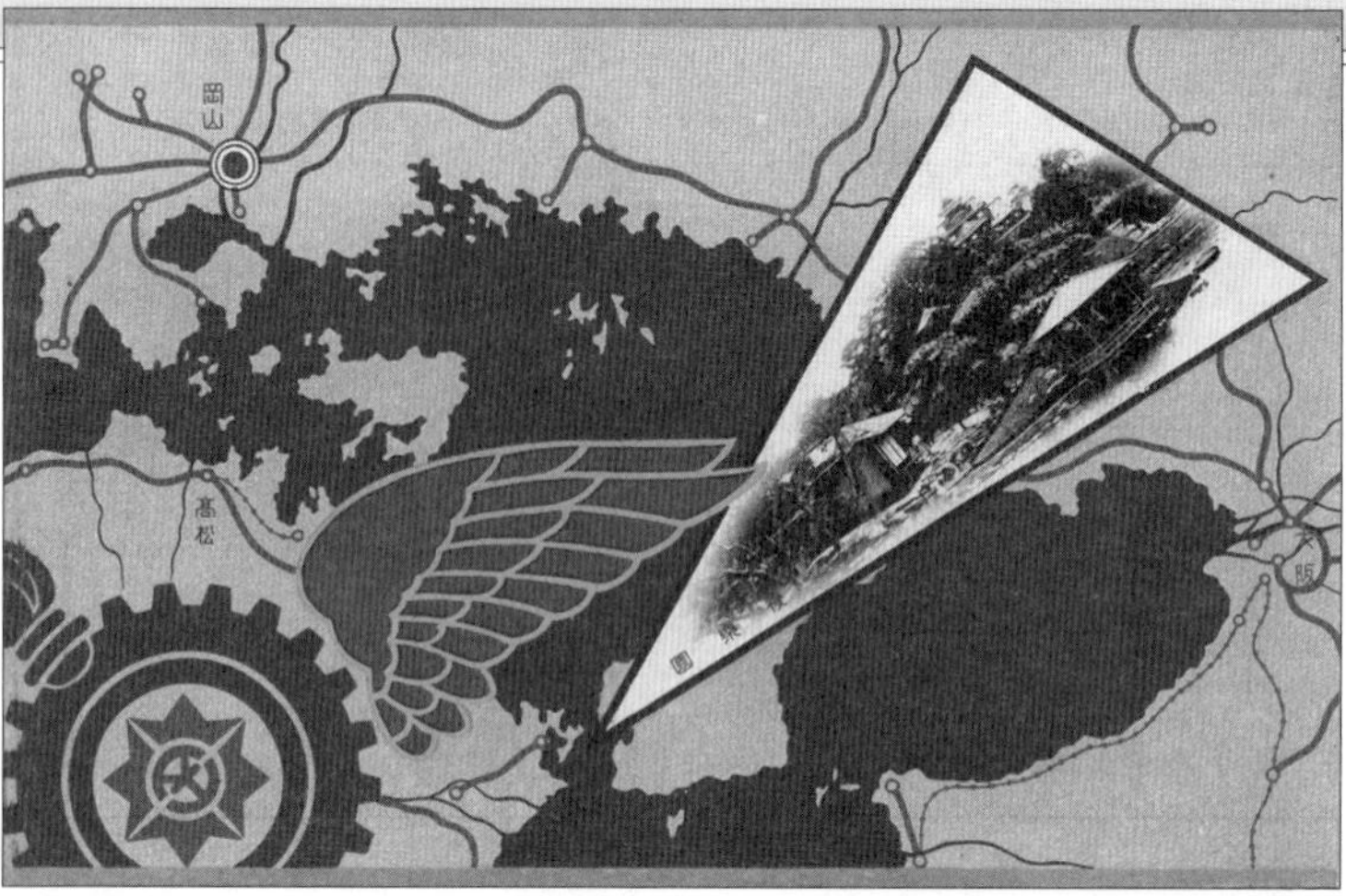

★15

★16

★17

★18

「大日本勧業博覧会」絵葉書
★15 後楽園
★16 ポスター図案
★17 第一会場
★18 第二会場　第三会場

朝鮮館などの単独出展もあった。さらに野外劇場、音楽堂、水族館、演芸館、「小供の国」など、余興のための施設も設けられた。第二会場となった東山公園には教育館・参考館・美術館、第三会場には中央館・衛生館などが配置された。

博覧会を宣伝する媒体にも、モダンな展示館の並ぶ会場風景が登場する。瀬戸内海の地図や天守閣やモダンなビルディング群を柄として、各会場や後楽園の写真やイラストを配置するデザインの絵葉書も発行された。（図［★15〜18］）

◉博覧会の流行◉

「大日本勧業博覧会」の成功を受けて、岡山では「博覧会」と称するイベントが流行したようだ。昭和七年（一九三二）に「岡山観光博覧会」、昭和八年に「中国新報社四十周年記念非常時博覧会」、昭和九年に「全国工芸博覧会」、昭和十一年に「姫新《きしん》線全通記念乗り物大博覧会」というように、岡山城内や東山公園を会場として、五年間に四回の博覧会が行われている。会場風景を撮影した絵葉書を紹介しておきたい。（図［★19〜23］）

「非常時博覧会」は四十周年を迎えた中国新報社が主催した事業である。岡山城天守閣を展示場とした。国際連盟からの日本の脱退について解説する資料の展示が中心であった。そのほか神代より現在に至る国難を示す絵巻、秀吉の朝鮮出兵にちなむ品々、赤穂義士の連判状、大石内蔵助の暇乞い状、京都大学解剖学部教室が出品した入れ墨のある犯罪者の皮膚標本、国定忠治の煙草入れや雨合羽、浜口雄幸が銃撃された際に着ていた外套や弾痕のあるチョッキ、犬養木堂遺品の単衣、大陸での戦闘に

★22

★19

★20

★21

★23

「岡山観光博覧会」絵葉書
★19 南北両館正門
★20 迎賓館より北館一部を望む
★21 爆弾三勇士模擬戦
★22 北館入口

★23「全国工芸博覧会」案内葉書

おける戦没者の遺品や千人縫、爆弾三勇士や勤王志士の写真などが、「国難」「非常時」にちなむ文物として展示された。

「全国工芸博覧会」は岡山市が主催した。東山公園などを会場として、三府三十二県の特産や工芸品など三万点ほどが出品された。水族館や工芸館、朝鮮館、余興館など用意された。歴史的様式の六角堂を模した朝鮮館は、総督府が一万円を投じて建設した本格的な建物である。県の水産会が協賛した水族館では、あざらしや山椒魚が人気を集めた。余興ではドイツ人カール・ライトネルの「人間大砲」の演技や、ロシア人による鋸音楽、ポーランド人ダンサーの妙技があり、喝采を浴びた。

続く「姫新線全通記念乗り物大博覧会」も岡山市が主催した。東山公園が主会場となった。イベントのタイトル通り、馬、牛、牛車、輿《こし》、駕籠《かご》、大井川の渡船用具であった蓮台、人力車、馬車鉄道、電車、橇《そり》、自動車、旅客機など、天孫降臨の神代から当代に至る乗り物の変遷を展示した。各国の戦車や軍用飛行機の現勢を示したジオラマや、炸裂する砲弾のなかを兵士が進軍する近代戦の大パノラマが人気となった。本館では、明治天皇が愛用した馬上盃や、大正天皇が幼少期に愛玩した乗馬人形なども特別出品された。参考館には、飛行機、飛行船、パラシュート、軍艦など軍用の乗り物も展示された。特設館には内外の自動車が陳列されたほか、無線で動く航空母艦「赤城」の模型が話題となった。市内では歴史的な風俗を再現、お囃子《はやし》つきで練り歩く行列が、博覧会の余興として行われた。

◉広島と博覧会◉

広島市も、昭和四年(一九二九)三月二十日から五月十三日を期間に「昭和産業博覧会」を実施する。

広島城に隣接する西練兵場を第一会場、比治山公園を第二会場とし、さらに向宇品に第三会場が設けられた。主会場である西練兵場には、本館のほか、機械館、化学工業館、貿易館、産業館、特許発明館、物産館、農水産館、園芸館、林鉱産館などが並び、各種の物産を展示した。毎日新聞社提供の人造人間、日光館に陳列された東照宮の大模型、中国新聞社が提供した御大典のジオラマ模型などが人気を集めた。比治山の第二会場には陸軍参考館が設けられ、乃木将軍の遺品や空中戦のキネオラマの展示があった。向宇品の第三会場には、軍艦の外観をした海軍参考館や水族館が設けられた。

博覧会場の様子は、当時、配布された案内図や絵葉書の類いに詳細に記録されている。ポスターを図案化した絵葉書には「昭和博には御家族御揃ひにて御来遊の程御待ち申してゐます」と記されている。会場写真だけではなく、厳島神社など県下の名所や清酒や牡蠣船などの名物を、博覧会場と併せて図案化した絵葉書もある。（図［★24～38］）

★24

会場内には農村地域向けの文化住宅の出品もあった。社殿風の御大典記念館、モダンなデザインの郷土館、ビール瓶の広告塔が特徴的なキリンビールの売店など、個々の展示館や売店のデザインは実に個性的だ。台湾館、北海道館、樺太館、民俗建築を意識した外観の満蒙館や朝鮮館など地域ごとの単独館もあった。娯楽施設としては、広島踊りや余興を見せる演芸館と野外劇場、巨大な桃太郎像の奥に、お伽噺の汽車や象の滑り台のある子供の国があった。夜にはイルミネーションが灯り、広島電気や生命保険会社協会の電飾塔が

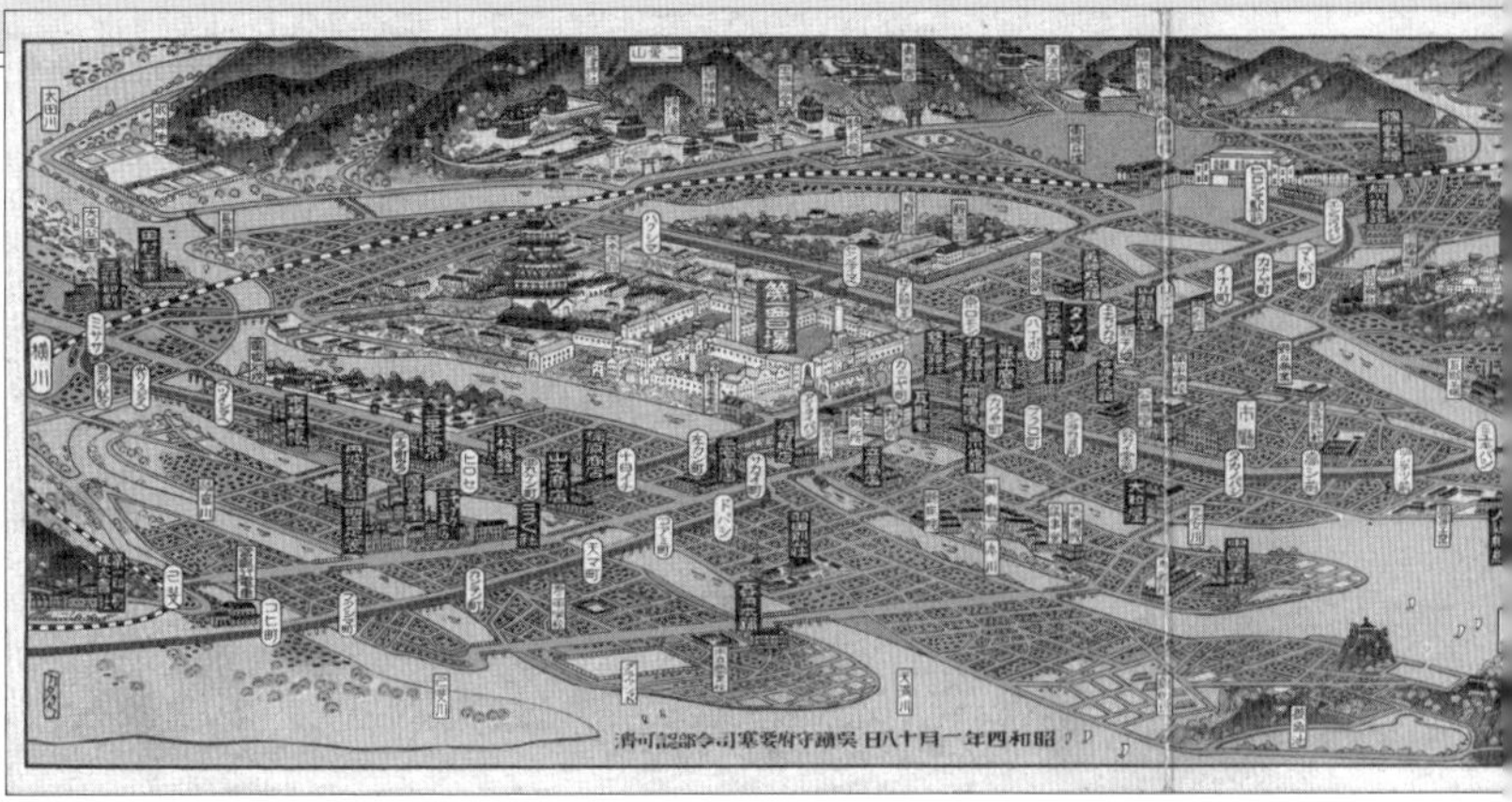

★24「広島市鳥瞰 昭和産業博覧会会場分布図」 ★25「広島市主催昭和産業博覧会鳥瞰図」 ★26「広島市内及付近名所交通案内図」

★25

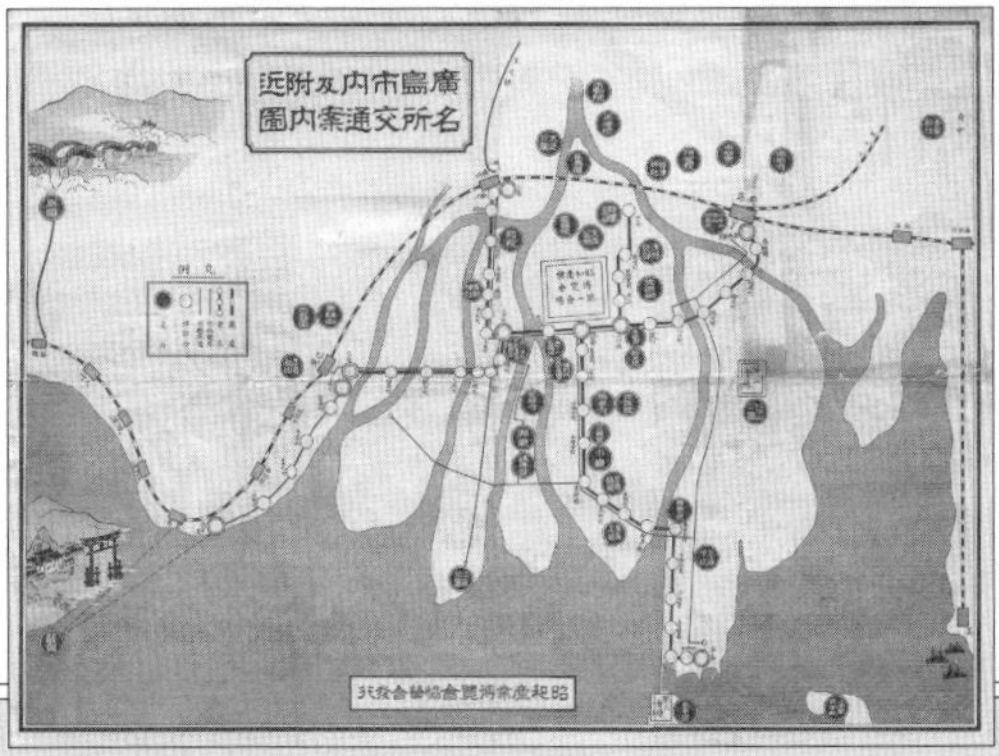

★26

明るく輝いた。

博覧会場は、地方都市に出現した先進的な「モダン都市」であった。仮設建築であるがゆえに、斬新な趣向の導入や、従来にない風景の創造に意欲的に取り組むことができた。

★28

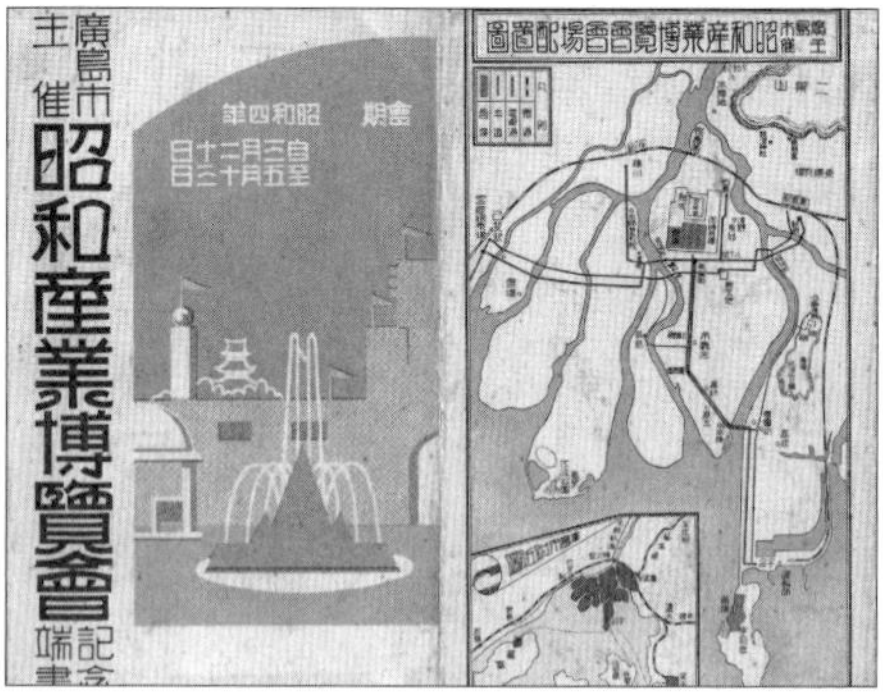

★27

『広島市主催 昭和産業博覧会 記念端書』
★27 昭和産業博覧会会場配置図　★28 ポスター図案　★29 門正　会場全景　★30 厳島　宇品港　★31 比治山旧御便殿　旧大本営　★32 饒津神社　浅野家泉水縮景園

★31

★29

★32

★30

★33

★37

★34

★38

★35

『広島市主催 昭和産業博覧会 記念端書』
★33 第一会場 満蒙館　★34 第一会場 朝鮮館
★35 第一会場 小供の国おとぎの汽車　★36 第一会場 イルミネーション　★37 第三会場 水族館
★38 第三会場 海軍館

★36

呉　鎮守府の博覧会

明治二十三年（一八九〇）四月二十一日、明治天皇の臨席のもと、呉鎮守府の開庁式が挙行された。参謀部・軍医部・主計部・兵器部・建築部・軍法会議・監獄署などとともに、のちに海軍工廠となる造船部が置かれる。以後、「芸備海峡の鎖鑰《さやく》」として知られた呉は、瀬戸内における海軍の拠点の位置を担う。

◉鎮守府と都市計画◉

港湾だけではなく、市街地も発展する。安芸郡の二川町・和庄町・荘山田村・宮原村が合併するかたちで、呉市（広島県）が誕生したのは明治三十五年十月のことだ。市名の由来には諸説がある。そのなかに、古く一帯の山並みを「九嶺」と呼び、それがなまって「くれ」になったという伝承がある。この説を受けるかたちで市章は仮名の「レ」を九つ、星形をかたどって配置するデザインとした。

市制の施行時には一万三千八百九戸であったが、明治四十三年までには二万四千戸と倍増、人口も十万人を超えた。人口の増加はさまざまな都市問題を生じさせた。呉においても市区改正（都市計画）を導入する必要が生じる。

大正八年（一九一九）に市街地建築物法と都市計画法（旧法）が制定される。大正十二年四月、内務省に置かれた「都市計画中央委員総会」は、想定していた三十五市のなかから二十市を指定、都市計画法を施行することを決めた。札幌・小樽・函館・堺・尼崎・長崎・新潟・仙台・金沢・岡山・広島・下関・福岡・門司・小倉・若松・八幡・熊本・鹿児島とともに、呉においても都市計画が実施されることとなった。

◉軍都での共進会◉

近代化を果たす呉は、どのような都市を目指したのだろうか。『大阪朝日新聞』（大正十一年十月一日）は、「『大呉市』のプラン」と題して、市役所による内務省答申の概要を紹介する記事を掲載する。そこでは呉は軍港があるがゆえに「商業地ともつかず工業地ともつかず将来何れの方面に発展すべきか目下調査中」だが、市街地は「平面的に郊外に向って発展」していると分析する。交通機関の整備が急務であることから、馬蹄形の循環道路を始めとする道路の整備や、三原とを連絡する鉄道や市街地の軌道の整備、さらには港湾修築事業について説明をする。ただし港湾の中心に軍港があるため、一般の船は小船舶しか入ることができない。「大呉市という見地」から隣の吉浦町を併合のうえ、港湾を整えて大型や中型の商船などの停泊に充てる構想を紹介する。また火葬場、屎尿《しにょう》排泄、塵芥《じんかい》置場、公園など都市施設のさらなる整備も課題であるが、事情によっては市営ではなく個人や法人に委ねること

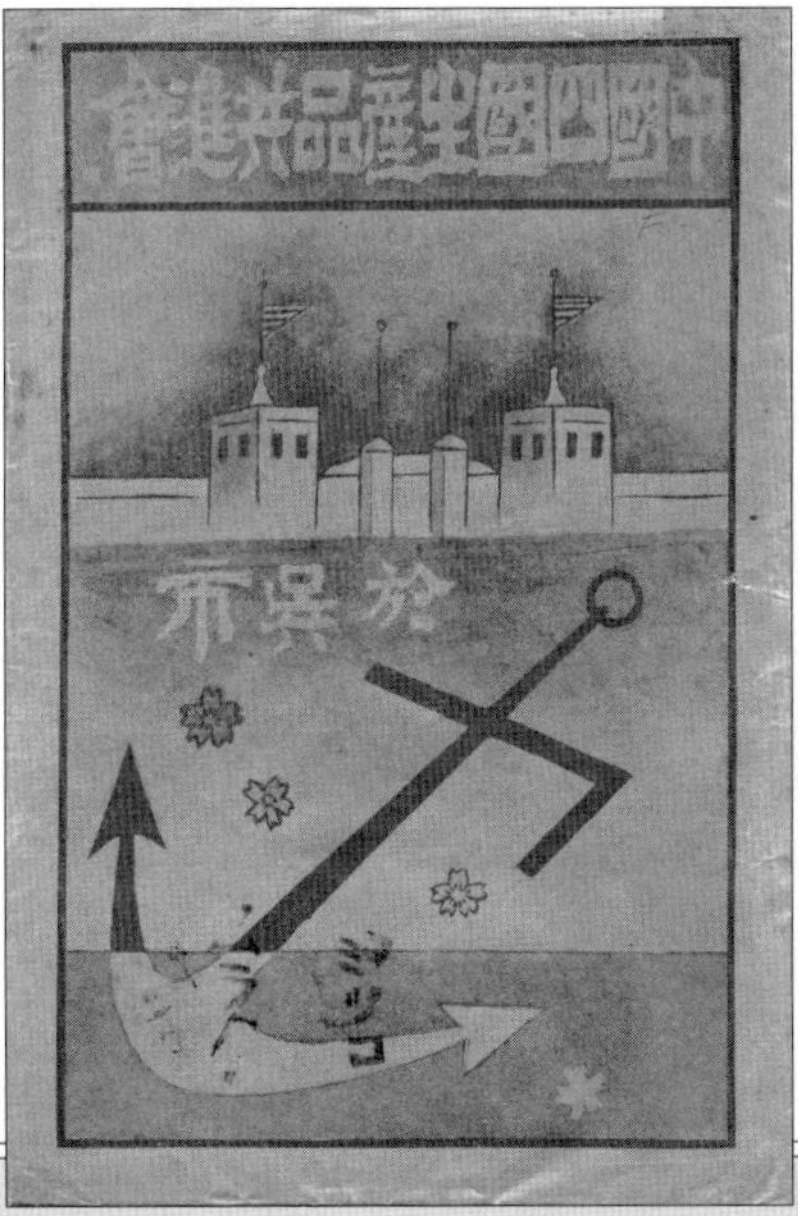

★39

★40

★43

★41

★44

★42

「中国四国生産品共進会」記念絵葉書

★40 第一会場正面　★41 第一会場　★42 第二会場と軍艦扶桑　★43 余興呉踊　★44 花電車

も可能だという見解を示す。

都市計画を進めて「大呉市」を実現しようとするさなか、中国および四国地方の各県が連携する共進会が、大正十一年（一九二二）四月一日から五月十日までを期間として呉で開催された。会場の様子を撮影した絵葉書を見てみよう。会場内で呉踊りを始めとする各種余興の上演があり、市街地では共進会の開催を祝う花電車が走った。（図［★39〜44］）

◉海国日本の誇り◉

共進会の第二会場では、海軍が誇る「戦艦扶桑」の威容を見ることができた。扶桑は当時としては、世界最大かつ最速の戦艦であった。日露戦争後、日本海軍が国産化した最初の超弩級戦艦で「三号戦艦」と呼ばれた。明治四十四年（一九一一）に呉の海軍工廠で建艦に着手、大正三年（一九一四）に進水させた。三万トン級の巨艦をドックで建造することは、世界初の試みであったという。

昭和三年（一九二八）、安芸郡の警固屋町と吉浦町、賀茂郡阿賀町が呉市に編入される。市域の面積を広げ、人口も増加した。アジアを代表する軍港都市である「大呉市」がここに実現した。昭和七年三月三十日の『大阪朝日新聞』は「海国日本の誇り」と題して、軍港都市である「大呉市」を紹介する記事を掲載している。

記者は鎮守府が置かれて以降、目覚ましく発展した呉について、「……先年吉浦、警固屋、阿賀三町を合併して戸数三万九千余戸、人口十八万五千余人を数え全国有数の大都市となつたのみならず、海軍の施設の拡大にして整備した点に於ては実に世界に誇るべき大軍港都市」と述べたうえで、山陽線三原駅に通じる三呉線の工事の進捗や道路の舗装改築工事の進捗具合に触れ、「市の面目は日に一日と改善されている」と書いている。また呉が近年、軍港の街というだけではなく「生産都市への跳躍」をはかっている点に注目、清酒、金ペン、万年筆、画鋲、ゴム製品、清涼飲料、麦稈真田《ばっかんさなだ》、醤油、紡績針、石鹸、作業服、漁網などの産品を列挙する。さらに呉が「瀬戸内海に面した大都市」であるがゆえに景勝に富んでいることを強調、軍港夜景の美観、奇岩怪石の二河峡と二河滝、平清盛の古蹟である音戸の瀬戸、湯舟渓の幽邃《ゆうすい》、二河公園の雅趣、鯛宮の眺望などを紹介する。

◉国防と産業大博覧会◉

軍都であった呉では、大正十一年（一九二二）の共進会に続いて、軍事啓蒙を目的とする博覧会「国防と産業大博覧会」が企画された。昭和十年（一九三五）の三月二十七日から五月十日までの四十五日を会期とする。ちょうど二年前の昭和八年、日本が国際連盟の脱退を通告した日を、あえて開会式に充てたようだ。

二河公園を「産業」に関する展示を中心とする第一会場、海に面した川原石海軍用地を「国防」という主題を展開する第二会場とし、会場の総面積は五万坪もあった。第一会場に充てられた二河公園は、大正三年の御大典事業にあって旧海軍射的場を整備、市民に開放した近代的な都市公園である。

「世はまさに桜花燎爛の季、非常時に魁けた、軍港呉の春を彩る『国防と産業大博覧会』は愈々《いよいよ》、国際聯盟脱退記念日の三月二十七日より向ふ四十五日間、桜花に埋まる二河公園を第一会場に、艨艟《もうどう》浮ぶ川原石海軍用地を第二会場として、華々しく蓋を開けた。……非常時日本の心臓呉軍港の春にふさはしく、我海国日本の生命を護る近代海軍の精鋭を、眼のあたり、挙国産業の振興と、近代科学の精粋を誇る軍需工業の全貌を蒐め、非常時国民の意気を示さんとする呉市空前絶後の壮挙は、実に光芒燦として輝く、わが愛国の熱情と、興国の覇業を表現せんとするものであり、新装成れる其の堂々たる威容、壮麗なる精彩、今や国際危機を突破せんとする意気やめざましく、げにや豪華な近代文化の一大殿堂は築きあげられた。」

★45〜47

主催者が配布した栞には、開催の趣旨がこのように記載されている。呉市が主催、後援に陸軍省・海軍省・商工省・呉鎮守府、本派本願寺が協賛に名を連ねる。入場料は二会場共通で大人四十銭、小人と現役の下士官や兵士は二十銭であった。会場風景のシルエットに市役所や商工会議所の写真を組み合わせるもの、艦艇と探照灯の光線を図案化したなかに鎮守府の写真をはめ込むもの、瀬戸内海の地図に会場風景を収めるものなど、モダンなデザインの絵葉書が配布された。（図［★45〜47］）

◉産業の展示◉

会場の様子は配布された案内地図や、吉田初三郎が描く鳥瞰図から見て取ることができる。（図［★48〜50］）

第一会場は、正門の奥に建設された産業本館を中心に各館を配置する。産業本館のエントランスには、広島県酒造組合呉支部が特別出展した「酒類陳列塔」がある。真っ赤な杯を酒神が捧げる奇抜なデザインである。内部には三府二十五県十二市から、産品の出品があった。また丸中金ペン、古河電気工業、高橋呉服店、福屋百貨店、金谷石鹸、呉市まこと会など県下の企業が特別出品を行っていた。『国防と産業大博覧会　会報第一号』では展示の様子を「館内はきらびやかな装飾で花のトンネルをくぐるよう」と記している。近傍に県産品だけを集めた郷土産業館が配置された。

産業本館を囲むように、正面から見て右側に朝鮮館、満州館、台湾館、拓殖館、郷土産業館、農林水産館、観光館、三呉線開通記念館など、左側に軍需工業館や演芸館、子供の国などが設けられた。

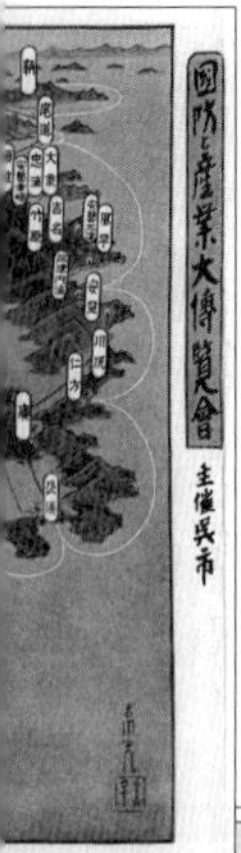

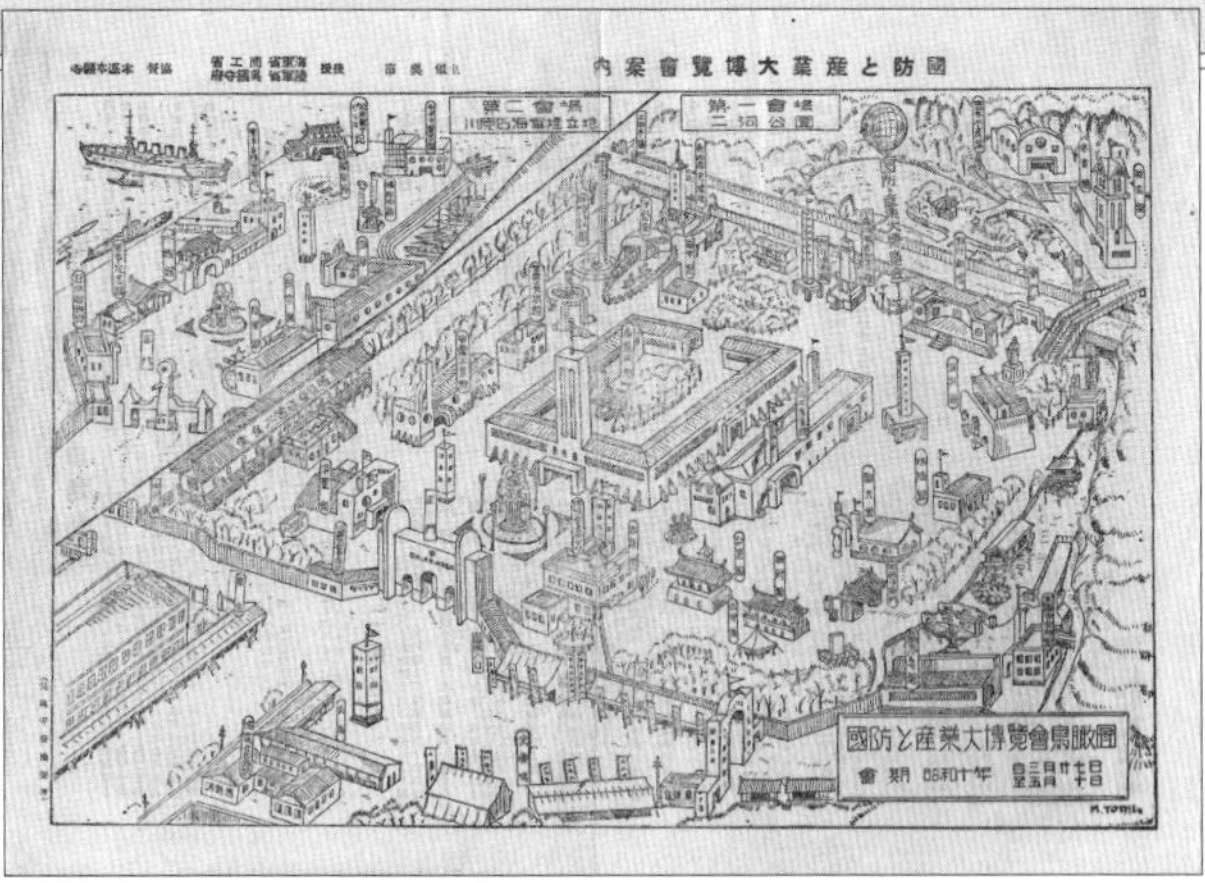

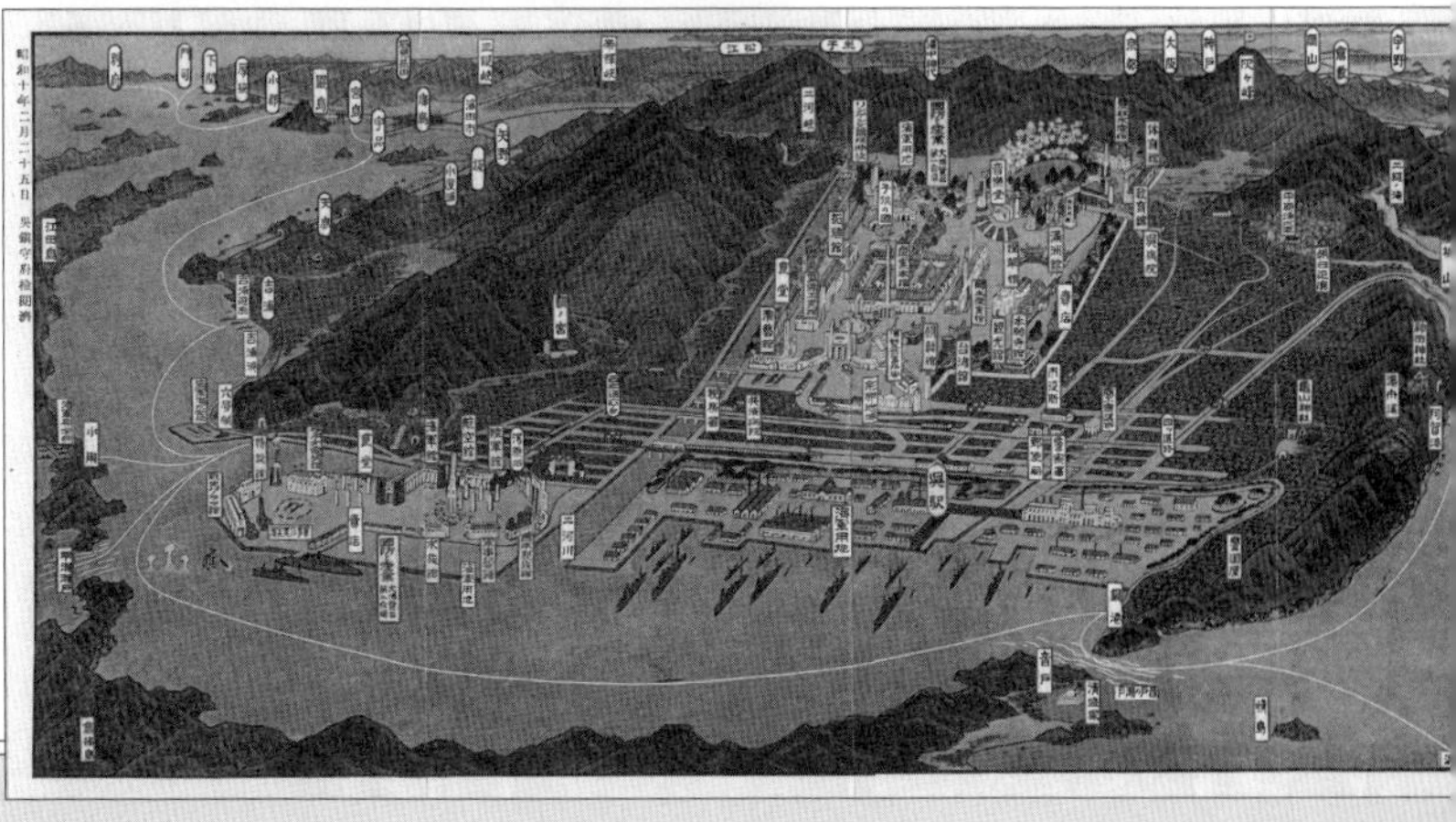

★48〜50

拓殖館には、南洋諸島、トルコ、インド、ハワイ、フィリピン、カナダ、南米諸国などに移住した日系人の生活や活躍を紹介する。南米ペルーで発見された妊婦のミイラの展示もあり、世界にひとつしかないと宣伝された。観光館には日本各地の名勝や遊覧地など六十景ほどを展示する。手法の詳細は不明だが、本邦初の「モデオラマ」が売り物であった。動的な趣向を含むジオラマということだろうか。大阪商船は「海の観光コース大模型」を出展した。

教育館では、国史にちなむ名場面のパノラマのほか、神武東征や爆弾三勇士などの場面を八段返しの仕掛けで見せた。幕間には「現代文化の産物」である人造人間が登場、「興味ある予言」を放って人々の興味を引いた。体育館では「スポーツ都市」である呉の諸団体の活躍を紹介、呉港中が所持する全国中等学校野球大会の優勝旗が飾られた。加えて人の寿命を予知する「平均余命表示機」を設置、入館者は自由に試すことができた。

唐門をくぐって橋を渡った一画に、本願寺による二館が設けられた。本願寺パノラマ館には、十五場面からなる親鸞上人のジオラマのほか、十一場面からなる明如上人の一代記、歴代上人の絵伝が展示された。本願寺実物館には京都の本山から持ち込まれた国宝級の宝物も陳列された。

◉国防の展示◉

巨大な碇《いかり》をかたどった正門をくぐって第二会場に入る。入口の上方に大きく旭日旗を描いた海軍館、一棟となった陸軍館と航空館、軍事記念館、ラジオ館、水族館、日本製鉄館、戦史パノラマ館などが並ぶ。

海軍館は、第二会場で最大規模の建物である。呉の海軍工廠造船部が制作した各種の軍艦の大模型が入場者を迎える。ネオンサインを応用した「太平洋策戦」の紹介、爆撃機による雷撃模型、潜水艦が敵艦を襲撃する様子を再現する模型、灯火管制の模型など、迫力のある展示が並ぶ。時局問題を扱う「軍縮問題早わかり」と題する十八景からなるジオラマもあった。
関連する各部局が独自の出展を競い合った。潜水学校による各種潜水艦の模型、電気部による無線点灯装置やラジオを応用した実演、造機部による汽缶や推進器の巨大模型、広海軍工廠による電気仕掛けの飛行機模型などがあった。また県の海兵団は所属する兵士が制作した十景のジオラマ「海兵団生活」を、佐世保鎮守府も三十五場面からなるジオラマ「入団から准士官になるまで」を出展、海軍生活を判りやすく紹介した。

陸軍館は正面入口を戦車のデザインとする。近代戦に不可欠な優秀な兵器の類い、戦術を示す模型などが陳列されていた。飛行機の模型による爆弾投下の実演、野戦用の井戸掘り機など実物の操演があった。航空館では、戦闘機や爆撃機、飛行艇の模型のほか、機銃の弾が自機のプロペラに当たらないように工夫された同調装置の実演もあった。

会場にあって独特の存在感を示したのが、「弾除け大師」である。上海事変の際、敵弾を潜って突撃した海軍陸戦隊を護った地蔵として知られるものだ。その後、「弾除け大師」の名で海軍省軍事普及部に奉安されていたが、博覧会に臨んで会場に移奉した。『会報』には「その奇特と霊顕を偲ぶ、香煙しきりにゆらいで参詣者が絶えぬ」と書いている。「弾除け守り」なども販売されたようだ。

◉広告アドバルーン◉

呉商工会議所内の国防と産業大博覧会協賛会が発行した『国防と産業博の栞』には、博覧会をいかに他に宣伝したのかを紹介する記述がある。協賛会の宣伝部は、『博覧会新聞』四万五千部を全国に発送、博覧会を告知する新年の絵葉書を百二十万部郵送、公募でデザインを選定した二種類のポスター一万枚を配布した。また門司鉄道局の協力を得て、同じ昭和十年（一九三五）に開催される「新興熊本大博覧会」と連携、「春の観光と博覧会」と銘打ったポスターも用意した。

昭和九年夏、すなわち博覧会が開催された昭和十年の前年の全国中等学校優勝野球大会では、「祝大会　呉市国防と産業博」と文字を並べるアドバルーンを甲子園の空に掲げた。ちょうど呉港中学校が優勝を果たした大会である。野球が盛んな呉では、博覧会前の気分が否が応にも盛り上がったことだろう。また「オートバイ宣伝隊」が広島県下を一周、「呉の大博覧会」と大きく描いた看板を載せた「宣伝自動車隊」とともに山口・島根・鳥取など隣県を巡り、呉でのイベントを告知した。

『国防と産業博の栞』は、広告や宣伝活動に加えて、博覧会の見

★51・52

所を写真構成で紹介する。潜水艦から実弾を発射、敵機を射落としてみせる様子を電気仕掛けのロボットが説明するといった海軍館の展示もある。日本にひとつという深海潜水器については、「グロテスクな怪姿を会場にあらわし、猟奇をそゝつてゐる」と説明する。本願寺館の「親鸞上人御一代記」と題する電気照明応用の新作ジオラマ、拓殖館で話題となった「ペルー国の秘宝　世界珍奇の『妊婦のミイラ』」などの写真もある。日本製鉄館では製鉄所の作業を実演で見せたようだ。「溶鉱炉そのまゝ熱鉄火花散る驚異的作業の実演」というキャプションがある。（図［★51・52］）

★53

◉演芸と余興◉

会場では、娯楽や余興が提供された。一等当選ポスターと砲撃を行う艦船の姿で表紙を構成する『会報　第一号』（国防と産業大博覧会協賛会、一九三五）などからその概要を紹介しよう。（図［★53］）

野外劇場では、漫才や奇術曲芸、浪花節などの諸芸、舞踏、カフェーの女給によるレビューなどが上演された。夜間には日本舞踊、剣舞、琵琶、浄瑠璃、尺八などの「素人演芸の夕べ」が企画された。

屋外には博覧会協賛会が巨費を投じて米国から招聘した「リンゲンス一行」の大演技場も設けられた。百尺（三〇・三メートル）以上もある高い梯子の上から、深さが六

★54

←（リンゲンス一行の大演技）

★55

尺しかない小さなタンクに金髪美女が飛び込む「決死的ハイダイビング冒険演技」が圧巻であった。そのほかポーランド風のダンス「情熱躍る」、「美人断頭の魔奇術」を見せるロシア人サンハイ博士による「科学の神秘」、二尺余りの長剣を腹中に飲んで狂乱舞踏を上演する南洋人インデアン・バーン一行の「白刃を弄ぶ」、中国特有の奇術「東洋の怪奇」といった演目があった。多国籍の曲芸団である。演目だけを眺めても、博覧会の客寄せとして実に魅力的だ。（図［★54］）

そのほか金丸管弦楽大サーカス団、宮川犬猿サーカス団、桐口動物園猛獣使、庄司オートバイサーカス団などが実演をした。第一会場の外にあった余興場での興行であったのだろう。金丸管弦楽大サーカス団は百二十名ほどの一座で、空中での演技や乗馬の妙技、小原節のレビューなどを見せた。宮川犬猿サーカス団は、名の通り、仲が悪いとされる犬と猿の演目を合わせた動物曲技である。米国動物養成学校卒業のインテリ犬や猿の飛行機操縦などが売り物であった。桐口動物園猛獣使は、ドイツのハーゲンベックサーカス団で仕込まれた十八歳の桐口らん子が、「花もはじらう乙女の姿」でライオンやトラなどの猛獣を指揮するという趣向であった。庄司オートバイサーカス団の公演では、世界選手権などでも活躍する一流の選手五名が「決死的大冒険」を見せたという。

　場内にはサークルリングやメリーゴーランドなどの遊戯機械、また「子供の国」と命名された娯楽場もあった。いずれも「国防気分をあしらつた遊具で非常時の坊ちゃん嬢ちゃんには大歓迎」であったと評価されている。（図［★55］）

　第一会場の特設館では「海女館」が人気を集めた。伊勢志摩から十数名の技術の優れた本物の海女を招聘、硝子の水槽のなかで潜水、真珠を採取するところを側面から見ることができた。『会報　第一号』では「猟奇百パーセントのもの」とある。また別の案内書では「……興味百パーセントの海中動作をそのまま東洋一を誇る大硝子タンクのなかで実演するといふ人魚もの。彼女らの肉体美の浮沈をのぞかせる海女入神の妙技、水中の芸術、逆転、宙返り、木の葉返し等々エロ味を盛つた尖端興行」と書いている。入場料は大人十銭、子供五銭であった。（図［★56］）

　協賛会が直営した特設館が「大演芸館」である。呉券番名妓や羽田歌劇団による新作の舞台、軍港踊・呉踊・国防踊などの演舞、レビューなどが上演された。「桜花と共に妍爛目をあざむく華麗優美な諸演芸に魅せられて非常時の春を謳ふ、場内を歩いた疲れは、またゝく間に解消」と説明する。入場料は大人三十銭、軍人と学生二十銭、小人十五銭であった。

★56

第二会場にも、呉公論社による世界一周館など、いくつかの特設館が設けられていた。そのなかでは「ラヂオ館」が面白い。無線で言葉を発するロボット、「百年後のラヂオ都市」の科学的な模型、そのほか「奇声を発するダルマ」などの展示があったという。

第二会場で人気を集めたのが、海軍による艦船の公開と軍事実演である。入場者は岸壁に係留された呂号第五十三型潜水艦の拝観ができた。便船を用いて、少し沖に留め置かれた戦艦矢矧《やはぎ》への乗船も許された。魚雷を発射して水中での爆破を見せる実演が、平日は三回、休日は四回ずつ実施された。

◉武者踊と手踊り◉

当時の博覧会には主題歌や踊りが制作されるのが常であった。「国防と産業大博覧会」も例外ではない。野口雨情が作詞、藤井清水《きよみ》が作曲した「国防と産業博小唄」という曲が用意された。一番の歌詞を紹介しておこう。(図［★57］)

「呉のアラ、スイトセ
国防博は　大したもんだネ
夢ぢやないかと驚くばかり
エヽコラシヨ（ソレ）

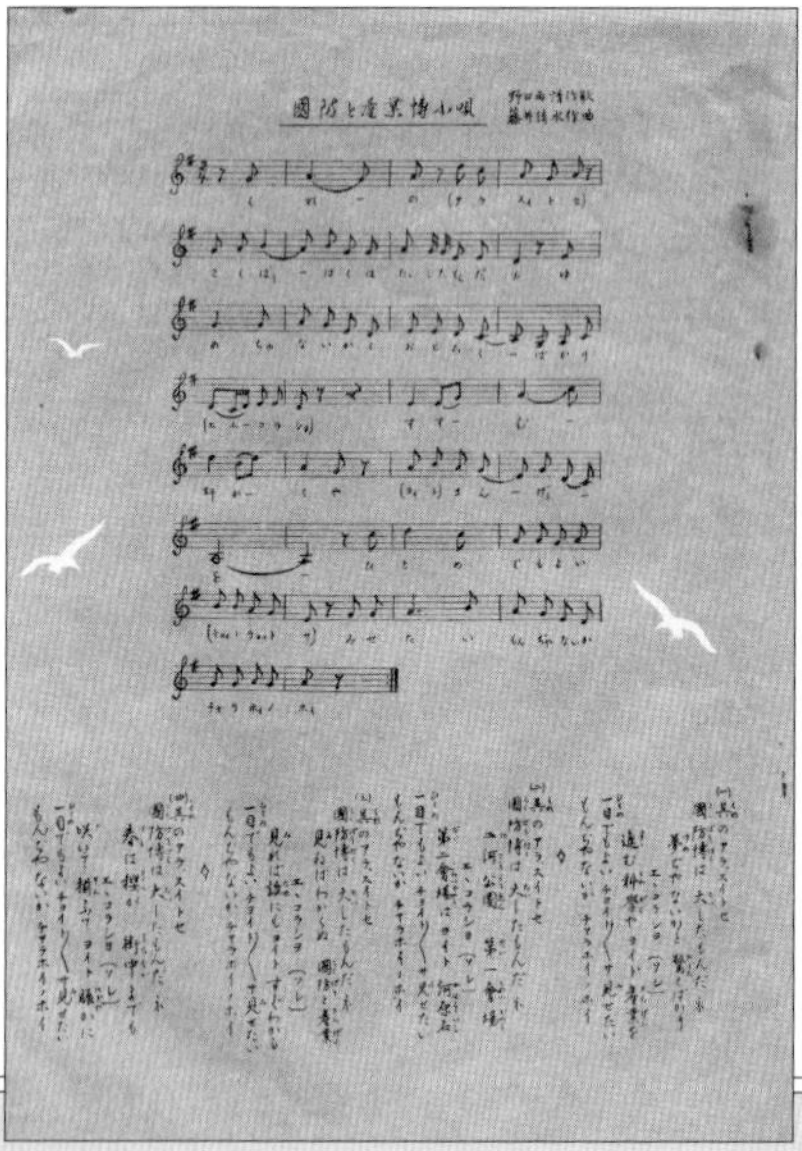

★57

進む科学や　ヨイト　産業を
一目でもよい　チヨイト　チヨイトサ
見せたいもんぢやないか
チヤラホイノホイ」

また呉海軍軍事普及部が選定した「武者踊（太平洋踊）」という曲もある。『会報　第一号』では、呉券番の芸妓衆が踊る姿とともに歌詞が紹介されている。冒頭部分のみを紹介しよう。（図［★58］）

「一、弓手に太平洋押へて置いて　馬手に満州可愛がる」
「二、比率軍縮カットバシて置いて　急げ正義のホームラン」
「三、やつて『呉』よと後援うけて　勇士三万意気昂し」
（以下略）

この博覧会では呉券番の芸妓衆が活躍をした。先に紹介した大演芸館において、麗人バンドや新歌舞劇を見せた羽田歌劇団と日替わりで、「手踊り」の舞台を日に二回務めた。常磐津「京人形」、長唄「雛鶴三番叟」、長唄「草摺曳」、常磐津「釣女」など伝統的

（呉檢番藝妓の武者踊）

★58

な演目の合間に、新曲として「呉航空隊」「二河公園」「灰ヶ峰」「呉軍港」の四節を用意した。なかに水兵の衣装で踊る曲も含まれる。新曲は呉第一中学の田口教諭が作歌、郷土出身の藤井清水が作曲したものだ。解説では「……殊に航空隊を踊りに仕組みたることも、たしかに非常時にふさわしく亦尖端的なりとす。蓋し此種の演芸に依つて国防と産業博の人気をして、益々沸騰せしむるものなりと云ふべし」と書いている。芸妓が男装をして、舞台で踊るさまはレビューの影響を受けたものだろう。（図［★59・60］）

★59·60

◉花街のガイドブック◉

「国防と産業大博覧会」に関連して、博覧会見物を目的に会場のある呉市を訪問する人に対して、さまざまな案内書やパンフレットの類いが発行された。たとえば博覧会の主催者が発行した『呉の大博覧会　お知らせ』は、芸妓が博覧会のポスターを掲げる写真を表紙とし、博覧会場とともに市内各地の名所を示す写真入りの地図を印刷したものだ。（図［★61・62］）

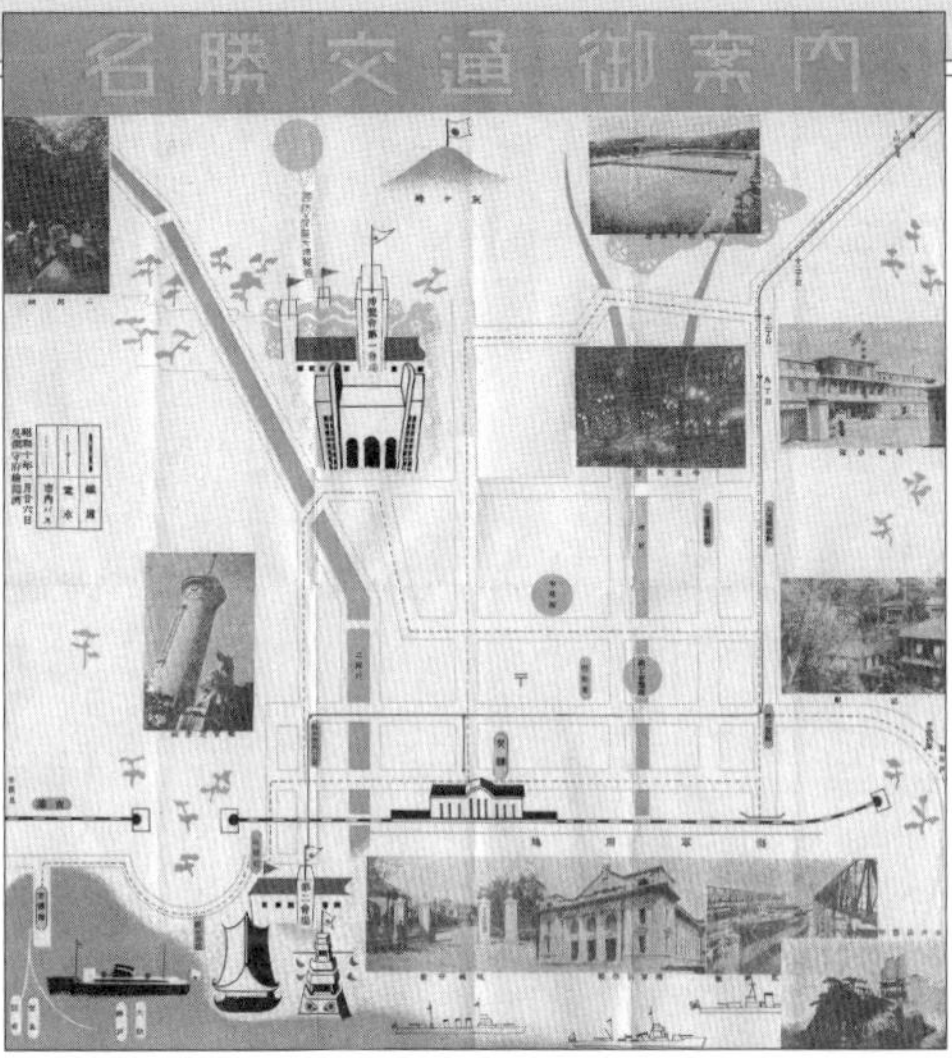

★61・62

次に中国日報社が編集・発行した『呉花街案内』を見ておきたい。出版にあたっては、国防と産業大博覧会協賛会・呉券番・呉カフェー組合・朝日楽園が後援している。（図【★63】）

奥付にある発行日を見ると、昭和十年（一九三五）三月二十七日とある。博覧会によって呉には多くの観光客が滞在した。イベントがもたらした特需で花街も大いに賑わうことが予想されたのだろう。冒頭において博覧会協賛会事務総長の稲葉隆直は、次のように書いている。

「……その都市の花柳界は観光方面から云ふも、又商工業の見地から云ふも、その都市の発展に至大の関係をもつものであつて、『色街』としてしかく簡単に片附くものではあるまい。……あゝ春よ春！！行楽の春！何人か春を礼

★63

★64〜66

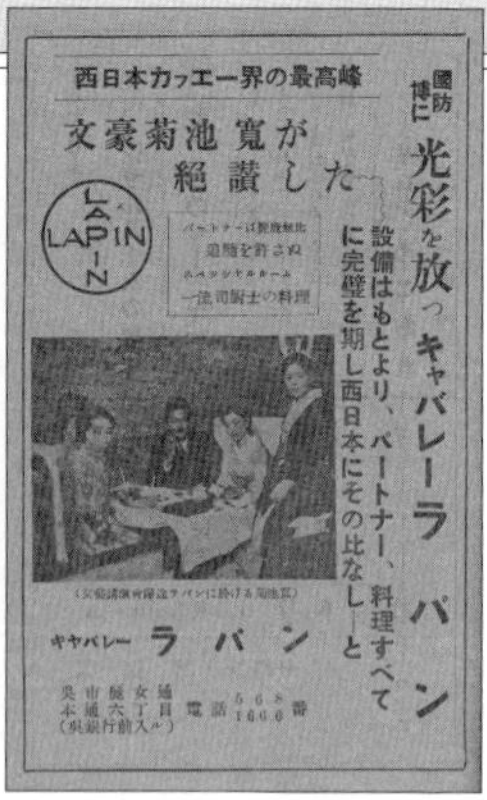

讃せざる者かあらう、桜痴居士が吉原の大門に『愁心先づ通す西行の灯影』と書いた、中国日報が花街案内に於て呉市千余の美人佳人の詳細な紹介をしたことは桜痴居士の粋にも優るものがある、我意を得たり……」

『呉花街案内』では、朝日楽園と呉・音戸・広村・吉浦の各券番の芸妓を撮影した写真とともに、呉の花柳界の変遷や花街の情緒、加えて「国防と産業大博覧会」で上演された花街の演芸や余興について論じる読み物を掲載する。また観光客向けに旅館やタクシーや、土産物も紹介する。各店の広告の文言も面白い。（図［★64〜66］）

この本では、日露戦争が始まる直前、松島某が本通の四ツ道路郵便局の隣地で、二十名ほどの芸妓を抱える個人経営の店を営業したのが、呉の花街の始めであると伝えている。以降、博覧会が開催された昭和十年まで、四十年のあいだに「三百の美妓が一大王国」を創るに至ったと述べる。またカフェーの勃興について、次のように特記している。

「呉のカフエーはモダンの最尖端を走つてゐる点では東京大阪神戸等のカフエーに劣らぬ、呉へ来た人々を驚かしてゐる。ラパン、美人座、ワスレン、松月などはその大きさに於いては中央都市のカフエーに遠く及ばないが内部の充実した点、その結構さに於いて、その凝つている点では全国の業者をして舌をかませているのは事実である。この異状な色彩と特長をもつている呉のカフエーの発達は矢張り海軍さん、呉工廠に追うものが多い……」

大正五年（一九一六）頃に中通四丁目で営業を始めたミカドカフェーが「カフエーらしいカフエー」の最初であった。工廠の製図工、特に文学青年が客の中心で「今日のようなエロがなくともかなり耽溺趣味の濃いもの」であったと書いている。往時の呉のカフェーには、「海軍のモダン、工廠のインテリ層」が出入りしていた。

いっぽう朝日楽園は全国でも屈指の遊郭として知られていた。本通十三丁目で電車を降りて向かうので「十三天国」の異名をとった。廓の近代化を先駆けたことを自認、ダンスホールの導入も早く、建築や室内装飾の近代化では、東京や大阪よりも優れた店も多いという。『呉花街案内』では「海外の智識や社交関係に通じてゐる海軍色の若いモダン女性が多い」と紹介、また次のような文章も載せる。

「支那の阿房宮を想はすやうな壮麗な大建築。夜ともなればネオンサインが彼女の瞬きのやうに点滅する。夢に見る竜宮の中で陸の人魚は赤い口紅でニツと笑ひ乍ら、白い腕を差し伸べてくれる。若者の血は沸ぎる。」

呉の花街には他の都市とは異なる独特の情緒があったようだ。次のような記述がある。

「……優艶華麗ではなく、新興気分横溢した明朗さのあるのが特異な情緒といへやう。だから芸妓の趣味の多くは映画か、さもなくばスポーツといふことになつてゐる。お座敷に出ても海軍士官からパリの話やモンテカルロの噂を聞かされたりする機会が多いので芸妓のモダン振りも相当なもんであ

★67

る。」

　ともあれ呉の券番が、昭和十年の博覧会を盛り上げるうえで大いに貢献した。その様子は博覧会を宣伝する絵葉書に、芸妓が「呉おどり」を舞う舞台の様子があることからもうかがい知ることができる。（図［★67］）

◉大軍港と新興都市の躍進◉

　呉市は博覧会に合わせて、観光客向けに案内パンフレットである『呉市案内』を配布した。

　冒頭では「東洋一の大軍港」である呉の港について記している。山陽線の海田市駅や広島駅で呉線に乗り換える。風光明媚な瀬戸内海の海岸線を車窓から展望、四十分内外で雄大な呉軍港の景観に接することができると書く。別に「広島、呉間には流線型ガソリンカーのスピードアップに恵まれ、三呉線も開通して観光の便は大いにひらけました」と記載がある。交通の近代化が進み、利便性が高まったことが強調されている。（図［★68］）

　そのほかにも「東洋一を誇る海軍工廠」である呉工廠、東京築地の兵学寮を移した海軍兵学校などについてその概要を述べる。加えて郊外の広村にある航空機の製作と整備を担い新造大型飛行艇の建造で知られる広工廠、昭和六年（一九三一）に佐世保分遣隊から独立した呉航空隊にも触れる。呉航空隊については「最近モダンな新庁舎も増成、明朗な制空日本を謳歌してゐます、呉軍港は海に空に益々、伸び行くばかりです」と書いている。観光案内においてもまず軍事施設群を紹介するあたりが呉らしい。パンフレットでは海軍の見学方法についても紹介、五日前に申し込めば、イベント期間中は博覧会事務局団体係で斡旋する旨の記述がある。

「新興都市大呉市は誇らしい覇気と躍動と感謝とに満ち満ちて、朗らかな、功名に恵まれている。……一漁村の呉浦は一躍新興都市としての勇敢な躍進を重ねて今や、人口二十二万を誇称する日本第十一位の大都会に列したのです。」

『呉市案内』では、大都市に発展した呉についてこのように述べる。観光客に配布することを想定して制作された案内書だが、博覧会の内容にはほとんど触れず、軍事拠点に引き続き、都市の紹介に徹している。

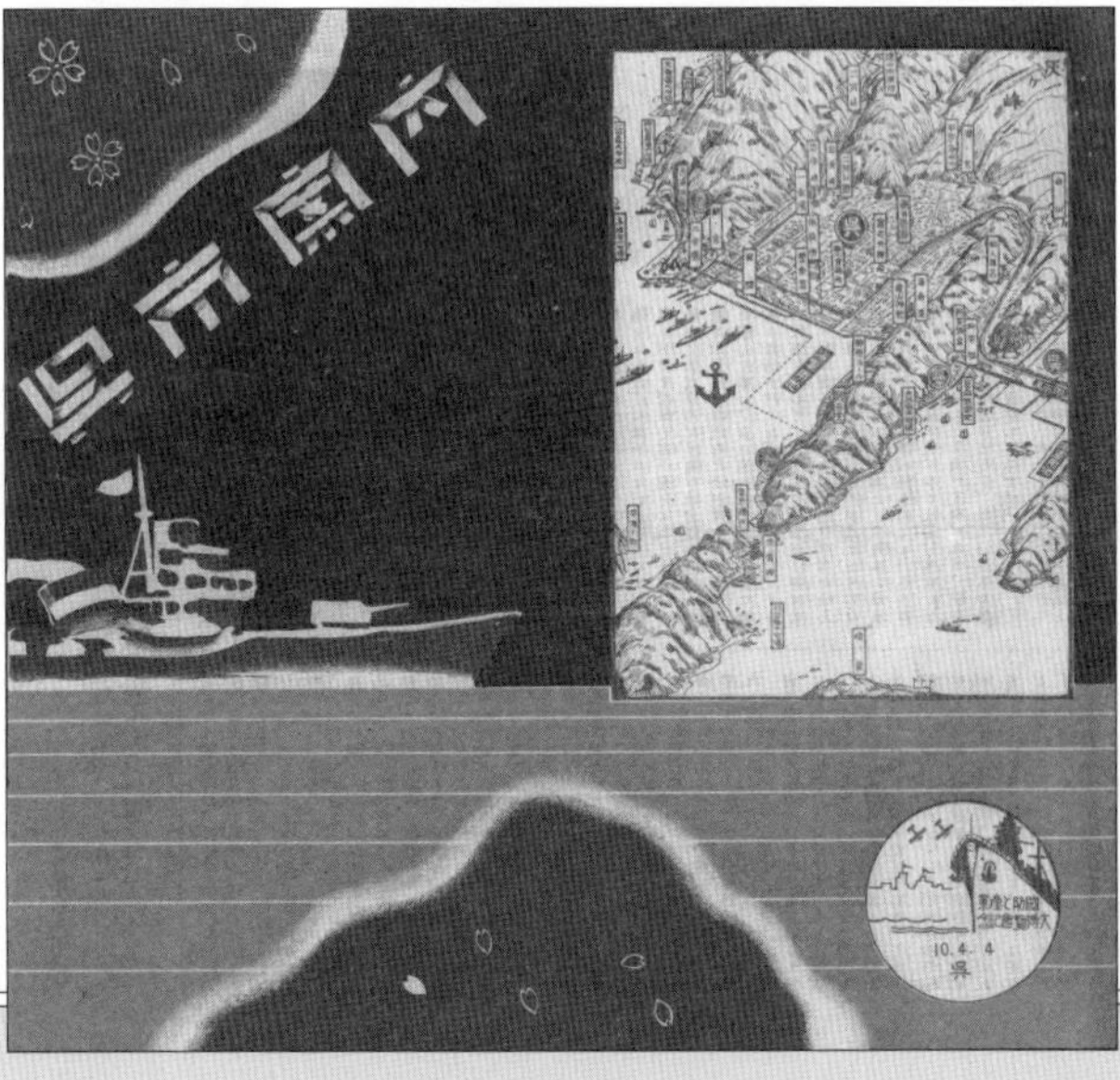

★68

たとえば「娯楽趣味」の項目では、軍人と工廠作業員の都市である呉では、スポーツ、映画、演劇、音楽などが愛好されていることが強調されている。「大衆的で文化的なもの」が歓迎されているが、なかでもスポーツが盛んであり、「野球都市」の名があると述べる。また「呉市街」という項目では、下記のように新興都市の発展ぶりを紹介する。

「呉市は全く軍港によつて生まれた、新興都市です。……目抜きの本通、中通筋のビジネス街は近代的な都市美に明粧を凝らし、ネオンサインの照光眩ぶしく、鈴蘭灯のアーチ、歩道のペーブメント、みな朗らかな新興都市の若々しい姿です。道路は完全な舗装が施され、河川改修、橋梁架替等も竣成、新市街としての面目を発揮してゐます。」

「近来都市緑化の声、盛んな折柄、古い柳とポプラ、アカシア等の街路樹に恵まれてゐる事は一つの誇りでせう。大都市計画も着々実行され、都市の近代化、建築物の高層化も漸次目立つてゐます。商店街のウインド美も各々妍を競ひ軍人と労働者の都市の特異性の一つとして夜の賑やかな事、カフエーの華やかな事、スポーツの旺盛な事、土曜、日曜日の行楽の人での盛んな事は旅行者を驚してゐます。」

『呉市案内』では、市内の神社仏閣や名勝も順に紹介する。古くは亀山神社境内であった海軍第一練兵場の敷地内にある樹齢七百年の乙女椿、弘法大師が開基とされる霊泉・湯舟渓、佐久間艇長以下第六号潜水艇殉難勇士の碑がある鯛の宮、瀬戸内海とともに工廠や航空隊を見晴らすことができる広の桃山、桜の名所として有名な平原浄水池などが列記されている。

呉市の郊外の観光地についての記載もある。「新興都市」であるため古蹟は多くはないが、平清盛の伝説がある音戸瀬戸、頼山陽の生誕地である竹原などが隣にある。また宮島や湯の町・道後にも近い。海賊の拠点であった大三島には海路の便があると記載がある。

◉支那事変博覧会◉

その後、呉では昭和十三年（一九三八）にも市が主催する博覧会が実施されている。三月二十五日から四月二十三日まで、二河公園が会場となった。時局を反映して、陸軍省、海軍省、文部省、商工省、呉鎮守府、第五師団が後援、「支那事変」が主題に選ばれた。

各パビリオンは戦争と軍に関する展示で埋め尽くされた。海陸共同による戦闘場面や、南京城攻略を再現した八十坪ほどの巨大パノラマを呼び物とする実戦パノラマ館が人気を集めた。海陸軍兵器館には各種の兵器、戦利品館には敵軍から奪取した戦車・装甲自動車・飛行機・重軽機銃・迫撃砲など、軍事記念館には将士の遺品、航空館には戦場で投下した実物の爆弾やカタパルトから航空機が出発する様子を示す模型が展示された。そのほか軍関係の民間の産品を並べる国産軍需工業館、満鉄経営を紹介する満州北支館、公園の地形を活かして戦場を再現する野外パノラマもあった。実物の衣装を着けた等身大の兵士の人形が機械仕掛けで動き、銃砲撃音を再現した効果音が響き渡った。「国防と産業大博覧会」の成功が、わずか三年ののちに続編ともいえる「支那事変博覧会」の開催を具体化させたと見て良い。

高松　民衆の娯楽場

◉四国の大玄関◉

昭和初期、瀬戸内海の各都市で新たな観光開発が進められた。大阪や神戸を始め全国各地から訪問する旅行者の増加に合わせて、港を有する都市では、旅館やホテルといった宿泊施設や案内所の類いが拡充された。さらには滞在者の利便をはかるべく、名物を提供する飲食店や土産物屋、さらには歓楽街や花街も必要となる。いずれも都会の人たちが満足する水準が求められたことはいうまでもない。

たとえば高松港もそのひとつだ。藩政時代、高松には、商人が用いる東浜港、漁業者のための西浜港、そして藩船を係留する堀川港という三つの港があった。ただ海に近く築かれた玉藻城を防御する意味もあって港は浅く建設されていた。明治の始め、旧藩士である田中庄八が大阪・高松・多度津を結ぶ航路を開くが、汽船が港内に入ることができなかった。旅客はひとりずつ、人の背を借りて艀《はしけ》に移し、港内を移動するしか手段がなかった。そこで乗客の便をはかるべく、庄八は自費で海を埋め立て、一三〇メートルほどの堤を築き改善に努めた。

明治三十年代になって、本格的な港の修築工事が進められる。本土と四国を結ぶ鉄道連絡船の運行も始まった。桟橋から初代の高松停車場までは人力車が接続した。讃岐の人々は「西は鉄道で、東は馬車で、南は公園、北は築港……桟橋に大きな蒸気が横着けに」と高松市内における交通機関の充実ぶりを流行歌に歌った。その後、昭和二年（一九二七）に至る期間、合計三度の港湾修築事業を重ね

★69

た結果、高松港は鉄筋コンクリート造の大桟橋を保有する近代的港湾に生まれ変わる。競合する多度津港に勝る貨物の集散港を、市民は「大高松港」と讃えた。

高松港には貨物船に加えて、大阪や神戸、宇野、小豆島、別府方面など、瀬戸内各地と連絡する大小の客船が連日、何便も到着する。「桟橋通り」と題する絵葉書には、モダンな外観の港湾施設が街並をかたちづくっている様子が記録されている。左手前に宇高連絡船の桟橋の建屋、円塔が印象的な大阪商船の船客待合所と港務所が奥に見えている。絵葉書では「海より陸へ」という見出しとともに、「高松は全四国の大玄関、八十間の浮桟橋は三千噸級の船舶を楽々と横づけにして船車の連絡完全、桟橋通りの繁華は流石四国の雄都と頌かれる」と書いている。（図［★69］）

◉時間待ちに良い◉

多く遊客が高松港を経由して四国各地の名所に向かい、また帰路についた。琴平や屋島、八栗など古くからの名所には電車やケーブルカーなどが整備されたため、高松を起点に周遊する観光客も増加した。また次の目的に向けて、船から船へ、あるいは船から汽車へと乗り換える人も少なくなかった。そのなかには早朝や深夜に高松港に到着する便の利用者もあったようだ。

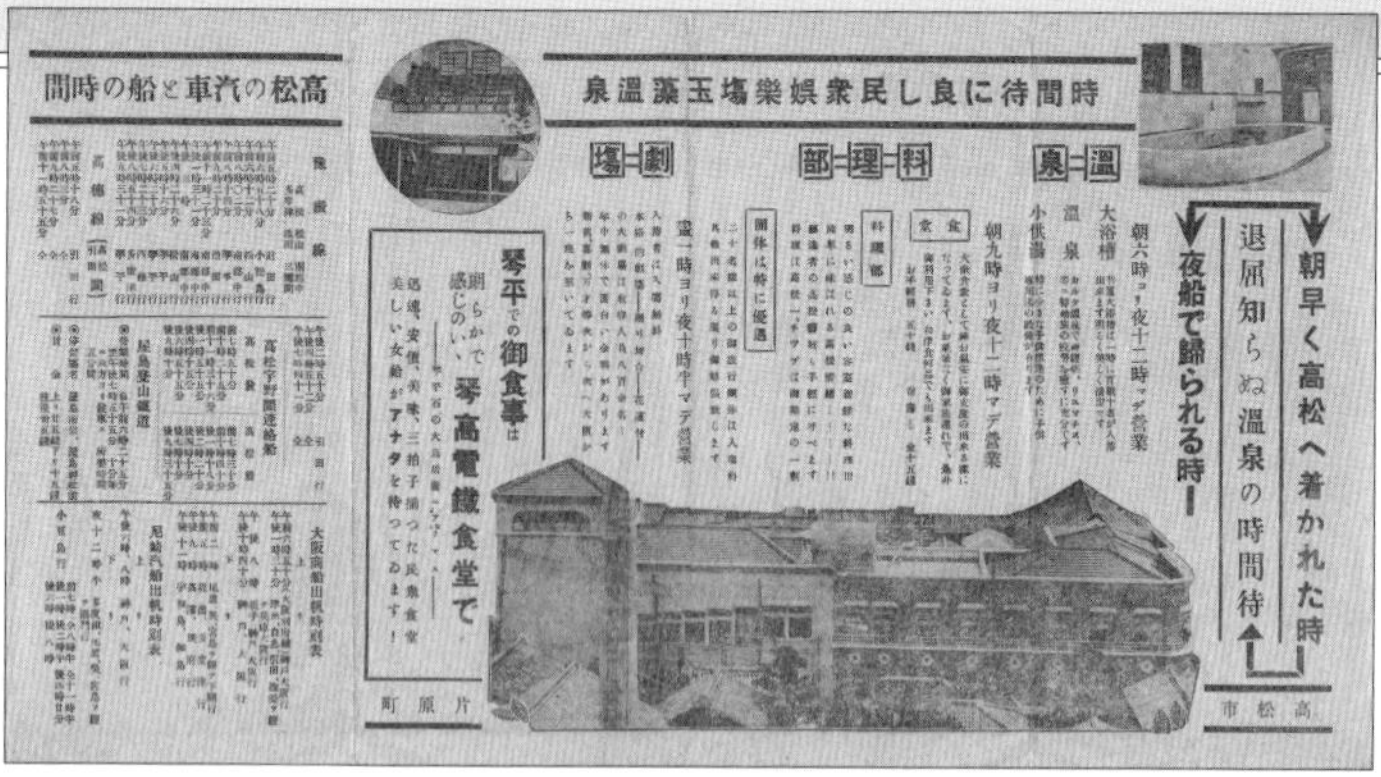

★70

船や鉄道の便を待つあいだ、時間を費やす必要があった。この需要を意識し、新たな温浴施設が開業する。「高松新名所」「民衆娯楽場」をうたう玉藻温泉である。概要を紹介するパンフレットには「朝早く高松へ着かれた時　夜船で帰られる時　退屈知らぬ温泉の時間待」と記載する。同時に百数十人が入浴できる大浴場、温泉、子供専用の「小供湯」などの施設があった。温浴施設は朝六時から深夜十二時まで営業したようだ。（図［★70・71］）

朝九時には家族連れでの利用をも想定した食堂が開業、夜十二時まで大衆向けの和洋食を提供した。個室もあったようだ。「料理部」の説明には「明るい感じの良い客室　新鮮な料理！！！　簡単に味はれる高松情緒……………！！　芸達者の高松芸妓も手軽に呼べます　料理は高松一、チップは御勘定の一割」と会計の明朗さをうたっている。

八百名を収容する劇場も付設された。回り舞台と花道のある本格的なもので、年中無休、午後一時から夜十時半まで、新劇や旧劇、喜劇、漫才など、各種の余興を上演した。「次から次へ大阪から一座を招いてゐます」と書いている。入浴者は無料で利用す

★71

ることができた。玉藻温泉の外観、とりわけ湾曲した壁面や弧を描くように壁に穿《うが》かれた窓のかたちは、欧州において流行した表現主義の影響を受けたデザインである。

◉讃岐の旅に名物ふたつ◉

玉藻温泉のパンフレットに、タマモホテルと塩之江温泉花屋の広告が掲載されている。タマモホテルの宣伝では「独逸《ドイツ》最新式建築」「文化設備完全」をうたい、「国立公園瀬戸内海の眺望を寝ながらにして一眸の裡に収むる」「サービスは県立高女出身の才媛」と訴求する。いっぽう花屋の宣伝では、「専属少女歌劇年中無休」「専属少女ジャズバンド」と書いている。加えて、「春は花見と蕨狩、夏は河鹿《かじか》と時鳥《ほととぎす》、秋は恒例大菊人形、冬は雪見と避寒」と記す。日々のエンターテイメントと、四季折々の風物と催事を宿の魅力としている。(図[★72・73])

タマモホテルと塩之江温泉は、雑誌広告でも協力することがあったようだ。雑誌『海』昭和七年(一九三二)十月号の広告では、「讃岐の旅に名物二つ!」と見出しを掲げつつ、タマモホテルの外観とともに花屋専属の少女歌劇団の舞台写真が掲載されている。(図[★74])

タマモホテルは高松を代表するホテルであった。各種の案内や広告の文章では、「本格的国際大ホ

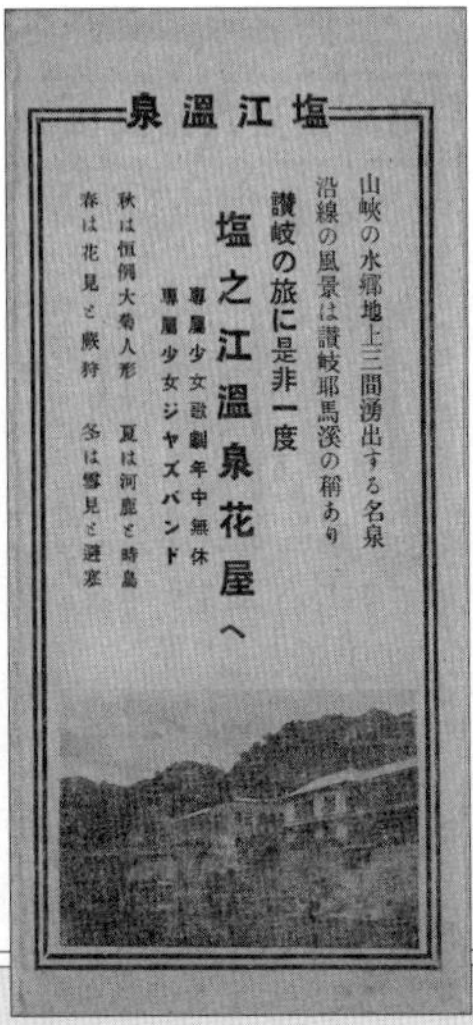

★72・73

★74

テル」「国際的豪華殿」「内外旅客に呼びかく豪華殿」「四国唯一の国際的大建築」「観光四国の誇」などと自画自賛である。百五十人までを受け入れることができる和洋の食堂も自慢であったようだ。「味覚のデパート」という広告もある。

外観と各室の概要は絵葉書セット『玉藻ホテルの印象』を見るとあきらかだ。隅にも硝子窓をとり、庇《ひさし》を巡らして水平方向の線を強調する幾何学的なデザインである。横に連続する丸い穴は換気口だろうか。外観はドイツのモダニズム建築の影響がうかがえる。塔屋の上に、「ホテル」と書いた飾りを載せ、さらに三角の旗を高く掲げた。絵葉書などにも風にたなびくペナントの様子が描かれている。

（図［★75・76］）

★75・76

★79

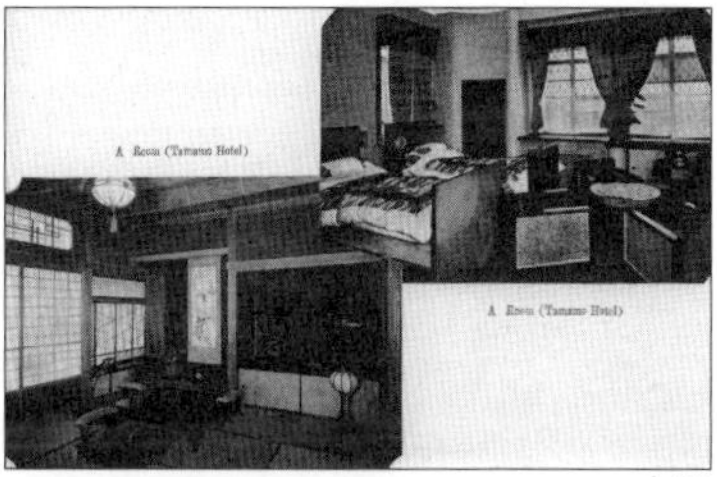

★77

★80

★78

★81

『玉藻ホテルの印象』
★77 A Room　★78 Part of Dining Room　★79 Distant View of Tamamo Hotel　View of Mt.Yashima from Balcony　★80 Parlour　Banquet Hall　★81 Entrance

近代的な西洋風の外観に対して、内部には和洋双方の部屋があった。先に紹介した広告では部屋数は五十三室、室料は金三円からと書かれているが、昭和十二年の別資料では和室二十一部屋、洋室十七部屋、宿泊料金は二円から十五円と記載されている。和室は床や違い棚、書院があり、天井を折り上げる本格的な書院造である。部屋からは屋島の山影と瀬戸内海を見晴らすことができた。絵葉書では、大きな床の間が印象的な大座敷を、英語で「バンケットホール」と紹介している。柱列が並び赤い絨毯を敷き詰めた階段室に、松の盆栽を飾るなど、和と洋の要素が入り混じる。（図［★77〜81］）

観光都市として発展するなかで、高松にも都市型の洋風の宿泊施設が求められた。いっぽう近郊の温泉旅館では菊人形や少女歌劇など、大阪や東京などの大都市で人気を集めていたエンターテイメントが演じられた。高松は旅人にとって、名所や旧蹟に出向くうえでの経由地であった。そこでは地方の行楽地ならではの情緒や風光とともに、都市的かつ最新の楽しみの提供も求められた。観光都市は「名所性」と「都市性」が同居する「非日常」の場として、その価値を高めたようだ。

◉ユートピア高松◉

『西日本観光新聞』の昭和十二年（一九三七）五月号は「讃岐紹介号」と題し、香川県を紹介する特集を組んでいる。五月五日から三日間、高松市内で日本観光連盟の第二回総会が開かれたことを記念して企画されたものだ。同特集では、「ユートピア　讃岐のアウトライン」という記事を掲載し、高松を「ユートピア」だと強調する。

「四国の表玄関として、瀬戸内海国立公園の中枢都市として、天下の名園栗林公園の所在地として、ユートピア高松の名は余りにも有名である。人口九万余、松平家十二万石の旧城下として四国文化の中心をなしてゐる。」

設備において内海随一である高松港は、京阪神や九州への船便の要路であり、鉄筋コンクリート造の桟橋は東洋一の名がある。四方八方に所在する名所旧蹟には、鉄道や乗合自動車の便があり、高松を起点に遊ぶことができる。栗林公園などの市内の見所も多い。もっとも筆者が高松を「ユートピア」と指摘した理由には、観光都市としての充実に加えて、券番や料亭、カフェーなどの充実があったようだ。次のように述べている。

「高松検番百五十の芸妓は常に芸所讃岐の名の為めに名を惜しみ二百の女給はユートピア高松の名の為めに百方サービスに抜け目がない。市東北隅高松東浜港頭にある北の新地は讃岐情緒の最高峰として投資価値百パーセント、二百の美形は何れも二十歳前後の若手揃ひで誘ふ水あらばの風情は旅の人には殊に嬉しいものの一つであらう。」

料亭では、村井、新常磐などの大店を特記したうえで、そのほかにも「数寄を極めた浅酌低唱の家」がたくさんあると述べる。そして「ここらの四畳半からこぼれたローマンスが桟橋迄つながつて名残のテープと船の煙の癪の種とゴツチヤになるといふ話は度々聞かされる」と書いている。カフェーについても、いずれも洗練されたサービスだと述べる。ただ「旅の人をフラフラッとさせるから御要慎が肝要などと余分な事を書くと女給さんから叱られる」と書く。

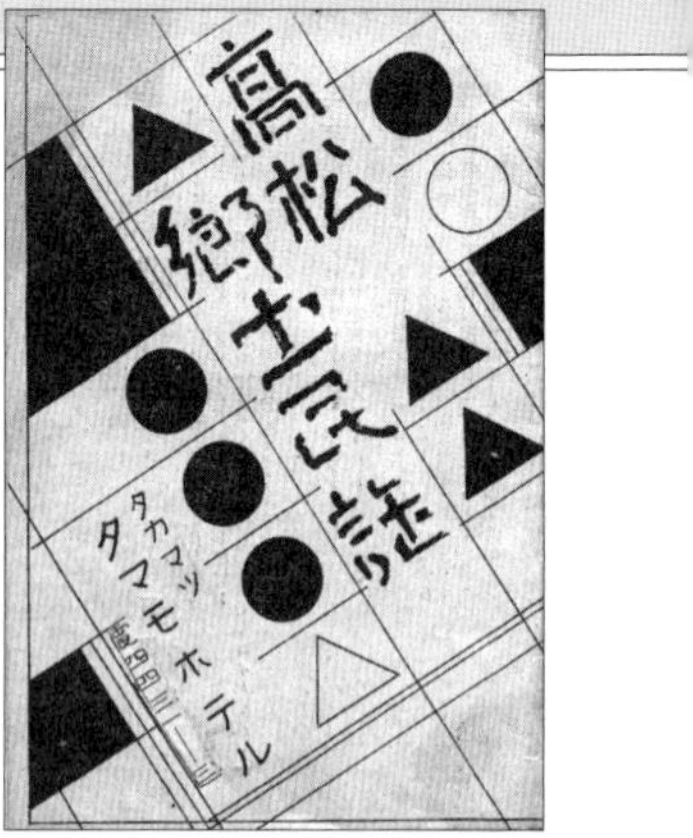

◉野口雨情と高松小唄◉

「ユートピア」とは、そもそもは「素晴らしく良い場所であるがどこにもない場所」を意味する。転じて「理想郷」というニュアンスで私たちは使用している。もっとも「理想郷」を示す外来語でも、聖書に記された原初の楽園を示す「パラダイス」や、牧歌的な「アルカディア」などと比較した場合、「ユートピア」は人工的であり、なおかつ未来志向である。「理想都市」と訳した方が良いのかも知れない。

昭和の始め、高松がなぜ「ユートピア」と讃えられるようになったのか。由緒を調べてみると、昭和五年（一九三〇）に発表された「高松小唄」にたどり着く。一番では、次のように歌っている。

★82

「一度どころか　二度三度花咲かすヨ　アリヤヨイヨイヨイ
四国高松　アサイノサイノサイノ　ユートピア
（囃）ハついて来いとならついてゆく　さて一度が二度でもヨイヨイヨイ」

「高松小唄」は野口雨情が作詞、中山晋平が作曲を担当した。市制四十周年を記念して高松市が発注したものだ。当時、日本各地で、御当地の名所や名産など地域の魅力を歌い込む、いわゆる「新民謡」の制作が流行していた。瀬戸内海が国立公園の指定を目指して運動を展開、観光事業の必要性について市役所も本気になっていた時期である。高松でも観光振興に力を入れるべく、新たな歌を必要としたようだ。

「高松小唄」の制作にあたって、野口雨情と中山晋平は、高松を拠点に讃岐路を旅したという。二番以降では、栗林公園の木々の青さ、屋島の時鳥など、自然の美観を歌い込む。加えて、霧に隠れて見えない小豆島の紅葉への想い、琴平の石段に並ぶ石灯籠群に誰が火をつけたのかといった疑問など、各地の名所を訪問する道中で得たであろう、素朴な発見も詞に織り込んでいる。

「高松小唄」の発表会は、内町聚楽座で行われた。野口と中山も招かれ、高松券番芸妓、高松中央幼稚園内研交会の面々が舞台に上がった。ビクターの専属で新民謡や流行歌の歌い手である藤本二三吉、声楽家の四家文子が吹き込んだレコードも発売された。「高松小唄」は、広く親しまれたようだ。タマモホテルが配布、香川の新民謡の類いを紹介する『高松郷土民誌』と題するパンフレットでも、「讃岐小唄」「讃岐踊」「高松ノーエ節」とともに「高松小唄」を紹介している。（図［★82］）

観光都市として発展をみた高松を「ユートピア」と讃える意識は、野口の詞と中山の曲とともに、ひろく県民のあいだに広まったようだ。もっとも野口が当時の高松を見て、どのあたりを「ユートピア」とみなしたのかは定かではない。

◉観光の高松◉

高松観光協会の雑誌『観光の高松』は、昭和十二年

★83

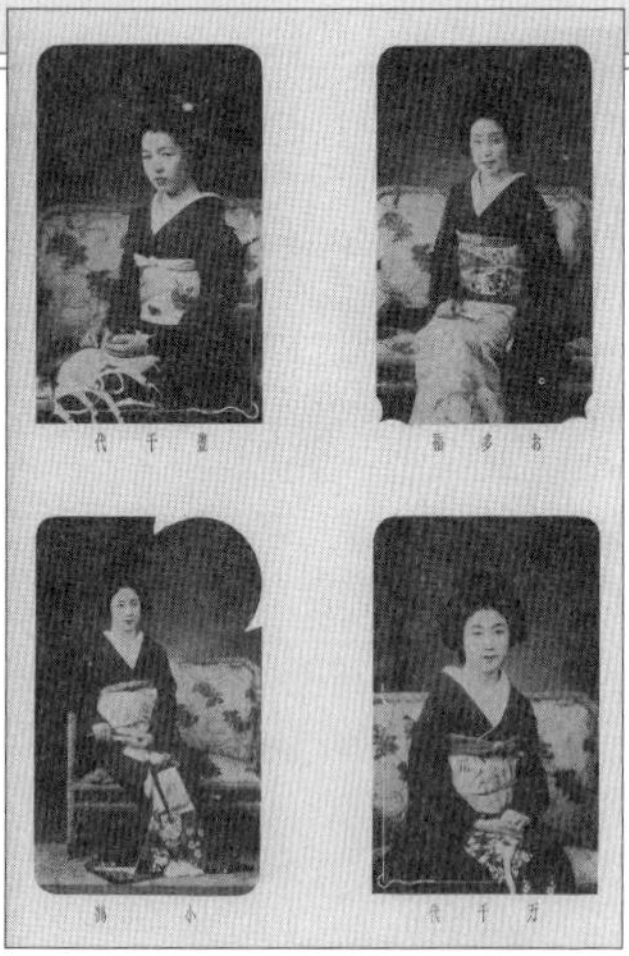

★84·85

（一九三七）四月に創刊された。先に紹介した日本観光連盟の高松での総会を控えた時期に発行されたのは偶然ではないだろう。玉藻城を近景に瀬戸内海に浮かぶ島々と帆船を鮮やかに描くイラストが表紙である。（図［★83］）

高松市長である冨家政市が寄せた「発刊の辞」では、「本市は四国の玄関にして、瀬戸内海国立公園及観光讃岐の中心を占め、内外観光客のよき観光地として一ヶ年二百万人を凌駕する観光客を迎へつゝある……」という認識のもと、観光振興に向けた意欲を述べる。併せて、高松における観光行政の先進性と経緯を説明している。

それによれば高松市では昭和五年、全国の各都市に率先して、市役所に「勝地紹介係」を設置したとある。行政が観光事業に力を入れる覚悟を持ったまさにその時に、野口雨情が「一度どころか　二度三度」と、「ユートピア」である高松への来訪を促す御当地ソングを作成したわけだ。その後、時代の進展と観光施策の重要性を鑑み、昭和十一年五月に係を廃止して観光課として独立する。さらに九月になって、観光関係者を網羅する高松観光協会を設立、観光課と連携して観光事業の拡大強化と誘致をはかることとした。市長が会長を兼職、商工会議所会頭と市会議長が副会長を務め、観光に関わる主要な事業者で構成されている。

『観光の高松』の創刊号には、市長の「発刊の辞」に続けて、国際観光局長、広島鉄道局長、日本旅行協会専務理事のほか、国立公園協会常務理事であった田村剛が寄せた祝辞を載せる。本文では讃岐ゆかりの物語や歴史、郷土玩具や工芸品などの特産品に関する専門家の文章、香川県の名所旧蹟を題材とした随想や画文、与謝野晶子の詠んだ歌など、観光に関する多彩な記事を掲載している。札所巡りや讃岐路を旅する際のモデルコースの提案もある。

人気芸妓の顔写真、高松の夜を彩るネオンの様子をコラージュしたものなど、写真による構成がある。また荒井とみ三による漫画「讃岐をんな四景」も面白い。高松の歓楽街に見受けられる女性気質については、「高松はモダーンごのみの娘子軍のハンランだ。丸顔でインテリくさくなく、人好きさうな新鮮な線と、流線型の足取りはやはりオール四国の玄関口高松市にはふさはしきかぎりならずや」「遊都高松市のネオン街に、咲く紅い花、最近は明朗と親切第一に……なまなま（エッ舌をかむ）なまめかしくサービスぶり、これでこそ一度どころか二度三度おいでまーせ、なども云はざりしとも、彼氏の君ワイマタきまつさ」と書いている。自転車で疾走する芸妓のイラストが、画家の目に映った時代の風潮なのだろう。（図［★84〜90］）

★86

★87

★89

★88

★90

『観光の高松』創刊号より
★87〜90「讃岐をんな四景」

『観光の高松』創刊号より
★91 タマモホテルの広告
★92 高松三越の広告
★93 玉藻温泉の広告
★94 北新地貸座敷業組合の広告

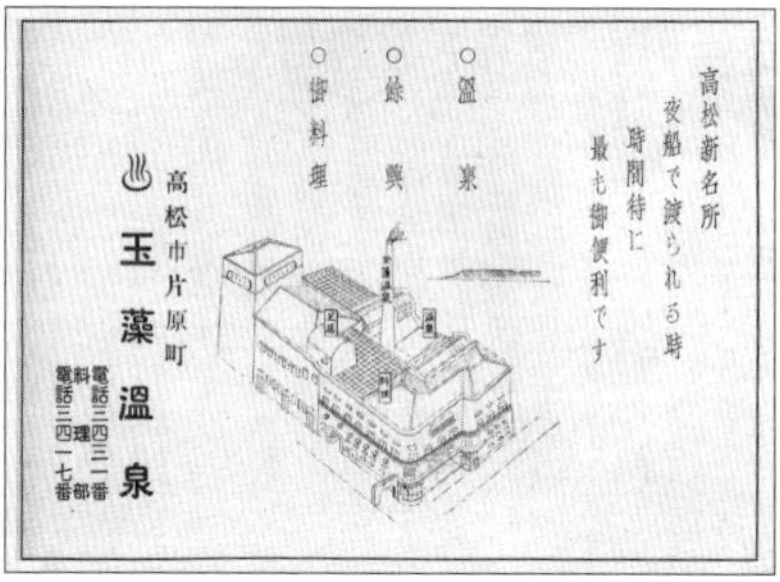

★93

★91

★94

★92

★95

『観光の高松』では高松観光協会の、事業に協賛する各団体や企業の広告が掲載されている。先に取り上げた玉藻温泉やタマモホテルの宣伝もある。北新地の貸座敷業組合は、十日戎《とおかえびす》に際して東浜神社に奉納した宝恵《ほえ》駕籠の際の写真を添えている。裏表紙は高松三越の広告である。「高松へそして名所三越へ」とうたい、「屋上七階からは海の国立公園や高松全景や屋島等が手にとるやうに見えます」「讃岐のお土産も色々取揃へて居ります」と書いている。(図［★91〜94］)

屋島の霊巌茶屋と旅館大観楼の広告では、自慢の店員を顔写真入りで紹介する。店自慢のガイドボーイである大原清幸さんについては「ガイドをさすれば讃岐になくてならぬ男と云はれ『お山』の大将と有難いニツクネームを貰つてゐる血の気の多分にある心臓の強い男です」と書き、実に頼もしい。店を背負っているサービスガールである英子さんについては「愛嬌と親切に惚々とさせられ屋島にお登りになれば必ず明朗快活な説明を聞かずに居れぬと皆様に可愛がられてゐる美声の持ち主です」と書いている。広告の図像や文章を読み取ることで、当時の事業者や、観光業に従事していた人たちの想いが伝わってくる。(図［★95］)

モダニズムの文化が花開いたのは東京や大阪などの大都市だけではない。一九三〇年代には各地の中核都市に新しい生活文化が伝播した。なかには地域固有の伝統的な価値観と、大都会からもたらされた先端的かつ普遍的な価値が出会い、融合し、時に反発するなかで、その都市独特の表現が生まれる場合があった。

◉讃岐のメインシティ◉

高松も例外ではない。都会的なモダニズムの諸相を紹介する雑誌媒体も誕生する。『モダン讃岐』が創刊したのは、昭和十年（一九三五）一月のことだ。「街のモザイク　高松の巻」と題する文章の冒頭に、編集者が記した文章がある。少し長くなるが引用しておこう。（図［★96］）

「たかまつ――タカマツ――TAKAMATSU――朝は朝霧、夜は夜霧に濡て、ネオンに輝き浮ぶ遊都高松。瀬戸内海の波を蹴つてミナトに迫れば、その相貌はアツプされて疾駆する自動車のサイレンや、街角から湧き上がるジヤズの氾濫か或ひは仄《ほの》かな夢と郷愁をのせたエトランゼーの耳朶《じだ》を打つかも知れない。しかし見よ！此の坦々として白リボンを投た様な舗道と、美装櫛比した童話的な商店、降誕祭の蝋燭《ろうそく》のやうに、整然として可憐に並んだ乳白色の鈴蘭灯。そこには仮令《たとえ》植て嬉しい柳はなくとも、マロニエの並木路、南欧カタロニーの夜をしのばせるロマンテイツクなケーブルや、燻し銀のやうに流れ落ちる乙原の瀧が双眸に映じて蒼空を直角に断ち切る高層建築物はなくとも国立公園の中心都市としての高松情緒は、至る所に馥郁《ふくいく》たる香気を孕んでゐる。たかまつ――なんと云つてもサヌキのメーンシテイであり、誇りの街である如く、又街のサロンとして詩人のうたへる様に、多分の情緒と夢と希望を、立ち寄る人々の印象に、深く強く刻つけ、生かして呉れるだらう。」

★96

当時流行した「ジャズ」「サイレン」「ロマンテイック」「ネオン」「エトランゼー」などの外来語を交えつつ、白いリボンを投げたような「舗道」、童話的な「商店」、クリスマスイブの蝋燭のような「鈴蘭灯」、カタロニアの夜のような「ケーブル」など、都市に出現した近代的な文物を文中に織り込んで、高松の新しい情緒を美文調に記述している。

◉こんな雑誌がひとつぐらいあっても良い◉

『モダン讃岐』の版元は市内今新町のモダン讃岐社、発行者は石垣勘次である。編集スタッフの中心人物が荒井とみ三（本名・富三郎）である。とみ三は、宮尾しげをに師事した高松出身の漫画家であり、また讃岐郷土研究会の会長職を務めた郷土史家としても知られている。家業の竹輪製造の合間に、高松の史蹟や伝説に関する画文を地元の新聞に多く寄せていた。創刊号の扉に、とみ三の似顔絵がある。東郷青児が描いたものだ。編集後記に、とみ三は創刊への想いを書いている。「モダニズム」ではなく、「モダアニズム」と意図的に使っているあたりが面白い。（図［★97］）

「こんな雑誌が讃岐に一つ位ひあつてもいゝ。家庭大衆を目指したアツトホオム雑誌――それが昭和十年元旦を期して新しく生誕した『モダン讃岐』である。」

「こんな雑誌が讃岐に一つ位ひあつてもいゝ――と言ふ事は編輯者のひとりよがりの考へでなく県

人諸賢の御言葉であつて欲しいと思ふ。」

「雑誌中でも道楽雑誌と見られることは『モダン讃岐』にとつて大変迷惑な事である。近来海の公園として瀬戸内海国立公園として世界的に紹介される以上、遊覧讃岐の代表的土地宣伝雑誌として、本誌の目標は進められつゝある。」

「浅薄なモダアニズムは、決してモダアニズムの真の姿ではあり得まい。その意味でまづ本誌はローカル的な読物を盛りたくさんに発表したいと思つてゐる。故に本誌の読者数が号を追ふに従つて増すことは本誌をよりよくする処の糧であつて、『モダン讃岐』はあくまで読者と共に歩む事、これを唯一のモツトーとしてゐる。」★97

雑誌のキャッチコピーとして「話題のカクテル・讃岐通になる雑誌」と掲げている。もっとも先の文章にあるように、地域固有の読み物を多く掲載することで、単なる趣味の本ではなく、観光事業とも深く関わる「宣伝雑誌」を目指したようだ。

ただし創刊号に関していえば、編集のための時間が充分にはなかったらしい。とみ三は、十一月十三日に石垣から企画を持ちかけられたという。十一月三十日に原稿の締め切りがあり、年末までに印刷を間に合わせて新年早々に書店に配本するという、あまりに忙しいスケジュールであった。とみ三は創刊号の出来に物足りなさを感じたようだ。刷り上がった表紙を見た途端、原画の色彩を再現することができていない「トテツもないもの」であることに驚き、「あたふたとシヤツポをぬぎかけた」と書いている。もっとも印刷所にも、期日的に相当の無理を言ったらしく、責めるわけにもゆかないと述べている。

◉燻しのかかった渋いモダーン◉

『モダン讃岐』の編集部は、読者からの寄稿を広く求めた。創刊号では、紀行、史談、漫文、ナンセンスコント、人の噂など、「政治」以外のものであれば、何でも良い。特に「実話もの」を歓迎すると明記している。また別の号では、『モダン讃岐』向きの明朗なもの、映画館・喫茶店への感謝と不平などを求めている。

創刊号には、一般からの寄稿が間に合わなかったため、とみ三と交遊のあった文化人や郷土史の研究家などに原稿を依頼した。四国民報社の社長である東山《とうやま》半之助は、「白髪」であることをもじった「ホワイトハンノスキー」のペンネームで、「新春漫語をことわるの辞」という小文を寄せている。とみ三から依頼を受けた寄稿を固辞するという体裁で、皮肉混じりではあるが、新雑誌への期待を記している。

東山は「モダン」という言葉とはなじみそうにもない、高松の日常を想起したようだ。片原町に開店したフルーツパーラーでは、熱燗《あつかん》でビフテキをぱくつく紳士がいる、あるいは三越の飾り窓にあるゴルフクラブを「測量師の道具」と子供に教える令婦人がいると例示する。高松には、最新流行の文化から遅れた人士が多数いると強調したかったのだろう。

ただし東山は『モダン讃岐』の発行には好意的だ。とりわけ荒井とみ三の「新感覚」に注目する。最近、とみ三が、それまで得意とした江戸小咄流のユーモアから転じて、「片仮名のアツチヤ語」を喋るようになったとわざわざ指摘したうえで、「果たして何処から、どんな『モダーン』を発掘するか、楽みですネ」と書いている。また郷土趣味の「考古学」と同様に「考現学」の大切さを説きつつ、お互いの日常、街頭、オフィス、お茶屋、カフェー、キネマ館に「刻々又秒々、瞬間のストップなしに進転し推移する現実の姿の裏表と明暗に新しい視野をひらき新しい感覚を摂取する」といったことも必要だと述べる。

単にキネマや女給、玉突きやゴルフといったゴシップ集めにとどまるのではなく、多くの人が気づかないところから、「安い舶来品」ではない「燻し」のかかった渋い「モダーン」を引きずり出してくれれば、やがて「観光サヌキの顔に気高い美しさのメーキヤツプを与へるポケット鏡」として珍重されるものになるだろうと、新雑誌への期待を記している。

◉職場の彼女◉

継続して刊行された『モダン讃岐』の各号では、映画やカフェーの情報、花街の芸妓、カフェーの女給、塩之江仙境でレビューの舞台に立つ踊り子などの噂や取材記事を掲載する。いっぽうで高松の美術界、小説家や画家などの文化人、市長など、高松を代表する人たちへのインタビューも毎号のように登場する。

先の東山の要望に応じるように、たとえば市内の喫茶店や盛り場の現状を漫歩しながら紹介する考

★100

★98

★101

★99

★102

『モダン讃岐』より
★98・99 表紙
★100「職場の彼女」タマモホテル
★101 1935年明朗女性
★102 源氏正宗醸造 令嬢

現学的な記事もある。土佐人・伊予人・讃岐人の気質を比較する文章や、高松人の風俗や特長を男女別に解剖する座談会などを載せている号もある。観光振興の観点から、郷土を訴求しようという想いを託した企画もある。高松市観光係の公認のもと、市内の名所にあるスタンプのデザインを活かしたシールを付録にしたことなどは、その一例だろう。(図[★103])

口絵や表紙に、写真館で撮影された女性の肖像写真を載せる号もある。「職場の彼女」と題する記事は、タマモホテルや洋装店の「顔」となる女性たちを取材したルポルタージュである。高松にも近代的な価値観のある職業婦人が活躍していることを強調したかったのだろう。編集部はまた読者に写真の投稿も呼びかけた。愛読者の写真、自慢の写真に加えて、「貴方が推薦する彼女の写真」も募集している。(図[★98〜102])

安っぽい外来品ではなく、また浅薄でもない。高松独特の渋い「モダン」がこの雑誌に凝縮されたのかどうか。その判断は、記事に登場する高松の人々と読者の判断に委ねられていた。

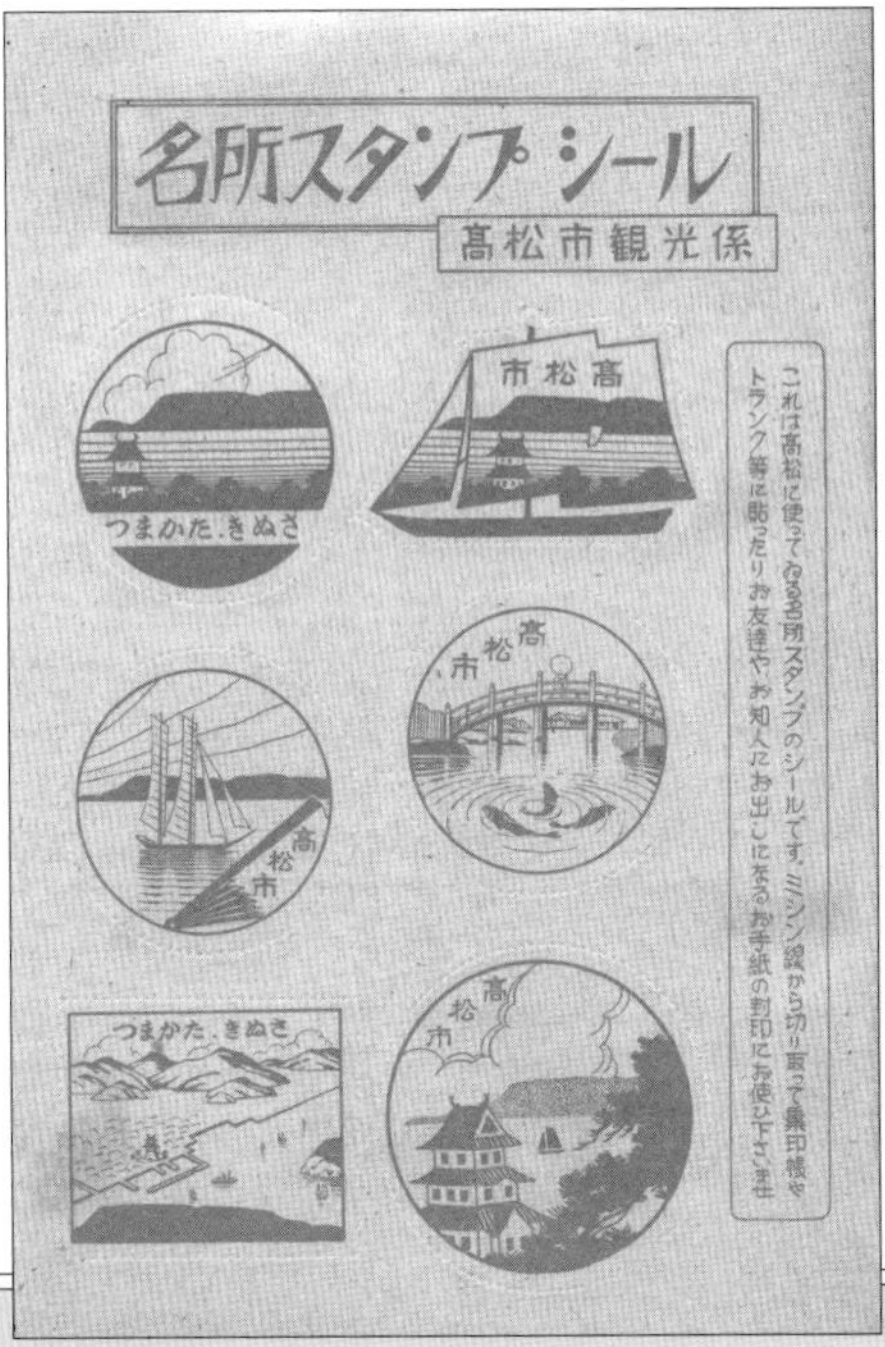

★103

column コラム 4 戦火の『海』

昭和十年（一九三五）ぐらいまでは、主に船旅の魅力を紹介してきた『海』（大阪商船）の誌面も、戦争の色が濃くなる。広告までもが戦時の様相を呈し、その状況は裏表紙のデザインに顕著である。たとえば昭和十五年の各号では、大阪に店舗を構える百貨店や、瀬戸内に工場を構える造船所など、海運会社とゆかりの深い企業の一面広告が掲載されている。

もっともその内容は、嗜好品・贅沢品を華やかに宣伝、自由な消費活動を謳歌するようなものではない。自社の商品広告ではなく、時局に応じたメッセージを掲載する「献納広告」の掲出が広告主に求められるようになったからだ。

たとえば昭和十五年一月号では、大阪心斎橋の大丸が「興亜の春を迎へて」というコピーとともに、マストにたなびく商標をあしらったフラッグと店舗の外観写真を組み合わせたデザインの広告を掲出している。また八月号では大阪高麗橋の三越が、「重要なる物資は総て御国の為に消費さるべきであります。……何卒

★1～3※

物資節約と云ふことを第一主義に代用品の御使用を御願ひ致します」と、鮫皮の靴や犬皮ハンドバッグ、紙製空気枕、陶製の釜やスプーン・フォークといった「新興代用品」を推薦している。背景には百貨店の外観とともに、浜辺を水着で走る若者の姿を描いている。代用品ではあるが、この段階ではまだかろうじて、人々を消費に誘う広告が許されていたわけだ。(図[★1〜3])

★4・5※

昭和十六年の後半になると、いよいよ様相が一変、『海』の裏表紙から企業広告は姿を消す。その代替に、戦意を高揚させるメッセージが用意された。昭和十六年十一月号と昭和十七年二月号は、東南アジアまで含む南方圏の地図に、日の丸を側面に配する船団を描いている。「海運報国」「戦ひ抜かう大東亜戦」の文字が踊っている。(図[★4・5])

次に登場したのは、インド、さらには

★6〜9※

オーストラリア、ニュージーランドなど、南太平洋までを視野に入れた地図と船団を描くものだ。「進め　貫け　米英に最後のとゞめ刺す日まで」（昭和十七年五月号）、「流言を伝へる者もスパイの手先」（昭和十七年九月号）といった文字が見える。昭和十八年の一月号、二月号は、逆に「海だ　輸送だ　全力だ」という文字は同一だが、イラストを変えている。（図【★6〜9】）

　昭和十八年三月号からは、ヤシの木が生い茂る南方の島に向かって、大型の商船が進んでいる様子がイラストで描かれた広告が続いてゆく。「撃ちてし止まむ」（三月号）、「聞いても語るな　知つても言ふな」（四月号）、「決戦下輝く海軍記念日」（五月号）、「決戦だ身軽で行かう船の旅」（六月号）と、毎月、コピーは異なっているがデザインは同じだ。さらに七月号と八月号は、日本地図とともに「護れ寸土も神の国」という文字が記された緊迫感のあるデザインになっている。（図[★10～14]）

なかでも「撃ちてし止まむ」というコピーは、戦意高揚をはかるプロパガンダの事例として日本の広告史に残るものだ。

昭和十八年二月二十三日、陸軍省が「撃ちてし止まむ」と記したポスター五万枚を全国で配布し、一斉に掲げるように指示をした。また同日、東京有楽町にある日劇のビルの壁に、百畳ほどの面積がある巨大な写真ポスターを掲示し、軍楽隊の演奏のもと、多くの市民が「愛国行進曲」を唱和したという。銃剣を掲げた兵士が星条旗を踏みつけつつ、敵陣に突入する様子が印象的なデザインは画家・宮本三郎の作品である。

「撃ちてし止まむ」という言葉は、『古

★10※

★11〜14※

事記』の神武東征のくだりにでてくる歌謡、「みつみつし　久米の子が　頭椎石椎もち　撃ちてしやまむ」に由来する。ポスターの配布後、大阪商船の『海』のみならず、各社が「献納広告」などにこの文言を使用したようだ。

昭和十八年八月、すでに三章でも述べた通り、戦局は深まり、二十年ほど刊行を続けてきた『海』も、終刊を迎えることとなる。

第七章

温泉と海

瀬戸内海の観光開発において、温泉地も重要な役割を担った。とりわけユニークな発展をみたのが、内海を東西に貫く観光ルートの西端にあり、九州を周遊する観光ルートの起点ともなった別府である。「東洋の泉都」の異名を持つ温泉都市には、近代化の過程でさまざまな投資が行われ、かつての保養地は国際観光都市として繁栄をみた。その足蹟を見ておきたい。

★1

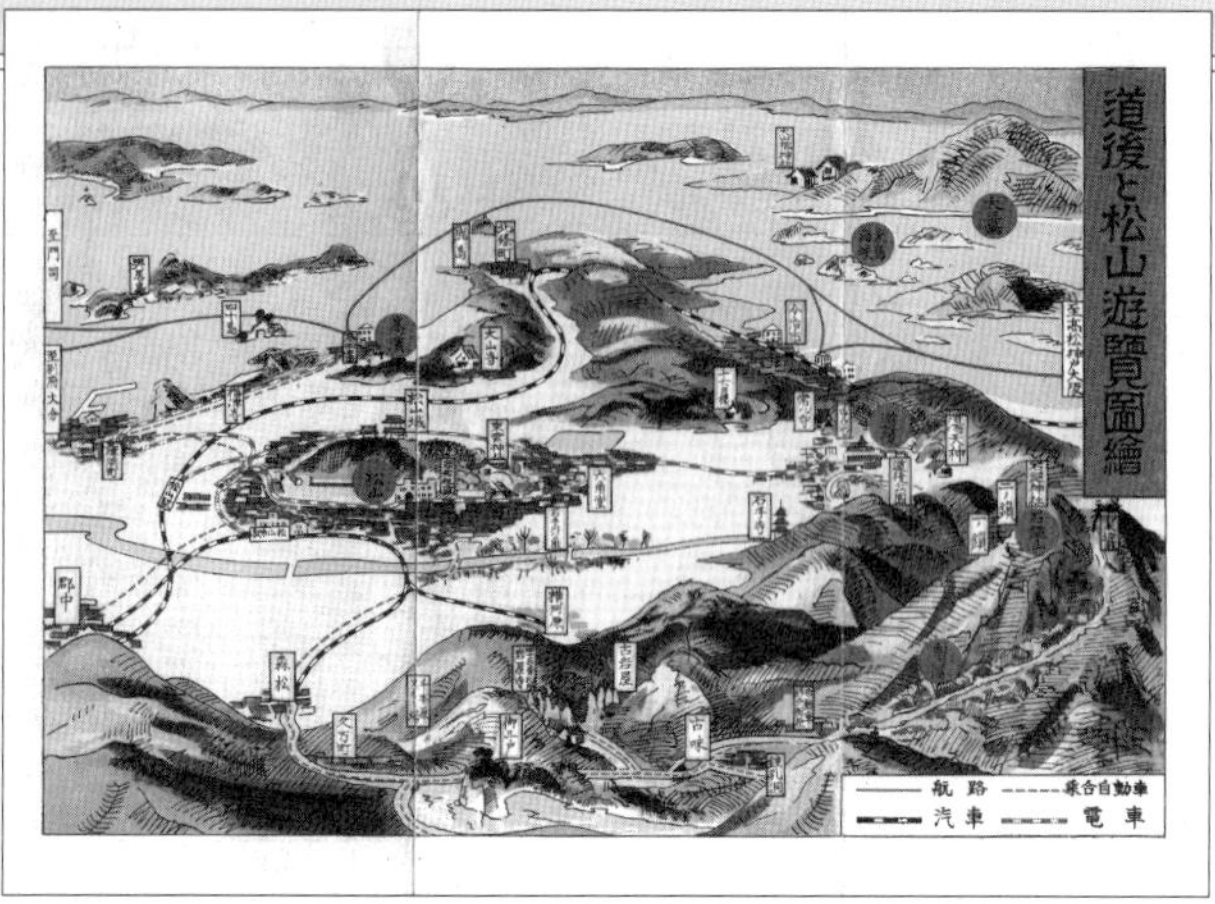

道後　スピード時代の温泉

◉客船と温泉◉

昭和初期、瀬戸内海の観光開発にあって、温泉街の近代化も進んだ。特筆するべき事例のひとつが道後温泉（愛媛県）の発展である。

大阪商船は『道後と松山』というパンフレットを発行した。ここでは昭和七年（一九三二）から九年にかけて発行された各年度の案内を見ておきたい。昭和七年四月のものは、松山城と温泉の建物をモチーフとしたデザインを表紙とする。いわゆる「温泉マーク」を、幾何学的にデザインしている点が面白い。伊予路の観光名所を近景に配置、来島海峡や大三島、遥かから瀬戸内を見晴らすイラストマップを添えている。（図［★1・2］）

昭和八年四月の日付が

★2

★3

あるものは、船上のデッキで寛ぐ家族連れの様子を漫画で描く。地図は前年度とは逆に、瀬戸内海側から松山市街地や道後温泉、面河《おもご》渓、さらに遥かに石鎚山までを見晴らす構図だ。（図［★3・4］）

昭和九年二月に発行された版は、それまでとは趣向を改めて、添付の地図が地形図に変えられている。表紙には、瀬戸内の沖合を行く船影と対比させて、手前に温泉の湯船を描く。（図［★5・6］）

大阪商船は、道後温泉にも多くの湯治客を送り込んだ。大阪別府線に投入された一七〇〇トン級の豪華客船とともに、大阪若松線を運行する八〇〇トン級の客船が、大阪や神戸の港から九州に至る途中、高松、今治を経由して、高浜港にも寄港した。遊山の客は船着場からは軽便鉄道に乗って、三津浜から古町を経由、松山城の麓を抜けて道後の温泉町に入ることになる。

★4

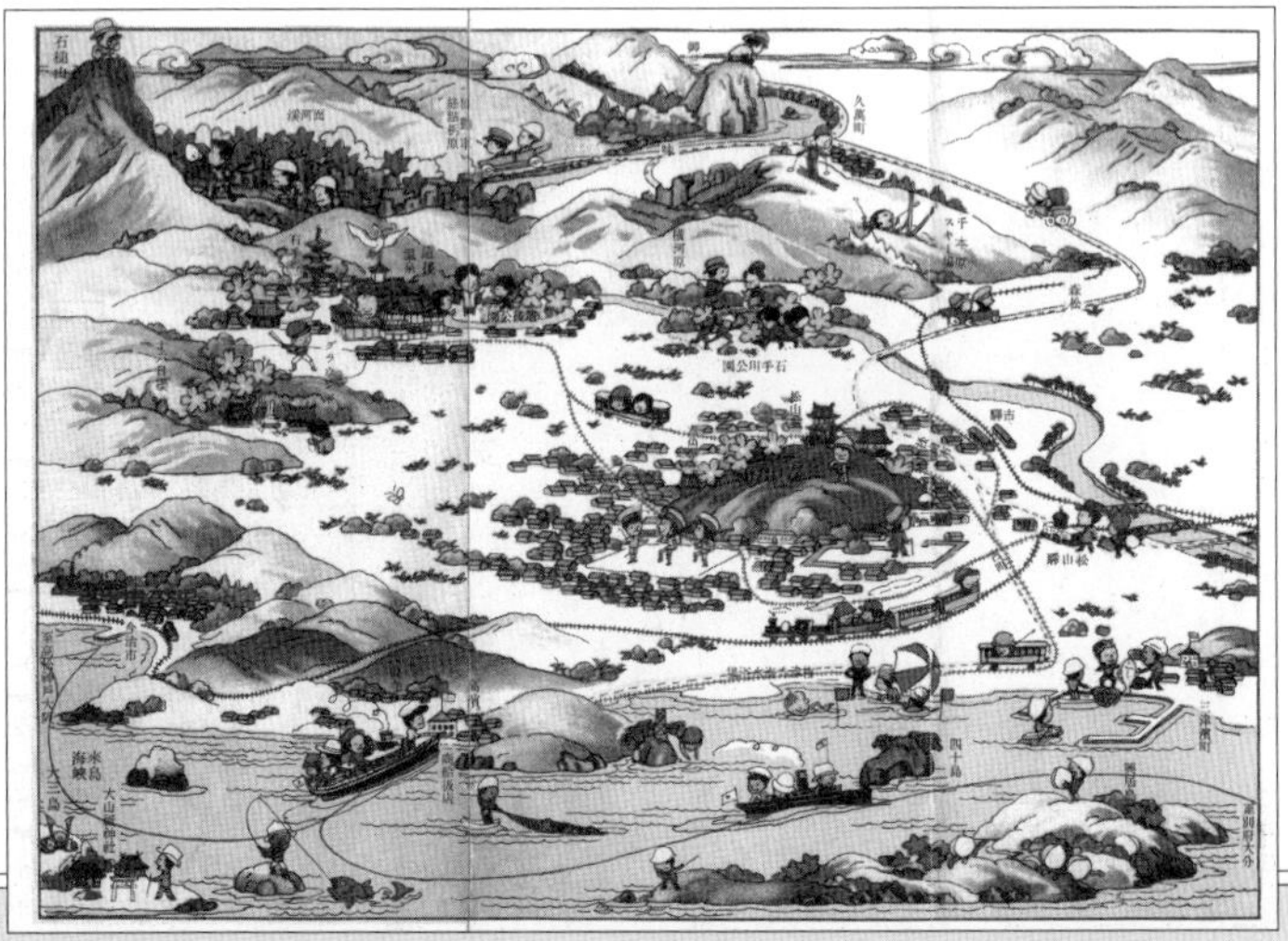

★5·6

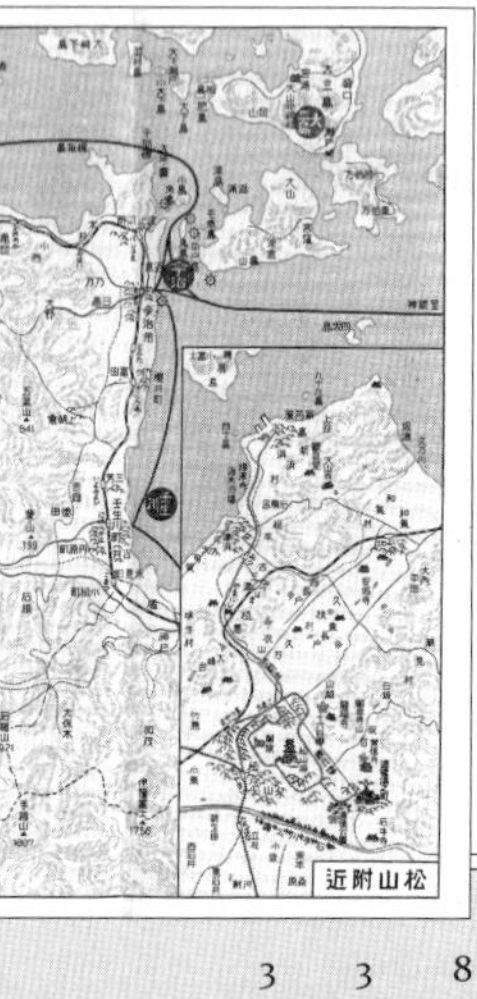

◉神代の霊泉と科学的効能◉

夏目漱石の小説『坊っちゃん』の舞台となった道後温泉は、足を傷めた一羽の白鷺が、岩間から湧き出る湯で傷を癒したという伝承に由来する。神代に遡る泉源とされている。また、のちに行基が伊予を巡錫《じゅんしゃく》した際、温泉を修理して浴地をつくり、また神井を穿って湯釜を設けたとも伝えられている。

伊予を統治する豪族や守護、大名たちが道後温泉をも支配した。湯築城主となった河野通直は、温泉の経営を石手寺の末寺である明王院に委嘱するとともに市場を開かせる。その後、城下は温泉郷としての賑わいを示す。松山に新たな城が築かれたのちも温泉は重視され、藩主・松平定行は入浴税を徴収して藩の財政の一助とする。

明治二十二年（一八八九）に温泉郡道後湯之町として町制を施行、源泉の管理を町役場が担うようになってから温泉の近代化が始まる。初代町長となった伊佐庭如矢《いさにわゆきや》は、既存の温泉湯を改築することで、「高級」な湯治客を呼び込むことが道後温泉の将来に欠かせないと決断する。そこでみずからは無給とし、給与分を既存の温泉施設の改築に充てることとした。まず養生湯に手を加えて、さらに街の西端に町民の無料浴場「松湯」を開設した。ついで「神の湯」の全面改築を具体化する。

莫大な工費に対して、町民の反対運動も起こったというが、城大工であった坂本又八郎が棟梁となり、約二十ヶ月の工期を経て、ようやく明治二十七年に、三層の城郭風建築である神の湯本館を完成させた。その後、明治三十二年に又新殿《ゆうしんでん》と霊《たま》の湯《ゆ》棟が、大正十三年（一九二四）に南棟および玄関棟が増築された。本館上にそびえる赤い硝子張りの楼閣は「振鷺閣《しんろかく》」と命名され、その頂部に温泉開創の物語を担う白鷺の像が据え置かれた。

明治二十八年、伊佐庭の尽力もあって、一番町から道後に至る軽便鉄道「道後鉄道」が開通した。三津浜と松山を結ぶ伊予鉄道から乗り継ぐことで、遊客は港から鉄路で温泉に入ることが可能になった。明治四十二年に刊行された『温泉郡誌』（愛媛教育協会温泉部会編、向陽社）は、次のように書く。

「家屋は明治初年までは農業及び農商兼業のもの多く、従つて家屋の如きは其産業に適する構造にして、……唯数戸の宿屋業又は妓楼の如きは稍《やや》広潤なる構造なりしが、温泉浴客漸次其数を増し、温泉場の改築と共に旅舎の構造を改め、農業者は商業に転じ来りて今や純然たる商業地となり、従来の藁屋は二層三層の楼に転じ、道路亦改善を加え、車馬の通行に便するなど大に面目を改めたり……」

本館の整備と鉄路の開通を契機に、道後は従来の湯治場から本格的な観光地へと発展をみる。岩井

★7·8

屋旅館が配布した『道後温泉』という冊子では、日本髪を結った女性たちが湯を浴び、休憩室で寛いでいる写真を掲載する。「三千年の遠き神代ながらの霊泉」と綴りながらも、温泉の放射作用がさまざまな病気にも効果があることは「近代科学の立証する処」と記し、伝統と同時代性の双方からその効用を説く。そのうえで「古き歴史と貴き霊泉を表象する壮麗豪華なる浴場の古典的な建築美は正に一大偉観たるを失はないと信じます」と書いている。(図[★7・8])

大正十一年に道後温泉事務所と道後観光協会が発行した『観光の道後』も同様に、神代に由来する歴史と近代医学に裏付けされた医治効能を強調、「非常に肌ざわりの良い滑らかな泉質を持つてゐることは天下一品と言ふても過言ではありますまい」と記している。(図[★9])

★9

◉海に、陸に、空に◉

『観光の道後』では「物資豊富で宿泊料の安い道後温泉」という項目を掲げて、霊泉だけではなく旅館の居心地や、瀬戸内海の鮮魚を始めとする食材の豊富さも強調する。遠近からの遊浴客を迎えるにあたって、旅館の建築や設備・調度・食膳・待遇も「文化に伴う近代色」に改善された。また温泉街に設けた倶楽部では、ビリヤードや囲碁を楽しむこともできる。団体客の送迎や、案内も行っている。殊に「選抜の女中が恰《あたか》も家人の如く近侍奉仕して歓待に努むる温泉地特有の掬《きく》すべき風情には亦格別の趣きがあります……」と書き、温泉とその環境が「興味津々の特異な別天地」であると推奨している。

またこのパンフレットではさらに「交通至便の道後温泉」という文章を掲げて、立地の良さを説く。「海の玄関」である三津浜と高浜の港には、大阪商船のほか、石崎汽船や瀬戸内商船、尼崎汽船、宇和島運輸など各船会社の定期航路があり、京阪神を始め、山陽や関門、九州の各地と連絡している。高松、徳島、今治、高知など四国の主要都市とは鉄道やバスで結ばれている。宮島に参拝してから道後に渡るのも、宇野を経由して、屋島や金刀比羅を巡歴ののち鉄路で訪れるのも良い。あるいは鳴門の観潮や大歩危・小歩危の渓流美、龍河洞を鑑賞してから道後に入るのも良い。しばらく温泉に逗《とう》留《りゅう》してから近郊の勝景や遺蹟を探って、別府方面に転じるのも「至極便利なるのみならず愉快な旅」だと推薦している。

さらに「スピード時代の要望」に応じるべく、東京、大阪、高松、別府、福岡、京城とのあいだは定期の航空路で結ばれている。「海に陸に、空に四通八達」の便があると書いている。案内に添えた

鳥瞰図をよく見ると、航路と鉄路に加えて、東京や大阪までを往復するプロペラ機の姿とともに、破線で定期航空路線を表現していることが判る。(図[★10])

松山に至るこの航空路線を運行したのは、国内で初となる民間航空輸送会社であった日本航空輸送研究所である。徳島出身の井上長一が、大正十一年(一九二二)六月四日に設立した企業である。堺の大浜から徳島小松島までの区間を、海軍からの払い下げを受けた水上飛行機で運行し、乗客・貨物・郵便の輸送を始めた。さらに高松や白浜などを結ぶ定期航空路線を開設、のちに木津川尻の飛行場に大阪の拠点を移す。

瀬戸内空路には、ドイツから輸入した四人乗りのユンカースF・一三型旅客機にフロートをつけて就航させていた。昭和十年(一九三五)、本線を別府にまで延長するにあたって、より大型の飛行艇を導入することが検討された。昭和十一年九月六日の『大阪毎日新聞』に「大阪別府を結ぶ十六人乗りの空飛ぶホテル」「スマートなエア・ガールも乗せて十月から毎週一往復」などの見出しとともに、次の記事が掲載された。

「これは素晴らしいぞ! 内台間を快翔する〝空の豪華ホテル〟

★10

ダグラス陸上旅客機の向うを張って、こんどはお客十六人乗りというでっかい飛行艇が来る十月から大阪別府空路に就航、機上では煙草も喫えてお好みのカクテル附き銀翼料理が出た上、わが国はじめての試みとしてエア・ガールが同乗してサーヴィスすることになった……大阪を基点に泉都別府、松山道後および白浜湯崎への定期航空路に就航している日本航空輸送研究所ではかねて海軍当局から英国シューパーマリン社製作の優秀飛行艇〝サザンプトン〟の払下げをうけ東京日本飛行機製作所で旅客艇向きに改装中であったがいよいよ竣成が近づいて二基の発動機もネデヤライオン四百五十馬力と取りかえ、旅客機らしく機胴の両側にはケビンの窓みたいな丸窓十八ずつ合計三十六を並べて豪華な偉容を完成……これに意気込んだ同研究所では、空旅の快適さを先進国なみにとの念願から、就航の際は新計画としてスマートなエア・ガールを同乗せしめ、大阪別府間の瀬戸内海の名所の説明に当らすほか、乗客の注文によっては食事の世話から、日本酒、カクテルのサーヴィスまで行うことになった……」

記事によれば、土曜日に大阪から高松を経由して、松山まで二時間二十分、さらに別府までをわずかに三時間で結び、日曜日に逆のルートで飛行する予定であった。料金は従前のままに片道二十五円、往復五十円と設定されたが、十六名の定員内であれば団体旅行の相談にも乗ると報じている。就航した英国製の大型飛行艇は、日本風に「麒麟号」と命名された。さらに翌昭和十二年には大阪商船と連携し、片道は飛行機、片道は客船を利用して往復する大阪別府間の連絡券を発売している。瀬戸内海の旅も、飛行機という新たな移動手段を獲得する時期を迎えたわけだ。

別府　東洋の泉都

◉都市化する温泉郷◉

別府（大分県）も道後と同様に、神代から名を知られた名湯である。『豊後国風土記』や『万葉集』に、すでに「赤湯の泉」「玖倍理湯《くべりゆ》の井」などの名前で記載がある。『伊予国風土記』では、大国主命が鶴見岳の麓に湧く「速見の湯」を海底に管を通して道後に導き、病にあった少彦名命《すくなびこなのみこと》を癒したという奇想天外な逸話があるそうだ。

別府に湧く温泉のなかでも、柴石温泉は特に古く、その起源は平安時代に遡るという。また一遍上人の開湯と伝える鉄輪温泉も、遅くとも鎌倉時代には、すでに湯治場として利用されていた。流川近傍の楠温泉は、元寇の役で傷ついた兵士が保養に訪れた。江戸時代には明礬《みょうばん》温泉で明礬を生産するようになり、さらに観海寺温泉や堀田温泉、亀川温泉なども開かれた。瀬戸内沿岸各地から船で来訪する湯治客も多くあったようだ。浜辺には船上で暮らしながら温泉に通う人たちの船、いわゆる「湯治舟」が係留される風景を見ることができた。

明治になって港湾の整備が進められた。これが転機となる。四国・中国地方を経由して大阪と結ぶ航路が開設された結果、別府は瀬戸内海の西端に位置する一大観光地として飛躍をみる。明治六年(一八七三)、大阪開商社汽船「益丸」が就航、その後、宇和島運輸など各船会社が運行を始める。明治四十五年五月二十八日、大阪商船が阪神別府間に観光航路を開設、紅丸などの豪華客船を投入した。明治四十四年に別府停車場(現・別府駅)が開業、大正十二年(一九二三)には水上飛行機による定期航空路も開設される。

観光開発が盛んになるにつれて、一帯の都市化が始まる。明治三十三年には国内でも六例目となる路面電車が市街地を運行した。併せて発電施設も建設される。実用化された火力発電所としては、国内で二番目の試みであった。明治四十年には中浜筋に街路灯が設置された。

温泉郷は、本格的な都市を目指す。明治三十九年、別府・浜脇両町が合併し、別府町が誕生する。観光客の急増とともに旅館・商店も増え、土地開発が進む。将来的な人口増加が見込まれるなか、町役場は市街地の整備計画を描き、道路網の整備を主とする市区改正事業に着手する。大正六年には大分県では最初の例となる上水道を開通させ、また流川の暗渠化も行われた。大正十年には観光用の道路である「地獄循環道路」も完成、都市の基盤が整えられる。

いっぽう市区改正と並行して、海岸沿いの埋め立て事業が進められた。平坦な土地が少ない別府にあって、新たな市街地の用地を確保することは重要であった。明治四十四年、別府港から浜脇に至る三万坪の埋め立てが民間業者によって計画された。天災などによる中断を経て、大正八年に事業を再開、昭和三年(一九二八)に工事が完了する。また大正四年からは別府港の北一帯、二万二千坪の造

★11

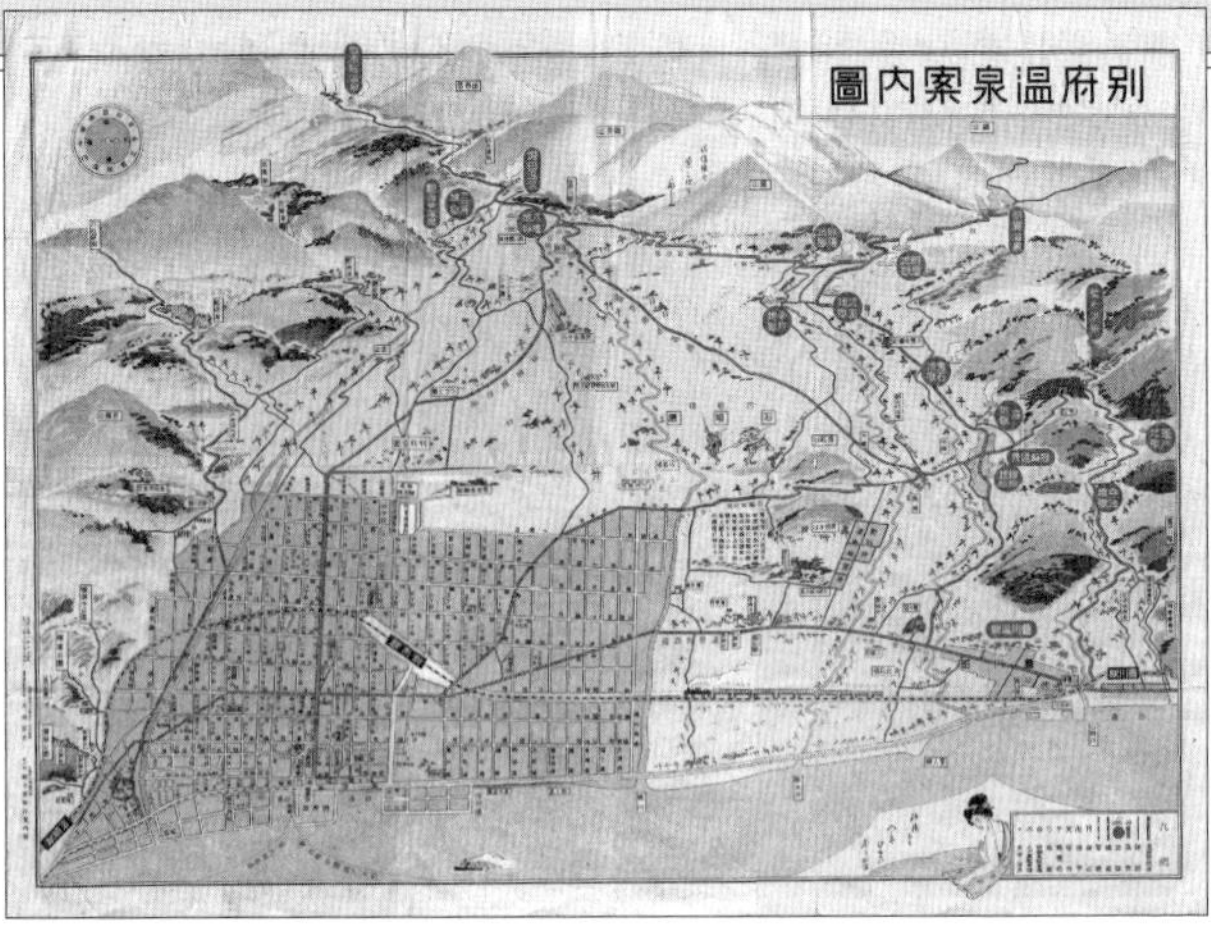

成も進められた。のちに北浜旅館街となる区画である。

大正十三年四月一日、別府町は市制を施行する。由緒ある湯治場が、人口三万六千人余りの人口を抱える観光都市へと成長したわけだ。図［★11］は大正十五年七月に発行された『別府温泉案内図』である。直交する街路網と碁盤の目に区画された整然とした街区が印象的だ。港に至る道と駅前の通りだけは特に道幅が広い。駅と港を中心に都市計画が進められたわけだ。また港周辺で埋め立てによる新市街が造成されている経緯、新別府経営地など市街地の近傍で別荘地の開発が進展している様子も判る。

◉湯の上に浮かぶ街◉

温泉町として発展した別府は、みずからを「泉都」と呼んだ。別府市役所が昭和七年（一九三二）に初版を発行した案内図では、「鳥瞰せる東洋の泉都」と題した常光の描く俯瞰図を添えている。（図［★12・13］）

鳥瞰図の裏面にある文章では、自分たちの町を「天下の楽園」と讃える。年間の入浴客は二百万人を数え、海外からの来遊者も年々、増加し

★13

ていると述べたうえで、「湯の上に浮かぶ街」と題して次のように記す。

「世界に温泉は多いが鉄道駅の洗面所に温泉が噴き溢れて居り、市内の学校や官衙《かんが》公会堂に至るまで温泉の設備があるのは恐らく別府だけでありませう。それを見ても温泉の豊かさが顕はれます、昭和五年十月一日現在に於ける市内の湯口は千三百六十九孔、浴槽の数三千五百、此の湧出量一昼夜十万六千石、其温泉の上に浮ぶ湯の街別府市は戸数一万人口五万、単なる温泉の天恵だけで市制をしくに至つた事は他に其例がありません。市中には多数市営の共同温泉があり、旅館には到る処内湯があつて絶へず熱湯が滾々《こんこん》として湧き溢れて居るのであります。」★12

別府が天の恵みである温泉のみを基盤として、市制をとるまでに発展した世界でも稀な都市であることを強調する。

◉地獄のある天国◉

次に別府市観光課が作成したパンフレット『別府』を紹介しよう。海に山が迫る温泉街から、幾筋もの湯煙が立ち

★14

★15・16

昇る様子を沖合から眺める。この構図を観光課は「海に浮く別府」と表現している。さらに水面に温泉マークが描き足され、湯気の図像であるはずの三本の曲線をあえて直線で描き、天空に伸びる光蹟のように表現している。(図「★14」)

温泉・天然砂湯・別府三勝・別府八景・地獄めぐり・名所と遊園地・附近の名所・登山とハイキングの各項目から、写真とともに湯のまちの魅力を紹介する。裏表紙は別府東公園から、遥かに市街地を見晴らしている二人の女性の写真を掲載する。冊子の冒頭に次のような文章を掲げている。(図「★15・16」)

「別府! 世界温泉の分布図のなかに、ひときわ鮮やかな輝き。天与の恩寵を恣しいままに、別府は飽くまでも、うるはしくすこやかです。

静かに青滋色の温泉《いでゆ》に浸り人生の旅愁《のすたるぢや》を慰撫しようではありませんか。

空は朗らかに、蜒《うね》りつらなる山脈、永遠《とは》の歓びに立つ淡紫の湯けむり、さうして明澄な、みどりの海。

人の世に別府ありて亦愉し。……」

続けて次のような文面がある。先に紹介した資料の記述と比べると、湯口や噴出する湯量が増えていることが判る。

「日本が世界の公園として君臨してゐる中に在つて別府は余りにも国際的存在を確立しました。二千五百の湯口から一昼夜三十万石の温泉が湧出する別府は正に湯の上に建設された、豪奢きはまりなき不壊の楽園であります。

今や別府は、瀬戸内海・阿蘇・雲仙・霧島の国立公園の中枢要路に当り近時陸からでも海からでも時間のスピードアツプと共に、経費も至つて気易く、週末の都塵逃避に、月末の労苦慰安に、年に一度の命の洗濯に、この天国ベツプを訪れる方々が特に激増致しまして年間五百万を算せらる丶様になりました。

観光と療養の聖地としての別府が益々大衆のものにぴつたりとなりつ丶ある所以であります。」

国際的な保養地であるとともに、大阪など大都市の住民を意識した大衆的な観光地でもあるという別府の二面性を意識した文章だ。「地獄巡り」で有名になったことを踏まえつつ、あえて「楽園」あるいは「天国」と呼んでいる点が面白い。

瀬戸内海国立公園は当初、備讃瀬戸を中心に指定されており、国東半島や高崎山などの編入は戦後

★17

になる。この文章では大阪からの客船が発着する別府が、瀬戸内海から九州各地にある国立公園へ向かう観光客の経由地であることを強調している。

◉モダンな観光地◉

明治七年（一八七四）、別府で営業する旅館・木賃宿は百三十軒ほどであったが、明治四十四年までに二百八十六軒と倍増、料理屋二十三軒、妓楼五十一軒、芸娼妓三百五十人を擁する歓楽街となった。『別府温泉誌』には、庭園や離亭などを付帯する上等旅館として、日名子・米屋・不老園・紅葉館・若亀・桝田屋・和田彦・若松屋・日出屋・筑前屋・たの屋・吉田などの記載がある。さらに大正十四年（一九二五）には、旅館は四百五十四軒を数えている。別府温泉郷は日本を代表する近代的な観光地へと変貌した。

観光客を受け入れるに応じて、地域の人たちと一緒に湯治客が利用する共同温泉浴場の改築工事が進められる。背景には、施設を近代化して、立派な建物とすることが、別府温泉の宣伝と地域振興になるという考えがあったようだ。また、衛生面での改善が意識されたと思われる。

大正二年に竹瓦温泉の改築工事が完了した。さらに大正三年に楠温泉、大正五年に紙屋温泉、そして大正六年に霊潮泉が新装されている。また大正八年には草葺きであった田ノ湯温泉を移転、二階建ての立派な温浴場への改築がなされた。大正十年には楼閣を屋根の上に持つ不老泉が竣工したが、その様子は当時の絵葉書からも知ることができる。このように既存の共同浴場を改築する際には、地域の人に費用負担を求めるとともに、町費や県費が投入された例もあるようだ。(図[★17])

共同温泉浴場のなかでも、話題となった新施設がそのモダンな外観がやはり絵葉書から見て取れる浜脇高等温泉である。そもそも別府温泉の開創の地として伝わる浜脇温泉には、東温泉・西温泉の二ヶ所があった。大正十五年二月、双方を合わせて新しい施設を建設するべく市議会で議決がなされる。中外産業博覧会の開催に合わせて、昭和三年(一九二八)六月に「高等」をうたう最新の温浴施設が竣工した。(図[★18])

総工費十二万九千六百三十四円、工期三百四十六日、建坪六百坪、鉄筋コンクリート造の温泉建築は、「東洋一」を誇る。庇など随所の意匠を幾何学的にデザインする外観は、竣工時の資料に「近世オランダ式」と表現される。施工は藤本組、設計は別府市公会堂を設計した逓信省技師・吉田鉄郎のアドバイスを受けつつ、竹田出身で

★18

あった別府市の技師・池田三比古が担当した。坪湯・砂湯・家族湯を備える。屋上庭園もあったようだ。採光換気や浄化装置など衛生に配慮、さらに海水の逆流防止にも留意したという。

◉地獄の観光資源化◉

別府温泉に滞在する楽しみは、共同温浴場での湯治だけではない。大正時代には新しい娯楽施設やアトラクションが設けられ、いっそうの発展を遂げる。

別府の各所に点在していた熱泉は、古くから「地獄」に例えられていた。長雨などの際には水位が上がり、あふれ出すと周囲にある田畑に悪影響を及ぼすため、使い道のない「厄介者」と扱われていた。

明治四十三年（一九一〇）、「海地獄」の管理者が、湧き出る湯をのぞきに訪れた湯治客から二銭を徴収して名所として売り出す。これを嚆矢として、それまでの「厄介者」が温泉郷の名物となる。血の池地獄・坊主地獄・八幡地獄・紺屋地獄がこれに続き、公開を始める。大正九年（一九二〇）、陸軍特別大演習に合わせて行啓した皇太子が巡ったことから、「地獄」の名は全国的に知れ渡る。

各地獄が由来や薬効を記す案内書を配布した。たとえば「海地獄」の説明には「千古の歴史に輝き普く世界に知られた天然の海地獄　壮観無比　鬼気凄滄」と題し、「……池を繞《めぐ》りて梅桜楓樹を配し、道は丘岡に従つて行き、指呼の風色は真に天然の楽園であります、地獄めぐりを称する浴客は必ず海地獄の奇勝を第一に推します」とある。（図［★19～21］）

その後、昭和初期にかけて、新たな地獄が続々と開かれた。戦前に発行された絵葉書を見ると、鉄

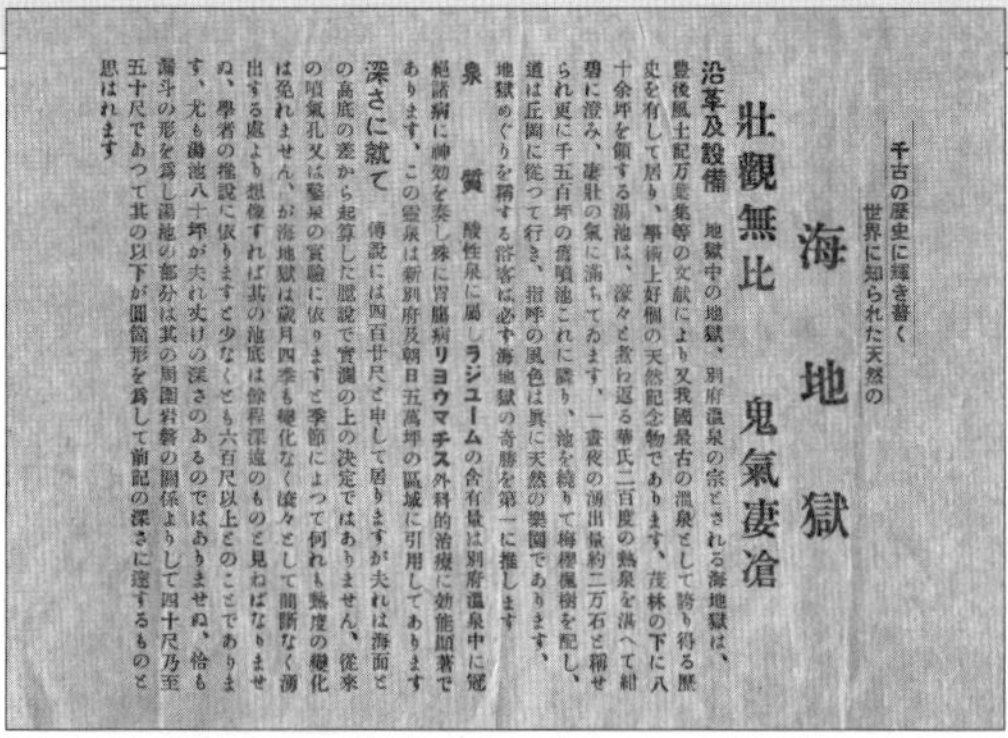
千古の歴史に輝き普く世界に知られた天然の
海地獄
壮観無比　鬼氣凄滄
沿革及設備　地獄中の地獄、別府温泉の宗とされる海地獄は、豊後風土記万葉集等の文献により又我國最古の温泉として誇り得る歴史を有して居り、學術上好個の天然記念物であります、茂林の下に八十余坪を領する湯池は、滾々と煮え返る華氏二百度の熱泉を湛へて紺碧に澄み、凄壮の氣に滿ちてゐます、一晝夜の湧出量約二万石と稱せられ更に千五百坪の喬噴池これに隣り、池を繞りて梅櫻楓樹を配し、道は丘岡に従つて行き、指呼の風色は真に天然の樂園であります、地獄めぐりを稱する浴客は必ず海地獄の奇勝を第一に推します
泉質　酸性泉に屬しラジユームの含有量は別府温泉中に冠絶諸病に神効を奏し殊に胃腸病リヨウマチス外科的治療に効能顕著であります、この靈泉は新別府及朝日五萬坪の區域に引用してあります
深さに就て　傳説には四百廿尺と申して居りますが夫れは海面との高底の差から起算した臆說で實測の上の決定ではありません、従來の噴氣孔又は鑿泉の實驗に依りますと季節によつて何れも熱度の變化は免れません、が海地獄は歳月四季も變化なく滾々として間斷なく湧出する處より想像すれば其の池底は餘程深遠のものと見ねばなりませぬ、學者の推說に依りますと少なくとも六百尺以上とのことであります、尤も湯池八十坪が夫れ丈けの深さのあるのではありませぬ、恰も漏斗の形を爲し湯袍の部分は其の周圍岩盤の關係よりして四十尺乃至五十尺であつて其の以下が圓筒形を爲して前記の深さに達するものと思はれます

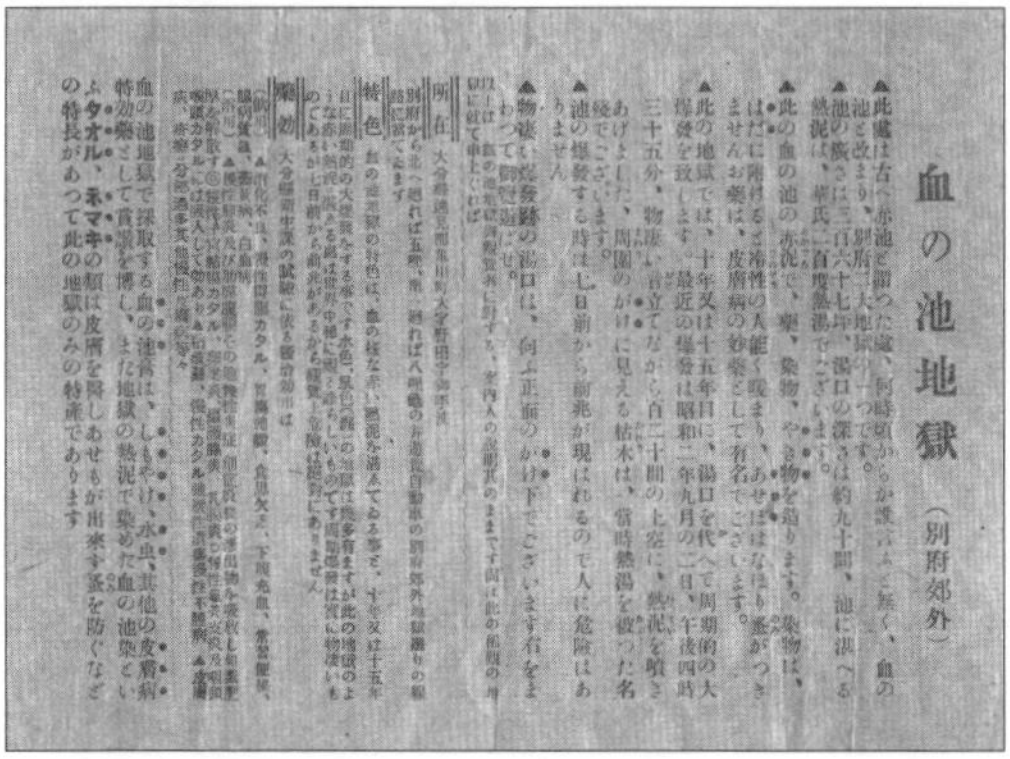
血の池地獄（別府郊外）
▲此處は古へ赤池と謂つた處、何時頃からか誰言ふと無く、血の池と改まり、別府十大地獄の一つです。
▲池の廣さは三百六十七坪、湯口の深さは約九十間、池に湛へる熱泥は、華氏二百度熱湯でございます。
▲此の血の池の赤泥で、壁、染物、やき物を造ります。染物は、はだに附けると浸性の人能く暖まり、あせぼはなほり蚤がつきませんお薬は、皮膚病の妙藥として有名でございます。
▲此の地獄では、十年又は十五年目に、湯口を代へて周期的の大爆發を致します最近の爆發は昭和二年九月の二日、午後四時三十五分、物凄い音立てながら百二十間の上空に、熱泥を噴きあげました、周圍のがけに見える枯木は、當時熱湯を被つた名殘でございます。
▲池の爆發する時は七日前から前兆が現はれるので人に危險はありません
▲物凄い爆發跡の湯口は、向ふ正面のがけ下でございます右をまわつて御覧遊ばせ。
[illegible]
所在　[illegible]
特色　[illegible]
藥効　[illegible]
血の池地獄で採取する血の池膏は、しもやけ、水虫、其他の皮膚病特効藥として賞讃を博し、また地獄の熱泥で染めた血の池染といふタオル、ネマキの類は皮膚を[illegible]しあせもが出來ず蚤を防ぐなどの特長があつて此の地獄のみの特産であります

本坊主地獄由來記
其ノ一（延喜式内軽火男火賣神社 今ヨリ一千九十年前建立）
抑モ當坊主地獄ハ今ヲ去ル三百五十年前　後陽成天皇ノ御代當時鶴見ノ里、鶴見ノ宮、火男火賣神社ノ典主ガ別荘ノ地デアリマス、住職ヲ圓内坊ト稱シ當神社ノ所有セル一年ノ月ノ數、名ノ付イタ御供田（現在附近ニ正月田ヨリ十二月田迄名ノツイタ田ガ殘ツテ居リマス）ヲ支配シテ居リマシタガ、性質強慾非道ニシテ人倫ヲ解セズ　爲ニ百姓達ハ何時モ血涙ヲ流シテ居リマシタ。
其ノ二（圓内寺跡）
其ノ御供田ヨリ上ル年貢米納得ノ際ニ二タ桝ヲ用ヒテ居リマシタ、年貢納得ノ時ハ一升二合ノ桝ニテ一升トシテ秤リ取リ而シテ十二ケ所ノ配下寺ニハ八合ノ桝ヲ以テ一升トシテ秤リ渡シ其ノ間ニ得タル悪財ハ倉庫ニ滿チテ晝夜酒色ニ耽リ百姓ヲ苦シメ更ニ顧ミナカツタノデアリマス。
其ノ三（坊主地獄）
強慾非道ノ事ヲシテ得タル巨萬ノ富ヲ以テ眺望絶佳ナル地ヲ選ビ豪壮華麗善美ヲ盡セル別荘ヲ建テ、其驕恣王侯ヲ誇ツテ居リマシタ、然ルニ悪運盡キテ或夜　天地鳴動　山岳崩潰シテサシモ豪壮誇ル別荘モ一夜ノ内ニ陥沒シ熱泥沸騰ノ池ト化シ圓内坊ハ遂ニ慘死ヲ遂ゲマシタ、以來人呼ンデ「二桝使ヒノ坊主地獄」ト名稱シテ居リマス
事蹟ハ今尚神社ノ寶記録ニ殘ツテ居リマス
當坊主地獄ハ（深サ　百四十四尺／熱度華氏　二百四十度）デアリマス
○御注意　最近他ニ當地獄ト同樣ノ說明ヲシテ居ル地獄ガ有リマス
千古ノ歴史ヲ有スル最古ノ天然大地獄　本坊主地獄

★19～21

輪地獄・竜巻地獄・無間地獄・鶴見地獄・鬼石地獄・白池地獄・鬼山地獄・金竜地獄・竃地獄・雷園地獄・今井地獄・掘田地獄・三日月地獄・湯の花地獄・観音地獄・十万地獄などの名がある。ここでは当時、配布された土産用の葉書を、いくつか紹介しておこう。（図［★22～28］）

『BIG HELL 別府名勝 熱泉噴出る 地獄の壮観』

★22 表紙

★23 熱泉中に蒸気の爆音轟々たる鶴見地獄

★24 灰色の熱泥、白煙を揚げて沸騰せる坊主地獄

★25 海地獄

★26 百尺の地底より熱気噴騰する鉄輪地獄

★27 随所に熱気奔出せる十万地獄

★28 八幡地獄

★22

★26

★23

★27

★24

★28

★25

各地獄は、その個性を際立たせるべく、ほかにはない趣向を加えた。たとえば八幡地獄では園内に「怪物館」を開設、温泉の脇に獣骨でつくった鬼の骨格像を立て、「八幡地獄ココ」と記す巨大看板を掲げた。竈地獄は「一丁目閻魔の茶の湯」「二丁目七変化坊主」「三丁目釜地獄」「四丁目極楽」などと、園内の景物に名前を付けつつ、遊歩道を整備して順に巡ることができるように工夫した。また鬼山地獄は、世界初となる温泉によるワニ養殖に成功した。八幡地獄や血の池地獄では「地獄染め」と名付けた土産用の染め物を製造した。

◉新たな地獄と別荘開発◉

地獄のなかには地元の有力者が手がけた例がある。たとえば鉄輪地獄は、大正十一年（一九二二）に鉄輪郵便局長であった佐原秀次郎が、郵便局の裏手に開いたものだ。憤怒の相貌の不動明王像を祀って景物として人気を集めた。地獄の熱湯や蒸気を利用した施設も整備、のちに長期逗留客の利用に提供する木賃宿の経営も始めている。

対して、外来者が経営した地獄もある。たとえば鶴見地獄は後述する鶴見園の創業者である呉の松本勝太郎が、大正十四年に開いたものだ。また八幡地獄は、福岡県飯塚市の中野次郎という人物が、既存の権助地獄を再開発して人気の地獄に育てている。

「地獄」の可能性に目をつけた外来者のひとりが、竹田の出身で東京在住であった鉄道技師・千寿吉彦である。千寿は鉄道局を辞したあと、本間工業事務所に転じ、さらに北越鉄道会社の土木主任、鉄道工業会社の工務主任などを務め、各地で鉄路建設の実務を重ねる。その後、実業家へと転じるなかで、別府での事業展開を思いたった。豊州本線の敷設工事に関わっていた際、風光明媚な土地に惹かれていたと伝えるが、実際の契機は定かではない。

ともあれ千寿は「海地獄」の土地の半分ほどを買収し、近傍に整備する住宅地に湯を引いて、「温泉付き別荘地」として開発する。大正三年、事業の推進をはかるべく、地元・朝日村の西山吉郎村長らとともに新別府温泉土地株式会社を設立、総面積五万坪、標準区画を三百坪とする宅地の売り出しがなされた。分譲地には久邇宮邦彦親王の料地も含まれる。「地獄」と呼ばれた泉源と、住宅地の経営を合わせて考える構想は、別府の固有性をうまく活かした都市開発である。

久留米絣で財を成した久留米財界の有力者・国武金太郎も、別府での別荘地経営開発に加わる。愛媛県出身の多田次平が大正十一年に着手した荘園地区の開発が、資金難から頓挫していた。この事業を国武が継承する。県から払い下げを受けた二十万坪の用地のうち、緑ヶ丘の一帯三万坪を温泉付きの分譲地として、昭和八年（一九三三）に売り出す。共同浴場を中心に放射線状に配置した街路計画が特徴的だ。緑ヶ丘中央温泉場は、六角の亀の子型の街区の中心にあるため、「六角温泉」と呼ばれるようになった。

◉煙突のない別府◉

別府は、日本を代表する観光都市として発展する。しかし工業化を都市の繁栄策とする立場から見ると、異例であったのだろう。大正十四年（一九二五）七月十五日から八月十三日にかけて、『大阪毎日新聞』の紙上に「西国行脚」と題する五回の連載記事が掲載される。別府に関しては「煙突のない別府市街　工業全く軽んぜらる」と題して、次のように書いている。

「……大分県で名だたるものといつては邪馬渓と別府と宇佐八幡宮の外にはない。……苟《いやし》くも別府を訪るる者は名物の地獄を見なければならぬそうな。八幡地獄から血の池地獄その他を廻つて別府湾に来り、町と海と山とをグルリと見渡さんか、煙筒の数は殆ど数えるに足りない、只僅に佐賀の関をあなたに一大煙筒が煙を吐いているのを見るだけである。これは久原の精錬所で九州各鉱山の原鉱石をここに集め盛んに精煉しているのである。これが大分県第一の大工場で、仮令それが久原のものであつても県の誇りの横綱であることは疑いない。そして勿論唯一無二のものである。その外は閑寂として音なく、工場の影すら認めることは出来ないのだ。地獄の池にたぎる熱湯で卵の半熟を売るべし、その鉱泉で別府染を染るべし、しかして子供だましの土産を造れば別府の人は立派に飯を食つて行かれるのである。市会議員の某氏ひそかに嘆じて曰く『何《ど》うも近頃別府市民は依頼心がヒドクなつて困る。他国人の小使い銭で食つて行くという気になつてしまつている』と。けだし本当であろう牛の骨や馬の骨で鬼の骸骨なるものを組立て、八幡地獄の池畔に立たしめ『げに不思議な怪物』云々と如何にも人を食った曝し者を平気でやっている程、湯の町の人の心は弛緩しているのである……」

子供だましの土産を造って、「他国人の小使い銭」で生業を立て、「不思議な怪物」で客寄せとするほど心が弛緩していると、なかなかに手厳しい。

◉遊園地と歌劇団◉

別府温泉のアトラクションは地獄だけではない。新たな遊園施設もあいついで開業した。そのひとつが鶴見山の山麓である南立石に建設された鶴見園である。大正五年（一九一六）に用地を買収して大庭園の造成に着手、大正十四年に主要施設が竣工し、翌十五年二月十四日に開園している。

経営者は、呉市長や貴族院議員を務めた松本勝太郎である。松本建設の創業者であり、鉄道工事で財を成した人物だが、豊州本線工事に関わった際に別府との縁があったようだ。

鶴見園は「九州一の大遊園地」と自称した。総面積五万三千坪余り、案内には次のように書いている。

「……緑樹鬱蒼たる松柏の常盤木に、配するに梅桜楓などの幾万本に色を添へ、無数の泉石や滝によつて眺望、逍遥、運動、の各園に分れ展望の秀麗なる、蓋し九州に冠たるものであります。」

園内には池が多くつくられ、花壇や桜並木、菖蒲園が配置された。動物園のほか、テニスコートや運動場も設けられた。「不思議の柱」「不思議の岩」「不思議のトンネル」からなる「鶴見園の三不思議」などもあった。主要施設の面積は千二百坪ほど、ヴォールトを連続させる赤い屋根の形状が印象的なモダンな外観の本館は、三階を休憩室とするほかは、各階を展望台としている。のちにタワー状の上階を増築したようだ。最上階の露台の説明では「別府を鳥瞰する唯一の展望所」と強調している。（図［★29〜31］）

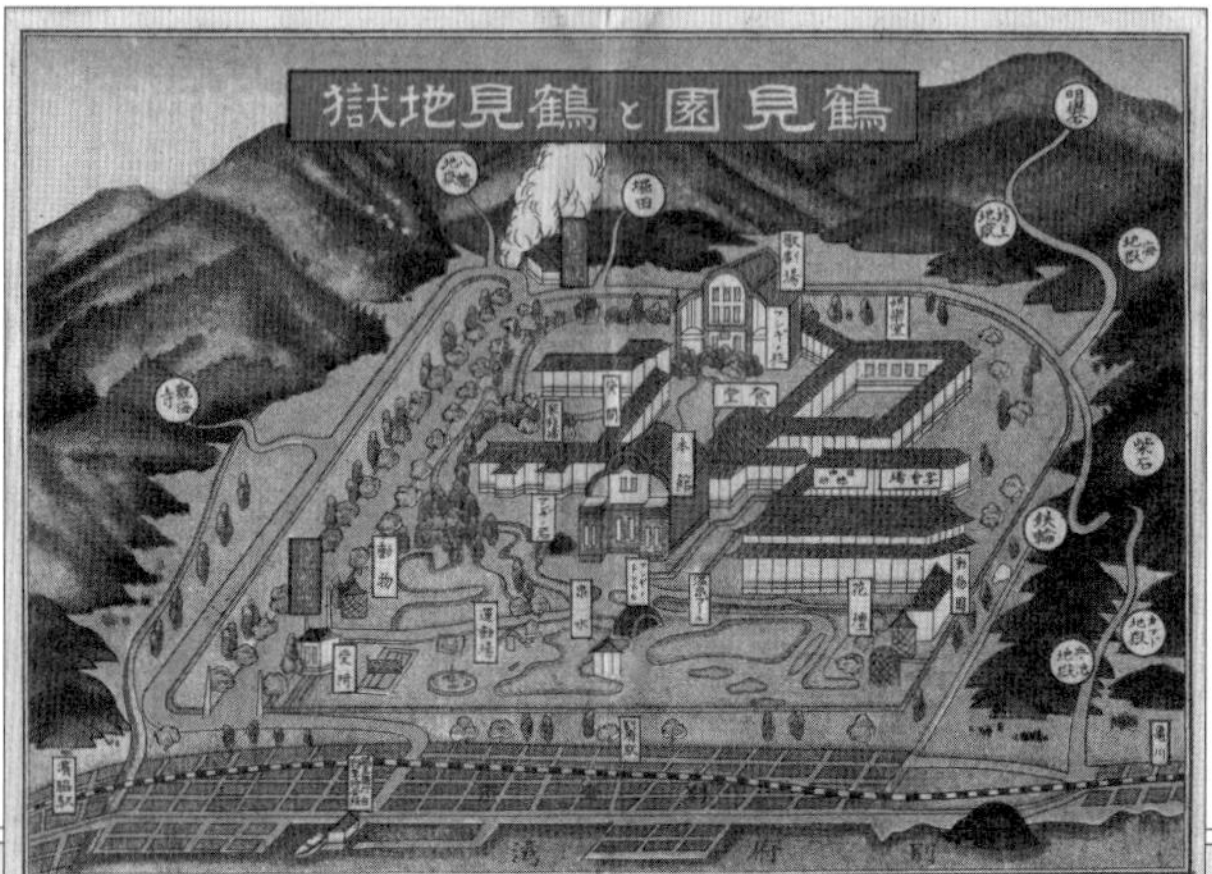

★29

★30・31

温泉施設もあった。大浴場のほか、蒸湯・滝湯・砂湯・家族湯・温泉プールなどから構成される。遊園地の山側に鶴見地獄があった。あるチラシでは「この大地獄は深さ三百余尺　温度百二十度　温泉湧出量一日二万石でありまして　温泉は悉く下方鶴見園に導き園内の共同湯、蒸し湯、砂湯、滝湯、家族湯、温泉プール等の豊富なる泉源をなしております」と説明、温浴施設群の泉源がこの地獄であったことが判る。

屋内には、さまざまな余興や遊戯の用意があった。講談・落語・奇術などの余興を上演する和式の自由休憩室や特別室のほか、和洋食堂、子供向きの室内遊戯室、ビリヤード・卓球・活動写真・スケートなどの遊びを提供する娯楽室もあった。

遊園の奥まった位置に収容人員六百人の大劇場を建設、「女優歌劇」の公演を行った。人気を博していた宝塚を意識したのだろう、鶴見園は「西の宝塚」「九州の宝塚」などとも自称した。のちに隣地に二千人を収容する大劇場を新築、旧劇場は電気を利用した数十種の遊戯機械を配置する電機館とした。案内には「女優歌劇」を以下のように記している。（図［★32］）

「定員二千名の園内大劇場では毎日午後一時から五時まで専属女優が抱腹絶倒の喜歌劇に妙技を揮つて居ます、蓋し九州一の女優歌劇であります、午前の余興も午後の女優歌劇も共に料金は戴いて居ません。」

女優たちはどのような舞台を演じたのだろう。手元にあるプログラムには「少女歌劇　二宮金次郎」「コント　仇討二題」「ヴアライテイ　初夏に踊る」「リリツクドラマ　米屋の伊之助」「漫才型ナンセンス　新版ホトトギス」と演目が並ぶ。また別のプログラムでは「童話劇　七夕様」「ナンセンス時代劇　ミウズミノイコ」「鶴見園ボードビル」「楽劇　呪はれたる運命」「喜歌劇　唖娘」とある。「ミウズミノイコ」は逆に読んで「恋の湖」ということだろうか。また「鶴見園ボードビル」では、鶴見踊りや寸劇、六大学リーグ戦の歌、縄とびなどの上演があった。実に楽しく、多彩なステージが展開されていたことが推察できる。(図[★33・34])

手元にあるパンフレットによれば、当初の入園料は大人四十銭、小人二十銭、団体割引もあった。別府の市中から徒歩二十分、自動車で七、八分の距離にある。また鶴見園のマークを前後に描いた専用の乗合自動車が、片道運賃

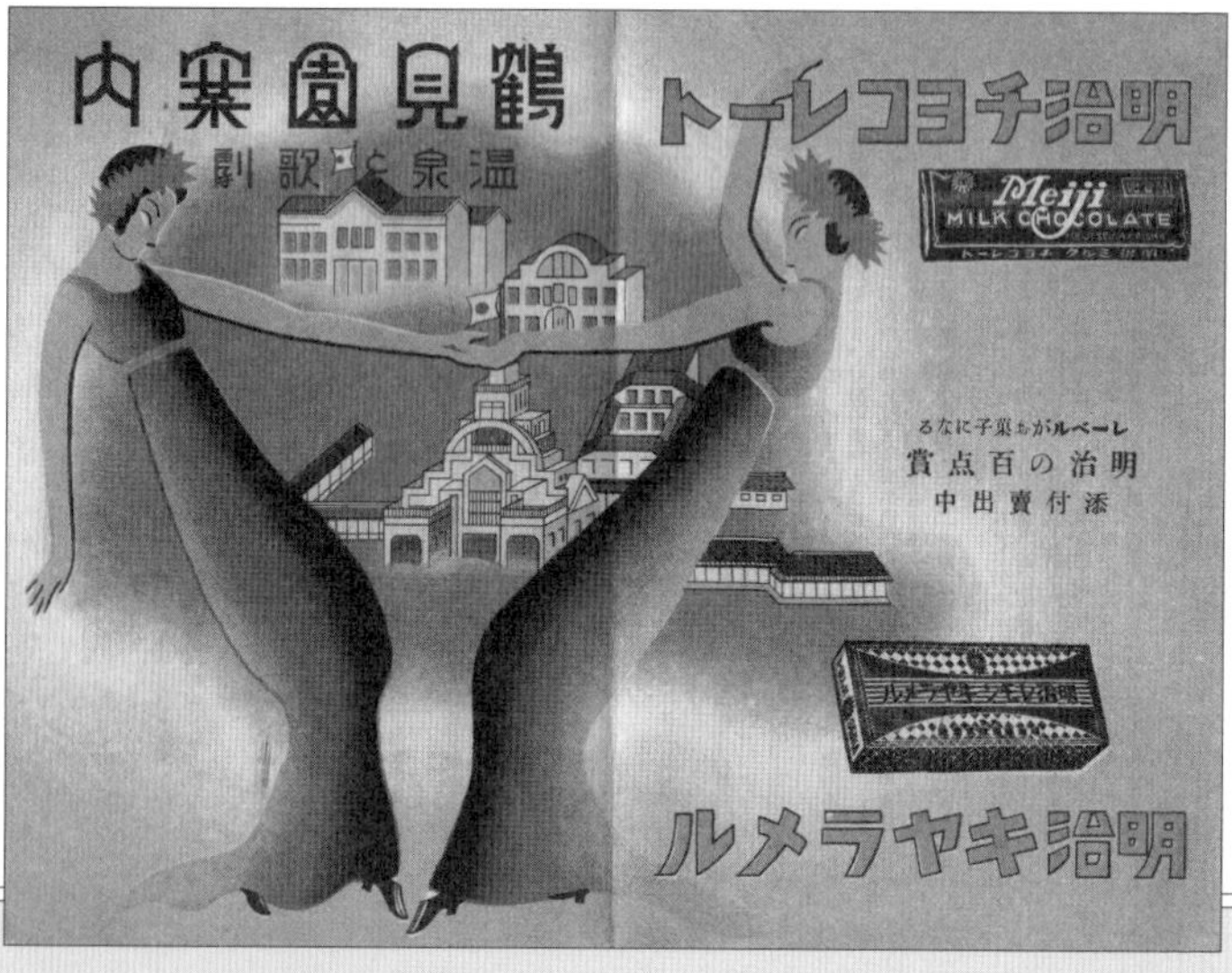

★32

★33・34

十五銭で別府桟橋から遊客を運んだ。

◉山上の楽園◉

鶴見園に続いて昭和四年（一九二九）、乙原山にも新たな遊園地「別府遊園地」が開業する。そもそもは鳥取県西伯町の事業家・木村久太郎が、明治三十六年（一九〇三）以降、鉱山として開き、金・銀を産出した場所だ。しかし坑道から温泉が湧出する。そのまま掘削を継続すると泉源に影響を及ぼすのではという懸念があったらしく、廃坑となった。

鉱山主であった木村は山上での遊園事業を計画、ケーブルカーを敷設するとともに、運営主体である別府遊園鋼索鉄道株式会社を起こす。園内には噴水や遊具のある児童遊戯場「子供の国」、ベビーゴルフ場、詳細は不明だが「人生行路」と題するアトラクションなどを設備した。

遊園地は海抜六百五十尺という高台にあった。その立地と眺望を活かすべく、食堂や温泉が配置された。案内を見ると、「和洋食堂」について「見晴しの佳いこと天下第一、飛行機食堂の名さへあります。和洋の数室は数百人を容る丶に足り、和食洋食等お好みに応じ極めて軽便に出来て居ます」と書いている。

★35・36『九州第一　ケーブル遊園案内』

また「展望温泉館」については「……浴場より雄峰鶴見ヶ嶽の裾野に点在する八大地獄を初め、別府湾を眼下に佐賀の関、国東半島及び四国佐田岬を望む景色は絵よりも尚ほ濃《こまや》かであります」とある。二階の休憩室にはときおり余興があり、屋上の展望台からは「眺望絶佳、俗界離脱の思」がある。付属別館には家族風呂の用意もあった。

そのほか乙原ノ滝を見晴らす滝見台、乙原地獄の近傍に十二仏を安置する園通閣・高野山別院、最も山側に乃木館・乃木大社などの社寺があった。のちに千人を収める大劇場を増築、午前はトーキー、午後は余興を上演した。ま

たべビーゴルフ場を廃止した跡に菊人形館や植物園を設けたようだ。（図［★35・36］）
入園料は大人五十銭、小人半額であった。のちに広島の電気事業者である山田英三が事業を継承、「別府ケーブル遊園地」に改称される。

◉瓢箪と大仏◉

そのほかにも別府には、昭和初期に新たな名所や景物がいくつも誕生した。鉄輪温泉の一画に、瓢箪《ひょうたん》の姿を模した高さ二一メートル、七層の旅館「瓢箪閣」が開業したのは昭和三年（一九二八）のことだ。ユニークな外観の建築物は、経営者であった河野順作の発想による。河野はリューマチを患っていた妻の治療を兼ねて、大正十一年（一九二二）に別府に居を移している。彼は新たな旅館の創業にあたって、尊敬する秀吉の旗印にちなみ、瓢箪の姿をそのままに具象化した名物旅館を建設することにしたという。

大仏もまた、温泉町の新しいランドマークとなる。別府大仏は総高二四メートル、奈良の大仏の一倍半の規模がある。大分県を中心に活躍した実業家・岡本栄三郎によって建立されたものだ。豪農の家に生まれた栄三郎は、船舶業と竹や筵《むしろ》の貿易で財を成した。ある尼僧に説かれた栄三郎は仏門に帰依、出家のうえ栄信を名乗る。大正十三年六月に大仏建立を発願、計画をまとめて大正十五年末に造仏に着手した。作仏は別府人形の作者であった入江為義が手がけた。日夜数百人の人夫を使役、昭和三年三月二十七日に落慶法要を終えた。栄信は、この大仏を本尊とする栄信寺の住職となる。
別府大仏は鉄筋コンクリート造の巨大仏像ではあるが、一面、阿弥陀如来像の姿をかたどった建造

★37

Daibutsu, High (80Feet) Beippu. (高サ八十尺) 世界最大の別府大佛 (別府温泉名勝)

物と見ることもできる。蓮華座の内部は三層になっていた。一階は暗闇に地蔵や閻魔像を安置するほか、戒壇巡りの趣向とともに八十畳の大ホールがあった。ここには三尊仏や聖徳太子の像のほか、各宗派の開山の像が並べられた。二階には、観世音菩薩三十三観音巡りと弘法大師ゆかりの八十八ヶ所巡りを写した霊場がある。三階には六つの門があり、その奥にそれぞれ仏像が祀られた。蓮華座の上方に出ることができ、周囲を見晴らすことができた。

注目されたのは巨大大仏の建築材料であるコンクリートに、一般から広く募った遺髪や遺骨を混ぜ合わせた点だ。案内書『世界一の別府大仏』によれば、「三年有余の日夕を費し全国各地方を行脚し蒐集したる生者三十万の髪歯及七十万の白骨を鉄筋コンクリートに混入し大仏の霊となしたるものなり」とある。栄信は大阪・天王寺の一心寺にあって、多くの人骨を混ぜて造仏する有名な骨仏にかねて関心を抱いていた。大阪の先例にヒントを得て、独自の巨大仏を構想したようだ。

別府大仏は別府の新名物となり、栄信寺は参詣者で大いに賑わった。当時の絵葉書には「東洋一を誇る大仏」と紹介されている。バスガイドは近傍にある焼却場の煙突を、大仏に供えた線香に見立てると説明した。(図[★37])

◉別府観光の父◉

別府温泉を全国的に著名にした功労者であり、「別府観光の父」「別府の外務大臣」といった異名で有名な人物が油屋熊八である。彼の人生に関しては、すでに定番の物語があるが、ここでも簡潔に紹介しておきたい。

熊八は、愛媛県宇和島の米穀・肥料商である油屋正輔の長男として生まれた。家督を相続ののち明治二十三年（一八九〇）、二十七歳で町議会議員となる。しかし一念発起したのだろう、二年後に大阪に出る。一年間ほど『時事新聞』の経済記者として株を勉強したのち株式仲買人となる。大阪のみならず東京の新聞にも意見広告を掲載するような派手な仕手戦で注目される相場師となり、「油屋将軍」と呼ばれた。

しかし大阪株式取引所の株を買い付けて勝負に出た際、暴落による多大の損失で信用を失い、廃業の憂き目を見る。東京に転じ、さらに機会を求めて米国に渡る。明治三十三年に帰国しているが、この時期の詳細は伝わっていない。

ただし米国におけるエピソードのひとつは、あまりに有名だ。熊八が、ならず者に取り囲まれ、襲われたことがあったという。その際、通りかかった牧師に生命を救われた。これを契機に敬虔なキリスト教徒となったという。彼は人生の拠り所を聖書に求める。とりわけ「旅人をねんごろにせよ」という言葉に感銘を受けた。これが帰国後、旅の人をもてなす宿屋業に力を入れた遠因だと説明されている。

明治四十三年、四十七歳になった熊八は、妻の縁を頼って別府に流れ着く。翌年、当時は人家もまばらであった山の手の不老町に四室のみを客室とする亀の井旅館を経営する。その後、大正六年（一九一七）以降、周囲の地所を買い集め、大正九年には千五百坪の敷地に七十二室を擁する別府最大の旅館に発展させる。

◉旅館からホテルへ◉

熊八は、別府を訪問する外国人観光客に注目、亀の井旅館を洋室を持つホテルへと改める。大正十二年（一九二三）、資本金七十万円を集めて事業会社を設立、翌年十二月一日、亀の井ホテルを開業させている。

熊八は、独自のもてなしを実践した。外国から五人以上の団体客が泊まった際は、玄関前に母国の国旗を掲揚して歓迎の意を表することとしたのもそのひとつだ。そのため亀の井ホテルでは、主要な国すべての大ぶりの国旗を買い揃えていた。またホテルのホールでは、歓迎のためのダンスパーティーも開催した。

大正十五年には、フランスの詩人であり駐日大使でもあったポール・クローデル、菊池寛、スウェーデン皇太子と同妃など、別府を訪問する貴賓が亀の井ホテルに宿泊している。もてなしに感動したクローデルは、「別府に　われ再び訪れん　温かきいで湯に　温かき人の心　わがいのち　よみがえる　温かきいで湯　なごやけき人の心　われ再び　別府にきたらん」という詩を贈っている。

熊八は顧客を大切にした。「お食事はいかがでございましたか」「女中やボーイに不行き届きはございませんでしたか」など四項目の質問状を用意、ロビーの投書箱で回収してサービス改善に役立てた。

Kamenoi Hotel is your own hotel. Please make a free use of it looking upon it as part of your home and Kumahachi as one of your own dear brothers.
亀の井ホテルは皆様のホテルで御座います。どうか御家庭の一部分であると思召し、熊八は皆様の親しい兄弟であると御考へ下さいまして、何卒ホテルを御愛用下さいませ。
油屋熊八

★38

宿泊客が盲腸炎にかかり生命の危機に瀕したことを契機に、ホテルに看護婦を常駐させた。また宿泊客・旅行業者・交通事業者には、必ず自筆の年賀状を送った。総数は数万通にものぼる。年末にまとめて書いていては、時間が足りない。そのため年間を通して、暇さえあれば翌年の年賀状を書いていたという逸話がある。

熊八が昭和二年（一九二七）に吉田初三郎に描かせた『日本第一の温泉別府　亀の井ホテル御案内』の挨拶文には「亀の井ホテルは皆様のホテルで御座います。どうか御家庭の一部分であると思召し、熊八は皆様の親しい兄弟であると御考へ下さいまして、何卒ホテルを御愛用下さいませ」と記している。彼の経営方針を端的に表す言葉である。（図［★38］）

◉温泉町のＰＲ◉

熊八は並外れたアイデアマンであった。別府温泉の名を全国に売り込むべく、さまざまな手を打った。有名な試みが大正十四年（一九二五）七月、親友である梅田凡平に「山は富士　海は瀬戸内　湯は別府」と大書した標柱を託し、富士山頂に立てさせて話題としたことだ。

また新聞社のイベントも積極的に利用する。昭和二年（一九二七）、『大阪毎日新聞』が全国からの投票をもとに「新日本百景」を選定する企画を世に問うた際、熊八は葉書を大量に購入して、市民に配布、別府への投票を依頼した。別府温泉は彼の想い通り、首位となる。大阪での表彰式に出かけるにあたって、熊八は水上飛行艇をチャーター、帰路に「当選御礼、別府温泉」と記したビラを神戸や大阪の上空から散布した。

昭和三年六月、梅田凡平が世界日曜学校大会に招聘され渡米した際には、桃太郎風の派手な陣羽織を渡して、米国滞在中に別府温泉の宣伝をするべく依頼した。凡平はロサンゼルスやニューヨークなど主要十一都市で、「山は富士、海は瀬戸内、湯は別府　日本の別府は東洋のナポリ」と記した幟《のぼり》を担ぎ練り歩いた。突飛ないでたちの日本人による宣伝旅行は、各地で話題を巻き起こしたという。

また各種のイベントも企画した。昭和六年十月には与謝野晶子を審査員に迎えて、掌の大きさを競い合う「全国大掌大会」を開催している。米問屋の労働で鍛えたためか、幼少から右手だけが異様に大きかった熊八ゆえの企画であった。

◉地獄巡りとバスガイド◉

熊八が創始した各種のビジネスのなかでも「女車掌」、すなわち女性ガイドによる遊覧自動車は、各地に模倣者を産み出す成功事例となった。別府名物である地獄巡りには移動手段が不可欠であった。当初は人力車や客馬車などが用いられたが、やがて自動車を投入しようとする業者が現れる。大正六年（一九一七）、九州自動車がハイヤーの運行を始めたのが早い試みとされる。大正九年、泉都自動車

★39

がこの事業を継承、六人乗りの車を走らせる。料金は一人二円五十銭、一日二回の定期運行であった。その後、大正末までには、一日七回に増便をしている。

亀の井ホテルも地獄を巡る定期乗合遊覧自動車事業の免許を取得した。昭和二年（一九二七）に亀の井自動車株式会社を設立、割賦《かっぷ》で購入した二十五人乗りの大型車を用いて、この十二月一日から事業を始める。北浜桟橋前の国道から遊客を乗せ、流川にある旅館の一部を借りて待合所とした。午前七時三十分から二十五分ごとに運行、一人一円の料金で八幡・鉄輪・海地獄・柴石・血の池など主要な名所では自由に途中下車が可能であった。熊八の遊覧バスは、タクシーや馬車の往復運賃と比べても破格の廉価さであった。そのため人力車人夫やタクシー運転手の猛反発を買い、停留所が壊されたこともあったようだ。

同社はこの遊覧バスに女性車掌を同乗させて、沿道の案内を行わせた。熊八は、文才に長けた社員の薬師寺知朧に、彼女たちが語る文案の作成を託した。七五調の美文であり、また季節ごと、さらには晴天・雨天・霧の日など天候に応じて変化をつける。場所によって「唄を挟む」など、きめ細かなマニュアルがあった。あたかも歌うように語る名調子は人気を集めた。（図［★39・40］）

その全文は不老暢人（町人）編『名勝解説　地

獄めぐり――別府案内』（亀の井自動車、一九二八）に掲載されている。（図［★41］）

遊覧の出発地は流川である。女車掌は「此処は名高い流川、情けの熱い湯の町を、真直ぐに通る大通り、旅館商店軒ならび、夜は不夜城でございます」と案内したのち、「四季の気候は快き、心つくしの九州に、山と海との眺め佳く、出湯溢るゝ此の町は、戸数一万、人口の、凡そ五万を数へられ、温泉都市の名も響き、東、西より南より、北より来る内外の、客は一歳《ひととせ》二百万、その一日の平均は、五千余人に当たります」と別府の概況を語った。

北浜海岸では「この一帯は我が国の、新八景に数へられ、西に鶴見の峰を負ひ、東に瀬戸の内海を、抱く眺めはなごやかに、湯の香ただようパラダイス、その海浜の名所とて、砂湯に天下一品の、名ある別府の北浜は、ここのあたりでございます」と語る。さらに鶴見岳と豊後灘を左右に見晴らす景勝地では「ここの天恵豊かなる、温泉地帯の中央に、左の空を見あぐれば、火を吐きやめし鶴見嶽、首《かうべ》を右に廻らせて、遥か彼方に見おろせば、霞たなびく豊後灘、この一帯をいろどれる、出湯の原と山と海、百景万勝たてよこに、錦織りなす其の綾は、げにパノラマでございます」といった調子だ。

★40

★41

作者である薬師寺は、女車掌に求められる能力を次の四点としている。走行中の窓に解説地点が映る瞬間から、数秒から数十秒で見事に解説を終える機転が必要である。また車中の業務をこなしながら、適宜、説明をこなさないといけない。加えて、正しい発音の標準語で、車中の騒音のなかでも力強く明晰に語り、聴く人に感動を与える知識と技量がなくてはならない。そして声帯の保護と疲労の防止に細心の注意が要る。このような難しい諸条件に対応するべく、薬師寺は解説するべき景勝地を選定、解説時間と車の位置を研究のうえ作文を行った。また簡明で、発音しやすく、かつ聞き取りやすい案内とするべく、声音と調子と意味の調和、声帯を損なわず疲労を増やさない言葉遣いを計算したという。

◉安全第一、親切主義◉

遊覧自動車の運行にあたって、亀の井自動車は「安全第一、禁酒運転」を掲げた。先の『名勝解説地獄めぐり』には、運転手の資格として「第一が絶対禁酒、次ぎが人物・健康・技量・経験の兼備を必要条件とし、而も運転手の精神と態度とは、あく迄も真面目なるゼントルマンたるべし」と記載する。

「安全第一の運転手」に対して、女性車掌は「親切主義」を強調する。亀の井が雇用する車掌は、採用や教育が「都会地の所謂バスガール」とは異なる。満十六歳から二十歳までの未婚者に限り、「学術・体格・操行・常識・容姿・音声及び家庭の状況等」を精査、なおかつ見習い期間ののち採用している。乗客に語るまでには、かなりの研究と訓練が必要であったようだ。就業後も、毎週一回の朝会では「人格的教育」を施している。勤務条件も「女教員」程度の待遇であると特筆する。車掌心得の要旨として下記のように記している。

「親切・正確・迅速の三点に努力を傾注し、健康と容姿と言動とにはベストを尽し、万一客人より不愉快な言動に接するも、逆らはず怒らず悲まず隠忍自重して優しく応接し、客人が如何にせば満足に思召すか、愉快に遊覧せらるゝかに細心の注意を払ふべし等々」

亀の井の遊覧バスは、案内文を吹き込んだレコードが発売されるほどの人気を集めた。その趣向は広く話題となる。尾崎行雄は「美しき、声はりあげて愛しき乙女　歌ふがごとく名所をば説く」と詠んだ。茨城県教育会嘱託の高野浩は『教育雑誌』(一九三〇)において、車掌が数ヶ月間も標準語による言葉遣いの講習を受けている点を受けて、「此の社会にまで、国語の統一運動が行き届いているのは、誠に喜ばしいことである」と書き、「純正な言葉」に酔わされたと評価した。

また昭和三年(一九二八)の夏に遊覧自動車を利用した大阪商船副社長の村田省蔵は、「欧米にも其の比を見ない」と絶賛する。妙齢の女車掌が、美しい声、明晰なる調、みやびやかな節でゆっくりと語ることで、乗客は恍惚となる。「ややもすれば物凄い感を懐かせる地獄地帯を、極楽でも巡るやうな感じであらしめつつ、優にやさしい美文を以て説く処」などは、真に独創的で、湯の町にふさわしい。村田は「瀬戸内海航行の船に対し、何とかしなければ成らないやうな気がする。ありがたう」と書いている。瀬戸内を遊覧する船にも同様の試みが必要ではないかと感じ入ったのだろう。

◉温泉都市の博覧会◉

市制の施行から五年目の節目を迎えた昭和三年（一九二八）、別府では初の本格的な博覧会である「中外産業博覧会」が企画される。開催に合わせて、鳥瞰図を添えた案内が発行された。会場のみを大きく描く絵図は、吉田初三郎が手がけたものだ。（図［★42・43］）

裏面にある概説では、まず「泉都別府を飾る　中外博の偉容」と「温泉国といはれる日本に於ても温泉を以て市を称すること我が別府の如きはない。……折節花爛漫の好季節……花は桜木人は武士海は瀬戸内　湯は別府　別府の春の絢爛さよ！」と、春期にふさわしい催事であることを強調する。そのうえで博覧会を開催した趣旨を次のように述べている。

「……別府は単に世界人類の共有的楽園として終始するに止らず　此の一大集合地をして世界の産業経済に利用して初めて世界人類の集合地たる意義が明確となる訳なりと信ず　斯る集合地は各種生産工業品の需給費《原文ママ》消莫大にして且つ事物に対する刺激と批判に富み　博覧会たる此の一波は世界的万波衝動となつて自ら事物を宣伝紹介し産業経済に及ぼす其の効果の甚大なること到底他の地の比にあらざるなり……此の絶好の地に於て広く中外に出陳展示を求め別府温泉の全機能を発揮して生産工業を世界的に宣伝紹介し此の天恵を利用して人類直接の幸福と為す所以なり……」

博覧会の名称にある「中外」とは、「国内国外」という意味合いだろう。四月一日から五月二十日

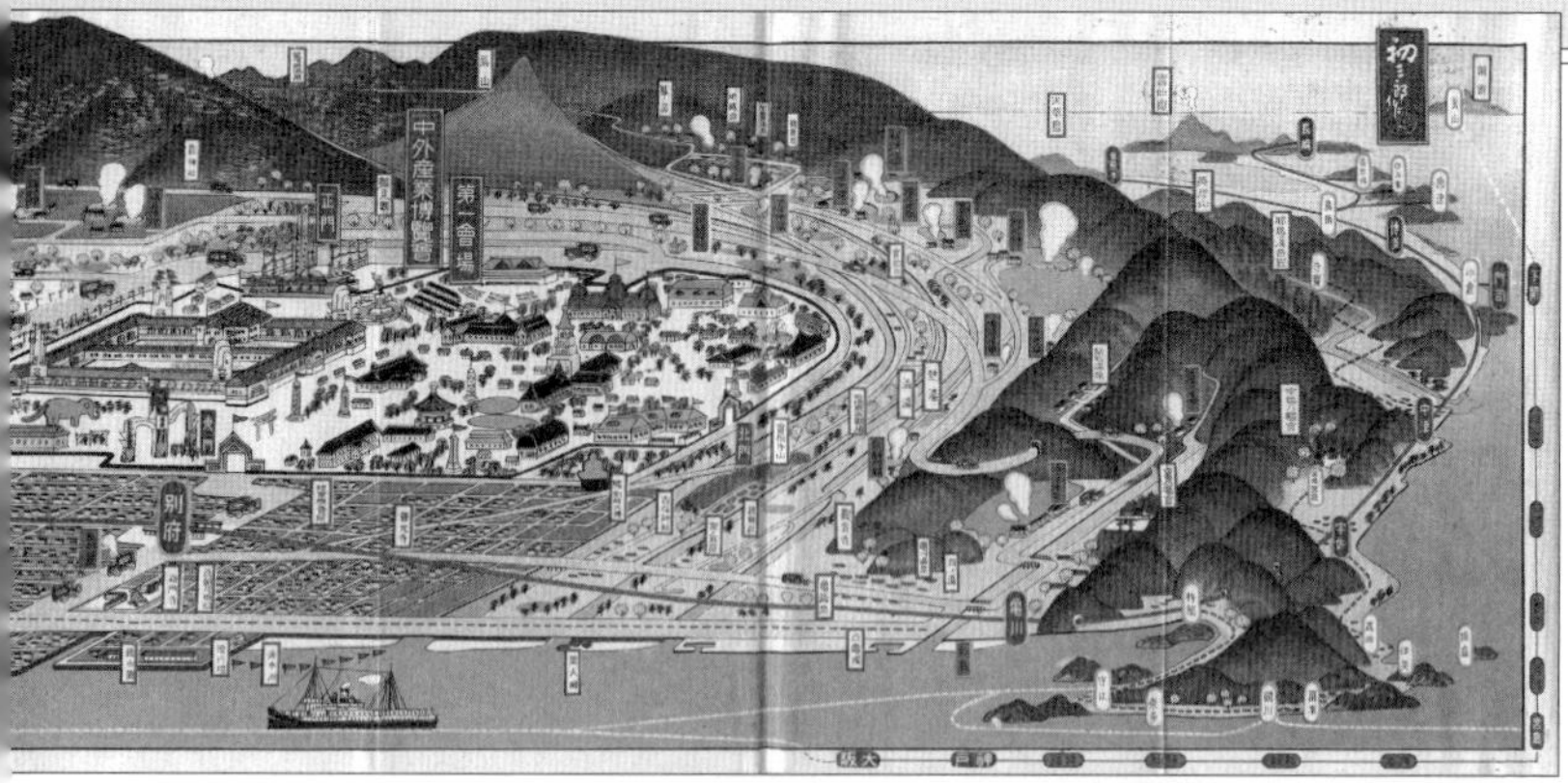

までを期間として、別府公園と周辺の民有地三万二千坪を第一会場に、埋め立て事業が完了した浜脇海岸の未利用地、約一万坪が第二会場に充てられた。この博覧会の開催に時期を合わせるかたちで、上水道の敷設、別府市公会堂の建設、浜脇高等温泉の改築など都市基盤の拡充が進められた。温泉保養地を礎に発展した別府が、近代的な観光都市として発展するうえで節目となるように意図された大型イベントであった。

「躍進又躍進、既往二十余年、向上の一路を辿れる、別府市も、今や満身の力を傾注して時世に大闊歩を試むべき機運に到達せり、其の如実に現はれて、あらゆる新興都市をして張胆駭目せしむるもの

は実に中外産業大博覧会なり。……即ち其の一は多年培養育成し来れる別府市の実力が、如何なる点にまで到達し得べきかを試練すべきバロメーターとなり……」

昭和三年に発行された『別府市史』（別府市）では「博覧会」の項目にこのように記し、その意義を示している。

◉温泉館と災害予防館◉

第一会場において話題となった展示館が、本館と温泉館であった。千六百坪もの広さがある本館には、「本邦全体」と「南洋各植民地」から特色ある出品を集めて展示された。いっぽうの温泉館は、恒久施設として九州帝国大学の小野寺博士と岩崎技師によって計画された「泉都独特」の施設である。会場中央の二百坪ほどを占め、かつ高さ百尺の高塔を備える。タワーのなかほどから、八〇度の温泉が瀑布となって落下、湯を溜めた温水のプールも設けられた。館内には、最新の医学を用いた温泉治療の設備があり、博覧会期間中は九州帝国大学医学部の教授が出張して「温泉療養の偉効」について説明を行った。（図［★44〜51］）

第一会場には、西日本の景勝と神社仏閣を紹介する風景館、大分

別府市主催　中外産業博覧會　臺灣館

★44

別府市主催　中外産業博覧會　美術館

★45

別府市主催　中外産業博覧會　第一會場噴水塔

★46

★47

★50

★48

★51

★49

『中外産業博覧会 記念写真帖』
★44 一湾館
★45 美術館
★46 第一会場　噴水塔
★47 第二号館
★48 温泉館
★49 第一会場　正門
★50 五重の塔及本館
★51 本館

出身の彫刻家や画家の作品など三百点余りを陳列した美術館のほか、北海道館、農林館、機械電気館、発明館、婦人子供館などが設けられた。満蒙館、朝鮮館、南洋館、台湾館など外地の特設館では、それぞれに食堂を用意、女性による接遇が話題となった。また大分新聞社が音楽堂を、豊州新報社が噴水を提供した。場外には博覧会の開催に時期を合わせて、岡本栄三郎が私財を投入した「別府大仏」が建立された。海沿いの第二会場には、常設施設となる水族館のほか、「見逃せぬ特設館」とうたう「災害予防館」が建設された。予期することができない天災のほか、火災や盗難、交通・工場の障害、伝染病などさまざまな災害に関する参考資料や、未然に予防するための研究資料が並べられた。(図【★52】)

両会場の共通入場料は大人五十銭と設定された。小人は半額であった。海軍もサーチライトを設置して、会場を美しく照らし出した。博覧会場だけではなく、市街全体にも「電化装飾」が施された結果、別府は「一大不夜城」となったという。期間中、第一会場に四十七万九千七百四十一人、第二会場に三十三万九千二百五十五人、合計八十一万八千九百九十六人もの人が入場した。観光地で開催された博覧会としては、画期的な人出であったと評価して良いだろう。

★52

別府市主催　中外産業博覧會　第二會場　災害豫防館

★53

◉四囲の風光◉

「中外産業博覧会」の成功と相前後して、別府の観光も新たな局面を見せる。既存の温泉街を拠点とし、地獄巡りや遊園地などの都市型観光を基本としつつも、周辺の高原に新たな行楽地やスポーツ施設を開発する動きが顕在化したのだ。

たとえば先に紹介した昭和三年（一九二八）に発行された鳥瞰図には、別府市街地だけではなく、金鱗湖や長者高原、耶馬渓、宇佐など、周辺部の名所も描き込まれている。絵師である吉田初三郎は「絵に添えて一言」という小文で、以下のように温泉町を誉め讃えつつ、周辺地の魅力についても触れている。

「全市温泉の上に漂ふと称せられる泉都別府は確かに世界共有の一大楽園である。……温泉としても世界第一流であり、我国が有する唯一の温泉都市である。殊に其の四囲の風光は全く素晴らしい。……此の大風光に対し、この地を訪へる数多の外人は『ナポリに似て、ナポリより更らに清浄明澄なり』と称賛してゐる。……美しき山々をドライブしつつ自動車僅か二時間を以て、日本最高の避暑地長者賀原《原文ママ》に達すべく、壮麗極りなき九州アルプスの連峰と、処女の乳房の如く緑の夢を拡げたやうな大高原とは、正に慈愛深き母が幼な子を迎へる如く諸君の来るのを待つている。謂んや北に耶馬の奇勝、南に古代石仏の偉観あり、何れも目睫の間にあつて探勝至便。」

また昭和五年二月に大阪商船が配布した『別府案内』では、飯田高原・長者ヶ原（長者原《ちょうじゃばる》）、由布院温泉、耶馬渓や宇佐八幡に加えて、湯平温泉も記載されている。さらに市街地近傍を占める別府湾一帯を展望する高原に、新設されたばかりの別府ゴルフ場も図示されている。（図［★53・54］）

別府ゴルフ場は、六十万坪ほどの用地を確保、昭和五年時点では九ホールでの営業ではあるが、将来的には三十六ホールにまで増設の予定があった。先の案内では、すでに「東洋一のゴルフ場」と誇らしげに記している。また別府市観光課が配布した『別府へ』と題するパンフレットでは、雄大な山々に向けてボールを打つゴルファーの姿を表紙に描き、「海抜五百米の雄大な高原で由布、鶴見の遠望ひらけ、別府湾を見下す保健の別世界」と説明、周囲の山並みの素晴らしさが強調されている。（図［★55］）

★54

★55

◉由布院・耶馬渓へのドライブ◉

別府周辺の景勝地で早くから注目されたのが、由布岳の麓にある由布院（大分県）であった。由布という地名は奈良時代にまで遡る。『豊後風土記』に「柚富郷《ゆふごう》」に関する記述があり、一帯に自生していた楮《たく》の樹皮から木綿《ゆふ》を生産したことが地名の由来となったという。平安時代になると、租税となる稲を収める倉院がこの地に設置された。以降、「ゆふの倉院」、ないしは「ゆふ院」という呼称が定着する。

由布院では、古くから風光の良い金鱗湖周辺などで温泉が湧く。別府温泉の名を全国に知らしめた貢献者である油屋熊八も、この静かな温泉地が気に入ったようだ。金鱗湖畔に私的な別荘を設けて、亀の井ホテルの宿泊客や内外から著名人を招き接待をした。ドイツ留学から帰国した林学博士の本多静六も、この地を訪問、「由布院温泉発展策」という講演を行い、ドイツのバーデンバーデンのような自然の要素を多く取り入れた静かな温泉地づくりを提案している。

滞在型の温泉地であり、余興や娯楽が集積した温泉都市である別府に対して、「奥別府」という愛称もある由布院での滞在は、都市型であった別府観光に変化を与えたようだ。由布院に至る道中に点在する至高湖や城島高原など、自然を体感できる高原も、新たな名勝として注目された。

★56

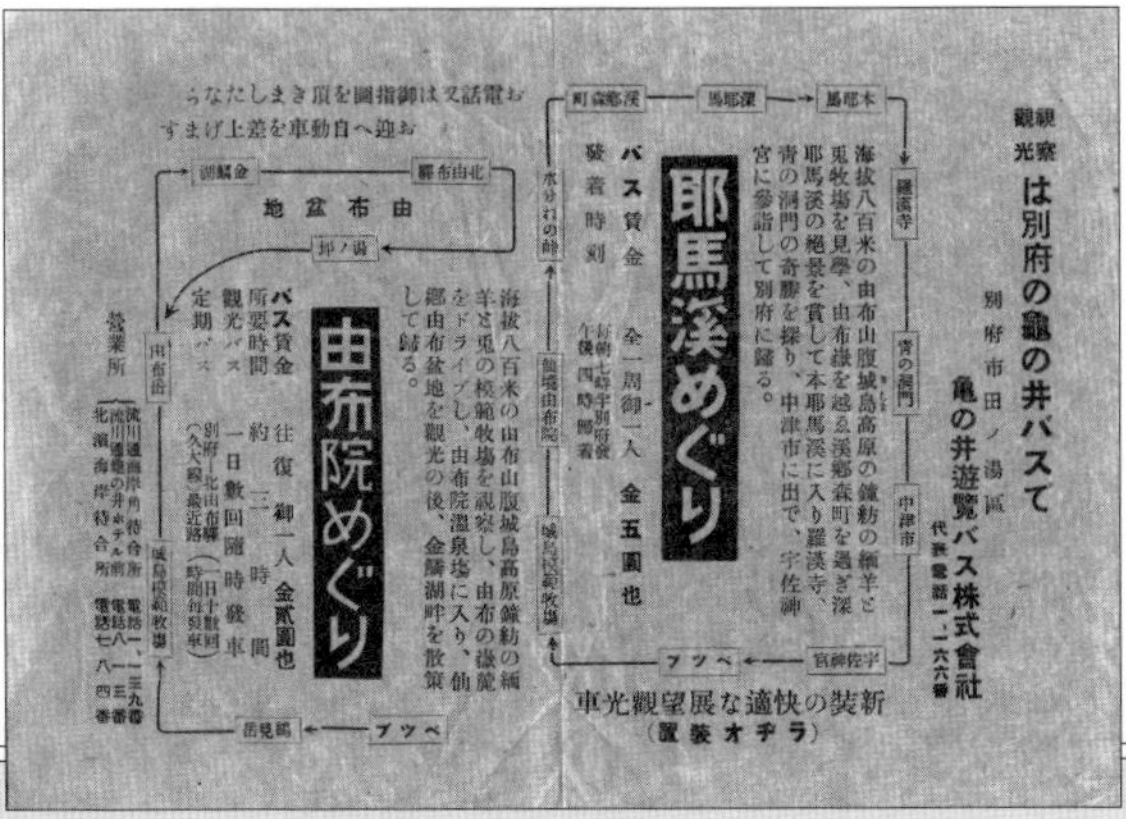

亀の井ホテル系列の亀の井遊覧バスは、所要三時間で別府と由布院を往復するルートを設け、「由布院・牧場めぐり」とうたった。当時の資料には次のように記されている。（図［★56］）

「海抜八百米の由布山腹城島高原鐘紡の緬羊と兎の模範牧場を視察し、由布の嶽麓をドライブし、由布院温泉場に入り、仙郷由布盆地を観光の後、金鱗湖畔を散策して帰る。」

また別府市観光課が発行した『別府・モンターヂユ』と題する写真構成によるパンフレットでは、地獄や砂湯など別府の文物とともに、仙境と称

★57〜59

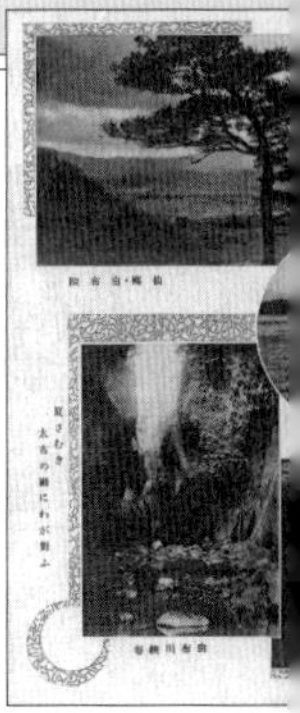

する由布院温泉の見晴らしのほか、牧場やキャンプ場など高原地帯の風光を紹介、「由布院・ドライヴ・ウエイ」と特記している。昭和五年（一九三〇）、一般公募を経て選定された「別府八景」に「由布仙境」が、また「別府三勝」に「至高湖」が入っている。（図［★57〜59］）

★60

さらに亀の井遊覧バスは、由布院から足を伸ばして、耶馬渓や宇佐神宮などを巡り、別府に戻る一周一九〇キロメートルほどの「耶馬渓めぐり」のルートも制定した。近郊への日帰りの旅を組み込むことで、別府での滞在日数を増やすことになるという判断があったのだろう。

朝七時半に別府を出立し、各地で展望や観光を楽しんだのち、夕刻五時に帰着する。少女車掌が同乗、乗車料金は一人五円であった。各車両には、「もみぢ」「つつぢ」「さくら」「さざんか」「あをぎり」など、季節ごとに渓谷に開く花の名にちなむ愛称がつけられた。バスの案内パンフレットでは「爽快なドライブ」と題して、次のように書く。（図［★60］）

「……耶馬渓の探勝のみならず、往途には由布の高原と盆地を快走し、帰路には宇佐参宮も出来ると云ふ一石二鳥三鳥である。……山丘・高原・盆地・渓谷・平野・海浜を連絡しつゝ、名勝古蹟を探り神社仏閣に詣づるなど、斯様に変化の多き、趣味の豊かな、爽快極まるドライブ・コースは、果して何処のいづこに在るだらふか。」

別府を拠点としつつ、高原や名所を巡り遊覧バスでのドライブが人気を博したようだ。この種の新たな観光ルートが成立するには、移動手段としての自動車の普及が前提となった。同時に、近隣の観光地に至る観光道路の整備が必要であったことも自明だろう。モータリゼーションによる利便性の向上が、温泉都市における観光スタイルに多様性をもたらしたわけだ。

◉九州大国立公園◉

別府を起点とする広域観光は、城島高原や由布院、耶馬渓などの後背地から、より広域へと展開、九州全体への広がりを目指すことになる。構想の中心にあったのは、遊覧バス事業に尽力し、由布院など別府周辺に所在する名勝地の開拓にも尽力した油屋熊八である。

先に述べたように、昭和二年(一九二七)七月六日、『大阪毎日新聞』が企画した「日本新八景」のひとつに別府が選出された。これを受けて八月十四日に掲出された別府の新聞広告において、熊八は「別府温泉の力強いことは奥の院の広いこと」と書いている。加えて、別府から阿蘇、雲仙までを連結、さらに高千穂などを加えて、九州をひとつの国立公園としたいと提唱した。

折から国立公園の選定に向けて、全国各地で運動が盛んになり始めた時期である。別府の将来的な発展方策を見据えた場合、瀬戸内海に面しているという地政学的な有利さを活かしつつ、別府港を、いわば九州の玄関とすることが不可欠という判断があったに違いない。そのためにも、主要な景勝地を束ねて「九州国立大公園」を実現するべきだと考えるに至ったのだろう。

熊八はこのアイデアを実現する最初の手立てとして、別府から九州の主要都市に連絡する道路網の建設が必要だと考えたようだ。久住町の有力者であった工藤元平と手を組んで、別府から久住、阿蘇、さらには雲仙、長崎までを連絡する観光ルートを提案する。昭和四年一月二十日、二人が提唱した九州を横断する遊覧道路の建設構想が具現化に向けて歩み出す。大分・熊本・長崎の各県と沿道の主要市町村を巻き込んだ「九州横断国際遊覧幹線期成会」が設立された。

この動きを受けたものだろう、大阪や神戸から多くの行楽客を運んだ大阪商船も、別府を起点とする広域観光を意識するようになった。昭和十二年以降に制作された『別府へ　別府へ』と題するパンフレットでは、別府の観光地を詳細に紹介したあと、「別府を中心とした観光地御案内」と題して頁を割いている。そこでは由布院・耶馬渓・宇佐神宮など、比較的、近郊に所在する観光地に加えて、杖立温泉、久住高原や飯田高原、「九州アルプス」と呼ばれた久住山を主峰とする山々、水郷として知られた日田、森町、風

★61・62

連鍾乳洞、阿蘇山、霧島などを紹介、それぞれの景勝地まで汽車や自動車で別府からどれほどの時間が必要かを記載している。(図[★61・62])

また昭和十四年版の『別府へ　別府へ』の冒頭では、「阪神、四国、九州を結ぶ大阪商船の別府航路は世界に類を見ない海上の公園、瀬戸内海を横断するもので、この航路はまた東京、阪神、別府、阿蘇、雲仙、上海等をつなぐ国際観光ルートにも当つてゐます」と書いている。

◉国際観光と博覧会◉

別府から阿蘇、さらには雲仙・長崎までを連絡する国際観光ルートが構想されるなか、別府市で二度目となる本格的な博覧会が企画される。鉄道省の施策として国際観光の重要性がうたわれた時期でもあり、また昭和十年(一九三五)九月、亀川・朝日・石垣の一町二村が別府市と合併を実施したことを記念するイベントという位置づけもあった。『別府市主催国際温泉観光大博覧会報告書』(別府市、一九三七)で、博覧会長を兼ねた小野廉市長は、次のように述べている。

「時恰も鉄道省国際観光局では東洋唯一の景勝地日本の真価を中外に発揚して国際観光地たらしめ、もつて観光事業の経済化と有力な国際親善工作に資せんとする折柄、本市に於ては亀川、朝日、石垣の一町二村との合併の議興り、昭和十年気運熟してこれら温泉郷を一丸とした大別府の合併成り、之れを契機とする温泉と観光のもつ国際的経済価値への着眼は有力な別府市の新産業部門とするに足る確信を得ると共に、本邦随一の国家施設たる泉都計画施行地となるに及び大温泉観光都市建設を目標とする第三階梯に力強い第一歩を印し全市民をしてますます未来の飛躍進展に対する熱意と、層一層の迫力を加へるに至つた。」

小野を中心とする博覧会の主催者は、観光業を「文化的産業」として組織・体系化することで、「消費都市」として発展した別府を「産業都市」へと転じさせようと考えたようだ。「趣意書」には「……現代温泉観光事業の組織、体系の整備に努め観光事業が産業として持つ偉大なる経済的、文化的価値を宣揚し以て新産業部門の開拓に寄与し併せて産業文化の成果を一堂に集め其の将来の発達に資せんことを期せり」と書いている。昭和十一年に催された「躍進日本博覧会」（岐阜）、「輝く日本博覧会」（西宮・甲子園）、「工業博覧会」（東京・上野）、「日満産業博覧会」（富山）、「博多築港博覧会」（福岡）などを関係者が視察、別府での博覧会開催も「必然大成功裡に了する」と確信を得たという。

ただ各都市が競い合って博覧会を開催しているなか、経済力のある大都市での大規模な博覧会に対抗する術が必要だと考えるに至る。そのうえで「恰も大デパートの牙城に迫る専門商店の戦術に等しい経営ぶり」が、唯一の「賢明な方策」であると自覚した。そこで天恵である温泉を利用、「観光熱高潮の時流に乗る経営方針」を確立するとともに、「外人観光客の激増による漸次濃度を増す本市の国際色」を強調するべく、「国際」「温泉」「観光」を柱とする博覧会が企画された。

◉躍進九州◉

「国際温泉観光大博覧会」は、昭和十二年（一九三七）三月二十五日から五十日間に渡って、別府公園一帯三万八千坪を会場として開催され、有料入場者四十六万七千八百五十二人を数えた。

会場内には、温泉館・観光館・産業本館・陸軍館・海軍館・大分県館などの主要な展示館のほか、美術館・宗教館・台湾館・朝鮮館・南洋館・農具機械館・特許実演館・善光寺館・日の丸館・三偉人館・別府館・世界一周館・ミイラ館・海女館・歴史館・ラヂオ館・非常時国防館といった特設館、野外演芸場や矢野サーカス演技場などの余興場が用意された。

温泉館は「大温泉博物館」とでも呼ぶべき構成である。飲泉スタンド・吸泉所・泉浴場・トルコ風呂・ロシア風呂・気泡浴室・発汗浴場といった各種の温浴施設のほか、間欠泉のジオラマ・温泉研究器具・諸外国の温泉資料などが展示された。また別府温泉の巨大模型や、日本各地の温泉を紹介するジオラマなども用意された。

また観光館では、入口に瀬戸内海を紹介する大阪商船の出展があり、別府港に船で入るという体裁で館内に誘われるという趣向であった。その後、鉄道の各線に乗って、別府を起点に九州を周遊するように展示が工夫された。小倉・福岡・佐賀の各地を巡る「北廻り」、鳥栖・久留米から長崎に至る「中央線九大線廻り」、阿蘇・熊本・三角・雲仙に到着する「中央線豊肥線廻り」、高千穂・延岡・青島・鵜戸・霧島・鹿児島・桜島・八代・熊本を経由して長崎を結ぶ「南廻り日豊本線」などのルートごとに、各地の観光名所が紹介された。ここではパビリオンの平面図を紹介しておこう。(図［★63］)

博覧会の主催者は、門司鉄道局・広島鉄道局管内の主要な駅の駅長を別府に招き、団体誘致と接客対策について意見交換の会を開催した。下関・博多両駅の旅客昇降口に「別府温泉の国際観光博へ」と記したネオンサインを灯し、宣伝映画を各地で上映した。さらには博覧会の主題曲である「温泉踊り」の歌詞を公募、西條八十が作詞を担当した「別府行進曲」とともに楽曲を制作し、コロムビア・レコードから販売した。この企画は好評であったようだ。さらに「別府囃子」「躍進九州」を題とする歌詞の懸賞を追加で実施して曲を作り、今度はキングレコードから発売している。

別府市が「躍進九州」という歌を世に送ろうとしたという点に注目したい。入選した「躍進九州」の歌詞を見ると、一番に「鉄の都」「黒ダイヤ」と八幡や筑豊を歌い込み、二番以降で、博多・阿蘇・別府・長崎・宮崎・薩摩を誉め讃え、「九州よいとこドント来い」と結ぶ。九州全体を観光地として売り出すうえで、温泉都市が旗を振る役割を担おうとした覚悟を見て取ることができる。

◉空飛ぶビヤホール◉

昭和初期には船便や鉄路に加えて、空路も別府への足となる。瀬戸内海を横断して、大阪から別府に至る航空事業が具体化したのだ。大正十二年（一九二三）四月、川西竜三による日本航空株式会社が水上機を運用、大阪と別府を連絡する貨物輸送を開始する。のちに旅客の輸送も実施、別府港の近傍である的ヶ浜に格納庫と発着場を設けた。ちなみに同社はのちに、逓信省所管の国策会社である日本航空輸送株式会社に合併吸収されることになる。

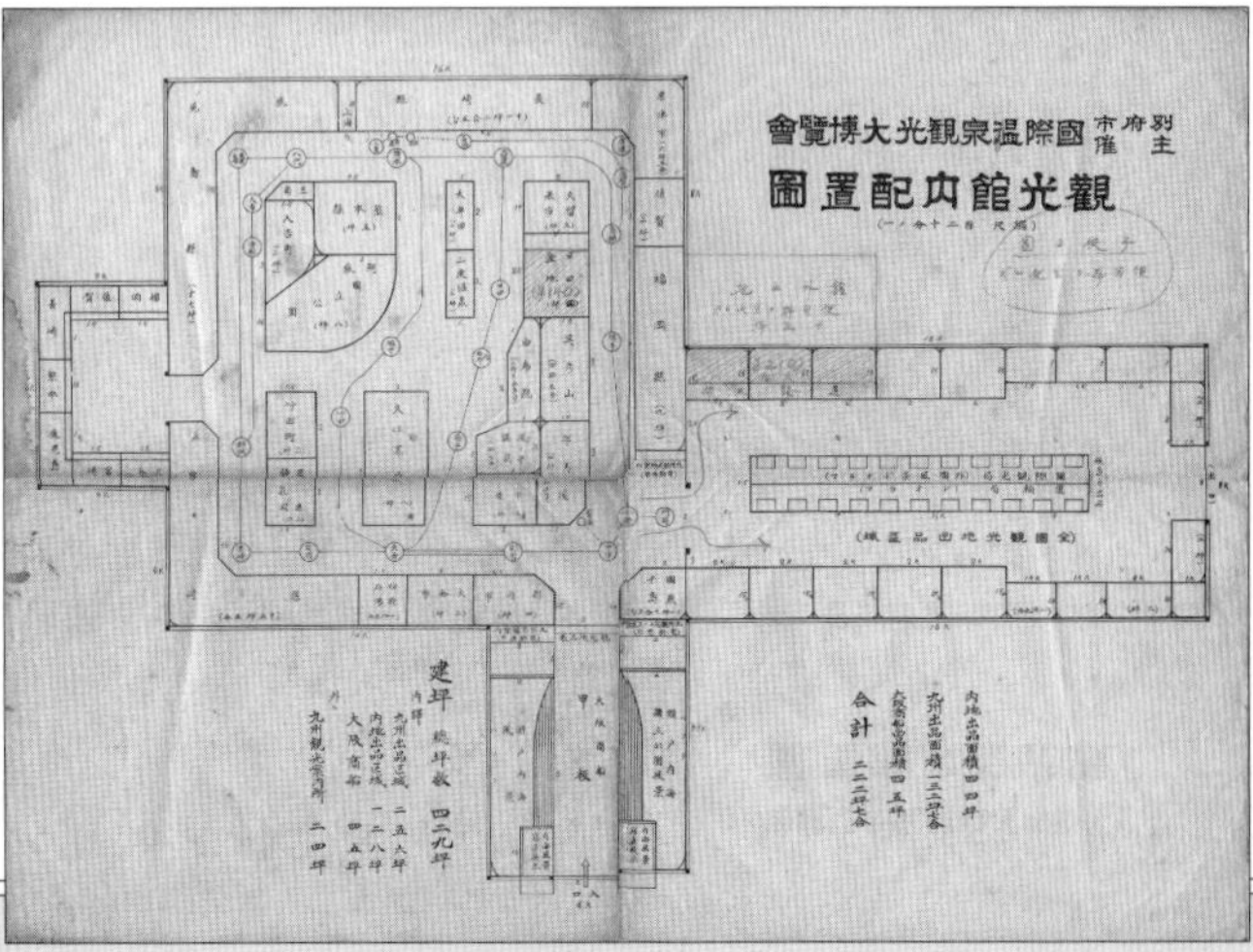

★63

いっぽう日本初の民間航空会社として知られる日本航空輸送研究所も、大阪と松山とを結ぶ路線を別府に延伸する。道後温泉の項でも紹介したが、昭和十一年（一九三六）十一月、同社は大阪と別府とを結ぶ路線に、海軍から五千円で払い下げを受けた大型飛行艇を新たに投入する。

軍から購入した機体は、英国ハンプシャー州の港湾都市サザンプトンに本拠地を持つスーパーマリン社製、乗員五人の哨戒《しょうかい》飛行艇である。海軍が研究用に運用していた機体を一万円を投入して民間旅客用に改装、乗員・乗客合わせて十九人の席を確保した。改造費用の一部を負担したビール会社にちなみ、「麒麟号」と命名された。

日本航空輸送研究所は大阪商船ともタイアップし、片道を飛行機、片道を船で往復する連絡券を発売した。同社はまた、別府上空の遊覧飛行も行った。就航二年半で定期便と遊覧飛行を合わせて、一万五千人ほどの搭乗があったという。温泉町の各所から立ち昇る湯煙を眼下に見晴らしつつ、天を舞うプロペラ機の姿はまだ珍しかったのだろう、往時の絵葉書にその姿が記録されている。（図［★64］）

★64

「麒麟号」の機内ではビールを提供、エア・ガールを乗せて運行したことから「空飛ぶビヤホール」

と人気を呼んだ。当初は週に一往復だけの運行であったが、翌年には便数を増やすほど、新型機は好評であったようだ。昭和十二年二月二十三日の『大阪朝日新聞』に「大阪から別府のお湯へスピード空の旅　四月から一日往復」と題する下記のような報道が掲載された。

「大阪、別府間の瀬戸内海温泉空路は今まで一週間に一度、毎土曜に下って日曜に上ることになっていたが来る陽春四月行楽シーズンを期して毎日往復することになる、これは同空路に就航している日本空輸研究所多年の念願で例の十六人乗りの巨艇サザンプトンの『きりん号』が近来非常な人気を呼んで毎航路ごとに殆ど満員続きであるのに気をよくしてこの機会にいよいよ理想が実現する運びになったもの、この『きりん号』とＡＢ機四人乗りが毎日交代で往復することになっている。ところが別府飛行場は別府市当局が港湾関係の都合で借してくれないことになり、当分大分海岸の仮飛行場に着水することに決定、日本空輸研究所では別府市当局に同湾着水、格納庫設置の交渉を進め、さらに将来別府空港を中心にして九州一周コース開設の計画をも進めている　毎日午後零時十分大阪木津川飛行場発、同三時四十分大分着、復路は大分午後零時二十分発、同四時大阪着になっている……」

交通手段の発達と移動時間の短縮を前提として、瀬戸内海を横断したうえで別府を経由地として九州全体に至る、より広域の観光ルートが構想された。空の旅においてもまた、別府をゲートウェイとして九州一周を目指す構想があった点に注目したい。

あとがき

大正時代から昭和戦前期にかけて、瀬戸内海沿岸地域は国際的な観光地に転じた。多くの島々が浮かぶ景観が特徴的な内海は、海国日本が誇る「世界の宝石箱」と讃辞を贈られるほどに高く評価され、日本で最初の国立公園のひとつに指定された。

本書では、瀬戸内海という閉ざされた海域と、海に拠って生業を立ててきた諸地域に見受けられた観光開発の歩みについて、その経緯と実相を多面的に論じてみた。

このエリアでは、航路を開発した船会社が先導するかたちで、沿岸に位置する温泉や港湾都市の発展を促した点が注目に値する。ただしその全体像は、いかに観光地を近代化し、観光産業を近代化するのかという命題に対して、各地域の事業者が選択した方法論の総体として把握できるものだ。モダニズムが喧伝された時代にあって顕在化した大都市住民の好みやライフスタイルの変化を意識しつつ、観光客の受け皿となった伝統的な名所は、最新流行の観光地へと大胆に転じることを選択した。それは美しい「多島海」という概念の流布を前提とした観光開発を軸として、閉ざされた海域が、積極的な近代化をなし遂げた物語として読み取ることが可能だろう。

もっとも観光の側面からみた瀬戸内海の近代化は、大陸での戦役の激化、さらには太平洋戦争の勃発による統制令によって、いったん立ち留まらざるを得ない状況になる。この海を往来した客船も順次、軍部に徴用された。第二次世界大戦の開戦当時、日本は世界第三位を誇る海運国であった。

六三〇万総トンもの外航船腹を保有していたという。しかし終戦時には一五八万総トンにまで減じる。実に多くの商船や客船が連合国軍の攻撃を受けて、海の藻屑と消えた。多くの船員がその人生を船とともに閉じたことは言うまでもない。

本書でも紹介した大阪商船の嘱託画家・大久保一郎は、昭和十五年に村田省蔵を継いで社長に就任した岡田永太郎の命を受けて、生還者にヒアリングを重ねつつ、各船舶が沈む瞬間をキャンバスに描いてゆく。戦争のさなかに描かれた彼の作品群は、商船隊が沈められていることを軍事機密とする憲兵隊からのクレームを遮りつつ、心斎橋の大丸百貨店で行われた展覧会「大阪商船かく戦えり」で一度だけ一般に公開されたという。

多くの人の笑顔を載せて、瀬戸内海を往来した船も例外ではない。人々が憧れた客船も徴用された。ここでは花形の客船であった二代目紅丸の末期を記しておこう。陸軍の命を受けてフィリピン沿岸の航路を運営する「比島運航部」を設立した大阪商船は、三原丸とともに紅丸を南方に回航し、マニラとセブ島とを結ぶ定期航路に就航させる。昭和十九年九月九日、米軍の艦載機による空襲を受けて大破、ついには「瀬戸内海の女王」とも呼ばれた優美な姿を南方の海底に横たえた。

戦争末期になると、瀬戸内海沿岸の各都市は空襲を受けて、紅蓮の炎に包まれる。攻撃の対象は都市だけではない。瀬戸内海そのものも重要な目標となった。昭和二十年三月二十七日、米軍が立案した「飢餓作戦（Operation Starvation）」のもと、関門海峡や瀬戸内海西部に大量の機雷を航空機から投下した。初日だけで千三百五十個がこの海域に敷設されたという。呉や宇品の港から沖縄に至るシーレーンを封鎖する意図があったようだ。日本の軍部も掃海を行ったが多くの船が機雷に触れて被害を受ける。結果、瀬戸内海は機帆船などの小型船しか運行することができなくなった。

米軍による海上封鎖の影響は、敗戦後にまで及ぶ。昭和二十三年一月二十八日、多度津航路を運行していた関西汽船の四〇〇トン級の客船・女王丸が、残存していた機雷に接触して爆発、牛窓沖で沈没した。二十二名が命を落とし、百六十一名の行方不明者を出した悲劇を私たちは忘れてはならない。

結局のところ、人々の好奇心が産み出した「観光」という営為は、平和な時代にあってこそ、求められるということなのだろう。本書では言及をしていないが、瀬戸内海の観光開発をめぐる物語は、戦後の章を開くことで、ようやく継続される。復興そして高度経済成長下での国民的な観光ブームの到来、また山陽新幹線や本州四国連絡橋の計画とその実現など国家的プロジェクトをめぐるストーリー、そしてバブル経済期における観光事業の夢想と挫折といった流れが想定される。ただし瀬戸内海の観光開発をめぐる戦後史は、本書のように「海」に関わる人たちの夢想を紡ぐ作業ではなく、むしろ「陸」で事業を行う人たちの論理に従った実践の物語となることが予測される。

瀬戸内の観光開発に関する私の興味も、ひとまずはこの「戦前編」でとどめておくことにしたい。


さて最後に、本書を執筆されるまでの顛末を記しておきたい。

二十五年ほど前の話である。大学院にて博士論文をまとめようとしていた際、いわゆる「新しい歴史学」、とりわけ「アナール派」と呼ばれる歴史学の洗礼を受けた。

アナール派は、従来のアカデミックな研究が戦争などの政治的事件を中心とする「事件史」や高名な人物を軸とする「大人物史」の叙述を主としていたことを批判、民衆の生活文化や社会が全体として保有する「集合的記憶」のなかにこそ重要な知見があるという立場をとる。加えて経済学・統計学・人類学・言語学などを交えつつ、学際的な視点に立つ社会史的な叙述を展開することの意義を説く。

私は都市計画や都市開発など工学部での地域研究における歴史的叙述においても、同様の視点が必要だと考えた。

アカデミズムにおける工学研究としては、人文社会系の知見を取り込むという学際的な姿勢だけでも充分に「異端」であったように思うが、社会史的アプローチによる地域研究の重要性を自覚しつつ、今日まで研究を継続している。「開発史」と命名した領域に含まれる専門書や一般書を、毎年一冊は出版することを、みずからのノルマと課してきた。

当時、多くの先行研究に触発されたが、そのなかに新曜社から刊行された『ブローデル歴史を語る――地中海・資本主義・フランス』があった。アナール派を率いた歴史家、フェルナン・ブローデルの考え方を知ることができる著作である。主著である『地中海』の翻訳刊行が待たれていた時期、私はブローデルがこの本で示した枠組みに大いに感化された。

ブローデルの博士論文でもある『地中海』の原著は一九四九年に刊行されている。経済史や統計学の知見を統合しつつ、ヨーロッパ、アジア、アフリカを包括する地中海世界全体の長期に渡る変化を描くものだ。本書においてブローデルは、歴史を「長波」「中波」「短波」の三層構造として把握する。自然や環境の変化など長期に及んで持続する緩慢な歴史、人口動態や政治・経済システムなど国家の有為転変を論じる歴史、そして個人史および出来事史である瞬く間の歴史が、地域において層をなしているると見るわけだ。

当時、私はいずれ、同様の分析を日本の各地においても展開をしてみたいと考え、いくつかの研究主題を想定した。そのひとつが「瀬戸内海地方」を枠組みとする叙述である。

もっともブローデルの『地中海』のような壮大な組み立てを目指したものではない。私の専門である都市文化や観光開発に依拠した地域研究という枠のなかで、自然環境など長期において形成される地域の特質、地域の政治や経済システムに由来する歴史的出来事や物語、そして極めて短期間に起こる近代化や都市化などの変化を重ね合わせた叙述をしようと構想を持った。

ただ私なりの「瀬戸内海の観光開発史」は、なかなか論じる機会がなく、構想はそのままに二十五年ほど、寝かしたままになっていた。たまたま『彷書月刊』に連載させていただいていた「紙屑のモダニズム」を、同誌が休刊となったあともぜひ他の媒体で継続したいと皆川秀さんにご相談したところ、芸術新聞社の相澤正夫さんをご紹介いただいた。いくつかの企画案を提案させていただいたなかで、許可をいただいたのが本書の母体となった『瀬戸内海モダニズム周遊』と題するＷＥＢ版での連載である。

連載にあたっては、私が取り組んできたモダニズム研究の地方への展開という視点も加味しようと考えた。ここで用いる「モダニズム」とは、従来、美術史・文学研究などで用いられる狭義の概念ではなく、おおよそ一九二〇年代、三〇年代に日本の都市に出現した新しい生活・文化・風俗の総体をいう、広義でのライフスタイルの刷新を指す。東京や大阪など、モダニズムの先端を示した都市文化が、いかに地方都市に広まり、また地方の人々の生活様式となって普遍化したのか。観光による地域開発史という枠組みをもって、瀬戸内海の各地域を対象に文化の伝播について考えてみたいと思った。
おおよそ月に二回ほどの更新で、連載は六十回を超えることになった。宇和島・大洲・竹原・吉田・観音寺・須佐・長府・下関・姫路・明石・神戸など、鳥瞰図や観光案内などの一次資料を集めて執筆の準備をしていた都市もまだいくつもあるが、そろそろ一冊にまとめようと提案があり、今回の出版となった。連載および出版にあたっては、芸術新聞社の根本さん、涛川さんのお世話になった。ありがとうございました。

瀬戸内海国立公園が制定されてから八十年目の春に
京都洛西の二窓席にて
橋爪紳也

【主要参考文献】

第一章

◉津森明（1999）「小西和の景観論」，『高松大学紀要』Vol.32, 高松大学
◉丸山宏（1994）『近代日本公園史の研究』思文閣出版
◉日下部甲太郎（1996）「国立公園の父：田村剛」，
『ランドスケープ研究』Vol.60 No.2, 社団法人日本造園学会
◉西田正憲（1999）『瀬戸内海の発見』中公新書
◉村串仁三郎（2005）『国立公園成立史の研究：開発と自然保護の確執を中心に』法政大学出版局

第二章

◉国際観光局（1940）『観光事業十年の回顧』鉄道省国際観光局
◉大阪商船株式会社編（1934）『大阪商船株式会社五十年史』大阪商船
◉和辻春樹（1940）『船』明治書房
◉和辻春樹（1942）『続・船』明治書房
◉和辻春樹（1948）『船の思ひ出』弘文社

第四章

◉石田米孝（2003）『廿日市の歴史探訪（五）』渓水社

第五章

◉中関の歴史を学ぶ会編（1995）『中関塩田今昔物語』中関の歴史を学ぶ会

上述以外に、各地方公共団体および観光協会などのホームページ、
Wikipedia ほか開示されている Web 上の資料も適宜参考にした。

【図版出典】

本書で用いた図版は、「橋爪紳也コレクション」所蔵。
ただし、第二章・第三章・コラムの※印のある図版は、株式会社商船三井提供。

【略歴】
橋爪紳也（はしづめ・しんや）
1960年大阪市生まれ。京都大学工学部建築学科卒業、京都大学大学院工学研究科修士課程、大阪大学大学院工学研究科博士課程修了。建築史・都市文化論専攻。工学博士。現在、大阪府立大学21世紀科学研究機構教授、大阪府立大学観光産業戦略研究所長、大阪市立大学都市研究プラザ特任教授。大阪府特別顧問、大阪市特別顧問、大阪府市文化振興会議会長などを兼務。著書に『明治の迷宮都市』（平凡社・筑摩書房）、『日本の遊園地』（講談社）、『飛行機と想像力』（青土社）、『モダニズムのニッポン』（角川学芸出版）、『京阪神モダン生活』（創元社）、『ニッポンの塔』（河出書房新社）、『広告のなかの名建築　関西編』（鹿島出版会）ほか多数。

瀬《せ》戸《と》内《ない》海《かい》モダニズム周《しゅう》遊《ゆう》

2014年05月25日　初版第1刷発行

著者 ———————— 橋爪紳也

発行者 ———————— 相澤正夫
発行所 ———————— 株式会社 芸術新聞社
〒101-0051
東京都千代田区神田神保町2-2-34　千代田三信ビル5階
電話　03-3263-1637（販売）
03-3263-1710（編集）
ファクス03-3263-1659
URL　http://www.gei-shin.co.jp

印刷・製本 ———————— シナノ印刷株式会社
ブックデザイン ———————— 美柑和俊＋MIKAN-DESIGN

協力 ———————— 株式会社 商船三井

ISBN 978-4-87586-394-6　C0030